오봉환 지음

청어

명리철학

오봉환 지음

발행처 · 도서출판 청어
발행인 · 이영철
영　업 · 이동호
홍　보 · 최윤영
기　획 · 천성래 | 이용희 | 김홍순
편　집 · 방세화 | 이서윤
디자인 · 김바라 | 서경아
제작부장 · 공병한
인　쇄 · 두리터

등　록 · 1999년 5월 3일(제22-1541호)

1판 1쇄 인쇄 · 2014년 12월　1일
1판 1쇄 발행 · 2014년 12월 10일

주소 · 서울 서초구 효령로55길 45-8
대표전화 · 586-0477
팩시밀리 · 586-0478

홈페이지 · www.chungeobook.com
E-mail · ppi20@hanmail.net
ISBN · 979-11-85482-45-3(03150)

이 도서의 국립중앙도서관 출판시도서목록(CIP)은 서지정보유통지원시스템 홈페이지
(http://seoji.nl.go.kr)와 국가자료공동목록시스템(http://www.nl.go.kr/kolisnet)에서
이용하실 수 있습니다.(CIP제어번호: CIP2014019840)

명리
철학

『명리철학』을 내면서

이 책은 명리를 주제로 총 3권의 책으로 출간을 계획했다가 논리의 흐름을 간결하게 전달할 목적으로 통권으로 묶은 것이다.

필자는 이 책을 집필하기 전, 처녀작으로 『명리완결』을 낸 바 있다. 『명리완결』은 호평과 혹평을 함께 받아온 책이지만 처음 명리서를 접하는 분들에게 만족스러운 결과를 드리지 못해 결국은 책으로서의 제 역할을 하지 못했다. 작가가 아무리 좋은 내용을 표현하고자 했다 해도 독자에게 전달되지 못했다면 이는 분명히 작가의 능력이 부족한 것이다. 이 능력부족으로 인한 시행착오가 이 책을 세상 밖으로 나오게 하였다. 물론 책의 가치는 독자들이 판단할 일이다.

지금까지의 명리학 체계를 보면(입장에 따라 조금씩 다를 수는 있겠지만), 음양오행, 천간지지, 생극합충, 육친, 용신 등으로 대별된다고 보는 것이 일반적이다. 필자가 처음으로 잡은 책도 『음양오행』이다. 그러나 몇 번을 정독해도 음양과 오행의 개념을 잡을 수가 없었다. 개념을 알지 못하는 데 논거를 이해한다는 것은 당연히 모순이다. 지나서 보니 '음양오행의 개념과 논거'를 이해하지 못하면 천간지지, 생극합충 등 명리학의 주요 이론들의 개념과 논거는 처음부터 이해할 수 없는 이론들이었다.

서점에는 한·중·일 3국에서 쏟아져 나온 명리서들이 넘쳐나고 있다. 필자의 무능함이 바탕이기는 하겠지만, 실로 오랜 세월 동안 막힌 수도관을 뚫기 위해 노력했다. 그러나 '정해진 공식'을 정답처럼 강요하는 '만남'만 있었을 뿐 필자가 원하는 도움은 얻지 못했다. 『명리완결』이 기초를 다진 것이었다면 『명리철학』은 그 기초 위에 탄탄한 건물을 지은 것이다. 필자의 목마름에 공감하고 있는 많은 분들에게 조금이라도 도움이 된다면 더 바람이 없겠다.

　『명리철학』에서는 기존의 이론들에 대한 '정의'와 '논거'는 물론 다른 책에서는 참고하기 힘든 이론들이 큰 맥을 이루고 있다. 따라서 이론의 전개에 따라 '논리에 맞지 않는 기존의 명칭' 중 일부를 '이치에 어울리는 명칭'으로 과감히 수정하였다. 예를 들면 일반적으로 '창고'를 의미하는 '고(庫)' 또는 '무덤'을 의미하는 '묘(墓)'로 사용되고 있는 '辰', '未', '戌', '丑' 네 개의 '지지'를 환절기로서의 '土의 작용력'이 가장 활발한 지지라는 의미를 담아 '작용지(作用支)'라는 명칭을 쓰는 것 등이다.
　필자의 오만이라는 질책이 따른다면 겸허히 받아들일 것이다. 하지만 논리를 전개하다 보니 맹종에 대한 모순의 결과가 너무 커서 어쩔 수가 없었다는 점에 대해 독자들의 이해를 부탁하는 간절한 마음이 있다.

올바른 이치를 찾아 하나하나 깊이를 더 하고 싶어 하는 사람

백랑 오 봉 환 배상

현 명리학 체계
한눈에 알아보기

　지금까지의 명리학 체계는 음양(陰陽)과 오행(五行), 천간(天干) 지지(地支), 생(生) 극(剋), 합(合) 충(沖), 육친(六親 혹은 十神, 十星), 용신(用神) 등으로 분류하는 것이 일반적이다.

　명리학은 '태양과 지구' 처럼 '구심점(求心點)을 중심으로 돌고 있는 자전과 공전의 원리'에 기초한다. 구심점인 태양은 '양'이고, 이를 돌고 있는 지구는 '음'이다. 이것이 '음양의 균형'이며 이 음양의 균형으로부터 명리학은 존재한다. 따라서 명리학의 모든 이론 속에는 음양의 균형이 기본 바탕을 이루면서 '한 가지 이치로 흐르는 맥(脈)'을 형성하고 있다.

　이 '균형을 이룬 음양'이 변화를 보임으로써 '현상'으로 인식이 되는 것이 오행(五行)이고 이를 저마다의 특성에 따라 다섯 가지로 대별한 것이 木火 土 金 水다. 각각의 오행은 서로서로의 관계에 따라 다양한 현상으로 변화를 보이는데, 이 '변화'에 대한 특성을 형상과 흐름(작용력)에 따라 크게 분류해서 그 이치를 설명하고자 한 것이 이른바 '천간 지지, 생 극, 합 충, 육친, 용신' 등이다. 이 이론들은 '음양오행의 변화이치'를 이해하고자 성질을 분리해서 접근하고자 한 것일 뿐 그 이상도 이하도 아니다. 특히 무슨 비법과 같은 의미는 더더욱 아니다.

　명리학을 이해하려면 음양은 균형을 전제로 존재하는 기운이고, 균형을 이루고 있으면 이는 이미 오행이라는 이치와 음양과 오행의 차이는 음양인 '體로 본 시각'과 균형을 이룬 음양이 오행의 모습으로 변화를 보이는 즉, '用으로 본 시각'을 이해하는 것이 가장 중요하다. 이것만 이해한다면 명리학 공부는 이미 70% 이상 성취를 보았다 해도 과언이 아니다.

간략하게 도표를 만들면 아래와 같다.

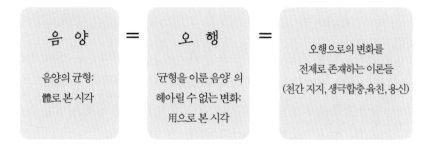

- 천간 지지: 오행의 양(천간)과 음(지지), 갑자, 을축 등으로 흘러 60갑자를 이룸
- 생극: '水'를 바탕으로 '木'이 生 하고, '木'을 바탕으로 '火'가 生 한다는 등의 이론, '생'은 '양', '극'은 '음'으로 이 또한 균형을 전제로 성립
- 합충: 극(剋) 관계의 오행과 오행이 음양으로 균형을 이루면 타 오행을 生 한다는 이론, 역시 '합'은 '양', '충'은 '음'으로 균형을 이루어야 성립
- 육친(십친): '배우자', '재물' 등과 같이 음양오행의 관계에 따라 개인의 삶에 적용하는 이론
- 용신(용행): '體'에 대한 '用'에서 나온 명칭으로, 사주 전체에서 균형점에 가장 가까이 접근할 수 있는 오행

이 책의특징

제1부.
음양오행, 체용변화 완결의 특징

(1) 음양과 오행, 체용변화 등 주요 이론들에 대한 '정의와 논거'를 정리하고, 그 변화이치를 현실 생활에서의 예를 들어 설명하였으며 특히 지금까지 베일에 가려져 있던 '土의 정체'를 분명히 하였고, 보충 설명을 요하는 곳에서는 '참고' 등을 통해 재확인하였다.

계절 따라 흐르는 '오행의 관장시기'를 밝혀냄으로써 그에 따른 각 양 오행, 음 오행의 특성을 분명히 이해할 수 있게 하였는바, 이는 '체용변화'와 더불어 본 서의 이론적인 바탕이 되었다.

(2) '명리'에 대한 개념을 '좁은 의미'와 '넓은 의미'로 분석하였으며, 자전 공전에 의한 '법칙성'과 그 변화이치에 의한 '생명성'을 설명하였다.

(3) 음양은 균형을 전제로 존재함을 '음양의 3원리'인 평등성, 상대성, 완결성을 들어 설명하고 그 개념과 변화이치를 현실생활에서의 논거를 통해 정리하였다. 또한 오행의 정의를 내리고, 음양과 오행은 같은 것인데 왜 다른 이름으로 부르는 지를 논거를 들어 설명하였다.

(4) 음양에는 '음양의 3원리'가 있고 오행에는 '土의 작용력' 즉, '양토적인 작용력'과 '음토적인 작용력'이 있음을 설명함으로써 '土의 개념과 역할'을 분명히 하였다. 그러나 음양은 곧 오행이므로 '음양의 3원리'와 '土의 작용력'은 한 가지 이치로 귀일됨을 정리하였다.

(5) 음양의 성질을 바탕으로 '양 오행과 음 오행의 성질'을 현실생활에서

의 예를 들어 설명함으로써 개념을 정리할 수 있게 하였다.

壬水는 동지에서 '생명력'으로 거듭나고자 하는 '잉태의 기운'이고, 癸水는 입춘이나 입하에서 '생명'으로 하늘과 하나를 이루고자 하는 '탄생의 기운'이며, 丙火는 적극적인 '발영의 기운' 또는 '피어나는 기운'으로 생명력의 탄생을 돕는 기운이고, 丁火는 '밝음의 기운'으로 영글기를 도와 소극적으로 익어가게 하는 기운이면서 '생명력의 잉태'를 돕는 기운임을 계절의 흐름에 맞춰 설명하였다. 甲乙木, 庚辛金, 戊己土 역시 같은 이치로 설명하였다.

(6) 계절별로 관장하는 양 오행 음 오행의 특성에서 같은 오행이지만 甲乙木의 관장시기가 다르고, 丙丁火의 관장시기가 다름을 설명하고, '상극관계'이면서 음양이 다른 두 오행 즉, 甲木과 辛金의 관장시기가 같고, 乙木과 庚金의 관장시기가 같은(丙火는 癸水, 丁火는 壬水) 이유 등을 설명하였다.

오행의 관장시기는 곧 오행의 특성임을 강조하고, 계절별로 관장하는 양 오행, 음 오행의 특성이 돋보일 때마다 그 바탕에는 '양토적인 작용력'과 '음토적인 작용력'이 있음을 설명함으로써 모든 오행의 성질과 변화이치를 정립하였다.

(7) '체용변화' 이론이 중요한 이유는 '體로 본 시각'인 '균형을 이룬 음양'에서 '用으로 본 시각'인 '오행으로의 변화이치' 때문임을 설명하였다. 또한 '체용에 대한 정의'를 내리고, 현실에서의 근거를 예로 들어 변화이치를 설명하였다.

水火뿐 아니라 오행 모두가 체용변화의 이치에 해당됨을 강조하고, 근거를 들어 확인하였으며, 봄, 여름, 가을, 겨울 그리고 환절기 등 木火土金水의 모습으로 보이는 계절 변화와 각 계절의 극성(極盛)인 춘분, 하지, 추분, 동지 등에서의 체용변화를 설명하였다.

제2부.
천간지지, 지장간 완결의 특징

제1부인 '음양오행, 체용변화 완결편'은 '음양과 오행의 정의와 변화이치', '음양의 3원리'에 이은 '양토 음토의 작용력', 계절에서 나타나는 '10오행의 관장시기', '체용(體用)의 의의와 변화이치' 등을 이치에 의한 인과관계 및 실례를 들어 설명하고자 시도한 것이었고, 이는 결국 '우주의 섭리'와 우리의 현실이 우주와 다르지 않음을 강조한 것이었다. 천간과 지지, 생극합충, 적용론(十親論과 用行論) 등은 제1부의 내용인 음양에서 오행으로의 변화를 전제로 전개되는 이론들이다. 따라서 이 이론들은 음양오행의 변화이치를 이해하지 못하면 처음부터 이해가 될 수 있는 이론들이 아니다.

이러한 연유로 제1부에 이어 제2부에서 강조하는 내용은 지금까지의 명리학계에서 일반화되어 있는 이론들과는 거의 상반된 것이라 해도 과언이 아닌 이론들이 정의 및 논거와 함께 제시되어 있고, 또한 지금까지 공식 내지는 결론만 있을 뿐 근거를 알지 못했던 이론들에 대한 과학적인 근거들이 전개된다.

그 주요 내용을 보면, (1) 지금까지 막연하게만 전해왔던 '천간'과 '지지'의 개념을 분명히 정립함으로써 변화는 '양의 기운'인 10오행이 하는 것이고, '음의 기운'인 '지지'는 변화를 주도하는 것이 아니라 수동적으로 변화의 바탕을 이루면서 천간과 '간지로서의 하나'를 이루고 있음을 현실의 실례를 들어 설명하였다.

(2) 천간과 지지의 개념이 정립됨으로써 '지장간의 지위'가 분명해지고, '현실 세계'와 '10오행의 관장시기'인 계절의 변화가 바로 '지장간의 변

화' 임을 밝혔다.

(3) 四柱(=命式), 연월일시는 양음양음으로 구성되어 있다는 것과 이렇게 구성되어 있는 이유는 자전 공전이라는 균형의 원리에 의한다는 것, '사주'에서 왜 '日干'을 '나'로 보는가의 문제, 체용변화에 따라 '月干'과 '時干'이 변화를 보이는 이치가 '생'과 '극'으로 다른 이유 등을 설명함으로써 '사주'는 '과학적인 이치에 의해 성립되는 것'임을 밝혔다.

(4) '대운'은 왜 '10년'이고 왜 '月支'를 타고 흐르는가의 문제와 '온전한 간지 결합의 수 120'을 설명함으로써 간지 자체가 오행으로서의 생명력이 될 수 있는 이유를 밝혔으며 '온전한 간지결합의 수 120'과 '60갑자'의 차이점을 정리하였다.

(5) '대운'을 뽑을 때 왜 '순행'과 '역행'이 있고, 왜 '남자가 양년, 여자가 음년에 태어나면 순행, 남자가 음년, 여자가 양년에 태어나면 역행'인가의 문제와 3대운, 5대운 하는 식의 '대운수'를 뽑는 방법과 왜 '3'으로 나누어 계산하는가를 논거와 함께 수리적인 이치를 들어 설명하였다.

(6) 명리학적인 입장에서 볼 때 '한 해의 시작'은 '子月 冬至'인가 '寅月 立春'인가의 문제와 '한 해의 시작'으로서의 干支를 뽑으려면 '동지가 기준인가' '입춘이 기준인가'의 문제를 정리하였다.

(7) '한 해의 시작'이 '동지'이건 '입춘'이건 왜 '하루의 시작'을 子時로 보아야 하는가의 문제와 '한 해의 시작'을 '立春'으로 보는 경우, '하루의 시작'은 子時인가 寅時인가의 문제 그리고 '한 해의 시작'을 立春으로 보았을 때, '하루의 시작'을 '子時로 본 경우의 명식'과 '寅時로 본 경우의 명식'의 차이점 등을 설명하였다.

(8) 제1, 2부의 이론이 정립됨으로써 제3부인 생극합충의 개념과 논리 역시 정립이 가능했으며 1, 2, 3부 전체가 한 가지 이치로 흐르는 기본적인 '맥'을 형성하고 있음을 분명히 하였다.

제3부.
생극합충 완결의 특징

제2부인 '천간지지, 지장간 완결 편'이 음양오행의 변화이치를 상징적 구조적으로 표현한 것이라면, 제3부인 '生剋合冲 완결'은 '음양오행의 성질에 따라 변화를 보이는 이치'를 논리적으로 표현한 것이다. 명리는 체용 변화를 근간으로 하는 학문이다. 따라서 음양에서 오행으로의 변화를 전제로 이론이 전개되므로 이 또한 음양과 오행의 개념과 변화이치에 대한 숙지가 전제되어야 한다.

3부에서 밝히고 있는 주요내용은 다음과 같다.
⑴ '生, 剋'에 대한 개념을 정립하고 木生火, 木剋土 등 生 하고 剋 하는 이치를 현실생활에서의 논거를 들어 정리하였다.
⑵ 合과 冲은 剋에서 도출된 이론이면서 이 또한 균형을 이룬 양과 음이라는 이치와 甲과 己는 무엇이고, 둘은 왜 合을 하며, 合을 하면 왜 土로 化한다 하는가 또 化 하면 양토인가 음토인가 등 5합이 이루어질 수 있는 이론적인 근거를 정립하였다.
⑶ 冲이 없으면 合도 없고, 合이 없으면 冲도 없다는 이치, 즉 庚甲冲과 乙己冲이 있어야 冲을 받는 甲己가 合을 할 수 있다는 이치 등을 밝힘으로써 5합과 10충은 균형을 이룬 음양임을 정리하였다.
⑷ 음양은 2, 오행은 5, 오행을 음 오행, 양 오행으로 분류하면 모두 10 오행뿐, 지지를 과연 오행으로 보아야 하는가의 문제(지지가 변화를 보인

다는 '지지의 생극합충'의 문제, 즉 10오행 이외에도 변화를 논할 수 있는가의 문제)를 분명히 하였다.

(5) '생극합충'이 보여주는 생명력의 生, 變, 滅의 이치를 계절변화와 같은 우리 현실생활 속에서의 논거를 들어 정리했으며, 특히 절기마다 계절이 변화를 보일 때 생극합충의 작용력이 어떻게 이루어지는 지를 설명함으로써 '생극합충의 진의'를 확인했다.

(6) 끝으로 '음양오행의 적용 편'에서는 실존 인물들의 명식을 1, 2, 3부에서 설명한 내용을 바탕으로 음양의 균형, 오행의 균형, 천간과 지장간의 유기성, 대운과의 조합, 일간의 입장에서 바라본 균형 순으로 설명하였는바, 특히 '천간과 지장간의 유기성'을 바탕으로 '생극의 이치'가 균형점을 향하고자 하는 전체 세력에 어떠한 영향을 주는가? 또 대운의 천간과 지장간은 원국과 어떻게 조합을 해야 하는가? 등을 주목함으로써 이른바 '명리학의 이론편'을 정립하고자 하였다.

위에서 소개된 내용들은 필자의 가슴에 늘 품어져 있던 목마름이었다. 꽉 막힌 수도관을 바라보듯이 필자 또한 십 수 년을 답답한 가슴을 풀지 못하다가 이제야 같은 생각을 가지고 있는 독자들에게 부족하나마 필자의 주장에 대한 조언을 구하고자 한다.

차례

제2편. 사주의 구성원리

차례

차례

차례

제3편. 생극합충에 의한 계절(오행)변화의 이치

음양오행, 체용변화 완결

제1편
명리의 개념

제1장. 서론

　어느 학문이든지 마찬가지겠지만 '명리(命理)'를 살펴보고자 한다면 우선 '명리'라는 말이 무슨 뜻인가를 이해하는 것이 순서일 것이다. 학문의 이름으로 많은 것을 한 눈에 읽어낼 수는 없겠지만 이름은 그 방향을 제시할 뿐 아니라 내용의 핵심을 담고 있기 때문이다.

　내용에 들어가서도 큰 제목과 작은 제목이 제시하는 연결성의 흐름을 염두에 두고 각각의 용어에 대한 정의와 공식에 대한 논거를 이해하는 것이 중요하다. 특히 '명리'는 용어나 공식 하나하나에 깊은 뜻이 담겨 있는데다 서로서로 한 가지 흐름으로 맥을 이루고 있기 때문에 '정의와 논거'를 이해하지 못하면 겉으로만 돌게 되어 기술만 익히게 될 뿐 깊은 뜻은 있는지조차 모르는 경우가 많이 있다.

> **참고**　'명리학(命理學)'의 모든 이론들은 음양오행의 개념과 변화이치가 근본적인 바탕을 이룬다. 따라서 '음양의 개념과 변화'를 모르면 '오행'을 알 수 없고, '오행의 개념과 변화'를 모르면 천간 지지, 생 극, 합 충 등의

개념과 변화를 알 수 없다. 개념을 알지 못하는데 변화에 대한 논거를 알고 있다거나, 변화에 대한 논거를 알지 못하는데 개념을 알고 있다고 한다면 참으로 이해하기 어려운 논리가 될 것이다.

'명리'에 대한 개념은 '좁은 의미'와 '넓은 의미' 등으로 구별할 성질의 것은 아니나 이해의 편의상 둘로 구별을 해서 유기적인 관계를 살펴보도록 하겠다.

제2장. 명리의 의의

【1】 좁은 의미의 명리

'命'이란 일반적으로 목숨, 명령, 운수 등을 의미하고, '理'는 다스리다, 옥을 갈다, 바르게 하다, 통하다 등의 의미가 있다. 따라서 '좁은 의미'로 볼 때 '명리'란 '생명이 흐르는 이치' 또는 '개인의 운명이 흐르는 이치'라 할 수 있고, '사주(四柱)와 행운(行運)을 모태로 개인의 운명에서 길흉화복(吉凶禍福)을 도출해 내는 학문'이 '좁은 의미의 명리학'이다.

生年 月 日 時로 나타내는 '사주'는 태양을 구심점으로 돌고 있는 지구의 자전 공전 중의 어느 한 시점이다. 따라서 명리는 과학이다. 태양과 지구의 역학 관계에 의해 뜨겁고 차갑고 수축하고 팽창하는 등의 절묘한 배합에 따라 지구에는 수많은 유기적인 기운이 생(生) 변(變) 멸(滅)을 하고 있으며 인간 역시 그 중의 한 모습이다.

유한성을 가지고 있는 생명의 변화로 인해 인간은 두려움과 희망이 교차하게 되고, 이로 인해 길흉화복에 대한 궁금함이 나이가 들어갈수록 점점 높아지고 있는 것이 사실이다.

이러한 궁금함을 사주와 행운(行運)으로 살펴보고 보다 더 보람 있는 삶을 영위하는데 도움을 받고자 하는 것이 '좁은 의미의 명리학'이고 이를 '사주 명리'라 부르기도 한다.

【2】 넓은 의미의 명리

'명리'를 우리의 현실에 맞추어 살펴보면 위와 같이 좁은 의미로 해석을 할 수 있지만, 이를 보다 더 넓게 보면 '명리'에서의 '명(命)'에는 '하늘이 품고 있는 순리(順理)'라는 의미가 담겨 있다. 여기서 '하늘'이란 포괄적인 의미에서의 '우주'를 의미하고, '순리'란 우주를 '현상(現像)'으로 인식 시킬 수 있는 일정한 '법칙성(法則性)'을 의미한다.

명리를 논하는 사람들이 우주를 논한다는 것은 어찌 보면 지나치게 광범위 하고 추상적이 아닐까라는 생각이 들 수도 있겠다. 그러나 '하나의 작은 사물의 이치를 보고 큰 사물의 이치를 알 수 있다'는 말과 같이 태양과 지구라는 역학관계에서 엿볼 수 있는 과학적인 이치는 비록 많은 다양성을 가지고 있기는 하겠지만, 태양계 자체가 우주의 일부분일 뿐 아니라 어떤 원리를 바탕으로 하나의 '계(界)'로써 존재하는 이상 이를 기준으로 우주를 짐작한다 해도 무리는 아니라고 본다.

> 참고 지구가 태양을 한 바퀴 도는 데는 1년이 걸리지만, 태양(계)이 '우리 은하계'를 한 바퀴 도는 데는 약 1억 3000만 년이 걸리고, '우리 은하계' 또한 짐작하기조차 어려울 만큼 더욱 거대한 또 다른 은하계를 돌고 있다 는 것이 학자들의 주장이다.

'법칙성'이란 '일정한 규칙'이다. 즉, '구심점을 중심으로 돌고 있는 자전과 공전의 원리에 기인한 모든 이치'를 말한다. 태양을 양으로 보고 지구를 음으로 보는 이유는 태양 자체가 화기(火氣)인 이유도 있지만, 하나의 '계(界)'를 형성하고 있는 구심점이면서 적극적으로 빛과 열기 등 에너지를 발산하기 때문이며, 지구는 태양을 중심으로 균형을 이루어 자전 공전을 하면서 소극적으로 이를 흡수해서 수많은 생명력을 품어 '잉태 및 탄생의 바탕'을 이루기 때문이다.

이와 같이 '순리'를 법칙성으로 보면 '명리'와 '순리'는 그리 멀지 않게 느껴질 수도 있다. 그러나 명리에는 법칙성 이외에 한 가지 의미가 더 함축되어 있다. 그것이 바로 '생명성(生命性)'이다. '생명성'이란 법칙성인 '일정한 규칙의 범위 안'에서 '생 변 멸'로써 보이는 즉, '현상으로 인식할 수 있는 모든 변화의 흐름'을 말한다. 여기서의 '변화의 흐름'은 '어떤 조화력(造化力)에 의해 형성되는 것'을 말하는데 이는 우주를 입체적으로 본 관점이다.

> **참고** 여기서 '변화의 흐름'은 '일정한 규칙의 범위 안'에서 생(生) 하고 변(變) 하고 멸(滅)하기 때문에 '생명성'이라고 한다. '변화'란 그에 상대되는 경계(일정한 규칙)가 바탕이 되어 주지 않으면 존재할 수 없는 단어이기 때문이다. 이는 마치 '바람'이라는 변화의 기운이 땅 덩어리인 지구가 바탕이 되어주지 않으면 존재할 수 없다는 이치와 같다. 조화력(造化力)이란 '무언가를 짓고 배합하여 변화를 시키는 힘'을 말한다.

결과적으로는 모든 생명도 포함되는 것이긴 하지만 '살아 숨 쉬는 생명'이라는 선입견은 일단 배제하고, 모든 생명력은 어떠한 이치에 의해 일관되게 흐르고 있다는 것을 이해하여야 한다.

생명성인 변화의 흐름 또한 일정한 규칙이 있는데, 태양과 지구가 균형을 이룸으로써 존재하듯이 이 또한 '법칙성의 범위 안'에서 음양이 균형을 이룸으로써 존재한다. 이는 마치 양인 바람과 음인 바다가 만나 바람의 세기만큼만 파도를 치는 것과 같고, 사람의 정신과 육체가 균형을 이루어야 원만한 삶을 유지할 수 있는 것과 같다. 활의 탄력성에 따라 화살이 날아가는 속도와 거리가 달라지는 것도 같은 이치다.

> **참고** 여기서 '법칙성의 범위 안에서 음양이 균형을 이룸으로써 존재한다' 는 말이 중요하다. 즉, 자전과 공전이라는 일정한 규칙이 바탕(경계)이 되어야만 그 범위 안에서 음양은 변화를 보일 수 있다는 뜻이다.

이와 같이 음양이 균형을 유지하면서 헤아릴 수 없는 변화를 보이는 것을 다섯 가지 성질로 대별해 놓은 것이 목(木), 화(火), 토(土), 금(金), 수(水)이며 이것이 오행(五行)이다.

순리인 법칙성에 생명성을 더해야 비로소 명리는 '하늘(우주)이 품고 있는 도리(道理)' 라는 정의가 가능하다. 생명성이란 순리인 법칙성 범위 안에서 변화의 흐름으로 통해야 하는 '생, 변, 멸' 이기 때문이다.

여기서 순리(順理)와 도리(道理)의 차이를 명리학 입장에서 다시 한 번 살펴보면, '순리' 는 '음양이 균형을 이루고 있는 이치 즉, 법칙성을 의미' 하고, '도리' 는 '음양이 균형을 유지하면서 오행으로 변화를 보이는 이치' 즉, '법칙성의 범위 안에서 생, 변, 멸로써 변화를 보이는 생명성' 을 포함한 개념이다. 따라서 포괄적 의미로서의 '명리' 란 '하늘이 품고 있는 도리' 라 할 수 있으며 이를 논리적으로 설명하고자 하는 학문이 '넓은 의미의 명리학' 이다.

'명리' 에 대한 정의를 음양, 오행, 변화, 균형 등 다소 추상적인 단어로 표현해 어렵다는 느낌이 들 수는 있다. 그러나 이 용어들이야말로 명리학에서 가장 기본적이면서도 핵심을 이루는 것들이며, 이 네 개의 단어들을 연구해서 그 이치를 이해하고자 하는 학문이 '명리학'이다.

균형을 이룬 음양이 오행으로 변화를 보인다는 의미는 곧 '체용변화'의 원리다. 따라서 음양과 오행, 체용변화는 이해의 편의를 위해 말만 다를 뿐 같은 내용이다. 다만 음양과 오행의 개념을 분명히 알아야 이들이 변화하는 이치를 알게 되고, 이 이치를 알아야 '체용변화'의 이치를 이해하게 된다는 인과관계가 있다.

'명리'는 우리 인간들의 현실 생활과 같다. 따라서 중요한 용어들의 개념을 정리하면서 '좁은 의미'에서 '넓은 의미'로 점차 이해를 해 나간다면 의외로 크게 어렵지 않다는 것을 알게 된다.

> **참고** 명리학에서 중요하다고 여겨지는 모든 이론들은 단지 체용변화의 원리를 하나의 '인식될 수 있는 현상'으로 각각 이치에 따라 분류해 놓은 것이다.

제3장. 명리학의 기원

당나라 말기 당사주(唐四柱)를 만들었다는 이허중과 『연해자평(淵海子平)』을 저술하고 일간(日干) 중심의 사주명리를 정립함으로써 자평명리(子平命理)를 이루었다는 송나라 때의 서자평, 『적천수(滴天髓)』 『삼명통회(三命通會)』를 저술한 명나라의 개국공신 유백온, 그리고 청나라 때 『적천수』를 풀이한 『명리약언(命理約言)』의 저자 진소암, 사주명리의 3대 보서 중 하나로 꼽히는 『자평진전(子平眞詮)』의 저자 심효첨, 『적천수』에 주석을 달아 사주명리 책 중에서 백미로 꼽힌다는 『적천수 징의(徵義)』의 저자 임철초, 『난강망(欄江網)』(근대 이후 서낙오가 주석을 달아 『궁통보감(窮通寶鑑)』으로 불린다고 함)'을 저술한 여춘태 등이 현대 명리학의 바탕이 된 것으로 알려져 있다.

그러나 전해오는 기록의 유무가 기원의 척도가 될 수도 있겠으나 명리학은 우리 인간들의 삶의 기본적인 이치이기도 하거니와 음양오행의 변화원리를 설명함으로써 이것이 우주의 존재원리임을 밝히는 학문이다. 과거 고조선이나 고구려는 물론 각 나라마다의 선각자들께서는 이미 이 오묘한 이치를 깨닫고 후손들에게 그에 준하는 교육을 시켰던 것으로 전해지고 있다. 따라서 어느 나라의 누가 무슨 책을 썼는가를 살펴보는 것도 중요하겠지만, '명리'의 가장 기본적이면서도 핵심적인 이론들에 대한 보다 체계적인 이해가 더욱 중요하다 할 것이다.

제4장. 명리학과 역학

'易學'은 하도(河圖)와 낙서(洛書)에 그 기원을 두고 음양의 변화를 설명한다. 삼황시대의 한 사람으로 알려진 복희씨의 괘(卦)와 64괘를 해석한 주나라 문왕의 괘사(卦辭), 문왕의 아들인 주공의 효사(爻辭: 한 괘를 이루는 각 효의 뜻을 설명) 그리고 공자의 십익대전(十翼大傳)으로 집대성된 '주역(周易)'이 그것이다.

주역은 음양의 변화로써 천지만물이 변화하는 현상을 설명하기 때문에 음양뿐 아니라 오행의 변화에도 큰 비중을 둠으로써 체용변화를 근간으로 하고 있는 '명리학'과는 시각적인 차이가 있다.

‘易’이란 바뀌다, 교환하다는 뜻으로 단순히 해석할 수 있지만 역학이나 명리학적으로 좀 더 자세히 살펴보면 '만물은 단 한 시도 제 모습을 유지하지 못하고 변화를 계속 하고 있다' 는 뜻이다. 이는 명리학의 기본적인 골격이라 할 수 있는 체용변화의 원리 및 오행의 생극제화(生剋制化)의 원리와 다르지 않다. 따라서 명리학과 역학은 '한 시도 쉬지 않고 氣(음양)가 변화하는 이치를 연구하는 학문' 이라는 점에서 근본이 같다.

> **참고** 하도(河圖)'는 복희 시대에 지금의 황하에서 신령한 용마가 나타났는데 그 용마의 등에 이상한 점들이 있어 관찰해 본 결과 그것이 우주의 원리였다는 설화이며, '낙서(洛書)'는 하나라 우임금 때 '낙수' 라는 마을에서 치수 공사를 하던 중 신령스런 거북이가 나타났는데 그 거북이의 등에 여러 개의 점들이 이상한 모양을 하고 있어 관찰해 보니 여기에서 '하도' 와는 다른 '생극(生剋)의 원리' 가 있었다는 설화이다.
> 이 내용들은 일면 생극(生剋)의 이치에 부합이 되는 부분이 있어 많은 책들이 앞다투어 설명들을 하고 있지만, 본서에서는 계속 나오는 내용이므로 참고 이상으로 주목할 필요는 없다고 본다.

제5장. 명리학과 사주학

명리학이 음양오행의 원리로서 현상의 변화를 설명할 수 있는 이론적 근거는 구심점인 태양과 이를 중심으로 자전과 공전을 하는 지구와의 역학적인 관계 때문이다. 태양(계)이 '우리 은하계' 를 돌고 있다는 등의 설명 또한 우주 자체가 생명성을 품고 있는 법칙성으로 구성되어 있다는 것을 의미한다. '변화' 는 '현상으로의 인식' 이므로 '음양으로서의 존재' 자체를 의미하기 때문이다.

사주(四柱)란 '개인의 생년, 월, 일, 시를 간지(干支)로 표현해 놓은 네 기둥'이며, '사주학(四柱學)'은 '사주와 행운(行運)을 기초로 음양과 오행의 생극제화(生剋制化)를 살펴 개인 중심의 길흉화복을 도출해 내는 학문'이다.

명리학과 사주학은 구심점과 자전 공전이라는 과학적 근거를 바탕으로 하므로 같은 원리이다. 굳이 차이를 보자면, 사주학은 자전과 공전의 한 시점인 생년월일시를 중심으로 개인 중심의 길흉화복을 살펴보고자 한다는 것뿐이다. 즉, 사주학은 명리학의 부분이다.

> **참고** '생극제화'란 생(生) 하고 극(剋) 하고 합(合) 하고 충(冲) 한다는 것을 말하는 것으로, 오행이 변화를 보이는 이치를 각각 구별 지어 설명하는 것이지만 이는 한 가지 이치 즉, 음양에서 오행으로의 변화인 '체용변화'로 귀일되는 변화의 흐름을 바탕으로 하고 있다. 따라서 '음양의 개념', '오행의 개념' 그리고 '음양에서 오행으로의 변화이치'를 이해해야만 이해가 가능한 이론들이다.

제2편
음양론(陰陽論)

제1장. 음양(陰陽)의 의의

【1】음양의 의의

'음양'은 경외심을 가지고 바라보아야 할 대상이지 정의를 내릴 수 있는 대상이 아니라는 학자도 있다. 그만큼 심오하기 때문이겠지만 이해가 어려울 수는 있어도 정의를 내릴 수 없는 학문은 없다고 본다. '음양'은 기운(氣運)의 흐름을 논하는 것이므로 지극히 추상적이라는 느낌을 줄 수 있다. 그러나 우리의 현실 모든 것이 음양으로 이루어져 있을 뿐 아니라 음양은 우주의 구성요소이므로 현실과 우주는 '한 몸'이다.

상기한 바와 같이 현실 세계에서 보여지는 모든 음양 변화의 이치는 구심점과 자전 공전의 원리에 기인한다. 태양계뿐 아니라 그 어느 곳이건 구심점, 자전, 공전이 존재하는 한 균형, 변화는 함께 존재한다. 균형이 없으면 이미 현상으로 인식될 수 없는 것이고, '현상으로의 인식'은 '존재'며, '존재'는 곧 '음양의 균형'이다.

음양은 균형을 이룬 상태에서 천변만화를 보인다. 정신과 육체가 균형을 이루어 사람이 되고, 그 사람이 다시 남자와 여자가 되듯이 음양은 음양 속에 또 다른 음양을 품고 변화를 보인다. 음의 기운인 지구 안에서 양의 기운인 생명체가 살고 있는 것도 같은 이치다.

이와 같은 '균형'과 '변화'를 기준으로 음양을 정의하면, '음양'이란 '균형을 이루어 인식될 수 있는 현상을 유지함으로써 우주를 형성하고 있는 상대적인 두 기운'이며 이는 '우주의 구성요소'이다.

【2】 현실세계에서 바라본 음양

1. 음양은 반대적이면서 상대적이다

음양이라는 개념이 추상적이면서 매우 어렵다는 느낌을 주는 것은 사실이다. 그러나 음양은 우리의 현실 생활에서부터 우주의 존재원리에 이르기까지 총망라되어 있는 요소이므로 멀리서 그 개념을 찾기보다는 우리의 현실 생활에서부터 이해를 해 가는 것이 올바른 순서일 것이다.

다른 것도 많이 있지만 우선 현실 생활에서 음양을 가장 먼저 쉽게 알아볼 수 있는 것은 '정신과 육체', '남자와 여자'다. 정신은 양이고 육체는 음이며, 남자는 양이고, 여자는 음이다. 같은 이치로 모든 생명의 '암·수'는 '음과 양'일 것이다.

그러나 세상의 모든 사물과 변화하는 현상을 일일이 좇으면서 이것은 양, 저것은 음 이라는 식으로 정해놓을 수는 없는 일이다. 구분될 수 있는 기본적인 이치가 있을 것이기 때문에 이를 이해하는 것이 중요하다. 위에 예를 든 '정신과 육체', '남자와 여자'는 우리와 '하나'를 이루고 있으므로 가장 흔하고, 당연한 듯이 보이는 대상이지만 이 둘이 품고 있는 음양의 조화는 매우 심오하다.

우리의 현실에서 양과 음이라는 기운을 살펴보면, 우선 '양의 기운'은 '적극적'이면서 '능동적'이고 '변화를 주도'하는 반면에, '음의 기운'은 '소극적'이면서 '수동적'이고 '변화의 바탕을 이루지만 변화를 주도하지는 않는다'라는 것을 들 수 있다.

정신과 육체를 보면 '정신'은 '적극적이면서 능동적'이고 '변화를 주도'하지만, '육체'는 '소극적이면서 수동적'이며 '변화를 주도하지는 않는다'는 것을 알 수 있고, 남자와 여자 역시 위의 성질로 설명이 가능하다.

> **참고** 양 요철(凸)과 음 요철(凹)을 결합시킬 경우, 위치에 관계없이, 양 요철을 적극적으로 맞추든, 음 요철을 적극적으로 맞추든 결국은 음 요철이 바탕을 이루어야 양 요철을 음 요철에 맞추어 결합을 하게 된다. 즉, 양은 적극적이고 음은 소극적이라는 뜻이다. 남자와 여자뿐 아니라 모든 음양의 이치는 음이 바탕(경계)을 이루어야 양이 균형을 이루면서 '하나'가 될 수 있고, '하나'가 되어야 '현상'으로 인식됨으로써 존재할 수 있다.

같은 이치로 태양과 지구의 관계 역시 태양은 적극적으로 빛과 열을 발산하는 반면, 지구는 이를 소극적, 수동적으로 흡수하면서 균형을 유지하고 있다. 이와 같이 '양의 성질'과 '음의 성질'은 상호 반대적이면서 상대적인 기운이다.

2. 음양은 균형을 전제로 존재한다

적극적이면서 능동적인 양의 기운과 소극적이면서 수동적인 음의 기운은 비록 반대적이고 상대적인 기운이지만, 이 둘은 차별 없이 동등한 지위를 가지고 있다. 반대적, 상대적임에도 불구하고 두 기운이 동등한 지위를 가지고 있다함은 이 둘은 반드시 '균형'을 이루어야만 존재한다는 의미다.

'무형'은 '양의 기운'이고 '유형'은 '음의 기운'이다. 그러나 무형 속에도 음양이 있고, 유형 속에도 음양이 있으므로 다소 복잡한 느낌이 있다. 음양이 비록 천태만상으로 변화를 보이지만 크고 작다는 등의 차이는 있을 수 있으나 유형이든 무형이든 균형을 이루어야만 존재가 가능하고, 또 그래야만 현상으로의 인식도 가능하다.

지구상에서 일어나고 있는 기상 변화와 같은 무형의 기운이 균형을 이루면서 변화를 보이는 형태가 있는가 하면, 풍선 안에 있는 '양의 기운'인 '공기'와 '음의 기운'인 '고무'가 균형을 이루어야만 현상의 모습인 풍선으로서의 제 역할을 할 수 있다는 것, 인간 역시 정신과 육체가 균형을 이루어야만 남들과 비교적 원만한 삶을 살 수 있으며 남녀 또한 균형을 이루어야 부부가 되어 가정을 이룰 수 있다는 것 등이 있다.

여기서 기상 변화, 공기와 정신은 무형의 기운이고, 고무와 육체, 남자와 여자는 모두 유형의 기운이라 할 수 있다.

3. 음양은 균형을 유지하기 위해 변화를 보인다

유형, 무형의 음양 변화 중 정신과 육체가 불균형을 이루었을 경우를 보자.

정신이 강하고 육체가 약할 경우 정신은 육체와 균형을 이루려 하고, 육체가 강하고 정신이 약할 경우 육체는 정신과 균형을 이루려 한다. 물론 강한 정신을 기준으로 약한 육체를 강한 육체로 균형을 맞추는 경우도 있겠지만 이는 정신이 주도하는 끊임없는 인고의 노력을 요한다. 공기와 고무 역시 균형을 이루지 못하면 풍선으로서의 제 구실을 할 수 없으며, 활의 탄력성에 대한 화살의 속도와 거리 또한 같은 이치다.

남자와 여자의 경우를 보자. 남자와 여자는 상호 균형을 이루고 상대적으로 존재해야만 남자와 여자가 된다. 세상에 여자 없이 남자만 있다거나 남자 없이 여자만 있다면 이는 그냥 인간일 뿐 남자, 여자가 아니다.

부부문제도 마찬가지다. 세상 남녀가 모두 결혼할 수 있는 것은 아니며 상호 마주 보고 균형을 이루어야만 부부가 될 수 있다. 부부가 되기 위해서는 남녀 모두 균형점에 이를 때까지 사랑을 키우는 노력이 있게 되고, 부부가 되고 나서야 비로소 남편인 양이 되고, 아내인 음이 된다. 설사 균형점에 가까워져 단 기간 동안 '하나'를 이루었다 해도 이는 부부가 아니며, 부부라 해도 균형을 이루지 못하면 부족한 쪽이 노력해서 균형을 맞추어야 함은 물론, 이를 간과 하면 '상처'라는 부작용을 남기고 다시 인간 중에서 양과 음인 남편에서 남자로, 아내에서 여자로 돌아가는 것이다.

개인의 정신과 육체 그리고 남녀를 들어 음양의 예를 들었지만, 음양은 우리의 현실 생활에서 모든 것을 이루고 있다.

경제전문가들은 경제원리에서 '수요공급이론'이 가장 기본이라고 한다. 이는 수요와 공급이 균형을 이루는 곳에서 가격이 결정되고, 이 가격이 결정되는 '수요와 공급의 균형점'이 경제 이론에 큰 영향을 미치기 때문일 것이다. '수요', '공급' 또한 균형을 요구하는 무형의 기운이지만, 이 무형의 기운이 유형의 기운인 우리의 현실 생활과 또 다른 균형을 이루어야만 안정과 조화를 이루어 '행복한 삶'을 이끌어낼 수 있다.

> **참고** 여기서 '공급'은 '적극적이고 능동적'이므로 양이고, '수요'는 '소극적이고 수동적'이므로 음이다. 따라서 '수요'를 바탕으로 '공급'이 변화를 보이는 것이 기본이다.
> '균형관계'로 볼 때, 공급이 많고 수요가 적으면 가격을 내려 수요, 공급의 균형을 맞추게 되고, 반대로 수요가 많고 공급이 적으면 가격을 올려 수요, 공급의 균형을 맞추게 된다.

법(法)은 정해져 있는 바탕이므로 음이고, 그 테두리 안에서 이를 지켜야 하는 국민은 양이다. 따라서 법이 강하면 국민이 위축될 것이고, 국민이 강하면 혼란이 올 것이다. 법은 순리에 따른 것이므로 앞에서 말한 법칙성과 같은 느낌을 주지만 법 또한 '국민의 안정과 조화'를 지켜야 한다는 존재가치가 있다. 이것이 '법의 생명성'이다. 법은 대다수 국민의 뜻이 결집되어 만들어져야 하는 것이 원칙이다. 그래야만 안정과 조화라는 균형을 이룰 수 있다. 즉, 법은 곧 국민의 뜻이 되어야 한다. 그래서 소수의 사람들에 의해 만들어진 것은 '법'이 아니라 '힘'이다.

'교육'은 국가의 흥망을 좌우한다. 특히 우리나라와 같이 영토가 좁고 부존자원이 부족한 나라에서는 더욱 그러하다. 가르치는 '선생'은 양이고, 배우는 '학생'은 음이다. 음이 바탕을 이루어야 양이 변화를 보이고, 양이 변화를 보이는 경계에는 언제나 음이 균형을 이루면서 함께 변화를 보인다. 훌륭한 '선생'과 훌륭한 '학생'이 균형을 이루어야 교육은 꽃을 피우게 된다.

기상학적인 예를 더 들어 보면, 강력한 기운인 '태풍'은 저 혼자만이 질주하는 듯이 보이지만 그 경계에는 반드시 태풍의 강하기만큼의 상대적인 기운이 바탕(경계)을 이루고 있다. 이 상대적인 기운이 태풍과 균형을 이루면서 바탕을 이루어 주지 않으면 태풍은 존재하지 못한다. '바다'라는 고정된 경계가 바탕을 이루지 못하면 '바람'은 존재하지 못하며, 바람과 바다가 만나 균형을 이루었을 때, '바람의 세기만큼'만 생, 변, 멸이라는 변화의 결과로 나타나는 것이 '파도'다.

땅 위의 공간 속에서 동물들이 기기도 하고 날기도 하며 뛰기도 하는 것이나, 음기로만 채워져 있는 바다 속에서 물고기가 유영을 하는 것 등도 양의 기운인 생명력과 음의 기운인 저항력이 균형을 이루는 범위 안에서 저마다의 독특한 모습으로 생명을 유지하면서, 저희들끼리 또한 양과 음을 이루고 있다.

우리의 현실 세계에서 균형을 이룬 음양은 천변만화를 보인다. 어린 아이들의 눈높이에 맞추어 풍선의 모양을 가지가지의 예쁜 모습으로 다양하게 변화를 주었지만 양과 음인 공기와 고무는 전혀 변화가 없는 것과 같고, 기상 변화와 같은 무형의 기운 역시 천변만화를 보이지만 '균형'을 유지해야만 제 역할을 할 수 있다는 이치는 변하지 않는다. 사람도 음양으로 구별되어 남자와 여자가 있지만 똑같은 남자 여자는 한 사람도 없다. 다만 남녀로 구별을 했을 뿐이다.

> **참고** 모든 생물이 멸(滅, 죽음)은 없고 생(生)만 있다면 존재가 불가하고, 생, 변, 멸로서의 변화가 없다면 발전과 쇠퇴는 없을 것이다. '멸'은 슬픔인 듯이 보이지만 '멸'이 없다면 '생'에 대한 희망도 없을 것이다.

【3】 음양의 성질

음양의 성질을 보면, 양(陽)은 불(火)과 같이 퍼지거나 솟으려하고 밝거나 뜨거운 기운이며, 나무가 생동력을 보이면서 자라는 기운이고 꽃이 개화를 하듯 피어나고자 하는 기운이다. 반면 음(陰)은 어둡거나 차가운 기운이고 얼음과 같이 단단해지려 하며 과일이 영글어 가고 벼가 고개를 숙이듯이 안으로 기운을 흡수하는 기운이다. 양은 팽창을, 음은 수축을 하려는 기본적인 성질을 가지고 있음을 의미한다.

음양은 균형을 전제로 존재하는 이름이며 서로 섞일 수 없는 양립된 기운이다. 이는 마치 낮과 밤이 상대적으로 존재하면서 섞일 수 없는 것과 같다. 양은 적극적으로 변화를 하려는 기운인 반면에 음은 이 양의 경계에서 소극적으로 균형을 이루면서 함께 존재하는 기운이다. 양은 헤아릴 수 없는 변화를 가지고 있지만 그 변화에 따라 음이 경계를 이루어 한계와 범위를 지으면서 함께 변화를 한다. 즉, 양은 음을 바탕으로 그만큼 변화를 보인다.

그래서 음양은 균형을 전제로만 존재하게 되는 것이고, 이것이 현상으로 인식될 수 있는 근거가 된다.

> **참고** '음양'은 이목구비에 의해 전달된 고정화된 선입견이 앞서면 기본적으로 흐르는 이치에 대한 개념을 정립하기가 쉽지 않다. 따라서 관조적인 입장에서 객관적으로 연구하는 자세를 가져야 한다.

【4】 우주에서는 다만 변화가 있을 뿐 완전한 소멸은 없다

사람은 죽음이 있어 두려움이 있고 生이 있어 희망이 있다. 그러나 우주 안에서의 생, 변, 멸이라는 변화의 시각에서 볼 때, 세상에 존재하는 모든 것은 한 시도 자아를 유지하는 것은 없다. 이는 음양이 균형을 유지하기 위해 변화가 계속 '진행 중'임을 뜻한다.

어찌 보면 모든 것이 허무하다는 생각이 들 수도 있겠다. 그러나 반대로 우주라는 공간을 염두에 두고 '나' 역시 '변화의 일부분'임을 생각해 보면 오히려 무한대의 희망을 가질 수도 있다. 우주에서는 다만 변화만 있을 뿐 허비되는 것이 없기 때문이다.

【5】 명리학은 한 가지 이치로 흐르는 맥이 있다

'명리'에서는 '균형'이라는 단어가 매우 중요하다. 즉, 명리를 알고자 한다면 '음양은 균형을 전제로만 존재한다'는 것을 잊지 말아야 한다. 부부도, 각종 모임도, 친구도, 조직도, 나라 간에도 균형이 중요하다. 균형을 유지해야만 서로를 유지할 수 있으며 상호 목적한 바를 이룰 수 있다.

사주를 간명할 때도 균형이 중요함은 물론이다. 사주 속에서 음양과 오행이 변화하는 이치를 찾아 음양으로서의 균형과 오행으로서의 균형이 이루어져 있는가를 살펴보고, 균형점에 가까이 갈 수 있는 음양오행이 무엇인가를 찾아내 개인의 삶에 적용하는 것이 사주를 간명(看命)할 수 있는 방법이요 목적이다.

세간에서 떠도는 말 중에 '명리는 웃고 들어갔다 울고 나온다'는 말이 있다. 물론 이 말의 뜻은 처음에는 쉬운 듯 했으나 점점 가면 갈수록 어려워져 결국 목적을 달성하기가 어렵다는 의미일 것이다. 사람마다 차이는 있을 수 있겠으나 명리는 음양과 오행을 이해하는 것이 무엇보다 중요하다. 따라서 이를 이해하지 못하면 시간이 흐를수록 한계를 느끼게 되는 것이다. 음양오행으로 시작해서 끝까지 음양오행의 변화원리가 바탕을 이루는 것이 명리이기 때문이다.

오늘날 한·중·일 3국에서 쏟아져 나온 명리서들이 지금 서점에 넘쳐 나고 있다. 그러나 오행은 木火土金水, 갑기합은 土(甲己合化 土), 大運은 10년이라는 식으로 정해져 있는 공식만 있을 뿐 이 공식들에 대한 정의와 논거가 턱없이 부족하다. 공부를 하는 학생들로부터 '5년을 공부했는데도 아는 것이 하나도 없다'라는 말을 종종 듣는다. 이는 이해가 아닌 암기식으로, 즉, 이치를 이해하는 것이 아니라 정해져 있는 공식을 암기해서 대입하는 형식으로 공부를 했을 뿐 아니라, 근거 없는 이론들을 당연한 것으로 믿고 적용했기 때문이다. 이것이 '사주' 하나를 놓고 저마다의 해석이 다르게 나타나는 이유다.

명리를 이해하려면 각 이론들에 대한 정의를 알아야 하고 이를 뒷받침할
논거가 분명하여야 한다. 그래서 '명리'는 음양오행으로부터 시작하는 처
음이 중요하고, 이 부분에서 깊은 사고(思考)를 거치는 경험이 반드시 필요
하다. 그래야만 스펀지에 물이 차듯이 '내공'이 쌓이면서 한 줄기로 흐르
는 '맥'을 찾을 수 있다. 이 '맥'만 찾으면 명리는 무겁게 깔려 있던 안개가
서서히 걷혀가는 느낌이 들면서 마침내 내 눈 앞에 그 감동적인 모습을 드
러내게 된다.

삶의 흐름인 '운명'을 알고자 한다는 것은 곧 '음양오행의 변화'를 알고
자 하는 것이기 때문에 연월일시로 나타내는 사주도 같은 이치다. 당장 사
주를 잘 보고 못 보는 것은 중요하지 않다. 정의와 논거를 통해 주요 내용
들을 체계적으로 이해를 하다 보면 자신도 모르게 점점 그 깊이를 깨달을
수 있기 때문에 이는 시간문제인 것이다. 어떠한 학문이든 그에 적당한 시
간이나 노력이 소요된다는 것은 당연지사다. 중요한 것은 '올바른 이론'과
'학문에 대한 열정'이다.

제2장. 음양의 변화원리(음양의 3원리)

상기한 바와 같이 음양은 균형을 전제로만 존재하는 이름이다. 양은 적
극적인 변화의 기운이므로 세상은 헤아릴 수 없는 변화를 갖는다. 이 모든
변화는 음이 균형을 이루지 못하면 존재하지 못한다. 이것이 생(生), 변(變),
멸(滅)로 나타나는 유형, 무형의 모든 현상이다.

이렇게 다양한 변화를 보이면서도 음양은 어떻게 균형을 이룸으로써 그

존재를 유지할 수 있는가? 물론 균형을 유지하게 할 수 있는 기본적인 '작용의 원리'가 있다.

　이것이 '음양의 3원리'이며 또한 음양의 작용력(또는 조화력, 음양의 존재원리)이다.

> **참고** 한 가족이 행복한 가정을 유지하려면 아빠와 엄마, 자식이 각각 주어져 있는 일에 최선을 다 해야 한다. 여기서 '각각 최선을 다 해야 한다'는 것은 '작용력'이고, '행복한 가정'이라는 것은 안정과 조화 즉, 균형을 의미한다. 4계절 또한 환절기라는 작용력이 바탕이 되어야 '균형'이라는 이치에 의해 봄, 여름, 가을, 겨울이라는 '인식할 수 있는 현상'으로 존재하게 된다.

　'음양'은 짝을 이루려는 근본적인 성질로서 '평등성(平等性)'을 가지고 있고, 동과 서, 밤과 낮 등과 같은 '상대성(相對性)'을 가지고 있으며, 정신과 육체, 원인과 결과가 균형을 이루어 하나가 되듯, 수소와 산소가 결합하여 물이 되듯 '완결성(完結性)'을 가지고 있다. 이와 같이 음양의 변화원리를 3가지로 설명하지만 이 3가지 원리는 동시에 작용을 하게 되고 그 결과로써 우리가 인식할 수 있는 것이 '균형을 이룬 변화'다.

　여기서 '평등'이라는 말은 음양이 '지위가 같음'을 의미하고, '상대'라는 말은 '균형'의 의미를 가지고 있으며, '완결'이라는 말은 현상으로 인식될 수 있는 '짝 또는 결합'과 같은 의미로 이해할 수 있다.

　이것이 음양이라는 추상적인 단어가 품고 있는 '작용력' 또는 '조화력'의 비밀이다. 이와 같은 중요한 의미를 가지고 있기 때문에 '작용력'과 '균형', '변화'란 말은 본서에서 셀 수 없이 많이 나온다.

'작용력' 의 의미를 다시 한 번 정리해 보면, '천변만화를 보이는 변화 속에서도 음양의 3원리에 의해 음양으로 하여금 균형을 유지하게 함으로써, 현상으로 인식될 수 있는 생명성을 형성하는 근원적인 힘', 이것이 '작용력' 이며 음양이 생성 변화 소멸을 할 수 있는 조화력의 이치다.

제3장. 음양의 순환과 비율

'易' 은 '만물은 단 한 시도 제 모습을 유지하지 못하고 변화를 계속 하고 있다' 는 뜻이다. 사람 역시 단 한 순간도 자신을 유지하지 못하고 늙어가고 있다. 이는 비단 사람뿐만 아니라 유형, 무형의 모든 현상이 생, 변, 멸을 하는 과정이다. 이와 같이 모든 현상이 한 시도 제 모습을 유지하지 못하지만 음양이 균형을 이루고 변화를 보이므로 우리는 이를 현상으로 인식할 수 있다.

음양은 상대적이다. 남자라는 상대를 두지 않으면 여자도 없고, 여자라는 상대 없이는 남자도 없다. 즉, 음양은 반드시 상대와 함께여야만 존재하는 이름이다. 그래서 사람을 양으로 보면 짐승은 음이고 짐승을 양으로 보면 식물은 음이다. 각각의 양이 나름대로의 적극성과 생동력을 펼칠 수 있는 이유는 각각의 음이 그에 걸 맞는 경계를 두고 균형을 유지하면서 바탕을 이루고 있기 때문이다.

> 참고 '먹이사슬' 은 피라미드 모양을 하고 있기 때문에 매우 안정적으로 균형을 이루고 있다. 그러나 만일 중간 어딘가가 많이 허약해졌다면 먹이사슬은 균형을 잃고 무너지고 말 것이다. 생태계가 균형을 잃으면 우리 인간

의 삶도 역시 균형을 잃을 것이다.

양인 사람 중에서도 다시 남자는 양이고 여자는 음이다. 남자를 양이라 하지만 남자다운 남자가 있는가 하면 여자 같은 남자도 있고, 여자를 음이라 하지만 여자다운 여자가 있는가 하면 남자 같은 여자도 있다. 아들이 아버지와 다르지만 같은 남자이듯이 딸이 어머니와 다르지만 같은 여자이듯이 음 중에 음양이 있고, 양 중에 음양이 있다.

이와 같은 현상은 육체와 정신이 균형을 이루어 생명을 이루고 있다는 것 또 사람을 남녀로 구분하지만 남녀 뿐 아니라 사람마다 모두 다르다는 것 등을 생각해보면, '음양은 상호 어떠한 형태와 어떠한 비율로 배합이 되었는가에 따라 헤아릴 수 없는 현상으로 나타날 수 있다'는 것을 알 수 있다.

제4장. 음양의 분류

【1】음양을 분류하면 무엇을 알 수 있는가

사람을 남녀로 구분하고 다시 육체와 정신으로 구분하는 바와 같이 음 중에 음양이 있고 양 중에 음양이 있다. 이렇게 복잡하게 보이는 음양을 분류하는 것이 현실적으로 그만한 가치가 있는 것인가 하는 의구심이 들 수도 있다. 그러나 남자와 여자를 구별하고, 사람과 짐승을 구별해야 하듯이 오행을 알고, 생극합충의 원리를 이해하고 개인의 길흉화복을 품고 있는 사주의 내용을 알고, 우리의 현실 생활을 이해하려면 음양의 분류는 반드시 필요하다.

음양은 상반된 기운이다. 그러나 대립이 아닌 균형을 목적으로 한다. 이는 '시소의 원리'와 같다. '시소'는 바탕이므로 음이고, 이를 타는 '사람'은 양이다. 또 올라가는 사람은 양이고, 내려가는 사람은 음이다. 올라가는 것만큼만 내려가고 내려가는 것만큼만 올라간다. 이것이 '시소'가 보여주는 '음양의 균형'이며, 균형을 이루고 있으나 계속 변화를 보이고 있는 모습이다. 여기서도 사람인 양이 변화를 보이는 것이지 음인 시소가 변화를 보이는 것이 아니다. 시소는 다만 사람이 변화를 하고자 하는 것만큼만(균형) 함께 변화를 하면서 바탕을 이루고 있을 뿐이다. 김연아의 몸이 아름다운 예술을 연출하는 듯이 보이지만 몸은 정신이 변화를 보이는 것만큼만 균형을 이루면서 함께 변화를 보인다. 음양도 시소나 김연아처럼 안정과 조화라는 중심점이 있기에 중화(中和)를 향해 변화를 보인다.

> **참고** '시소의 원리'란 상호 상대적인 두 기운이 균형을 이루는 이치를 말하는 것으로 이는 '저울의 이치'와 같다고 할 수 있고, '중화'란 여러 개의 우산살이 함께 조화를 이루어야만 우산이 제 역할을 할 수 있다는 것, 각각의 조직원이 제 역할을 잘 해야만 조직의 운영이 순조롭다는 것 등과 같은 이치를 말한다.

앞에서 잠시 언급한 바와 같이, 음양이 균형을 이루어 다양한 변화를 보이는 것을 크게 분류해 놓은 것이 오행인 木火土金水다. 여기서 '다양한 변화'라 함은 하나의 오행인 木만 해도 그 독특한 성질을 분리했을 뿐 수없이 많은 음양의 균형이 있음을 의미한다. 우선 생명이 있는 것과 없는 것, 유형과 무형, 강한 것과 부드러운 것 등으로 생각해 볼 수 있으나 유형 중에도 많은 음양의 균형들이 있고, 무형 중에도 서로 다른 음양의 균형들이 있다.

> **참고** 오행 중 木만 해도 목 자체가 體로 보면 양이지만 양목인 甲木과 음

목인 乙木이 균형을 이루고 있기 때문에 木이라는 오행으로 분류를 할 수 있다. 사람은 정신과 육체로 이루어져 있지만 다시 남녀로 분류하는 것과 같다. 물론 다른 오행도 같은 이치다.

복잡한 듯이 보이지만, 분류할 수 있는 근거는 이들이 '현상'으로 인식될 수 있기 때문이고, 현상으로 인식이 가능한 이유는 음양은 상대적이면서 균형을 전제로 존재하기 때문이다.

'음양을 분류한다'는 말은 곧 '현상을 인식할 수 있다'는 말이다. 현상을 인식할 수 있으면 이 세상의 변화를 관조(觀照)할 수 있고, 세상의 변화를 관조할 수 있으면 자연 속에서 사람이 어떠한 지위에 있는가를 알 수 있으며, '사람의 지위'를 알 수 있으면 '생, 변, 멸로 흐르는 변화' 즉, 사람들의 '삶의 흐름'을 알 수 있다. 이것이 음양의 분류가 중요한 이유이다.

참고 사주 간명 시에도 음양의 분류는 중요하다. 상기한 바와 같이 남자 같은 여자도 있고, 여자 같은 남자도 있기 때문에 개인의 성격, 직업, 건강, 남녀관계 등 전반적인 부분에 적용될 수 있기 때문이다.

【2】 음양의 분류

'음양의 분류는 모든 것을 망라한다'는 논리상의 이해는 가능하다. 그러나 우리 인간들이 인지할 수 있는 부분이 한계가 있기 때문에 세상의 천변만화를 일일이 좇으면서 분류한다는 것은 불가하다. 다만 우리에게 가능한 만큼의 '분류'를 통해 추측하고 응용을 할 뿐이다.

우리 인간들이 인식할 수 있는 범위 내에서의 '음양의 분류'를 보면 대체로 다음과 같다.

　(1) 정신(보이지 않는 것)과 물질(보이는 것)의 음양

　(2) 남성적인 것과 여성적인 것의 음양

　(3) 심리적 음양

　(4) 인체의 음양

참고 오행의 성질을 이해하는 데 도움이 되기 때문에, 가능하면 이것이

왜 음이고 양인 지를 이해하는 것이 좋다.

1. 정신(보이지 않는 것)과 물질(보이는 것)의 음양

일반적으로 '보이는 것'과 '보이지 않는 것' 즉, 무형적인 것은 양이고
유형적인 것은 음이다. 이 음양의 대표적인 것이 하늘과 땅이다. '하늘'은
팽창력을 품고 있는 우주 공간으로 '양의 기운'이고 '땅'은 수축력으로 인
해 단단해지려 하는 '음의 기운'이다. 같은 하늘이라 해도 대기권은 수축
력이 강한 음이고, 대기권 밖은 양이다. 하늘과 땅 역시 수축과 팽창이 균
형을 이룸으로써 상대적으로 존재하는 기운이다.

하늘과 땅인 양과 음이 균형을 이루고 있기 때문에 하늘의 기운을 받아
음의 기운인 땅에서 생명력이 또 음양을 이루면서 살게 되는 것이다. 이는
마치 부부가 균형을 이루어야 자식이 태어나는 것과 같으며, 정신과 육체
가 균형을 이루어야만 인간, 짐승, 식물 모두가 제 나름대로의 생명력을 유
지할 수 있는 것과 같다.

참고 '하늘과 땅'은 균형을 이룬 음양 중에 양은 하늘, 음은 땅이므로 그

산물이 사람과 같은 생명체이고, 남자는 하늘, 여자는 땅이므로 자식이 그

산물이며, 정신은 하늘, 육체는 땅이므로 그 산물은 자신이 품고 있는 생명

력이다. 또한 천간과 지지를 하늘과 땅이라 하고 그 산물은 지장간(支藏干: 지지가 품고 있는 천간)이라 부르는 것도 같은 이유이다. 남존여비사상에서 나올 수 있는 선입견을 주의해야 한다. 지구 밖은 또 다른 음양의 변화에 따른 이유가 있을 것이므로 논 외로 한다.

우주를 볼 때, 만일 하늘인 공간이 팽창력이 강해지면 우리의 지구는 수축으로 인해 한 점이되어 사라질 것이고, 반대로 공간의 팽창력이 약해진다면 지구는 팽창되어 산산이 흩어질 것이다.

인식할 수는 있지만 보이지 않는 것끼리의 음양도 있다. 낮과 밤(밝음과 어둠)이나, 봄 가을, 여름 겨울 등 4계절은 상대적으로 존재하는 자연현상에서의 무형적인 음양의 기운이며, 희망과 절망, 기쁨과 슬픔, 활발과 침체, 부지런함과 게으름, 지혜와 우치 등은 정신적인 시각에서 바라본 양과 음이다.

유형적인 것에서의 양과 음을 보면, 생물과 광물이 상호 상대적으로 존재하고 있고, 소년과 노인, 나무와 암석, 火와 水, 남자와 여자 등 셀 수 없을 만큼 꼽을 수 있다.

그 밖에도 양과 음의 순을 보면, 홀수와 짝수, 시간과 공간, 부자와 빈자, 강한 것과 약한 것, 단단한 것과 부드러운 것, 시작과 끝, 크다와 작다, 앞과 뒤 등 우리의 현실에서 조금만 눈여겨보면 알 수 있는 수많은 것 들이 인식할 수 있는 범위 내에서 양의 기운과 음의 기운으로 존재하고 있다.

중요한 것은 짝수에 대한 홀수, 빈자에 대한 부자, 약한 것에 대한 강한 것, 부드러운 것에 대한 단단한 것, 작은 것에 대한 큰 것, 끝이 있어 시작이 있는 것, 뒤가 있어 앞이 있는 것 등과 같이, 이들 또한 음양으로서 반드시 상대적으로 균형을 이루어야만 존재한다는 것이다.

2. 남성적인 것과 여성적인 것의 음양

앞에서 설명한 바와 같이 남자 같은 여자도 있고 여자 같은 남자도 있다. 따라서 기준을 남자, 여자에 두고 성향을 살피면 선입견으로 인해 객관적으로 보기가 쉽지 않다. 순수하게 '남성적인 성향'과 '여성적인 성향'으로 살펴야만 남자든 여자든 각 개인에게 입체적으로 적용될 수 있다. 남성적인 것과 여성적인 것이 상대적이면서 균형을 이루어 상호 보완 관계에 있다는 것은 다른 음양의 이치와 같다.

우선 성격에서, '남성적인 성향'이 활달하면서 개방적이라면, '여성적인 성향'은 소심하면서 수구적(守舊的)이라 할 수 있고('수구적'이라는 말은 '앞으로 나아가려 하지 않고 옛것을 지키려는 성향'을 말하는 것으로 '개방적'의 상대되는 말이기도 하다.), 체격 조건도, 남성적인 성향이 강하면서 거칠고 굵은 느낌이라면, 여성적인 성향은 약하면서 부드럽고 가늘다는 느낌을 준다. 목소리에서도, 남성적인 것은 굵고 강한 느낌을 주는 반면에, 여성적인 것은 가늘면서 약하고 부드러운 느낌을 준다. 심성(心性) 또한 남성적인 것은 대담하면서 스릴과 모험을 지향하는 성향이지만, 여성적인 것은 소심하면서 안전과 계산을 기본으로 한다. 이 밖에도 '사행심'이 남성적이라면 여성적인 것은 '사치심'이라 할 수 있다.

3. 심리적 음양

음양오행으로 구성되어 있는 사주에서 각 오행 하나 하나는 물론 각 오행마다의 상호 관계에서 그 성향을 살펴볼 수 있는 것이 심리적 음양이다. 기본적으로 남성이 양이고 여성이 음이지만 오행 중에도 음 오행으로 태어난 남성이 있고, 양 오행으로 태어난 여성이 있기 때문에 객관적으로 심리적인 음양을 적용하여야 한다.

남성적인 것이나 여성적인 것 또는 심리적 음양을 보면 모두가 다 알고 있는 당연한 내용인 듯이 보인다. 그러나 막상 우리의 실생활이나 명식(命式=사주)에서 적용하려고 하면, 오행과 오행의 작용 관계가 다를 뿐 아니라 각각의 오행 또한 음양으로 이루어져 있으므로 명확한 결론으로 도출해 내기가 쉽지 않다.

이는 물론 오행의 특성을 여유 있게 준비를 해야 한다는 전제 조건이 요구되는 것이기는 하지만 이 음양의 이치가 숙지되어야만 오행의 특성도 이해하기가 수월하다.

남성적인 것과 여성적인 것의 음양에서 보았듯이 '양의 기운'은 '적극적인 성향'을 나타내고, '음의 기운'은 '소극적인 성향'을 나타낸다. 물론 음양의 기본적인 특성을 바탕으로 하고 있으며 심리적 음양도 그 이치는 같다.

'양의 마음'은 좋고 밝은 것을 기억하려 하고, 적극적이면서 긍정적인 생각을 바탕으로 앞으로 전진하려 하며, 우선 행동으로 표현하고자 하는 반면에, '음의 마음'은 슬프고 감상적인 생각과 함께 소극적이고 부정적인 생각을 가지고 있으며 멈칫 멈칫 뒤와 좌우를 살피면서 관망하고자 한다.

> **참고** '양의 마음'을 '남자의 마음', '음의 마음'을 '여자의 마음'으로 생각하면 안 된다. 순수하게 '양의 마음'과 '음의 마음'으로 이해해야 한다. 남자도 음의 마음을 가질 수 있고, 여자도 양의 마음을 가질 수 있기 때문이지만, 실제로 명식에서도 음 오행으로 태어나는 남자는 음의 마음이 있고, 양 오행으로 태어나는 여자는 양의 마음이 있다.

건강과 관련해서도 양의 마음은 필요 이상으로 과대 자평하는 성향이 강하게 나타나지만, 음의 마음은 은근히 남에게 견주어 확인하려 하고, 사랑을 할 때에도 양의 마음은 대담하고 친밀감 있게 표현을 하지만, 음의 마음은 소심하고 냉정하게 계산을 하면서 의심의 눈초리를 쉽게 내리지 못한다. 이 밖에도 양의 마음은 다소 허풍이 심하긴 하지만 명랑하고 화기애애한 성향을 보이는 반면에, 음의 마음은 괜히 움츠리려 하고 조용하지만 우울한 듯한 분위기가 배어 있다.

4. 인체의 음양

1) 서설

필자가 한의학에 정통하지 못한 관계로 깊은 해오(解悟)를 가지고 있지는 못하나 우리의 인체도 음양오행의 이치에 따라 구성되어 있다는 것은 상기한 바와 같다. 따라서 '치료'라는 전문적인 부분은 논 외로 한다 하더라도 성질과 작용에 따라 음인지 양인지는 구별할 수 있어야 한다.

음양은 안정과 조화를 통해 균형을 유지하므로 인체도 음양의 균형을 기준으로 불균형을 살펴볼 수 있을 것이고, 균형을 이루려면 어떻게 해야 한다는 정도는 논리상 도출이 가능하다 할 것이다. 그러나 육체 내부의 모든 작용을 알 수는 없으므로 여기서는 사주 명리에서 접근 가능한 부분까지만 음양을 살펴보고 그 적용은 오행을 숙지한 후 '활용편'에서 좀 더 자세히 살펴보고자 한다.

인간도 하나의 소우주로써 양인 정신과 음인 육체가 균형을 이룸으로써 존재하는 하나의 오행이다. 따라서 음 중에 음양이 있고, 양 중에 음양이 있으므로 음양의 이치에 따라 정신과 육체가 균형을 잃을 때도 있을 것이고, 정신 또는 육체 각각의 내부에서의 음양이 균형을 잃을 수도 있을 것이다.

앞에서 설명한 '남성적인 것과 여성적인 것의 음양'과 '심리적 음양' 등은 양의 기운인 정신과 관련된 부분에서의 음양의 구별이라고 할 수 있다.

따라서 여기서는 육체와 관련된 음양을 살펴보고자 한다.

염두에 두어야 할 것은, 육체 내에서의 음양의 구별과 균형도 중요하지만 육체 내에서의 모든 음양은 양의 기운인 정신과 하나가 되어 있다는 것이다. 이 말은 곧 정신이든 육체든 어느 한두 곳의 음양의 불균형은 정신과 육체 전체의 불균형이 될 수 있을 뿐 아니라, 어느 한 곳의 불균형이 균형으로 바뀌었다 해도 그 균형 자체가 정신과 육체 전체에서 볼 때 불균형이라면 이는 결국 나무만 보고 숲을 보지 못하는 우(愚)를 범하는 결과가 될 수 있다는 것이다.

상기 내용이 추상적이라거나 혹은 조금은 지나치게 이론 쪽으로 치우친 것이 아닌가 싶은 생각이 들 수도 있을 것이다. 이러한 착오는 사주를 해석할 때 비일비재하게 나타난다.

사주는 8자가 품고 있는 모든 오행이 골고루 순행을 하면 좋은 사주로 판단될 수 있지만, 오행 각각이 양 오행, 음 오행(丙: 陽火, 丁: 陰火)으로 분류될 뿐 아니라, 오행 자체가 음양(木火는 양, 金水는 음)으로 나뉘어 있기 때문에, 오행의 순행 뿐 아니라 8자 전체의 음양 역시 골고루 균형을 이루어야 더욱 좋은 사주라 할 수 있다.

지금까지의 명리학계에는 천간합충(天干合沖), 지지합충(地支合沖), 조후이론(調候理論), 월지(月支) 중심이론, 신살론(神煞論), 12운성(運星), 형(刑), 파(破), 해(害) 등, 옳고 그른 것은 차치하고라도 정해져 있는 공식이 너무 많다. 특히 '신살론'을 비롯한 '비법'들은 그 수를 다 셀 수 없을 만큼 늘어나고 있는 실정이다.

음양오행의 변화 이치를 깨닫기도 쉽지 않고, 삶에 적용시키기는 더욱 쉽지 않은 것이 사실이다. 그러나 이러한 공식이 많으면 많을수록, 음양오행의 변화 이치와는 더욱 멀어진다는 점을 유념해야 한다. '易'이란 정해져 있는 것이 아니라 지금도 '변화가 진행 중'이기 때문이다. 혹 공부를 하신 분들이 이 글을 보시면 '천간합충', '지지합충', '조후이론', '월지중심 이론' 등과 같은 당연하다고 여겨지는 이론들을 '정해져 있는 공식'에 포함시켰다는 것에 대해 의문점을 제시할 수도 있을 것이다. 그러나 이 부분에 대해서는 각 해당 편에서 정의와 논거를 제시함과 동시에 옥석을 가려 필자의 의견을 분명히 제시하고자 한다.

명리학계에 몸을 담고 있는 분들과 대화를 하다보면, 음양과 오행은 '당연히 알고 있는 것'으로 전제를 두고 이야기를 한다. 뿐만 아니라 '갑기합(甲己合)'은 당연히 '土'라고 말을 한다. 그러나 木火土金水는 '균형을 이룬 음양이 변화를 보이는 성질'을 5가지로 분류한 것이지 오행의 '정의'는 아니다. '성질'과 '정의'는 구별해야 한다. 정의를 알아야 성질을 이해할 수 있고, 성질을 이해해야 정의를 알 수 있는 것이 원칙이다. 또한 '당연히 합한다'고 하기 보다는 왜 합을 하고, 합을 하면 왜 土로 化 하는지, 합을 해서 土로 化 하면 그 化 한 것이 陽土인지 陰土인지 등을 설명해야 한다.

명리학은 음양과 오행의 관계를 이해하지 못하면 '천간 지지'는 물론 이른바 '생극제화(生剋制化)'로 잘 알려져 있는 생(生), 극(剋), 합(合), 충(沖) 역시 그 정의와 논거를 찾을 수 없게 되어 있다.

2) 인체의 음양

정신은 양, 육체는 음, 하늘은 양, 땅은 음이다. 따라서 '하늘 쪽'을 향하고 있는 '상체'는 양이고, '땅 쪽'을 향해 버티고 있는 '하체'는 음이다. 태양과의 역학 관계에 따라 남쪽은 양이고 북쪽은 음이다.

> 참고 '뇌'를 '水'로 분류한다는 이유로 '머리'를 '음'으로 보고, '발'은 활동을 한다는 이유로 '양'으로 보는 견해도 있다. 그러나 '정신'의 능동적

인 변화에 따라 육체인 '발'은 수동적으로 움직이므로 머리는 양이고 발은 음이다. 머리는 하늘을 향해 있고, 발은 땅을 향해 있음을 참고한다.

인체에서는 이목구비가 앞에 있어 적극적으로 행동을 주도하는 앞이 양이고, 경계를 두면서 수동적으로 따르는 뒤가 음이다. 따라서 남쪽을 향해 바라보고 서 있으면 왼쪽이 동쪽을 향하게 되므로 왼손과 동쪽이 양이고, 오른손과 서쪽이 음이다. 물론 동쪽과 서쪽은 양의 기운인 해가 뜨고 진다는 의미가 포함되어 있다. 상체에 비해 하체는 음이지만 손의 경우와 같이 왼발은 양이고 오른발이 음이다.

이와 같이 항상 음양은 짝을 이루면서 균형을 이루고 있다. 이러한 음양이 균형을 잃으면 바로 불균형의 현상으로 나타나는 것이다. 이목구비 중에도 모든 일에 적극적으로 대응하는 눈과 혀는 양이고, 이에 비해 소극적으로 제 역할에 충실한 귀와 코는 음에 해당이 된다.

> **참고** '공간'은 양으로 보지만 '공기'는 기체(氣體)로서 음이 된다. 그래서 호흡과 관련 있는 코, 기관지, 허파 등도 음에 해당된다. 여기서 공간을 양으로 보는 이유는 공기(기체)에 대한 공간이기 때문이다. 그러나 '시간과 공간'을 말할 때의 공간은 음이다. '시간'은 '공간'이라는 바탕에서 생, 변, 멸의 흐름을 표현해 놓은 것이므로 양으로 보기 때문이다.

생리적(生理的)인 면을 보면, 음의 기운인 물질의 생성은 양의 기운인 에너지에 의존하고, 에너지는 물질의 기초에 의존한다. 여기서 물질과 에너지는 사실상 별개의 것으로 취급되는 듯이 보이지만 이처럼 서로가 상대의 존재에 의존하면서 상호 균형을 이루고 있다.

한편 '장 기관'을 '오장(五臟)'과 '육부(六腑)'로 분리했을 때, 오장을 음으로 보고 육부를 양으로 보는데, 이는 장(臟)에 해당되는 기관은 인간의 생명이 잉태되어서 그 활동이 정지될 때까지 끊임없이 활동을 자동적으로 유지하는 기관이고, 부(腑)에 해당되는 기관은 필요할 때만 그들의 활동이 적극적으로 이루어지는 기관이기 때문이다. 오장은 간, 심장, 비장(지라), 폐, 신장(콩팥)이고, 육부는 담(쓸개), 소장(작은창자), 삼초(림프샘), 위, 대장(큰창자), 방광을 말한다.

그 밖에 '신경'을 음(소극적, 수동적)으로 보지만 '정적인 것'은 음이고 '동적인 것'은 양이며, '호흡'을 양(능동적, 적극적)으로 보지만 '날숨'은 음이고 '들숨'이 양이다. '심장'은 오장이므로 음중 양이지만 '정맥'은 음이고 '동맥'은 양이며, '생식기'는 적극적인 기관이므로 양이고 '항문'은 소극적인 기관이므로 음이다. 그래서 남자의 생식기는 적극적이므로 양이고, 여자의 생식기는 소극적이므로 음이다.

이와 같이 우리 인체의 주요 부분들을 음양으로 구분을 해 보았지만 다소 부족한 듯한 느낌이 있다거나 명확하게 이해가 되지 않는 부분이 있을 수 있다. 그러나 이들 모두는 음양의 기본 이치인 '적극적이고 능동적인 것'과 '소극적이고 수동적인 것'이 그 기준이 되고 있음을 눈여겨보면 이해에 접근하기가 보다 수월하다. 이 음양은 다시 오행으로 분리되어 상호 생극(生剋) 관계를 이룸으로써 균형을 유지하는 바 이는 오행을 설명할 때 좀 더 자세히 살펴보도록 하겠다.

제3편
오행론(五行論)

제1장. 오행의 의의

【1】 오행이란

　오행의 정의는 '균형을 이루어 상대적 완결성을 유지하면서 다양한 현상으로 변화를 보이는 음양'이다. 양은 헤아릴 수 없는 변화를 보이지만 그 변화마다의 경계에는 음이 균형을 이루면서 함께 변화를 보이므로 음양은 비로소 '인식할 수 있는 현상'으로 나타난다. 이것이 '오행'이며, 그 성질을 5가지로 대별해 놓은 것이 木火土金水다. 오행이라는 명칭은 '5가지 성질'에서 따온 것이긴 하지만 성질과 정의는 구별되어야 한다.

【2】 음양과 오행은 같은 것인데 왜 다른 이름으로 부르는가?

　'오행'은 '균형을 이룬 음양'이므로 '음양'과 '오행'은 원칙적으로 같다. 그런데도 다른 이름으로 부르는 이유는, 상기한 바와 같이 '다양한 현상으로의 변화' 때문이며 이 다양한 현상으로 나타나는 기운을 5가지 성질로 분류한 것이 木火土金水다.

음양오행의 변화원리는 곧 체용변화의 원리다. 즉, '균형을 이룬 음양'은 體로 본 시각'이고, '균형을 유지하면서 다양한 변화를 보이는 음양'은 '用으로 본 시각'이다. 명리학은 體(균형을 이룬 음양)를 바탕으로 用(변화된 음양=오행)으로 변화되는 이치를 살피는 학문이다. 그래서 명리학의 핵심 내용인 천간 지지, 생 극, 합 충, 육친, 용신 등은 오행(用)을 전제로 존재하고, 오행의 변화원리를 기초로 한다.

이와 같이 명리학의 주요 골격은 오행을 전제로 펼쳐지는 이론들이기 때문에 음양과 오행에 대한 개념과 관계를 분명히 이해하여야 한다. 이를 이해하지 못하고 주요내용들에 대한 공부를 계속하고자 한다면, 결국 알맹이는 보지 못하고 껍데기만 보는 형국이 되므로, 해석하는 사람마다 다른 해석이 나올 수밖에 없고, 이것이 몇 년 간을 열심히 노력해도 내 것이 되지 않는 이유다.

명리서를 처음 대하는 분들에게는 갑자기 어려운 예일 수 있으나, 60갑자는 갑자(甲子), 을축(乙丑), 병인(丙寅)…… 순으로 흘러 60번째인 ……계해(癸亥)에서 일단락을 짓는데, 여기서 천간인 甲, 乙, 丙……癸 등은 양이고, 지지인 子, 丑, 寅……亥 등은 음이다.

천간과 지지가 양과 음으로 균형을 이룬 하나의 오행들이 60개로 구성이 되어, 이들이 유기성을 갖고 전체적으로 木火土金水 오행을 형성하면서 흐르는 모습을 형상적, 구조적으로 표현한 것이 60갑자다. 즉, 오행이란 균형을 이룬 양과 음(體)이 천변만화(用)를 보이는 것이고, 이 중에 양은 천간, 음은 지지라는 것이 기본이다. 하지만 이 오행들은 다시 甲子는 양, 乙丑은 음, 丙寅은 양, 丁卯는 음…… 등으로 짝을 이루어 또 다른 오행을 형성하면서 흐름으로써 무한대의 영속성을 이룬다.

여기서 유념해야 할 것은 '천간과 지지'를 논할 때 천간이 양이고, 지지가 음이라는 것이다. 그러나 오행의 흐름인 60갑자로 보면 甲子는 양이고 乙丑은 음이다. 즉, 60갑자는 양 음 양 음…… 순으로 흐른다. 하나의 오행에서 '천간과 지지'를 구별할 때와 甲子 자체를 하나의 오행으로 볼 때와는 구별을 해야 한다는 뜻이다. 그래서 乙丑이 천간과 지지로 볼 때에는 천간이 양, 지지가 음이지만 60갑자에서 오행의 흐름으로 볼 때에는 같은 음이 된다.

음양으로 보는 것은 '體로 본 시각'이고, 오행으로 보는 것은 '用으로 본 시각'이라는 점을 주목한다.

세간에 잘 알려진 말 중에 '남자는 하늘, 여자는 땅'이라는 말이 있다. 이 말은 '천간은 하늘, 지지는 땅'이라는 말과 같은 의미의 말이지만, 만일 음양과 오행을 이해하지 못한 상태에서 바라보게 되면 남존여비사상을 떠오르게 하는 웃지 못 할 개념으로 오해를 할 수도 있게 되는 것이다.

제2장. 오행의 성질

【1】 서언

오행이란 오행의 의의에서 보았다시피 천변만화를 보이지만 언제나 균형을 유지하고 있는 음양이며, 이를 분류해 이름을 붙여놓은 것이 오행이다. 오행이 먼저라는 설과 음양이 먼저라는 설이 있지만 무의미한 학설이다. 음양은 균형을 전제로 존재하는 이름이고, 음양이 균형을 이루고 있다면 이는 이미 오행이기 때문이다.

오행을 공부할 때 반드시 주의해야할 점이 있다. 오행은 木 火 土 金 水

다섯 가지 성질로 크게 분류를 하지만, 글자에 연연해 물리적으로 선입견을 가져서는 안 된다는 것이다. 木을 '나무'로만 생각을 하게 되면 이 木이라는 오행이 가지고 있는 참다운 성질을 이해하는데 어려움을 겪을 수 있기 때문이다. 火 역시 '불'로만 생각을 하면 이해하기 어렵기는 마찬가지이며 土 金 水도 그 이치는 같다.

> 참고 오행 중 木이라는 이름을 붙인 이유는 현상으로 인식할 수 있는 모습 중에서 나무가 이치적으로 그 성질에 가장 가까운 모습을 하고 있기 때문이다. 물론 火 土 金 水도 같다.

오행은 그 성질에 따라 분류해 다만 상징적인 글자로 나타내고 있을 뿐이다. 따라서 이 상징적인 글자가 품고 있는 진의(眞意)를 깨닫는 것이 중요하다. 이 진의를 알아야만 오행과 오행이 만났을 때 그 작용력이 어떻게 일어난다는 것을 알 수 있으며 이를 모르면 이에 대한 해석이 천차만별로 나타나게 된다.

음양과 오행의 관계를 요약해 보면, 첫째, 음양은 균형을 전제로만 존재한다는 것, 둘째, 늘 변화하고 있는 양의 경계에는 음이 균형을 이루면서 바탕을 이루고 있으므로 양이 변화를 보이면서 존재할 수 있다는 것, 셋째, 균형을 이룬 음양은 '體의 모습'이고, 균형을 이루면서 다양한 변화를 보이고 있는 것은 '用의 모습'인 오행이라는 것, 넷째, 그래서 음양은 곧 오행이요 體는 곧 用이라는 것을 이해해야 한다는 것 등이다.

【2】土(대지)의 작용력과 중화(中和)의 道

1. 土(대지)의 작용력

1) 균형을 이룬 하나의 음양은 사행(四行)으로 변화를 보인다

'易'은 '태극은 음양을 낳고, 음양은 사상(四象)을 낳는다'고 말한다. 음양은 그 존재원리로써 음양의 3원리인 평등성, 상대성, 완결성 등의 작용력이 있음을 살펴본 바 있다. 易에서 말하는 '사상'이란 명리학 입장에서 보면 土를 뺀 네 가지 오행인 木 火 金 水를 말하는 것으로, 이는 '하나의 음양'이 '네 가지 현상의 모습'으로 변화되었음을 상징적으로 보여주는 것이다. 순수한 양의 기운인 火와 양 중에 음이 함유된 木이 양의 기운에 해당되는 것이고, 순수한 음의 기운인 水와 음 중에 양이 함유된 金이 음의 기운에 해당 된다. 그러나 이들 또한 4가지로 보이지만 결국은 木火는 양, 金水는 음으로 '균형을 이룬 하나의 음양'이다.

> **참고** '하나의 음양'은 음양 자체인 體로 본 시각이고, '네 가지 현상의 모습'은 用, 즉 '오행으로의 변화'로 본 시각이다. 따라서 '하나의 음양'은 木이 될 수도 있고 火가 될 수도 있다. 또한 단순히 '하나'로써 예를 들었을 뿐, 수많은 '하나의 음양'이 서로 영속적인 관계를 이루면서 그 자체가 또 하나의 큰 음양을 이루고 있다. 이러한 변화 속에서도 음양이 균형을 유지하면서 존재할 수 있는 바탕에는 음양의 3원리가 있고, '역'에서는 '사상'을 낳을 수 있는 바탕에 '태극'이 있다고 표현하고 있다.

2) 5행 중 4행인 木火金水는 어떻게 생겨나는가?

오행의 기운을 木=나무, 火=불이라는 식의 물리적인 선입견을 배제한 이유는 오행이 가지고 있는 하나하나의 진의를 알아야 하기 때문이다.

각 오행 하나하나는 음양이 변화되는 성질과 작용력을 구분 지은 것이고, 변화를 보이는 각각의 오행 모두의 작용력은 그 성질이 매우 독특하기 때문에 형상적으로 이해를 해야 하는 경우도 있지만 개념적으로 이해하는 것이 중요하다.

> **참고** 구분을 지을 수 있기 때문에 木火金水 四行이다. 4행이 비록 천변만화를 보이지만 저마다의 독특한 작용력을 바탕으로 변화를 보이기 때문에 구별이 가능하다는 뜻이다. 아래에서 설명하지만 여기서의 작용력이 바로 '土의 작용력'이다. 그래서 5행이다.

만물은 흙에서 나서 흙으로 돌아간다. '흙'은 작용력(균형을 이루면서 변화를 보이는 四行의 생, 변, 멸)에 초점을 맞추고 있을 뿐 그 자체가 4행으로 구성이 되어 있다는 필연적인 관계가 있다. 그래서 4행은 흙에서 나고 흙으로 돌아간다. 태양과 지구라는 음양 조화에 따라 흙은 만물의 생명력을 품고 있으며 4행의 생, 변, 멸을 품고 있다. 즉, 4행으로 구성되어 있는 흙이 흙만이 가지고 있는 독특한 작용력에 의해 4행의 모습인 '인식할 수 있는 현상'을 낳는 것이다.

> **참고** 지구는 木 火 土 金 水 오행으로 이루어져 있으며 이는 작용력에 의해 생, 변, 멸 이라는 인식할 수 있는 변화로써 균형을 이루고 있다. 흙이 고체로서 오행 중 별도의 다른 하나로 보아야 하는 경우도 있지만, 중요한 것은 '작용력을 품고 있는 사행의 덩어리'라는 것을 이해해야 한다. 이 '덩어리의 범위 안'에서 작용력에 의해 오행의 변화인 생, 변, 멸 로서 보인다는 것을 뜻한다. 그래서 '만물은 흙에서 나서 흙으로 돌아간다'고 말하지만 사실은 '나고, 돌아가는' 것조차도 '덩어리의 범위 안'에 있다. 이는 물이 기

체가 되어 날아갔지만 사라지지 않은 것과 같다.

3) 土는 4행이 변화를 보일 수 있는 바탕인 작용력이다

'음양의 3원리' 는 '음양의 존재원리' 로서 그 생, 변, 멸의 바탕이라 할 수 있지만, 흙은 오행의 변화원리라는 관점에서 4행의 생, 변, 멸의 바탕이라 할 수 있다. 즉, 음양이 변화를 보이는 바탕에는 '3원리의 작용력(혹은 조화력)' 이 있지만, 4행이 변화를 보이는 바탕에는 '土의 작용력' 이 있다.

> **참고** 土 자체가 '4행' 으로 이루어져 있고, '土의 범위 안' 에서 모든 현상이 4행으로 인식되고 있다. 겨울에 '응축(한데 엉기어 굳어짐)의 극대화' 를 이룬 견고한 '씨' 가 立春인 봄에 맹아(木=새싹)를 틔게 되고, 여름에 꽃(火)이 만발하게 되며, 가을에 庚金인 결실을 거둘 수 있고, 다시 겨울에 '씨' 를 견고하게 응축(辛金)시켜 '생명의 기운(壬癸 水)' 을 잉태하고 탄생시킬 수 있는 것 등 이 모두가 '4행을 품고 있는 土' 라는 '작용력의 범위 안' 에 있음을 말한다.
>
> 여기서 유념하여야 할 것은 土는 지구의 표면과 대기권 내에서 펼쳐지는 작용력으로서 '오행의 변화 원리' 를 말하는 것이지 물질 또는 환경조건인 '음의 기운' 을 말하는 것이 아니다. 4행도 氣의 변화이므로 木火金水고 작용력도 氣의 변화이므로 土이다. 그래서 10천간인 甲乙丙丁戊己庚辛壬癸에서 戊己土가 변화의 중심을 의미하는 중앙에 자리하고 있는 것이다.

여기서 '음양의 3원리의 작용력' 과 '土의 작용력' 을 굳이 구별하고자 하는 것은 음양과 오행의 관계를 좀 더 뚜렷이 살펴보고자 할 뿐, 음양은 균형을 전제로 존재하고, 균형을 이루고 있으면 이는 이미 오행이므로 土의 작용력은 곧 3원리의 작용력이다.

음양의 3원리는 음양의 존재원리로서 음양이 균형을 이루는데 그 바탕을 이루고 있다. 그러나 土는 그 자체가 '양토'와 '음토'로 나누어져 있으며 이는 土 역시 오행으로서의 지위를 가지고 있으면서 '3원리'의 역할인 작용력을 즉, '양토로서의 작용력'과 '음토로서의 작용력'을 가지고 있음을 의미한다. 이것이 '음양의 3원리'와 '오행으로서의 土'가 가지고 있는 성질을 구별할 수 있는 하나의 논거가 될 수는 있겠다. 그러나 이 둘은 음양과 오행이 변화를 보이는 이치를 그대로 보여주는 것일 뿐 근본이 다른 것은 아니다.

> **참고** 음양이 균형을 유지할 수 있는 바탕에는 '3원리의 작용력'이 있다고 말하지만, 이것이 오행으로 변화를 보이므로 3원리의 작용력 또한 오행으로서의 土의 작용력 즉, '양토적인 작용력'과 '음토적인 작용력'으로 변화마다 함께 있음을 의미한다.

'음양의 3원리'의 작용력	=	'土'의 작용력
음양의 균형(體로 본 시각) 평등성, 상대성, 완결성 (음양의 존재원리)	=	오행으로의 변화, (用으로 본 시각) '균형을 이룬 음양'의 헤아릴 수없는 변화 변화마다 '음양의 3원리'가 바탕을 이룸
		양토적인 작용력, 음토적인 작용력 (木火의 기운을 형성), (金水의 기운을 형성) 양토, 음토 역시 균형을 이룬 작용력

4) 양토와 음토의 작용력을 이해하는 것이 중요하다

　명리는 음양만큼이나 오행을 주목한다. 음양을 품고 있는 오행의 변화를 살피는 학문이 명리학이므로, 명리학을 얼마나 이해하느냐의 문제는 오행의 변화원리를 주도하고 있는 '양토와 음토의 작용력'을 얼마나 이해하느냐가 관건이다. 음양의 이치대로 '양토'는 '적극적인 작용력'을 펼칠 것이고, '음토'는 '소극적인 작용력'을 펼칠 것이다. 남자의 적극적인 사랑의 행위를 품고 여자는 소극적으로 아기를 잉태해 10개월 동안 키워 생산하는 것과 같다.

　양토, 음토 역시 음토가 양토와 경계를 이루어 균형을 이룸으로써 음양 균형의 한 덩어리로써 총체적인 土의 작용력을 펼친다. 남자의 '적극적인 사랑의 행위'에 대한 환경 또는 배경이 '양토의 적극적인 작용력'이고, 여자가 수동적으로 남자의 사랑의 행위를 품기까지의 환경이 '음토의 소극적인 작용력'이다.

　이와 같은 남자, 여자의 사랑의 결실까지의 '환경적인 배경'이 상호 음양의 균형을 이룸으로써 가정은 탄생하는 것이며, 이를 전체적으로 보아 가정이라는 하나의 오행이 탄생되는 그 배경에는 음토와 양토의 균형 즉 '균형을 이룬 土의 작용력'이 있다.

　남녀 사랑의 행위 자체는 무언가를 만들어내고자 하는 것이므로 적극적인 양 오행의 기운이지만, 이 양 오행이 형성되기까지에는 양토 음토가 균형을 이루는 그 '환경적인 배경'이 깔려 있는바 이것이 바로 전체적인 '土의 작용력'이다.

　'3원리의 작용력'과 '土의 작용력'은 결국 한 몸이다. 그러나 3원리는 음양의 존재원리로서 그 바탕을 이루지만 土는 이미 음양이 균형을 이룬 오행이다. 따라서 이 총체적인 土의 작용력을 '대지의 품에서 연출되는 작용력의 덩어리' 라는 관점에서 설명의 편의상 '대지의 작용력' 이라 표현한다. 대지의 작용력은 모든 오행 변화의 바탕을 이루고 있는 것이기는 하지만, 뒤에 나오는 계절의 변화, 지장간의 변화, 생극합충의 변화에서 그 진의를 유감없이 드러내게 된다.

2. 중화(中和)의 도

中和의 사전적 의미를 보면, ① 서로 다른 성질을 가진 것이 섞여 각각의 성질을 잃거나 그 중간의 성질을 띠게 함. 또는 그런 상태 ② 감정이나 성격이 치우치지 아니하고 바른 상태이다.

명리학에서 말하는 '중화' 도 사전적 의미와 근본적인 내용에서는 크게 다르지 아니하나 '작용력에 의한 변화' 가 중요한 포인트라는 점에서 시각적인 차이가 있다. 명리학적 입장에서의 '중화' 란 '음양의 대립적인 시각에서의 균형은 물론 음이든 양이든 극성에 이르는 기운을 흡수해서 작용력을 거쳐 새로운 기운을 생성하게 함으로써 총체적인 균형을 이루는 것' 을 말한다.

> 참고 여기서 '균형' 이란 '음양의 상대적인 개념' 을 의미하고, '중화' 란 '다수의 균형을 이룬 음양' 즉, 木火土金水 오행이 안정과 조화를 이룬 것을 말한다.

앞에서 '양토적인 작용력' 과 '음토적인 작용력' 이 균형을 이룬 것이 '土의 작용력' 이라 하였고, 이를 오행의 변화라는 관점에서 이른바 대지의 작용력이라 하였다. 양토적인 작용력은 양의 기운인 木火를 왕성하게 할 것이고, 음토적인 작용력은 음의 기운인 金水의 기운을 견고하게 할 것이다.

74

그러나 木火와 金水 또한 양과 음으로 균형을 이룸으로써 전체적으로 중화를 이루고자 하는 대지의 작용력의 영향권 내에 있다.

봄과 여름은 적극적인 양의 계절로서 생명력이 솟아오르고 꽃이 만발함으로써 꽃 속에 결실의 기운인 씨를 품는 木火의 계절이며, 가을과 겨울은 음의 계절로서 양의 기운을 수렴(收斂)해 응축시킴으로써 결실과 씨를 견고히 하는 金水의 계절이다. 봄과 가을, 여름과 겨울 또한 木과 金, 火와 水로 각각 균형을 이룸으로써만이 존재하는 이치는 같다.

태풍은 그 강한 기운의 경계에는 반드시 상대되는 기운이 균형을 이루고 있기 때문에 이를 바탕으로 움직인다. 태풍이 우리에게 피해만 주는 것은 아니다. 즉, 수자원을 공급해서 물 부족 현상을 해소할 뿐 아니라 저위도 지방의 에너지를 고위도 지방으로 이동시키기도 하고, 온도의 균형을 유지하기도 하며, 오염된 바다의 해수를 뒤섞어 순환을 시킴으로써 바다 생태계를 활성화시키는 역할을 한다. 뿐만 아니라 직접 피해를 받고 있는 대륙조차도 청소하는 역할이 있다고 한다.

어쨌든 태풍이 지구상의 모든 생명체에게는 '필요악'일 수도 있겠지만, 분명한 것은 인간이 환경을 오염시키면 시킬수록 대지의 작용력은 중화를 이루기 위해 더욱 더 강력한 태풍을 만들어낼 것이다. 이는 비단 태풍에만 국한 된 것이 아니다. 모든 생명체와 한 몸을 이루는 환경 및 기후 변화에도 지대한 영향을 미친다.

대지의 작용력은 우리 인간들의 마음과 가치관을 따라 움직일 수 있다는 점을 곱씹어보면, 우리 인간은 만물의 영장이라는 오만함과 이기적인 욕심을 버리고 중화로 흐르는 마음을 다잡는 겸손함부터 우선 실천에 옮겨야 하지 않을까 싶다.

한편 지구는 중심으로부터 火 土 金 水 木의 순으로 이루어져 있다. 극양의 기운인 핵(火)을 부드러운 흙(土)이 감싸 안고, 그 기운을 흡수해 담금질을 거쳐 보다 견고한 金의 생을 도우며, 이 金은 다시 水를 생 한다. 그리고 음의 공간인 水의 기운에 뿌리를 내려 생명력의 상징인 木의 기운이 왕성하게 된다.

그렇다면 생명이 계속 살면 되는 것이지 滅은 또 무엇인가? 이 또한 滅은 없고 生만 있다면 木의 기운이 지나치게 되고, 木은 곧 양의 기운이므로 음의 기운인 水가 말라버리게 된다. 지구(대기권 포함)는 음으로서의 물질이고 공간이지만 火生土, 土生金, 金生水, 水生木의 순으로 生을 도와 오행의 흐름을 보여주고 있는 하나의 생명력이며 또한 생명력의 상징인 木의 기운이 가장 왕성해질 수 있는 바탕이다.

따라서 한없이 커지려는 木의 기운을 추슬러 중화를 시키고자 함이니, 자전과 공전으로 밤과 낮 그리고 계절 변화로 음양오행의 흐름을 보여줌으로써, 지나친 生은 음으로써 눌러주고 지나친 滅은 양으로써 돋우어 生함을 보여주게 되는 바 이 또한 대지의 작용력이 보여주고 있는 '中和의 道'라 할 것이다.

【3】 태극과 음양의 3원리

주역(周易)에서는 '태극(太極)은 양의(兩儀: 음양)를 낳고, 양의는 사상(四象)을 낳고, 사상은 팔괘(八卦)를 낳고, 팔괘에서 만물이 생긴다'고 밝히고 있다. '태극'이라는 명칭 역시 '음양' 만큼이나 추상적이고 어렵다는 느낌을 준다. 그러나 모든 이치가 다 그러하듯이 개념을 정립할 수 있는 기준을 찾을 수 있는가가 중요하다. 태극 또한 마찬가지다.

'혼돈(混沌)'이나 '우주의 탄생' 등을 들어 설명하는 학자들도 있다. 여기서 '혼돈(混沌)' 이란 '혼탁하게 섞여 만물의 생성 근거인 음양이 아직 나누어 지지 않은 어두운 상태' 를 말하는 것이고, '탄생' 이란 無에서 有를 말한다.

'우주' 는 음양의 균형으로 이루어져 있으므로 우주가 생성되기 이전을 상징적으로 표현하고자한 것이지만, '음양이 아직 나누어 지지 않은 상태' 즉, '우주의 탄생 이전' 에 대해서는 많은 변수가 있을 수 있기 때문에 지금의 설명 이상으로 주목 할 필요도 없고, 너무 '신비' 로 옷을 입힐 필요도 없다고 본다.

'우주는 수십억 년 전에 한 점에서 폭발하여 팽창하기 시작했다' 는 것이 현 천체물리학에서 유명세를 가지고 있는 '빅뱅 이론(대폭발설)' 이다. 여기서 '한 점', '폭발', '팽창' 등은 '물질과 공간', '有 無', '변화' 등을 의미하므로 우리가 지금 공부하고 있는 '음양의 변화원리' 와 무관하지 않다. 이는 '혼돈' 에 대해서도 너무 깊게 정신을 쏟을 필요가 없음을 의미하는 것이기도 하다. 지나친 것인지는 모르겠지만, 한 점이 폭발되어 우주를 형성하기 이전, 그 한 점이 존재할 수 있었던 또 다른 공간이 있을 수 있다는 것도 생각해 볼 수 있기 때문이다. '빅뱅 이론' 을 비판하는 이론이 '우주는 있는 그대로 존재한다' 는 '정상 우주론' 임을 참고한다.

앞에서 '균형을 이룬 음양의 변화원리' 를 '음양의 3원리' 라 하고 이것이 '음양의 존재 원리' 임을 설명하였다. 주역에서 말하는 '태극' 또한 '음양의 존재원리' 를 가리킨다는 주장에 대해서는 이견이 거의 없는 듯싶다. 그렇다면 '균형유지를 위한 음양의 변화원리' 인 '음양의 3원리' 를 그대로 '태극의 작용력' 이고 '조화력' 이라고 생각할 수도 있지 않을까 하는 것이 필자의 생각이다. '태극' 이 '음양을 낳는다' 함은 태극이 '음양의 존재원리' 임을 말하는 것이고, '음양의 존재원리' 는 곧 '음양의 3원리' 이기 때문이다. 물론 음양이 분리되기 이전의 세상이 지금과는 다르게 '음양이라는 개념 없이 존재' 했다는 것이 분명하다면 필자의 주장 또한 '우물 안 개구리' 신세를 벗어나기 힘들 수도 있을 것이다.

주역의 내용에서 '낳고' 라는 의미는 無에서 有를 상징하므로 창조의 섭리를 가리키는듯하지만 사실상 '음양은 균형을 전제로 존재' 하므로 음양이 '균형을 유지할 수 있는 근본원리를 바탕으로 변화가 진행 중' 임을 뜻하는 것이라 할 수 있고, '음양이 사상을 낳는다' 함은 '현상의 변화'를 의미하므로 이 역시 '음양이 오행으로 변화됨' 을 말하는 것이라 할 수 있다.

여기서 필자의 소견이 옳으려면 '태극은 양의를 낳고' 와 '양의는 사상을 낳고' 에서 '낳고' 라는 의미가 다르지 않아야 한다는 것이다. 왜냐하면 음양은 음양의 3원리에 의해 균형을 전제로 존재하는 것이고, 균형을 이루고 있으면 이는 이미 오행이기 때문이다.

'낳는다' 라는 개념은 결국 '근원을 바탕으로 변화됨' 을 일컫는 것이고, 그 내면에는 명리학의 근간을 이루는 '음양에서 오행으로의 변화' 즉, 체용(體用)변화의 원리가 함축되어 있다고 볼 수 있다는 것이다. 이것이 본서에서 강조하는 土의 작용력이 중요한 이유이기도 하다.

음양은 균형을 전제하지 않고는 이미 존재할 수 없는 단어라는 점 그리고 우리의 태극기가 보여주듯 태극은 '균형을 이룬 음양이 역동적인 변화를 보이는 이치를 품고 있는 것' 이라는 점 등을 참고한다.

'오만하다' 거나 '알면 얼마나 아는가' 라는 이유로 핀잔을 줄 분이 계실지는 몰라도, 필자는 생, 변, 멸로 인식되는 '변화' 는 있되, '음양오행 자체의 존재' 는 '무시무종' 이라고 보고 있다. '무시무종' 이 사실이라면 시작을 찾으려는 노력은 '인간이 가지고 있는 선입견의 범위 내' 이거나 '변화의 일부분' 일 수밖에 없을 것이다.

한편 '음양'을 氣로 보고 氣 이전에 理가 먼저라고 하면서 이를 '태극'으로 보려는 주장도 있다. 선후를 꼭 따져야 하는 것인지는 모르겠지만 복잡하고 어렵게 생각할수록 진리에서 벗어날 수 있다.

氣와 理를 분리해서 원리를 이해하고자 하는 것이 틀리다는 것은 아니다. 하지만 이 또한 氣인 음양이 존재할 수 있는 기본원리가 理임을 말하는 것이므로 '선 후'를 떠나 氣와 理는 뗄 수 없는 '존재'와 '존재원리'라고 보면 틀리지 않다고 생각한다.

조선시대 퇴계 이황 중심의 主理論과 율곡 이이 중심의 主氣論도 理와 氣의 '선후문제', '氣가 主인가, 理가 主인가?' 등의 문제로 학파가 갈렸음을 참고한다면, 理와 氣 문제 또한 아직까지는 한 개인이 손가락으로 가리켜 단정 지을 수 있을 만큼 결론에 이른 것이 아니라는 것을 짐작할 수 있다.

'균형을 이룬 음양'이 오행의 모습으로 헤아릴 수 없는 변화를 보이지만, 음양의 존재원리인 균형의 바탕에는 언제나 음양의 3원리인 평등성, 상대성, 완결성이 있다는 것을 유념한다면, 약수가 흘러 강물이 되고 바다가 되듯, 작은 사물의 이치가 큰 사물의 이치를 알게 하듯, 명리를 이해하는 데에 초석(礎石)이 될 수 있으리라 믿는다.

【4】 오행의 성질

오행의 성질은 木·火·土·金·水로 대별되지만 음양이 균형을 이룬 것이 오행이므로 오행은 양 오행과 음 오행으로 분류할 수 있다. 양목(甲갑)과 음목(乙을), 양화(丙병)와 음화(丁정), 양토(戊무)와 음토(己기), 양금(庚경)과 음금(辛신), 양수(壬임)와 음수(癸계)로 분류하는바, 각각 저마다의 오행으로서의 독특한 성질을 가지고 있다. 그러나 음양이 기본적으로 가지고 있는 특성이 그 바탕을 이루고 있음을 잊어서는 안 된다. 이를 염두에 두어야 오행을 이해할 수 있고, 사주 간명(看命) 시에도 응용을 할 수 있다. 體, 用 구별이 다를 뿐 오행은 곧 음양이기 때문이다.

1. 木

1) 木의 성질

木은 음기를 품고 있는 '양의 기운'이다. 형체로서는 나무로 볼 수 있지만 대표적으로 상징하는 것이 '생명력'과 '성장력' 그리고 '생동력'이다. 그래서 木은 시작하다, 희망을 갖다, 행하다, 자라다, 오르다, 나아가다 등의 의미를 가지고 있다. 나무 木 자를 쓴 이유는 자연을 형성하고 있는 오행 중에 그 성질을 가장 가깝게 표현할 수 있기 때문이다.

다른 오행도 마찬가지지만 木이 품고 있는 성질을 이해하려면, 혹 나무의 성질로써 예를 드는 경우도 있겠으나, 보다 깊은 의미를 이해하려면 물상(物像: 물질로 보이는 모습)적인 선입견은 버려야 한다. 세간에서 흔히 쓰는 말처럼 '큰 나무(甲木)는 큰 도끼(庚金)로 쪼개야 장작으로 쓸 수 있다'는 식의 표현은, 적절한 시간대에 이해를 돕는 차원에서 재미있게 쓸 수 있는 표현은 되겠으나, 이를 이론으로써 쓰고자 한다면 木이 품고 있는 깊은 의미와는 더욱 멀어지게 된다.

물상적으로 이해를 하려는 과정에서, 나무가 자라서 꽃을 피우고 열매를 맺고 씨를 거두는 과정을 생, 변, 멸로서 그 이치를 살피고자 한다면 이는 타당하다. 나무는 생명력으로써 모든 오행의 변화를 품고 흐르는 이치를 보여주기 때문이다. 즉, 나무와 잎은 木이요 꽃은 火며, 과육 그리고 광합성은 土고, 결실과 씨는 金이며, 씨 속에서의 '잉태와 탄생의 기운'은 水다. 나무뿐만 아니라 우리 인간을 비롯한 모든 생명력이 이와 같은 흐름을 보여주고 있으나 나무가 유독 그 흐름을 선명하게 보여주기 때문에 '생명력을 상징하는 '木'으로 분류를 한 것은 적절하다 할 것이다.

우리 인간들의 삶 중에도, 첫 눈에 반하는 것은 무언가를 만들려는 의도가 배어 있으므로 木에 해당이 되고, 사랑을 느끼는 것은 피어나는 기운이므로 火이며, 결혼을 하는 것은 가정이라는 작용력을 형성하는 것이므로 土고, 자식은 결실로써 金이며, 내세(來世, 종자種子·씨)를 기약하는 것은 '잉태, 탄생의 기운'을 의미하므로 水에 해당이 된다. 그래서 입동(立冬)으로 시작하는 해(亥, 10월)월부터의 겨울이 水에 해당이 되고 亥月을 윤회의 달이라 부르기도 한다.

木은 양이지만 '음을 품고 있는 양'이다. 양목(陽木)은 팽창의 변형인 성장력으로 인해 솟으려 하거나 커지려는 성향이 강하고, 음목(陰木)은 넝쿨이나 갈대처럼 뿌리를 튼튼히 하여 옆으로 뻗어나려는 성향이 강하다. 그래서 뿌리가 강한 음목이 물을 품고 있으면 이를 바탕으로 솟아오르려는 양목이 마음 놓고 자랄 수 있게 되고, 음목 또한 양목이 햇빛을 통해 음양을 조절해 줌으로써 물을 머금고 뿌리를 튼튼히 할 수 있으니 이 또한 음양이 균형을 이루고 있는 것이다.

> **참고** 여기서 '음을 품고 있는 양'이라 함은 음이 경계(바탕)를 이루어 양의 범위를 짓기 때문에 양이 한 곳으로 쏠려 木이라는 오행을 형성할 수 있음을 의미한다. '木 기운'의 경계에는 '金 기운'이 균형을 이루고 있고, '火 기운'의 경계에는 '水 기운'이 균형을 이루고 있다. 그래서 '木 기운'과 '火 기운'은 같은 양이지만 오행으로서의 성질이 다르게 나타난다. 즉, 木은 '음이 섞인 양'이고, 金은 '양이 섞인 음'이기 때문에 상호 균형을 이루고, 水와 火는 각각 음과 양을 대표하는 오행이기 때문에 음양으로서의 성질이 뚜렷한 모습을 보인다. 하지만 음, 양으로서의 성질이 다를 뿐 이를 강약으

로 구분하려는 선입견은 갖지 말아야 한다.

木은 시작을 의미한다. 따라서 방향은 東쪽이 木이고, 하루 중에는 아침, 일 년 중에는 봄, 인생에서는 소년기, 지역으로는 강원도, 세계적으로는 극동 지역인 한국과 일본이 木에 해당이 된다.

인체에서 木을 상징하는 부분은 눈(目), 간장(肝臟), 담(쓸개: 膽), 신경계와 시신경 분야 즉, 무언가를 확인하고 행동으로 옮길 목적을 가지고 있는 부분과 영양분 등 필요한 성분을 만들어 곳곳에 공급을 하고자 하는 부분 등이 이에 속하고, 맛은 신맛, 색은 청색, 음성은 어금닛소리(아음: 牙音)인 ㄱ과 ㅋ이 木의 소리에 해당한다. 자동차는 스포츠카를, 부속으로는 가속기를 들 수 있다.

'木의 마음'은 '소년기의 마음'이다. 따라서 어질고 천진스럽지만 고집을 가지고 있으며, 단순 솔직하고 활발하지만 좌우와 뒤를 살필 여지가 부족하다. 이러한 성격으로 인해 곡선과 직선 즉, 곡직(曲直)이라는 말을 하기도 하지만, 이는 한 방향을 향한 집중력이 좋을 수 있음을 의미하는 것이기도 하다.

> **참고** 사람도 양목으로 태어나는 사람이 있고 음목으로 태어나는 사람이
> 있기 때문에, 각각의 오행과 관련된 특성을 잘 파악해 둘 필요가 있다.

2) 갑을 목(甲乙 木)

오행이란 다양한 변화 속에서도 음양이 균형을 유지함으로써 현상으로 인식될 수 있는 5가지를 말하며, 이 중에 木이라는 오행 또한 양과 음이 균형을 이루면서 변화를 보이고 있는 오행 중 하나다. 여기서 갑목(甲木)은 양목이고, 을목(乙木)은 음목이다.

木의 특성은 생명력과 성장력 그리고 생동력이다. 따라서 음양의 이치에 따라 양의 기운인 甲木은 하늘 높은 줄 모르고 솟으려 하고 최고가 되어야 하며, 미래지향적이면서 추진력이 있는 반면에, 음의 기운인 乙木은 섬세하고 적응력이 강하면서 끈질긴 생명력을 가지고 있으므로 솟으려 하기보다는 뿌리를 견고히 하려 한다.

이와 같은 특성에 따라 나무의 성질로 구별을 해보면, 甲木은 소나무, 잣나무, 감나무, 미루나무, 낙엽송 등 위로 솟으려는 성향을 가진 큰 나무들이 이에 해당이 되고, 乙木은 잡초, 곡식, 갈대, 대나무, 잔디, 넝쿨나무 등, 줄기는 가녀리나 뿌리가 튼튼한 식물이 이에 해당이 된다.

甲乙木은 양목과 음목이므로 이 둘 역시 음양오행의 이치에 따라 상호 균형을 이루면서 보완 관계를 이룬다. 만일 山에 甲木만 있고 乙木이 없다면 어떻게 될까? 아마 몇 시간의 집중호우조차 견디지 못하고 甲木은 산사태로 인해 무너져 내릴 것이다. 甲木은 습토(濕土=己土)를 믿고 생명력의 氣가 위에 몰려 있기 때문에 흙을 움켜쥐고 있는 뿌리가 굵기만 하지 장악력이 약하다. 그래서 甲木 밑에는 강력한 뿌리를 가지고 있는 乙木이 빈틈없이 자리를 차지하고 빗물을 흡수 및 저장해주고 있기 때문에 甲木은 마음 놓고 솟을 수 있다. 습토(己土)는 甲木과 合을 이루는 땅이지만 젖어 있는 기름진 땅이므로 강력한 장악력과 흡수력을 가진 乙木의 뿌리가 없다면 아마도 단 한 시간의 집중호우도 견디기가 어려울 것이다.

> **참고** 甲木은 뿌리의 장악력이 부족해 물을 저장할 수 없기 때문에 기름진 땅(己土)과 合을 한다는 표현을 했다.

이러한 甲木에 대해 乙木은 비만 오면 사막에서도 꽃을 피운다. 황무지라 해도 마찬가지다. 하물며 홍수가 나도 甲木의 기둥뿌리만 있으면 감고

올라간다. 아니, 햇빛만 있으면 물속에서도 피어나려 하는 것이 乙木이다. 乙木 또한 습토를 싫어할 이유는 없다. 따라서 甲木이 가는 곳이면 그곳은 기름진 땅 己土이므로 좇아가서는 우거진 숲을 이루어 甲木이 가려서 조절 해주는 직사광선을 통해 음양 조절을 함으로써 甲木과 함께 균형을 이루어 생태계를 형성한다.

한편 나무 하나를 바라볼 때도 木은 甲乙木의 균형으로 이루어졌음을 알 수 있다. 즉, 나무의 '기둥이나 줄기 및 가지'는 '잎'이 광합성을 해서 영양 을 공급하지 않으면 성장이 불가하고, '잎' 또한 성장력이 없으면 광합성 을 할 만큼 숙성되지 못한다.

여기서 '나무의 뿌리'는 甲木인가, 乙木인가? 나무의 뿌리는 갓 태어난 아기가 생존을 위해 필사적으로 젖을 빠는 것과 같다. 나무의 뿌리 또한 생 존을 위해 적극적으로 필요한 영양분을 섭취하므로 甲木이다. '잎'을 乙木 으로 보는 이유는 소극적으로 광합성을 해 성장을 돕기 때문이다.

생명이라는 관점에서 보면 사람은 木에 해당이 된다. 남자는 양목이고 여자는 음목이다. 현실 생활에서의 한 예를 보자. 甲乙 木은 같은 木이므로 甲木을 사장이라 하면, 乙木은 비서라고 할 수 있다. '사장'과 '비서'를 甲 乙 木으로서 예를 든 이유는 '사장'과 '비서'는 음양은 다르지만 '회사를 위한 공무'라는 같은 목적을 가지고 있기 때문이다.

비서는 사장이 주는 월급과 지위로 인해 만족스런 삶을 형성하는 데 대 해, 사장은 비서가 빈틈없이 준비하는 바탕으로 인해 마음 놓고 사업을 펼 칠 수 있다. 이것이 '사장과 비서'라는 순수한 음양의 균형으로 형성되는 하나의 오행이다.

그러나 어느 날부터 사장과 비서가 연인이 되었다면 사장은 남자로서의

甲木이 되고, 비서는 연인으로서의 己土(습토: 기름진 땅)가 된다. 따라서 비서에게 주었던 '월급과 지위가 가지고 있던 의미'와 사장에게 주었던 '바탕으로서의 빈틈없는 준비가 가지고 있던 의미'는 사라지고, 전혀 다른 '남녀관계'라는 의미가 부여되므로 이는 甲乙木이 형성했던 오행과는 전혀 다른 타 오행으로 변했다는 것을 의미한다.

甲木은 생명체 형상이므로 미래 지향적이며 희망이다. 해가 뜨니 시작이며 만물이 생동하는 봄이니 소년기다. 어질지만 명예욕이 강하고 최고 일류를 지향하며 자존심이 강하므로 체통을 중시한다. 그래서 칭찬 받기를 좋아한다. 활달하지만 분위기에 죽고 사는 경향이 있다. 그러나 고집이 세고 자제 능력이 부족하므로 억압을 견디기 어려우며 따라서 좌절하면 헤어나기 어렵다.

나아가려 하거나 솟으려 하고, 가정에서는 가장과 같은 甲木에 비해, 乙木은 단년생이거나 작거나 넝쿨식물이지만, 그러한 이유로 인해 오히려 실속 면에 있어서는 단연 돋보인다. 다닥다닥 달려있는 콩이나 고추, 호박, 참외, 수박처럼 풍성하게 달리는 채소 그리고 근채류인 고구마, 감자, 마늘 등 풍요로움을 느끼게 해주는 특성이 있다. 이와 같은 특성으로 인해 乙木은 환경에 대한 적응력이 뛰어나고 그에 따라 생명력 또한 왕성하며, 실속과 결실을 우선하므로 현실적인 안목이 탁월하고 미래 지향적이면서도 실리적인 면이 강하다. 섬세하고 끈기가 있으며 단순 솔직하지만 융통성이 좋아 일을 잘 벌이기도 한다. 그러나 스트레스를 많이 받는 경향이 있으므로 신약하면 정신질환을 조심하여야 한다.

2. 火

1) 火의 성질

火는 양 중에도 극양의 기운이다. 형체는 '불'로써 표현하지만 火가 대표적으로 상징하는 것은 '발영의 기운' 및 '피어나는 기운', 즉 '개화하여 만발하고자 하는 기운'이며, 초가을 따가운 햇볕에 의해 벼가 고개를 숙이고 과실이 영글어 가듯 '익히고자 하는 기운'이다.

꽃이 만발할수록 꽃 속에서 과실의 씨가 영글어 가는 것이나, 물상적으로 실제의 불이 음식을 익어 가게 하는 것 그리고 첫눈에 반하는 것은 木이지만, 이것이 사랑으로 꽃 피우는 것은 이러한 火의 피우고자 하는 기운과 익히고자 하는 기운 때문이다.

같은 '양의 기운'이라 해도 '火의 기운'은 음기를 품고 있는 '木의 기운'과는 사뭇 다르다. 그러나 火는 생명력과 성장력 그리고 생동력을 상징하는 木 기운의 성장을 바탕으로 무한대의 에너지를 생성하고 방출하고자 한다. 그래서 봄에 나무가 자라 여름에 꽃을 피우는 것이며 또한 이것이 생동력을 바탕으로 피어나는 팽창의 기운이고 확장의 기운이다.

이것이 '木 기운'을 바탕으로 '火 기운'이 生한다는 이른바 木生火의 이치다. 하지만 '木 기운'에서 '火 기운'으로 변화를 보이는 중간에는 반드시 '극(剋=만남의 변화)'이라는 작용력이 바탕을 이루어야 한다. 여기서 할 얘기는 아니지만 剋 중에는 合과 沖이 있는데, 合은 애정이므로 좋은 것이고 沖은 깨뜨리는 것이므로 나쁜 것이라는 선입견을 가지고 있는 사람들이 많다. 하지만 이는 금물이다. 生, 剋 뿐 아니라 合, 沖 또한 절묘하게 흐르는 음양 변화의 이치를 설명하고자 하는 이름일 뿐 글자의 뜻을 바탕으로 짐작하면 안 된다는 뜻이다. 양은 음이 균형을 이루면서 바탕이 되어주지 않으면 변화를 보일 수 없다는 것이 명리학의 기본 원리임을 잊어서는 안 된다.

다른 오행과 마찬가지로 火 또한 나무를 태운다거나 金을 녹인다는 식의 물상적인 선입견을 앞세우면 火가 품고 있는 진의를 이해하기가 쉽지 않다. '火의 기운'인 꽃이 만발하면 할수록 꽃 속에서 자라고 있는 '결실의 기운'인 金氣는 점점 더 영글어 가고, 쇠는 달구어 때릴수록 더욱 강해지기 때문이다.

> 참고 '그 나무의 씨(결실의 기운, 金)'는 '그 나무에서 피는 꽃(火)'이 경계를 두고 균형을 이루어야만 '그 나무의 열매'로 성장한다. 여기서 꽃(火)이 경계를 둔다 함은 剋(火극金)을 말하는 것으로 '극'을 '음'이라 한 것이지 '火' 자체를 '음'이라 한 것이 아니다. 열매로 성장하는 것은 '양'으로서 '生'이고 '꽃이 경계(剋)를 두는 것'은 '음'이므로 생, 극 또한 균형을 이룬 음양이다.

'양의 기운'인 火 역시 양화(陽火)가 있고 음화(陰火)가 있다. 양화는 적극적으로 드러내어 피우고자 하므로 꽃을 피워 과육을 풍성하게 하려하고, 음화는 수렴과 숙살을 도와 결실을 이루어 씨를 견고히 하고자 한다. 그래서 '개발'은 '양화의 기운'이며 '문명'은 '음화의 기운'이다.

여름의 시작인 입하(立夏)부터 정점(頂點)인 하지(夏至)까지는 '양화의 기운'으로 적극적으로 개화하여 피우고자 하는 기운이고, 하지(夏至)부터 가을의 시작인 입추(立秋) 전까지는 '음화의 기운'으로 다 자란 결실을 익어가게 하는 기운이다. 이는 수렴해서 저장하게 하려는 '金의 기운'과는 분명한 차이가 있다.

> 참고 '숙살(肅殺)'이란 '외부로 발설하는 기운을 안으로 수렴하여 저장하는 것'을 말하고, 이를 '숙살지기(肅殺之氣)'라고 표현한다. 金氣인 가을을

설명할 때 자세히 살펴보겠다.

火는 정열이고, 밝음이며, 열기이고, 젊음이다. 그래서 쟁취하려는 마음과 모든 것을 활짝 피우고자 하는 마음을 가지고 있다. 火의 마음은 분명하고 확실하므로 추상적이거나 애매모호한 것을 싫어한다. 그러나 눈앞에 보이는 것을 믿으려 하므로 앞을 내다보지 못하는 특성이 있다.

火는 밝음과 열기를 의미하므로 방향은 남, 하루 중엔 점심, 일 년 중엔 여름, 인생에서는 청년기, 세계적으로는 적도 부근 홍인종이 살고 있는 인도 등이 이에 해당되며 인체에서는 배(복: 腹)의 방향이다.

인체에서 火를 상징하는 부분은 만사 발생의 근본인 혀와 시력, 생명력의 활동성을 보여주는 심장, 순환계, 음식물을 소화 흡수하는 소장 등이 이에 속하고, 맛은 쓴맛, 색은 적색, 발음은 혓소리(설음: 舌音)인 ㄴ, ㄷ, ㄹ, ㅌ이 火의 소리에 해당한다. 이밖에도 자동차는 레져나 관광차량을, 부속으로는 동력기를 들 수 있다.

火의 마음은 청년기의 마음이다. 그래서 화끈하기는 하지만 성급한 면이 있어 저질러 놓기를 잘하고, 심하면 과격한 성격으로 나타나기도 한다. 또한 매사에 선악을 구별하려 하고, 시비를 가리려 하므로 예(禮)를 중시하면서 분명한 것은 좋으나, 남의 곱지 않은 이목을 받을 수 있다. 火는 모습 그대로 방사형 직선이므로 염상(炎上)이라고도 하며 이것이 추진력으로 표현되기도 한다.

2) 병정 화(丙丁 火)

火도 음양이 균형을 이룬 오행 중 하나이므로 양화인 병화(丙火)가 있고, 음화인 정화(丁火)가 있다. 丙火는 양화이므로 적극적으로 피어나게 하는 기운이고, 丁火는 음화이므로 소극적으로 익어가게 하고, 영글게 하는 기운이다. 따라서 작열하는 여름의 태양 빛은 丙火고, 가을의 따가운 태양 빛은 丁火다.

물상적으로 산불은 丙火다. 그러나 모닥불과 촛불은 불을 목적으로 하기보다는 '의미'와 '열기'를 목적으로 하므로 丁火로 본다. 용광로를 지피고 있는 불은 적극적인 기운을 띠므로 丙火로 보지만, 용광로에서 끓고 있는 쇳물은 수동적이므로 丁火다. 그러나 이 쇳물이 식으면 庚金이 된다. '쇳물이 식어 庚金이 된다'는 말은 온도변화에 의해 '양기'에서 '음기'로의 변화 즉, '양토, 음토의 작용력'에 의해 뜨거운 여름에서 시원한 가을로 넘어가는 이치와 같다. 불타고 있는 로마를 바라보고 있는 백성들에게는 그 불이 丙火지만 즐기고 있는 황제에게는 丁火가 된다.

> **참고** 백성들에게는 적극적으로 재산을 태우는 불이므로 양화인 丙火지만, 황제에게는 하나의 아름다운 '작품'으로 여겨지기 때문에 음화인 丁火이다. 적극적인 '개발'은 丙火고, 그 개발이 낳은 '문명'은 丁火라는 것과 여름에 적극적인 丙火에 의해 성장한 '열매와 씨' 범위에서 가을에 소극적인 丁火에 의해 익어가는 이치는 같다. 즉, 丙火와 丁火 또한 양과 음으로 균형을 이루고 있다는 뜻이다.
>
> 태양과 큰 불은 丙火고, 촛불이나 모닥불 같은 작은 불은 丁火라고 주장하는 이들이 많지만, 그것이 아니다. '火의 기운' 역시 역할이 중요하다. 즉, 봄에서 여름 하지(夏至)까지는 적극적으로 木을 성장하게 하고 꽃을 피워 '결실의 기운'을 품도록 해야 하므로 이때의 태양 빛은 丙火지만, 하지 이후 가을을 향해서는 '다 자란 열매와 씨'를 소극적으로 익어가게 해야 하므로 이때의 태양 빛은 丁火이다. 같은 이치로 촛불과 모닥불 자체는 丙火고 촛불과 모닥불이 의미하는 '밝음'과 '열기'는 丁火이다. 크고 작은 것 등, 눈에 보이는 것으로 선입견을 가지면 안 된다.

'木 기운'은 끝없이 성장하려는 특성을 가지고 있다. 그러나 '火 기운'은 성장한 '木 기운'을 바탕으로 활짝 피우려 하고 한없이 퍼져 나아가려 한다.

寅月(음력 1월, 立春)에 시작되는 '발영(火)의 기운'이 맹아를 틔운다. 그리고 하지가 되기 이전까지는 巳月(음력 4월, 입하)에 꽃을 피워 '결실의 기운(庚金)'을 품고 午月(음력 5월, 망종)에 '성장의 극대화'를 이루어야 한다. 이는 적극적으로 생명력의 탄생과 그 성장을 돕는 火의 기운이 양화인 丙火임을 의미한다.

> **참고** 입춘에 새싹이 고개를 내밀기 위해서는 '발영(勃榮)의 기운'인 '火의 기운'이 있어야 한다. 여기서 '발영'이란 '밝음으로 피어날 기운이 처음으로 일어나는 것'을 의미한다. 동지에 이르러 '응축(凝縮)의 극대화'를 거친 씨가 생명력을 잉태할 때'와 입춘에 새싹이 대지 위로 고개를 내밀 듯이 '생명력이 탄생할 때' 많이 인용된다. 여기서 '응축'이란 '한 데 엉기어 굳어지는 것'을 말하고, 비슷한 의미로 '농축(濃縮)이란 즙액이나 용액이 진하게 바짝 졸아드는 것'을 말한다. '발영'과 '응축'은 앞으로도 많이 사용되는 단어이니 살펴두시기 바란다.

작열하는 巳月 '양화의 기운'은 생명력의 근원인 에너지를 발생시켜 구석구석 전달함으로써 하지에 이르러 그 절정을 이루게 되며, 巳月 입하에서 생긴 '결실의 기운'이 성장할 대로 성장한 후 열매가 되면, 丁火는 따가운 햇볕을 통해 다 자란 열매를 익게 함으로써 입추 이후의 본격적인 숙살을 준비하게 된다.

이는 '음양은 균형을 전제로 존재한다'는 음양의 이치에 따라 丙火의 범위에 따라 丁火가 존재하고 丁火의 범위만큼만 丙火가 존재할 수 있음을 보여주는 것이지만, 한편 丙火의 기운인 꽃이 만발 할수록 꽃 속에 있는

'金 기운'인 '결실의 기운' 역시 성장해 가고, 음화인 丁火가 강 할수록 성장한 열매는 농익게 됨으로써, 이 또한 음양(火=양, 金=음)이 균형을 이루면서 오행의 모습으로 흐르고 있음을 보여주는 것이기도 하다.

> **참고** '丙火의 범위에 따라 丁火가 존재하고 丁火의 범위만큼만 丙火가 존재한다'는 말은 '씨'를 뿌린 것만큼만 '결실'을 거둔다는 말과 같다. 즉, 지구의 자전과 공전이라는 '틀'에 따라 '丙火의 범위'와 '丁火의 범위'가 음양의 균형을 이루고 존재한다는 뜻이다.

같은 이치로 丙火로서의 건설은 丁火로서의 문명을 전제하므로 추진될 수 있으며, 문명은 건설의 범위 안에서 존재한다. 그러나 최첨단을 자랑하는 丙火로서의 건설 및 발전상이 丁火로서의 문명과 과연 조화롭게 균형을 이룰 수 있을 것인가? 욕심이나 이기심이라는 것을 생각해 보면 이 문제는 우리 인간들이 어떠한 가치관을 가지고 있느냐에 따라 좌우되는 것이 아닌가 싶다.

丙火는 말 그대로 불같은 성향을 말하는 것으로 『삼국지』에 나오는 '장비'라는 이미지를 우선 생각하면 비슷할 듯하다. 두려움이 없어 맹렬하며 저돌적이고 양보도 없을 뿐 아니라 생각 없이 화부터 내므로 실수가 많아 후회를 잘 하게 되고, 그러한 성격으로 인해 비밀 또한 지키기 어렵다. 하지만 단순·명확·화끈한 것과 시원시원한 것은 따를 자가 없다. 따라서 사업을 해도 스케일이 큰 사업에 눈을 돌리게 되고 대인관계가 분명하므로 신뢰를 바탕으로 크게 성공할 수 있는 기본적인 힘을 가지고 있다. 그러나 이러한 특성이 장점으로 나타날 때에는 크게 돋보일 수 있지만, 단점으로 나타날 때에는 팽창하려는 본능과 장비와 같은 단순함으로 인해 한 순간에 결정적인 실패를 경험할 수 있다.

丁火의 마음은 따뜻하면서도 스스로 헤아려 배려하는 마음을 가지고 있다. 헌신적이면서 봉사를 잘하고 남을 잘 이해하지만 잘못 건드리면 폭발하기도 한다. 주전자의 끓는 물은 水지만 끓고 있는 열기는 丁火다. 丁火는 탱고를 추고 있는 정열적인 여인이다. 그리고 마치 붉은 장미꽃 한 송이에서 풍기는 도발적인 매력과 같고, 모락모락 김이 피어오르는 한 잔의 커피에서 풍기는 진한 향기와 같다. 그러나 丁火는 그 따뜻한 마음과 정열적인 성향 그리고 봉사와 같은 비추려는 마음으로 인해, 아무리 어려워도 남에게 손을 내밀기가 쉽지 않고, 스스로가 감수하고 인내하려 하므로 남들보다 극한 상황을 무겁게 체감할 수 있으며, 종국에는 포기하는 마음이 빠를 수 있다.

丁火로 태어난 여성이 사주에 물(水)이 많으면, 여기서의 물은 남자(여자는 자기를 '극' 하는 오행이 남자: 水剋火)를 의미하므로, 타고난 丁火의 매력으로 인해 남성들이 소유 의식을 갖게 되고, 이 의식이 강하면 강 할수록 丁火에게는 스트레스로 작용 할 뿐 아니라, 丁火의 여린 마음 때문에 스스로 남자들의 손에서 벗어나기가 어려우므로 끌려가는 삶을 살아야 하는 고통을 겪을 수 있다.

> 참고 학교나 체육관, 복지단체 등을 짓는 모습은 丙火(건설), '박사 모'를 쓰는 모습, 올림픽 메달리스트의 모습, 봉사하는 모습 등은 丁火(문명, 작품), 진지하게 설득을 해서 마음을 돌리려는 모습은 丙火(적극적), 미소와 함께 들어줌으로써 마음을 얻으려는 모습은 丁火(포용적), 모닥불과 촛불 자체는 丙火, 모닥불 주위에 둥그렇게 앉아 수건돌리기를 하는 친구들의 분위기와 촛불이 비추는 밝음의 의미(기도)는 丁火이다.

3. 土

1) 土의 성질

물상적으로 土의 형체는 흙이다. 흙은 四行을 모두 품고 있으므로 '土'가 가장 대표적으로 상징하는 것이 '작용력' 즉, '양토적인 작용력'과 '음토적인 작용력'이다. '대지' 자체는 건축물을 짓건, 곡식을 심건 4행을 품고 준비가 되어 있는 '양토적인 작용력'으로서의 戊土고, 논과 밭, 문전옥답 등 이미 생산을 위해 사용되고 있는 토지는 '잉태'와 '숙성'을 기다리므로 己土다. 모든 오행이 저마다의 氣가 변화를 보이는 독특한 작용력의 모습이지만, 土는 4행을 품고 이들이 변화를 보일 수 있는 바탕을 이룬다.

土를 '물질'로서의 土로만 생각하면 안 된다. 土가 四行으로 그 體를 이루고 있다는 것과 관련해서, 계절의 변화와 같은 '현상의 변화' 역시 '土의 범위 내'에 있다. 즉, 현상의 모든 변화(用)도 土 자체의 모습이라는 것을 이해해야 한다(음양=오행). 이는 마치 액체인 현상으로서의 '물'이 공간으로 기화(氣化)되어 날아가지만 사라지는 것이 아닌 것과 같고, 나무에서 꽃이 피었다 사라지는 듯이 보이지만 완전한 소멸이 아닌 것과 같다. 그래서 土를 '작용력'이라 하고 이를 체용변화의 원리라 한다. 이는 물론 구심점인 태양과의 역학적인 관계에 따라 천태만상으로 보일 수 있는 '土의 특성'이다.

무형의 기운인 태풍도 하나의 작용력의 모습(木 기운)이다. 즉, 태풍이 움직일 수 있는 환경적인 조건과 바탕을 이루는 그 배경이 '土의 작용력'이고, 이 작용력이 태풍을 품고 있다. 봄·여름·가을·겨울 사계절 또한 木·火·金·水 4행의 기운이 변화를 보이는 모습이지만, 그 배경에는 환절기라는 이름으로 인식되고 있는 그에 적절한 土의 작용력이 바탕에 깔려있으면서 한 몸을 이루어, 각 오행마다 자기 계절을 연출하게 한다.

음양이 균형을 이루면서 변화를 보이는 바탕에는 '음양의 3원리'의 조화력이 있고, 오행이 변화를 보이는 바탕에는 '土의 작용력'이 있다. 따라서 저마다의 특성이 두드러져 각각 오행이지만 결국은 '균형을 이룬 음양'이므로 '음양의 3원리' 즉, '양토적인 작용력'과 '음토적인 작용력'의 품안이다.

나무가 土에 뿌리를 둔다는 말은 곧 木(생명력)이 土의 작용력에 뿌리를 둔다는 말이다. 즉, '생명력'인 '木 기운'이 대지의 작용력의 조화력을 받아 새로운 생명력으로 탄생된다는 것을 의미하는바, 이는 동지에 '응축의 극대화'를 거친 씨가 寅월, 입춘에 맹아를 틔우려면 '발영(勃榮)의 기운'을 받아 대지의 문이 열려야 하는 것과 같고, 꽃 속에 있는 '결실의 기운'이 영글어 가려면 꽃잎과 나뭇잎을 통해 광합성이라는 작용력의 힘을 받아야 하는 것과 같다.

'3원리'에 의해 음양으로 중화를 이루듯이 土 역시 음양의 원리로써 작용력을 삼는다. 양토인 戊土는 '생명의 씨(陰氣)'를 저장 및 배양을 하고, 음토인 己土는 戊土의 작용력과 균형을 이루어 생명력(陽氣)이 직접 뿌리를 내리는 보다 실질적인 의미로서의 역할을 하게 된다. 남자의 적극적인 사랑의 행위는 '생명의 씨'를 저장 및 배양을 하고자 하는 '양토적인 기운'이지만, 이를 받아 들여 잉태(생명력)를 하고 복 중의 태아를 성숙시켜 탄생시키는 것은 음토 즉, 여자의 몸이다.

> 참고 남자의 적극적인 사랑의 행위는 여자의 소극적인 사랑의 행위가 바탕을 이루어야만 '하나'가 될 수 있다. 남성으로서의 사랑의 결정체는 적극적인 '양토로서의 작용력'이고, 이를 받아 들여 잉태를 하고 복 중의 태아를 성숙시켜 탄생시키는 것은 '음토로서의 작용력'이다. 여기서 남녀가 '균

형을 이루기까지의 환경적인 배경' 즉, 남자 쪽의 환경은 '양토적인 작용력'이고, 여자 쪽의 환경은 '음토적인 작용력'이다.

구별될 수 있는 근거는 물론 각각의 환경적인 배경이 남자로서의 적극적인 환경과 여자로서의 소극적인 환경을 조성하기 때문이지만, 이뿐 아니라 사람 간의 관계든, 국가 간의 관계든, 모든 일(오행)이 '성사'를 이루는 데는 양토, 음토의 작용력이 있다는 것을 이해하는 것이 중요하다.

土를 대표하는 것은 각 계절 끝자락에 자리 잡고 있는 '환절기'다. 환절기에는 자연도 산고(産苦)를 치르고 인간도 감기 등으로 고생을 한다. 이 또한 작용력으로 인한 하나의 현상이며 이로 인해 계절은 재탄생을 함으로써 순환하게 된다. 이는 마치 성격이 다른 두 사람이 다투고 있을 때 다른 한 사람이 서로를 이해시켜 화해를 하게 함으로써 다시 친해지게 하는 것과 같다. 다투는 두 사람도 각기 다른 오행이지만 중재를 하는 사람도 土라는 오행으로써 작용력의 역할을 한 것이다. '다투는 관계'라는 하나의 오행을 '土의 작용력'이 개입을 해 다시 '친한 관계'라는 다른 오행으로 변화시켰음을 의미한다.

> **참고** 여기서 '중재를 한 사람'은 土지만 '중재'는 작용력이다. '작용력'은 '중재'를 한 사람으로부터 나오고, '중재'와 '중재를 한 사람'은 '한 몸'이다. 따라서 '작용력'은 양토, 음토 즉, 土를 상징하는 대표적인 특성이며 '작용력'과 '土'는 한 몸이다.

土는 작용력을 통해 中和를 유지하고자 한다. 그래서 중앙, 균형 등을 의미하고 변함이 없으므로 믿음(信)을 상징한다. 土는 흙이므로 황색이고 또한 중앙을 의미하므로 위치적으로 충청도와 중국을 들 수 있다. 인생에서는 가정을 이룬 완숙기이자 불혹을 이야기하는 중년 시절이다.

　인체에서 土가 상징하는 부분을 보면, 상대와의 소통을 상징하는 입(口)과 위아래 합일을 의미하는 입술, 분해하고 삭히는 일을 하는 소화 조직인 위(胃)와 비장(脾臟) 그리고 몸을 버티게 하거나 활동을 하게 하는 근육조직과 외부와의 접촉을 담당하는 피부조직 등을 들 수 있다.

　맛은 단맛이다. 그러나 발음은 입술소리 즉, 순음(脣音)인 ㅁ, ㅂ, ㅍ이 이에 해당된다고 보는 것이 필자의 입장이나 세간에서는 지금도 ㅇ과 ㅎ이 이에 해당한다고 보는 것 같다. 자동차는 대중교통인 버스를 그리고 부속으로는 변속기를 들 수 있다.

> **참고** 여기서 소리의 근원을 잠깐 살펴보면, 어금니는 뿌리이므로 木, 혀는 잘 움직이고 만사 발생의 원인이므로 火, 입술(입)은 상하로 합해 있고 모든 소리를 조절할 뿐 아니라 표현하고자 하는 모든 것을 통제하므로 중앙 土, 이는 단단하므로 金, 목구멍은 소리를 내는 본원에 해당하므로 水가 되는 것으로 본다. 필자가 이렇게 보는 이유는 '오행의 특성'과 '구강구조'가 논리적으로나 과학적으로 다르지 않아야 한다고 생각했기 때문이다.

　土의 마음은 완숙기요 중년의 마음이다. 그래서 인정이 많고 참을성도 강하며 木의 단순함과 火의 산만함에 비해 여유가 있고 심사숙고하는 맛이 있다. 그러나 지나치면 고독하고 자칫 폐쇄적인 성향을 가질 수 있는데 이는 개성이 부족한 특성 때문이다.

　土는 모든 오행을 담고 있으며 마치 자동차의 변속기와 같이 그리고 환절기와 같이 다툼을 중재하면서 새로운 생명력을 창조할 수 있는 능력을 가지고 있다. 그래서 土는 원과 균형을 상징하는데 이는 자전 공전 그리고 지구의 모습 등을 상징하는 것이기도 하다.

2) 무기 토(戊己 土)

戊土는 '양토적인 작용력' 이고, 己土는 '음토적인 작용력' 이다. 사계절은 木·火·金·水가 차지할 뿐 土가 차지하는 계절은 없다. 환절기인 진, 미, 술, 축(辰, 未, 戌, 丑) 넉 달을 차지하면서 각 계절의 끝자락에 모습을 보일 뿐이다.

土는 왜 자기의 계절도 없이 환절기만을 차지하고 있는 것일까? 木은 생명력으로 끝없이 성장하려는 봄의 기운이고, 火는 그 성장을 바탕으로 한없이 피어나려는 여름의 기운이며, 金은 숙살의 기운인 가을의 기운이고, 水는 만물의 씨를 응축시키는 겨울의 기운이다.

우주가 음양의 균형(3원리)을 중심으로 오행의 흐름이라는 순환의 조화를 이룸으로써 하나의 역동적인 생명력을 품고 있듯이, 사계절의 변화도 '대지의 작용력' 을 중심으로 발생되어 왕성하다 스러지는바, 이전 계절의 오행은 흡수되어 다듬어지고 담금질을 거침으로써 다음 계절을 상징하는 오행으로 변모하게 된다.

다른 오행들과 마찬가지로 戊土가 생명의 씨를 저장 및 배양할 수 있는 범위 내에서 己土의 잉태와 숙성은 가능한 것이고, 己土의 이 작용력의 범위 내에서 戊土의 작용력 또한 가능한 것이다. 이렇게 음양의 차이에서도 작용력의 특성이 있음은 물론, 봄과 여름 사이의 진월(辰月), 여름과 가을 사이의 미월(未月), 가을과 겨울 사이의 술월(戌月), 겨울과 봄 사이의 축월(丑月) 등 환절기에 따라 제 각각 작용력의 특성을 가지고 있으며, 나아가 헤아릴 수 없이 다양한 오행의 모습으로 변화를 보이는 음양의 변화만큼이나, 균형을 이룬 양토와 음토의 작용력 또한 그 만큼 다양한 모습으로 바탕을 이루면서 '대지의 작용력' 으로서의 역할을 하고 있다.

참고 진(辰), 미(未), 술(戌), 축(丑) 이 네 개의 지지는 얼핏 같은 환절기인 것처럼 느끼기 쉽지만 그 역할이 분명히 다르다. 따라서 사주에 적용할 때에도 그 특성에 따라 당연히 다를 수밖에 없다.

戊土는 양토로서 대륙, 거산 등으로 표현되기도 한다. 따라서 경거망동을 하지 않으므로 남의 일에 간섭을 잘 하지 않는다. 가정에서는 장남과 같다는 평을 많이 들으며, 무뚝뚝하면서도 과묵한 멋이 돋보이는 형으로 '신뢰'라는 이미지와 함께 중정지기(中正之氣)를 상징한다. 그러나 흑백이 분명치 않거나 미적지근하면서 느린 기질 등이 있기 때문에 그것이 지나치면 오히려 신뢰를 얻기 어렵다.

戊土가 지나치면 자신의 집념과 집착이 강하게 나타나고 고집이 셀 뿐 아니라 독선으로 흐르기 쉬우며, 반대로 허약하면 속마음을 알 수가 없어 음흉하다거나 내숭 떤다는 말을 많이 듣게 되고, 시원스럽지 못하고 어물쩍 넘어 가므로 소신이 없어 보이며, 심하면 폐쇄적으로 변할 수 있다.

戊土는 추상적이며 중정지기를 상징하지만, 己土는 보다 구체적인 토질로서 기름진 땅 혹은 문전옥답과 같은 이미지를 가지고 모든 생명을 포용한다. 己土는 마치 교육기관과 같아 중용의 이치를 실현하려 하며 어머니처럼 포용력으로 덮어주고 감싸주며 베풀어줄 뿐 아니라 버리지 않고 보듬어주며, 남의 심중을 잘 이해하므로 항상 상대방을 배려하고자 한다.

그러나 己土가 과다하면 정이 메마르게 되고 옹졸해질 수 있어 실행력이 부족하며, 근거 없는 자존심으로 남의 자존심을 상하게 해 미움을 살 수 있고, 허약하면 이기적이고 소심해 질 뿐 아니라 매사에 용기가 없어 신뢰를 얻지 못한다.

己土는 기름진 땅이므로 끝없이 솟으려는 생명력을 상징하는 甲木을 가장 좋아한다. 따라서 여성이 己土로 태어나면, 남성을 보는 기준이 甲木이기 때문에 뭇 남성들에게 도도한 성격으로 비칠 수 있고, 지나치면 깍쟁이 소리를 듣거나 오만한 여성으로 비쳐 오히려 시선을 놓칠 수 있다. 그러나 자신의 눈높이로 여겨지는 甲木을 만나면, 일편단심 변치 않는 사랑을 주게 되므로 아름다운 삶을 살 수 있으나, 己土에게만 甲木일 뿐 甲木에게는 己土가 아니라면 변치 않는 사랑으로 인해 극심한 가슴앓이를 경험할 수 있다.

4. 金

1) 金의 성질

물상적인 金의 형체는 바위나 쇠 그리고 이들로 구성되어 있는 山을 말한다. 金은 강건함이 상징이요 수렴해서 단단하게 하고자 하는 기운이 특징이다. 그래서 金이 대표적으로 상징하는 것이 '숙살지기' 다. '숙살지기(肅殺之氣)' 란 '외부로 발설하는 기운을 안으로 수렴(收斂)하여 저장하는 기운' 을 말한다.

金은 陰이지만 陽을 함유하고 있는 음이다. '양금' 은 수축의 변형인 숙살의 기운으로 끝없이 수렴과 저장을 하려하고, '음금' 은 이를 한없이 단단하게 하려 한다. 그래서 金은 가을을 의미하고 결실을 의미하며 자식을 의미한다.

피어나고 팽창하려는 '火의 기운' 과 수렴해서 저장하려는 '金의 기운' 은 상극(相剋)관계다. 따라서 '팽창하려는 기운' 을 '수렴하려는 기운' 으로의 극한 변화를 이루려면 土가 보듬어주는 작용력이 없이는 불가능 하며, 쇠는 달구면 더 단단해지듯 가을 음화(丁火)의 담금질이 없다면 역시 불가하다.

수렴하고자 하는 '金의 기운' 은 생동력으로 세상을 덮으려는 '木의 기운' 과도 상극관계다. 그러나 극양지기인 '火의 기운' 과는 상극의 성격에서 큰 차이가 있다. 생동력인 '木 기운' 을 바탕으로 巳4月에 피어나는 '火 기운' 은, 꽃 속에 金의 씨인 '결실의 기운' 을 품고 있으며, 꽃이 피면 필수록 '결실의 기운' 도 함께 성장해 간다. 이때 자연스럽게 이들을 한 몸으로 묶어 가을로 넘어가게 하는 것이 '대지(己土)의 작용력' 이다.

그래서 생동력을 상징하는 '木 기운' 과는 사뭇 다르게 볼 수는 있는 것이지만, '음극즉 양생(陰極卽 陽生)' 이요 '양극즉 음생(陽極卽 陰生)' 이란 이치가 있듯이, 봄(木)의 정점(頂點)인 春分에서 '金(가을) 기운' 이 시작되고, 가을(金)의 정점인 秋分에서 '木(봄) 기운' 이 시작된다는 이치가 있다. 뿐만 아니라 한 여름인 夏至에서 겨울의 씨인 '水 기운' 이 시작되고, 冬至에서 '火 기운' 이 시작된다는 이치가 또 있다.

음양이 상대적으로 존재하면서 균형을 이루는 이치 때문에 여기서 잠시 언급은 하지만, 이 내용들은 본 서 '오행론' 의 마지막 부분인 '계절 별 양 오행 음 오행의 관장시기' 에서 자세히 다루고, 이론적인 보다 깊은 내용은 '간지론' 의 '계절의 변화' 와 '지장간(支藏干)' 그리고 '생극합충론(生剋合沖論)' 에서 다루게 된다.

> **참고** 여기서 정점(頂點)이란 봄에 성장력이 극성을 이루는 春分, 여름에 개화의 기운이 극성을 이루는 夏至, 가을에 숙살의 기운이 극성을 이루는 秋分, 겨울에 '응축의 기운' 이 극대화를 이루는 冬至 등을 말한다. 각 계절은 정점을 지나면서부터는 그 기운이 쇠퇴해 다음 계절을 준비하게 된다.

金은 결실을 의미한다. 그래서 방향은 西, 하루 중엔 저녁, 일 년 중엔 가을, 인생에서는 장년기(50대)를 의미하고, 오른쪽 방향이 西方을 의미하므로 지역적으로는 전라도, 세계적으로는 미국, 유럽 등을 상징한다.

인체에서 金을 상징하는 부분은 공기(金)와 관련된 코와 폐장(肺臟), 음식 찌꺼기를 변으로 배설시키는 대장(大腸)과 단단한 치아와 뼈조직 등을 들 수 있으며, 맛은 매운 맛, 색은 백색, 발음으로는 치아에서 나오는 소리(齒音)인 ㅅ, ㅈ, ㅊ이 이에 해당한다. 자동차는 木 성격의 가속기에 상대되는 브레이크 기능을 들 수 있다.

金의 마음은 장년기의 마음이다. 중후하고 무게가 있으며 믿음직한 성향이 있으나 수렴과 저장을 상징하므로 '양' 인 '긍정적' 인 면보다는 '음' 인 '부정적' 인 성향이 강하다. 단단하므로 의리가 있고, 숙살에 의하므로 매운 맛이다. 칠전팔기의 마음으로 마음먹은 것은 끝을 내려는 성향이 강하지만, 이는 곧 사심이 없어 속기도 잘하고, 순수하고 고지식하다는 것을 의미하기도 한다. 이와 같은 성품으로 인해 한편 대쪽 같은 성향이 있어 배반 없이 평생 충성할 수 있는 성품을 지니고 있는 것이 金의 마음이다.

그러나 金이 지나치면 주장을 굽히지 않아 결합과 제휴가 어려운 고집불통이 될 수 있고, 이것이 혹 심하면 냉혹한 마음으로 표출될 수도 있으며, 과부족이 심하면 金은 결실이므로 조바심이 앞을 가려 속내를 감추지 못해, 대인관계뿐 아니라 가족관계에서조차도 필요한 인물이 되기 어려울 수도 있다.

이와 같은 성향은 실제 간명 시에 종종 볼 수 있는 것으로 현실적으로 金이 가지고 있는 속성을 잘 설명해주고 있는 것이기는 하다. 하지만 사주 안에서 어떠한 오행들과 인연이 되어 있는지에 따라 다양한 해석이 있을 수 있음은 물론 정 반대의 해석까지도 충분히 가능하기 때문에, 음양과 오행의 개념과 관계가 숙지되어 있어야만 상호 관계를 이해할 수 있다.

예를 들어 庚金으로 태어난 여성에게 火는 남자요 명예다. 그러나 양화인 丙火와 음화인 丁火가 아내인 庚금에 미치는 영향은 많이 다르다.

참고 여성의 입장에서는 자신을 극(剋) 하는 오행을 남편으로 본다. 여성이 火(丙,丁火)로 태어났을 경우 수극화(水剋火)의 이치에 따라 壬癸水가 남편이 되고, 金으로 태어난 여성은 화극금(火剋金)의 이치에 따라 丙丁火가 남편이 됨을 말한다.

상기한 바와 같이 丙火는 꽃 속에 결실의 씨를 품고 이를 적극적으로 성장하게 하는 기운이지만, 丁火는 다 자란 열매를 농익게 함으로써 숙살을 돕는 기운이다. 따라서 남편 丙火는 아내 庚金을 품으려 하면서도 다스리려는 기운이 있지만, 남편 丁火는 아내 庚金으로 하여금 빛을 발산시키게 하려는 기운이 있다. 물론 아내 庚금이 받아들일 수 있는 능력에 따라 장단점이 크게 다를 수 있다. 그러나 이와 같은 기본적인 개념이 숙지되어 있지 않으면 남편성에 대한 깊은 해석은 어렵게 된다.

2) 경신 금(庚辛 金)

가을은 金의 계절로서 여름인 火의 계절에서 이어지는 계절이다. 즉, '火의 기운' 인 여름에서 '金의 기운' 인 가을로 변화를 한다. 이는 다른 계절과는 다르게 生이 아닌 剋의 관계라는 특징이 있다. 가을에서 겨울은 '金生水' 요, 겨울에서 봄은 '水生木' 이며, 봄에서 여름은 '木生火' 인데 대하여 여름에서 가을만이 유일하게 '火剋金' 의 관계이다.

이 부분에 대해 본서에서는 '土의 작용력' 을 들어 비교적 자세한 설명을 하고 있다. 巳4月 立夏에서는 '양토적인 작용력' 으로 인해 丙火인 꽃을 피우고, 꽃은 속에 '결실의 기운(庚金)' 을 품는다. 꽃이 필수록 대지는 광합성이라는 작용력을 통해 夏至에 이르기까지 꽃과 함께 적극적으로 '결실의 기운' 을 숙성시켜 열매로서의 입지를 이룰 때까지 성장을 시킨다. 여기까지는 양화인 '丙火의 기운' 과 '양토적인 작용력' 인 戊土가 함께 했지만, 夏

至부터 立秋까지는 음화인 '丁火의 기운'과 '음토적인 작용력'인 己土가 함께한다.

성장을 다한 열매를 익어가게 하는 것은 丁火의 기운이다. 이때 '적극적으로 성장'이라는 '양의 기운'에서 '소극적으로 익어감'이라는 '음의 기운'으로 넘어가게 하는 극적인 현상을 연출하게 하는 것은 음토인 '己土의 작용력'이다. 己土가 金氣를 품고 剋의 관계인 火氣를 '火生土'로 흡수해 '土生金'을 해줌으로써 오히려 生金을 할 수 있도록 작용하는 것으로, 이는 '잎'이 광합성을 통해 '영양분'을 만드는 것과 같고 엄마가 몸 안에 태아를 품어 길러내는 것과 같다. 따라서 剋의 관계인 火에서 金으로 넘어 가려면 작용력의 원천인 土의 힘을 빌려야 한다. 즉, 대지의 작용력에 대한 이해가 기본 바탕이다.

> 참고 '剋'은 글자가 의미하는 바와 같이 억압하거나 능가하거나 이긴다는 뜻으로 사용되고 있는 것이 일반적이다. 그러나 명리학에서의 실질적인 의미는 음양의 이치대로 '바탕을 이루어 生을 유지하게 한다'는 뜻이 바탕에 깔려 있다. 또한 '生 剋, 合 沖' 이론들은 긴밀한 인과관계를 이루고 있기 때문에 사실상 따로 분리해서 설명할 수 있는 이론들이 아니다. 봄(木)을 바탕으로 여름(火)이 生(木生火)하는 것이 원칙적인 '현상'이지만, 봄에서 여름으로 넘어가는 중간에 '합 충'이라는 보이지 않는 작용력이 없이는 '생' 또한 불가하다는 인과관계가 있기 때문이다.

庚金은 양금이고 辛金은 음금이다. 庚金은 수렴과 숙살을 거쳐 저장과 함께 농익게 하려는 '결실의 기운'이고, 辛金은 물상적으로는 '씨'를 의미하면서 성격적으로는 '단단하게 응축'시키려는 기운이다. 이러한 특성에 따라 庚辛金은 바위나 암석, 철광석 등 단단하다는 의미를 가지고 있는 것들을 상징하게 되는데, 이를 근거로 지리산을 戊土, 설악산을 庚金으로 보는 견해도 있다. 바위도 바위지만 山을 金으로 보는 중요한 이유는 물을 생산하기 때문이다. 즉, 土는 물을 막거나 흡수하지만 金은 물을 걸러 생산하는 이치다.

다른 오행과 마찬가지로 庚辛金도 '양과 음'이 균형을 이루면서 변화를 보이는 金이라는 하나의 오행의 흐름이다. 따라서 '庚金의 기운'인 수렴과 숙살 그리고 저장할 수 있는 기운의 범위 안에서 '辛金의 기운'인 '씨에 대한 응축의 기운'이 존재하는 것이고, 辛金이 가지고 있는 이 기운의 범위 안에서 庚金의 기운 또한 존재하면서 辛金의 기운과 조화를 이루어 함께 가을이라는 계절을 형성하면서 흐른다.

> **참고** '立秋~秋分까지'의 庚金은 결실이고 秋分 이후의 辛金은 '홀로 남은 씨'임을 주목한다. 庚金의 기운이 秋分까지 결실로서의 마무리를 잘해야 秋分 이후 冬至까지 辛金인 '씨'가 '응축의 극대화'를 이룰 수 있다는 인과관계가 있다. 그래서 상호 범위 안에서 균형을 이루면서 흐르기 때문에 金(가을)이라는 오행이 형성된다.

未月(음력 6월)이 지나면서 대지는 마지막 남은 木 기운과 丁火의 기운을 흡수하고, 申月(음력 7월) 立秋에 이르면 숙살에 박차를 가하는데, 이때 대지는 문을 닫아 모든 성장력과 팽창력을 수렴해서는 이를 결실 속으로 저장한다. 이는 寅月(음력 1월: 立春) 대지가 문을 열어 맹아를 틔우고는 이를 성장하게 하는 것과 상대적이다.

그러고는 酉月(음력 8월) 白露를 지나 秋分에 이르기까지 결실을 마무리함으로써 경작을 이루고, 秋分 이후 '홀로 남은 씨'는 戌月(음력 9월) 寒露를 거쳐 亥月(음력 10월) 立冬에 이르기까지 '소극적인 응축'의 극대화를 이루게 된다. 이것이 가을을 대표하는 庚辛金의 기운이다.

'소극적인 응축'은 秋分 이후 늦가을의 따가운 丁火와 차가운 공기
및 찬 이슬에 의해 점점 견고해지는 현상을 말한다. 환경에 의해 소극적으
로 견고해지므로 '소극적인 응축'이라는 명칭을 붙였다. 계속 이어지는 '오
행의 관장시기'에서 자주 나오는 개념이므로 숙지해 두어야 한다.

열매 자체는 金이고 과육은 土다. 그러나 '씨'는 계절의 변화에 따른 성
장 과정의 변화와 그 해석에 따라 辛金과 壬癸水를 응용할 수 있으나, 壬癸
水는 辛金 안에 배어 있는 '잉태와 탄생의 기운'이고 '씨'는 辛金이다. 여
기서 과육을 土로 본 까닭은 모든 생명의 근원인 '씨'를 보호하고 生(土生
金)함으로써 영글게 하면서 견고하게 할 수 있는 바탕을 이루기 때문이며
이 또한 생명력이 작용력에 뿌리를 두는 까닭이다.

건설은 丙火요 문명은 丁火였다. 그러나 회사 및 단체는 庚金이고, 사업
은 水며, 사업의 목적은 木으로 응용된다. 독립군(金)은 '독립운동'이라는
씨(水)를 뿌림으로써 '독립'이라는 나무를 생성하여 '대한민국'이라는 꽃
을 피웠듯이(金生水·水生木·木生火), 정부(金)는 국민과의 결속(씨 안에 배
어있는 잉태 및 탄생의 기운(壬癸水, 金生水))을 굳건히 하여야 가능성과
희망이라는 나무를 키우게 되고 번영이라는 꽃을 피우게 된다(水生木, 木生火).

庚金은 결실을 상징하므로 미래 지향적이라기보다는 회광반조(回光反
照)의 특성이 강하며, 아이 같은 순수함과 천진함이 있어 남에게 속기도 잘
하지만 바위 같은 의리가 있고, 대쪽 같은 성품이 있어 배반함이 없이 평생
충성하기도 한다. 따라서 타협과 제휴를 하기 어려우므로 원칙적으로 사법
기관에 어울리는 형이다. 그러나 과부족이 지나치면 주체성이 아닌 고집불
통으로 변하며, 약하면 추진력이 부족하고 스스로 스트레스를 많이 받는다.

'회광반조(回光反照)' 라 함은 '죽을 때가 임박하면 온전한 정신이 한 번 생기고 바로 이 맑은 정신을 가지고 지나온 자기 일생을 돌아보며 반성한다' 는 의미이다. 이는 촛불은 다 타서 꺼지기 직전 마지막으로 한번 확 타오르고, 태양은 지기 직전에 화려한 색깔을 내뿜는다는 표현으로 대신하기도 한다.

庚金을 '회광반조' 에 비유한 이유는 '立秋~秋分까지' 의 庚金은 비록 木火의 화려함과는 다르지만, 숙살지기인 수렴과 저장을 통해 경작을 위한 결실을 화려하면서도 알차게 그리고 농익게 하는 양금의 기운이라는 점과 秋分 이후의 '홀로 남은 씨' 인 辛金으로 하여금 '응축의 극대화' 를 잘 이루게 해서 내년의 새 생명을 기약할 수 있는 바탕을 이루게 한다는 점을 비유한 것이다. 즉, '결실' 이라는 소중함을 이룸과 동시에 내년을 기약하는 씨를 보듬기 위해 마지막으로 화려함을 내뿜는다는 의미이다. '씨를 보듬는다' 함은 과육이 익어갈 수록 '씨' 도 함께 익어간다는 것을 말한다.

辛金은 한없이 단단하게 하려는 '응축의 기운' 이므로 냉혹한 맛을 풍기는 결정체와 같은 이미지가 있다. 따라서 직업은 군·검·경 계통이나 작품성을 요하는 '예술' 계통 또는 이에 준하는 '전문 직종' 이 잘 어울린다. 여인으로서는 멋쟁이로 통하므로 다이아몬드에 많이 비유된다. '견고성', '예술', '작품성' 등을 지향하려는 성향으로 인해 타인의 관심을 모으려 하고 집요하게 파고들면서 기억을 각인시키려는 성향이 있다.

辛金은 스스로가 예리하고 야물기 때문에 숙살을 돕는 丁火보다는 뒤끝 없이 화통한 丙火를 좋아하고, 친구를 사귈 때에도 겉으로는 '완벽' 을 좋아한다고 깍쟁이처럼 단호하게 말을 하지만, 알고 보면 준비성이 강한 사람보다는 져줄 줄 아는 사람이나 자신이 들어가 앉아 있을 빈틈이 있는 사람을 좋아한다. 그런 면에서 많은 사람들의 호감의 대상이 되기도 한다.

그러나 이러한 성향은 남이 알아주기를 바라는 마음으로 나타날 수 있기 때문에 스스로 자아도취(自我陶醉)에 빠지지 않도록 조심하여야 한다. 스스로를 확인하고자 하는 사람은 추켜세우는 사람한테 약하기 때문이다. 툭 툭 털어버리는 것이 없으므로 약해지면 우울증에 걸리기 쉬우며 그래서 결심을 하면 꼭 성취하려는 집착을 갖게 되고, 이 집착은 자신을 위해 좋은 기회를 주기보다는 불리한 쪽에서 회복하기 어려운 결과를 초래하는 경우가 더 많다.

> **참고** 立秋~秋分, 따가운 햇살을 받으면서 나무에서 익어가는 결실(익어가는 벼 등)은 庚金, 秋分 이후 따가운 햇살을 받으면서 마당의 멍석 위에서 말리고 있는 '씨'는 辛金, 산 위의 '자연석'은 庚金, 그 '자연석'이 공원 등에서 '작품'으로 쓰이거나 건축물에 쓰이면 辛金, '철 덩어리' 자체는 庚金, 제조 과정을 거쳐 '철판이나 철근' 등이 되면 辛金이다.

5. 水

1) 水의 성질

水의 형체는 '물'이다. '물'은 모든 생명력의 근본을 이루므로 이는 곧 실제의 씨와 그 의미를 같이 보는 경우도 있다. 하지만 분명히 구별하자면 '씨'는 辛金이고, 壬癸水는 辛金 안에 배어 있는 '잉태와 탄생의 기운'이다. 따라서 水를 '물'이라는 형체로 우선 생각하면 역시 水가 가지고 있는 진의를 이해하는데 어려움을 겪을 수 있다.

뜨거움은 팽창이요, 차가움은 수축이다. 차가운 음의 기운에 의해 물은 액체에서 고체로 변함으로써 단단해지고, 초여름 액체의 모습으로 생긴 '씨'는 한 여름 작열하는 丙火와 戊己土의 작용력에 의한 광합성에 의해 영글어 가지만, 夏至 이후 가을을 지나면서부터는 金의 기운에 의해 점점 고체화되어, 冬至에는 '응축의 극대화'를 이룸으로써 비로소 立春에 맹아를 틔우게 된다.

夏至에서 冬至까지는 辛金 '씨'가 고체화되면서 '씨' 안에서 적극적으로 '잉태'를 향한 '생명력'을 키워감으로 '양수'이자 '잉태의 기운'인 壬水의 기운이고, 冬至에서 立春까지는 생명력에 필수적인 '응축의 극대화'를 거침으로써 '잉태'를 이룬 '씨'가 寅月 立春까지 소극적으로 생명의 탄생을 준비하거나, 辰3月~巳4月(입하 전) 개화(開花)와 함께 '결실의 기운의 탄생'을 준비하므로 '음수'이자 '탄생의 기운'인 癸水의 기운이다.

'양수의 기운'과 '음수의 기운' 역시 각각의 범위 안에서 균형을 이루면서 흐르고 있다는 이치는 다른 오행의 변화와 같다. 따라서 冬至까지의 '응축의 극대화'가 얼마나 이루어져 있는가에 따라 立春에 태어난 맹아의 생명력이 얼마나 강하고 약한지가 결정된다.

> **참고** 인식이 불가능한 '잉태의 기운' 壬水와 인식이 가능한 '탄생의 기운' 癸水가 품고 있는 이치는 남자의 적극적인 사랑의 행위인 '양토적인 작용력'과 여자의 소극적인 잉태와 숙성이라는 '음토적인 작용력'의 이치와 같다.
>
> 여기서 유념하여야 할 것은 설명의 편의상 기준을 4계절(24절기)에 맞추고 있지만, 추운 지방이든 더운 지방이든 그 지역에 맞는 '생, 변, 멸'의 조화력이 있다는 것이다. 음양은 상대적이므로 '강한 양'에게는 '약한 양'이 '음'이 될 수 있고, '강한 음'에게는 '약한 음'이 '양'이 될 수 있기 때문에, 이 '음양의 균형'에 따른 '오행의 생명력'이 어느 지역에서든 상대적으로 존재할 수 있다는 뜻이다.

지구도 대기권 밖 우주 공간의 팽창과 균형을 이룬 만큼 수축이 극대화되어 있는 '음의 공간'으로 생명력을 유지시킬 수 있는 바탕이다. 인간의 '육체' 역시 '정신'과 균형을 이룬 만큼 생명을 유지시킬 수 있는 '음'이고, '바탕'이다. '음의 기운'인 수축의 변형은 가을인 金의 계절에는 '숙살지기'로, 겨울인 水의 계절에는 '응축의 극대화'로 상징되는데, 이 '음의 기운'을 바탕으로 '잉태'와 '탄생'이 이루어진다.

지혜로운 사람은 물을 좋아한다는 말이 있듯이 물은 순리에 따라 흐르고 흐름으로써 썩지 않으므로 '지혜'를 상징한다. 그러나 균형을 잃은 지혜는 권모술수(權謀術數)에 해당된다.

水는 마무리를 하고 휴식을 취하는 의미를 가지고 있으므로 방향은 北, 하루 중엔 밤, 일 년 중엔 겨울, 인생에서는 노년기, 북방을 상징하므로 한반도에서는 함경도, 남쪽에서는 서울 경기, 세계에서는 러시아 및 시베리아 등이 이에 해당 되며 인체에서는 등(배: 背)이 해당된다.

인체에서 水가 상징하는 부분을 보면 인체의 75%를 차지한다는 수분(침, 혈액 등)과 물과 관련이 깊은 신장(腎臟)·방광(膀胱)·자궁·뇌(腦) 등을 들 수 있고, 모든 소리를 물 흐르듯이 들어야 하는 귀가 이에 해당이 된다. 색은 흑색, 맛은 짠맛 그리고 발음은 앞에서의 土 소리의 경우와 반대이므로 목구멍에서 나오는 소리(喉音)인 'ㅇ'과 'ㅎ'이 이에 해당된다고 보는 것이 필자의 생각이나 세간에서는 'ㅁ, ㅂ, ㅍ'이 이에 해당된다고 보고 있다. 자동차에서는 물의 흐름과 비교되는 라디에이터와 윤활유를 들 수 있다.

水는 노년기이자 휴식기를 나타내는 마음이다. 따라서 매사에 침착하며 깊이 생각하는 현자의 마음이 있다. 물은 수직 관념이 있으므로 법과 질서를 준수하려 하며 부지런하고 청결하면서 응집력 또한 강하다. 자유 자재하므로 사고방식이 개방적이며 한 곳에 집착하지 않는다. 활발한 사고력이 있지만 분위기에 휩싸이지 않으며 냉정하게 파고드는 특징 또한 갖추고 있다. 그러나 이러한 성향은 편고 되면 '잔꾀'가 발달하여 풍파를 일으키고, 지나치면 '집착'으로 남을 힘들게 할 수도 있다. 물은 소가 먹으면 우유가 되지만 뱀이 먹으면 독이 되는 까닭이다.

2) 임계 수(壬癸 水)

모든 오행은 다 저마다의 특성을 가지고 있다. 壬癸水가 가지고 있는 특성 또한 土에 버금갈 만큼 깊은 의미를 간직하고 있다. 水氣 이외에 '잉태와 탄생의 기운'에 대한 '극음지기'가 가지고 있는 함축성 때문이다. 따라서 '陽水가 가지고 있는 의미'와 '陰水가 가지고 있는 의미'를 개념 논적으로 분류해서 상세히 살펴보아야 한다. 壬水는 양수이므로 '적극적인 水의 기운'이고, 癸水는 음수이므로 '소극적인 水의 기운'이다. 水는 물상적으로 물을 의미하기도 하지만 생명력의 그릇인 '씨'가 영글어감에 따라 자신의 목적인 생명력이 잉태 또는 탄생이 될 때까지의 변화의 기운임을 잊어서는 안 된다.

壬水는 '양'이므로 '水의 氣'에 가까운 의미를 담고 있어 안개나 습도 등을 壬水로 볼 수 있고, 癸水는 '음'으로서 '形과 質'에 가까운 의미를 담고 있어 氣보다는 직접 '質(물, 씨)'에 가까운 것으로 볼 수 있다.

> 참고 '음양'은 '수축과 팽창'이라는 상대적인 기운이므로 사실상 둘 다 '氣'에 해당되는 것이 원칙이다. 그럼에도 여기서 양, 음을 '氣'와 '形質'로 분류한 것은 공간적인 것과 물질적인 것에 대한 '양'과 '음'으로 구별하기 위해서다. '양'이 상대적으로 존재할 수 있는 이유는 '음'이 '바탕'을 이루기 때문이라는 음양의 이치에 따라 '形質'은 '응축된 기운의 모습'으로서 '물(水)'이라는 '형질'이 바탕이 되어 안개나 습도가 생길 수 있다는 뜻을

110

담고 있다.

壬水는 대체로 바다나 커다란 호수·강 등으로 표현되는 반면에 癸水는 작은 물 혹은 생명수 등으로 표현하기도 한다. 山 위에서 나오는 약수는 밑으로 내려와 도랑을 이루고 도랑은 냇물을, 냇물은 강을, 강은 바다와 하나가 되며, 바다는 다시 구름을 형성하고, 구름은 비가 되어 다시 약수가 된다. 이렇게 金生水의 원리에 의해 庚金인 山에 가까울수록 癸水에 가깝고, 산으로부터는 멀리 바다에 가까울수록 壬水에 가깝다. 따라서 壬水는 癸水의 범위에서 존재하고 癸水 또한 壬水의 범위에서 존재하는바, 어디에든 임수와 계수는 공존한다.

동물이든 식물이든 癸水는 극음지기로서 생명력의 바탕이 되므로, 壬水 속에서 癸水를 섭취(식물의 삼투압, 사람들의 음용수 등)하게 됨은 물론 壬癸水의 균형을 이룬 공존으로 인해 환경 생태계는 유지하게 된다. 물이 넉넉한 곳에 쏟아지는 집중호우는 壬水일 수 있지만 사막에 쏟아지는 집중호우는 癸水가 될 수 있다. 따라서 크고 작고 등의 당연시 여겨지는 모든 선입견을 배제하고 어떠한 모습으로 흐르면서 어떻게 쓰이고 있느냐를 판단하는 것이 중요하다.

壬水는 立春에 맹아를 틔울 수 있는 '甲木으로 예약이 된 잉태의 기운' 이다. 따라서 '생명의 잉태(동지에서의 응축 극대화)' 를 준비한다는 의미를 가지고 있으며, 癸水는 立春에 '甲木으로 태어날 준비를 하고 있는 탄생의 기운' 이다.

午5月 夏至에 이르러 대지는 작용력에 의해 火氣를 추스르면서 辛金 '씨' 안에 '잉태의 기운' 인 壬水를 처음으로 생성 저장하고, 申月(음력 7월) 立秋를 시점으로 庚辛金이 '영글기' 라는 숙살의 과정에 돌입함으로써 비로소 壬水는 사실상의 '잉태를 시작' 한다.

참고 巳4月 立夏에서 개화와 함께 꽃 속에 '결실의 기운(庚金)'이 함께
품어지지만, '결실의 기운' 속에 있는 '씨의 기운'은 夏至에 와서야 비로소
辛金인 '씨'로서의 모습을 갖추게 되고, 그와 동시에 壬水인 '잉태의 기운'
을 처음으로 품게 된다.

申7月 立秋부터 秋分까지는 결실을 향한 '영글기'가 극대화를 이루게 되고,
'영글기의 극대화'는 곧 秋分 이후 '홀로 남은 씨'가 冬至에서 '응축의 극
대화'를 이룰 수 있는 바탕이 되는 것이기 때문에 이때부터 사실상의 '잉
태'가 시작된다고 하는 것이다.

이는 立春에서의 '맹아의 탄생'과 상대를 이루는 개념으로 '잉태의 시작'과
'탄생의 시작'이라는 상대적이지만 공통된 이치를 가지고 있다.

亥月(음력 10월) 立冬에 이르면 마침내 내년 立春에 甲木이라는 이름으
로 맹아를 틔울 수 있는 '예약된 甲木'으로 거듭나게 되는데, '예약된 갑
목'이라 부르는 이유는, 立冬은 '겨울 추위가 시작되는 달'로, 冬至에서
'응축의 극대화'를 이루기 위한 '적극적인 응축'이 본격적으로 시작되는
달이기 때문이고, 이것이 '내년에 甲木으로 맹아를 틔울 수 있는 바탕'이
되기 때문이다.

참고 壬水는 夏至에서 '잉태의 기운'으로 처음 생성되어 辛金 '씨'의 품
안에서 辛金의 '응축의 기운'의 도움을 받아 冬至에서 '잉태'를 이룰 때까
지 성장해가는 '생명의 기운'을 말한다.

冬至에 이르면 辛金 '씨'는 '응축의 극대화'를 이루게 되는데, 이는 곧

壬水가 숙원이던 '잉태'를 이룸으로써 夏至에서 시작된 자신의 역할을 마무리했음을 의미하는 것이고, '잉태를 이루었다' 함은 '탄생의 기운'인 癸水의 역할이 시작되었음을 의미한다.

冬至에서 癸水의 역할이 시작되면 '양토적인 작용력'인 戊土는 癸水에 丙火의 기운인 '발영의 기운'을 넣어줌으로써 立春이 되면 甲木으로 태어날 수 있는 '탄생의 기운' 癸水로 환골탈태(換骨奪胎)를 시키게 되는데, 여기서 丙火의 기운이 생성된다' 함은 夏至 때 壬水의 기운이 처음 생기는 것과 같은 이치다.

冬至에서 夏至까지를 관장하는 '탄생의 기운' 癸水는 잉태후 탄생을 준비하는 생명의 기운이다. 따라서 巳月(음력 4월) 立夏에서 피는 '꽃'과 꽃 속의 '결실의 기운'도 '양토적인 작용력'인 戊土와 '탄생의 기운'인 癸水가 함께 만들어 내는 작품이다.

그래서 壬水는 '생명의 잉태를 준비' 함이요, 癸水는 '생명의 탄생을 준비' 함이다.

> 참고   冬至 때의 '응축의 극대화'는 立春에 맹아를 틔울 수 있는 기틀이므로 아기를 잉태하는 것과 같고, 冬至 이후 立春까지는 엄마 뱃속에서 10개월을 기다리는 태아와 같다.

水는 '잉태와 탄생'을 위한 '생명의 기운'이므로 가정에서는 손자와 같다. 물은 수직적인 관념이면서 높은 곳에서 낮은 곳으로 흐르므로 질서와 법칙을 준수하며, 부지런하면서 청결하기도 하지만 응집력이 강하므로 뭉치려는 힘이 강하다. 자신의 이익보다 공동체의 결속에 만족을 느끼며 카운슬러의 기질이 있다.

물은 순리에 따라 흐르므로 폭넓은 사고력을 가지고 있으며, 지혜를 겸비하고 도량도 넓다. 하지만 과부족이 지나치면 독선으로 흐르고, 약하면 질질 끌려 다닐 뿐 아니라 이중적인 성격을 가진 사람으로 오해를 받기가 쉽다.

참고 '물'은 생명력을 직접 生하게 하는 성분이지만 '물'을 음용하려면 이를 담아 두고 필요할 때마다 활용할 수 있는 '그릇'이 있어야 한다. 山에서 내려오는 약수, 물 항아리, 물을 길 수 있는 두레박, 농사를 위한 저수지, 집에서 꼭 필요한 수도시설 등 모두가 같은 이치이다. 장미꽃이 피려면 '장미 씨'가 있어야 하고, 감을 따려면 '감나무 씨'가 있어야 하며, 국수를 먹고 싶으면 '밀'을 심어야 하고, 쌀밥을 먹고 싶으면 '볍씨'를 심어야 한다. 나중에 다루게 될 이론들이지만, 그래서 '씨'라는 辛金이 '金生水'를 하는 것이고, 물인 壬癸水가 '水生木'으로 잉태와 탄생을 이루는 것이다.

산에서 직접 나오는 약수는 癸水, 산 아래 호수 강물 등 바다에 가까워질수록 壬水, 정수장의 물은 壬水 가정의 수돗물은 癸水, 계곡의 물안개는 壬水 계곡물은 癸水, 산사태를 일으킬만한 1시간 동안의 폭우는 壬水 사막에서 생명력을 키우는 1시간 동안의 폭우는 癸水(사막의 폭우 속에서 빠른 성장력을 보여주는 선인장 등 식물), 나무 옆에서 흐르는 냇물(강)은 壬水, 나무 뿌리로 흡수되는 물은 癸水, 초가을 丁火의 햇살을 받고 있는 나무 위에서 '익어가기'를 하고 있는 '열매와 씨', '열매' 자체는 庚金, '씨'는 辛金, '씨'가 품고 있는 '생명력'은 '잉태의 기운' 壬水, 늦가을 丁火의 햇살 아래 마당 멍석 위에서 '소극적인 응축'을 받고 있는 '홀로 남은 씨'는 辛金, 이 '씨'가 품고 있는 생명력은 '잉태의 기운 壬水이자 甲木의 기운', 冬至 이후 늦겨울 丑月 땅 속에서 立春을 기다리는 '씨'는 辛金, 이 '씨'가 품고 있는 생명력은 癸水, 立春이 되어 땅 속에서 '새싹'을 틔우는 '씨'는 辛金, '새싹'은 甲木, 이때 甲木에게 흡수되는 물은 癸水

114

제3장. 계절별로 관장(管掌)하는 양 오행, 음 오행의 특성

【1】 서언

앞에서는 오행 각각의 특성을 간추려 보았다. 그러나 그것만 가지고는 음양오행이 변화하는 성질과 역할을 세밀히 이해하기에는 많이 부족하다. 오행은 한시도 쉬지 않고 영속적으로 변화를 보인다는 이유 때문이기도 하지만, 절기 마디마디에서 변화를 보이는 인과관계를 이해하는 것이 중요하기 때문이다.

'음양과 오행이 변화를 보인다' 함은 '균형'을 전제로 하는 것이고, '균형'을 이루고 있으면서도 '변화'를 보일 수 있는 이유는 '음양의 3원리'인 '평등성, 상대성, 완결성'을 바탕으로 한 '법칙성' 즉, 구심점을 중심으로 돌고 있는 자전, 공전이라는 일정한 규칙이 있기 때문이다. 이를 극명하게 대변해주고 있는 것이 계절의 변화다. 따라서 계절의 변화를 이해할 수 있으면 음양과 오행의 성질과 변화를 보다 깊이 이해할 수 있다.

계절의 변화는 1년을 단위로 영속적인 규칙을 보인다. 1년은 4계절인 木, 火, 金, 水로 나뉘고, 계절의 끝자락마다 환절기로 나타나는 戊己土의 작용력을 품고 있다. 계절의 변화에서 목, 화, 금, 수 등으로 나뉜다 함은 음양과 오행은 저마다 관장하는 시기가 있음을 의미하는 것이지만, 음양의 이치에 따라 같은 木이라 해도 甲木이 관장하는 시기가 있고, 乙木이 관장하는 시기가 있는가 하면, 丙火가 관장하는 시기가 있고, 丁火가 관장하는 시기가 있다.

'양 오행', '음 오행'의 흐름을 이해하는 것이 우선 중요하긴 하다. 하지만 더불어 주의해야 할 것은 양 오행과 음 오행의 흐름이 다르다 하여 甲木의 활동 시에는 乙木의 활동이 없다거나 丁火의 활동 시에는 丙火의 활동이 없다고 생각해서는 안 된다는 것이다. 주된 역할을 논리적으로 표현했을 뿐, '양 오행의 활동 시'에는 '음 오행의 소극성'이 바탕에서 균형을 이루고 있고, '음 오행의 활동 시'에는 '양 오행의 적극성'이 바탕에서 균형을 이루고 있다는 것을 염두에 두어야 한다.

이는 음양은 균형을 전제로 존재하고, 균형을 이루고 있으면 이미 오행이라는 음양의 기본적인 이치에 근거하기 때문이다. 따라서 '관장시기'란 '드러내어 변화를 주도하고 있는 오행의 변화를 인식할 수 있는 시기'를 말하고, 이를 보이지 않게 보좌하면서 바탕을 이루어 주고 있는 것이 '음양이 다른 같은 오행'이다.

하나 더 유념해야 할 것은 아래에서 '立春에 맹아를 틔운다'거나 '立秋부터 숙살지기에 의해 열매와 씨가 영근다'는 식으로 상징적인 예를 들어 표현을 했지만, 여기서의 맹아나 열매, 씨 등은 모든 오행의 생명력에 대한 인과관계를 이치에 따라 상징적으로 표현하고 있다는 점이다. 따라서 봄에 피는 꽃이 있는가 하면 가을에 피는 꽃도 있고, 2계절이 있는가 하면 4계절이 있듯이, '강한 양'에 대해 '약한 양'은 '음'이 될 수 있고, '강한 음'에 대해 '약한 음'은 '양'이 될 수 있기 때문에, 이 또한 계절에 관계없이 각 환경에 따른 음양오행의 흐름에 따라 각각 생명력의 생, 변, 멸이 있을 수 있음도 염두에 두어야 한다는 것이다.

> 참고 아래에서 보면, 역할은 다르나 甲木과 辛金, 乙木과 庚金, 丙火와 癸水, 丁火와 壬水의 관장시기가 같으며, 戊己土의 작용력 또한 저마다의 역할이 있다는 것을 알 수 있다. 여기서 '상극(相剋)관계에 있는 오행의 관

116

장시기가 같다' 는 의미는 나중에 설명하게 될 '생 극 합 충' 의 중요한 논거
가 됨을 참고한다.

〈4계절과 24절기〉

'입춘' 부터 12달은 봄, 여름, 가을, 겨울 계절별로 다음과 같다. 각 계절
이 시작되는 첫 달, '인(寅: 입춘) 사(巳:입하) 신(申:입추) 해(亥:입동)' 와 작
용력의 상징인 끝 달(환절기), '진(辰) 미(未) 술(戌) 축(丑)' , 그리고 각 계절
의 가장 극성(極盛)인 '춘분, 하지, 추분, 동지' 로 분류해서 살피는 것이 좋
다. 이것이 '12지지' 고 이 '12지지' 사이사이에 또 12개의 절기가 있다.

명리학은 절기로 말을 하므로 24절기는 반드시 외워야 한다. 외우기가
어려우면 '月' 의 첫 자(예: 입경청)를 절기별로 먼저 외운 뒤 나머지 절기는
계절의 흐름을 참고해 외우면 편리하다.

봄(木)	인(寅: 음력 1월)	입춘(立春, 양력 2월 3일~5일) : 봄의 시작	
		우수(雨水, 양력 2월 18일~20일) : 봄비가 내리고 새싹이 틈	
	묘(卯: 음력 2월)	경칩(驚蟄, 양력 3월 5일~7일) : 개구리가 동면에서 깸	
		춘분(春分, 양력 3월 20일~22일) : 봄의 정 가운데, 낮이 길어지기 시작	
	진(辰: 음력 3월)	청명(淸明, 양력 4월 4일~6일) : 청명한 봄날, 봄 농사 시작	
		곡우(穀雨, 양력 4월 19일~21일) : 농사에 필요한 비가 내림	
여름(火)	사(巳: 음력 4월)	입하(立夏, 양력 5월 5일~7일) : 여름의 시작	
		소만(小滿, 양력 5월 20일~22일) : 여름의 기운이 강해짐	
	오(午: 음력 5월)	망종(芒種, 양력 6월 5일~7일) : 볍씨 뿌리기	
		하지(夏至, 양력 6월 21일~24일) : 연중 낮의 길이가 가장 김	
	미(未: 음력 6월)	소서(小暑, 양력 7월 6일~8일) : 여름 더위 시작	
		대서(大暑, 양력 7월 22일~24일) : 더위가 가장 심함	
가을(金)	신(申: 음력 7월)	입추(立秋, 양력 8월 7일~9일) : 가을의 시작	
		처서(處暑, 양력 8월 23일~24일) : 더위가 가고 일교차가 심함	
	유(酉: 음력 8월)	백로(白露, 양력 9월 7일~9일) : 이슬이 내리기 시작	
		추분(秋分, 양력 9월 22일~24일) : 가을의 정가운데, 밤이 길어지기 시작	
	술(戌: 음력 9월)	한로(寒露, 양력 10월 8일~9일) : 찬 이슬 시작	
		상강(霜降, 양력 10월 23일~25일) : 서리가 내리기 시작	
겨울(水)	해(亥: 음력 10월)	입동(立冬, 양력 11월 7일~8일) : 겨울의 시작	
		소설(小雪, 양력 11월 22일~23일) : 눈이 내리기 시작	
	자(子: 음력 11월)	대설(大雪, 양력 12월 6일~8일) : 큰 눈이 내림	
		동지(冬至, 양력 12월 21일~23일) : 연중에서 밤의 길이가 가장 김	
	축(丑: 음력 12월)	소한(小寒, 양력 1월 5일~7일) : 겨울 추위 시작	
		대한(大寒, 양력 1월 20일~21일) : 겨울 큰 추위	

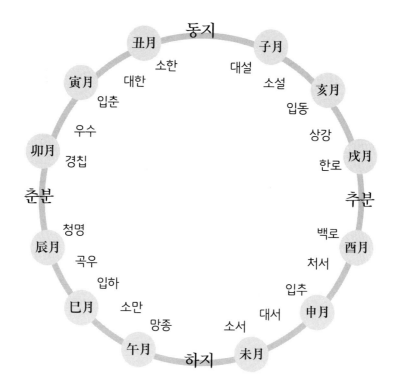

【2】甲乙 木의 관장시기

1. 甲木의 관장시기

① '甲乙木'은 '생명력과 생동력'을 상징하는 같은 오행이지만 甲木은 '잉태, 탄생, 성장'을 하려는 '적극적인 기운'이고, 乙木은 이를 바탕으로 생명력을 '확장, 공급'하려는 '소극적인 기운'이다. 이에 대해 庚金은 '결실의 기운'을 성장시켜 '숙살'을 통해 '익어가기'와 '영글기'를 거침으로써 결실을 마무리하는 기운이고, 辛金은 '씨'이면서 '응축'을 통해 '견고

하기'를 극대화시키려는 기운이다.

가을의 극성인 秋分에 이르면 庚金으로서의 경작이 마무리되고 庚金 안에 있던 辛金 씨는 '홀로 남은 씨'가 되어 '소극적인 응축'을 시작하게 되는데, 이것이 내년 立春에 태어날 '甲木의 기운'의 시작이다.

> 참고 '응축(凝縮)'이란 '한데 엉기어 굳어짐'이란 뜻이고, 비슷한 단어인 '농축(濃縮)'은 '즙액이나 용액이 진하게 바짝 좋아듦'이라는 뜻이다. 여기서의 '소극적인 응축'은 秋分 이후 점점 차가워지는 기후 변화에 의해 '홀로 남은 씨'가 소극적으로 '견고하기'를 계속해가는 것을 말하는 것이고, '씨'가 '응축'을 시작한다 함은 내년에 '맹아'로 태어날 준비를 시작하는 것이므로 '甲木의 기운의 시작'이다.
> 巳月(立夏)에서 생긴 '결실의 기운'은 여름의 극성인 夏至까지는 '다 자란 열매와 씨'로 성장을 하게 되고, 이를 바탕으로 夏至부터 가을의 극성인 秋分까지는 여물어 가는 '농축의 기운'으로, 秋分에서 겨울의 극성인 冬至까지는 '홀로 남은 씨'에 견고함을 더 하기 위한 '응축의 기운'으로 크게 나눌 수 있다.

② 겨울의 시작인 亥月 立冬에 이르면 戌月 한로(寒露), 상강(霜降)을 지나면서 극대화를 이룬 '소극적인 응축'을 바탕으로 본격적으로 시작되는 '강한 음기'에 의해 '적극적인 응축'이 시작되는데, '소극적인 응축'에서 '적극적인 응축'으로의 전환, 이것이 '立春에 맹아로 태어날 예약된 甲木의 기운'이다.

> 참고 '소극적'에서 '적극적'으로 바뀐다 함은 '소극적'을 바탕으로 '적극적으로 생명력에 대한 변화를 시작하는 것'을 의미하는 바 이는 '亥月'부

터 추위가 본격적으로 시작됨을 말한다.

③ 겨울의 극성인 冬至에 이르러 辛金 '씨'는 '응축의 극대화'를 이루고, 이와 동시에 '씨' 안에서 때를 기다리던 '잉태의 기운' 壬水는 '밝음의 기운'인 丁火의 도움으로 마침내 '생명으로의 잉태'를 이룸으로써 '탄생의 기운' 癸水로 전환이 되는데, 이때 '양토적인 작용력' 戊土는 '탄생의 기운'인 癸水에 丙火의 기운인 '제1차 발영의 기운'을 품게 함으로써 숙성될 수 있는 기틀을 마련하고, 丑月, 小寒 大寒을 거치는 동안 '음토적인 작용력'인 '己土'에 의해 마치 엄마 뱃속의 태아처럼 숙성되어 立春이 되면 '맹아'로 태어날 수 있는 모든 준비를 마친다.

> 참고 丙火의 관장시기'는 '冬至에서 夏至까지'이고, '丁火의 관장시기'는 '夏至에서 冬至까지'이다. 여기 동지에서의 '생명력의 잉태'는 60甲子의 시작인 '甲子'를 의미하고, 丑月, 소한 대한을 거치면서 '엄마 뱃속에서 숙성되는 태아'는 두 번째인 乙丑에 해당되며, 10개월 후 태어나는 아기(맹아)는 세 번째인 丙寅 즉, 立春에 해당된다. 그래서 '甲木의 관장시기'이다. 60甲子는 甲子에서 癸亥까지 한 생명력의 '잉태에서 멸(滅)까지'의 흐름을 표현한 것이다.

④ 立春이 되면 '대지'는 '다 성숙한 탄생의 기운' 癸水에 '제2차 발영의 기운'을 넣어 생명력에 활기를 줌과 동시에 대지의 문을 열어 마침내 맹아가 탄생될 수 있도록 '적극적인 작용력'을 펼친다.

> 참고 '대지의 문을 열어 맹아를 탄생하게 한다'는 말은 '새가 알을 깨고 나오는 아픔'과 '태아가 탄생할 때의 산고(産苦)'에 많이 비유하는데, 이는

대지 역시 문을 열어 맹아의 싹을 틔울 때는 극한 변화를 치르게 된다는 의미가 있기 때문이다.

⑤ 卯月 경칩(驚蟄)을 지나 봄의 극성인 春分에 이르면 '甲木으로서의 성장력'은 '자력으로 클 수 있을 만큼의 극대화'를 이룸과 동시에 관장시기를 마감하고, 春分 이후부터는 '乙木으로서의 확장력'이 시작된다.

> **참고** 이와 같이 甲木의 관장시기는 秋分의 '소극적인 응축'에서 시작되어 春分의 '자력으로 클 수 있는 성장력의 극대화'까지이다. 秋分에서 '홀로 남은 씨' 辛金이 응축을 시작하는 것이 甲木의 관장시기에 해당되는 이유가 결실을 끝낸 후, '홀로 남은 씨'에 대한 '응축의 시작'이 내년에 甲木으로 태어나기 위한 '최초의 준비'라는 것과 '잉태의 기운'이나 '탄생의 기운'이 비록 변화 중의 역할 때문에 壬癸水로 표현되지만 결국은 甲木의 기운이다.
>
> 酉月 秋分: 경작 후 마당 멍석 위의 '홀로 남은 씨' 辛金 ─ '소극적인 응축'이 시작되면서 甲木의 기운도 함께 시작 / 戌月 寒露, 霜降이 지나면서 丁火, 서리, 찬 기운에 의해 '소극적인 응축'이 극대화를 이룸 ─ '잉태의 기운'이 강해지면서 갑목의 기운도 성장 / 亥月 立冬이 되면 겨울 영하의 기온에 의해 辛金에 대한 '양토적인 작용력'인 戊土의 '적극적인 응축'이 시작되면서 생명력으로서의 甲木의 기운을 품음, 小雪의 눈을 맞으면서 잉태의 기운은 강화되고, / 子月 大雪의 큰 눈을 맞으면서 '응축의 극대화'를 시작, 冬至에 이르러 辛金의 '응축의 극대화'와 동시에 甲木의 기운이 생명력으로서의 잉태를 이룸 / 丑月, 小寒 大寒을 지나면서 엄마 뱃속의 태아처럼, 땅 속에서 잉태를 품은 '씨'가 숙성기를 거침 / 寅月 立春에 땅 속의 '씨'가 맹아를 틔우고, 雨水의 봄비를 맞으며 새싹이 땅 밖으로 고개를 내밈 / 卯月

경칩(驚蟄)에서 '자력으로 자랄 수 있을 만큼 자란 묘목'에서 '잎눈'이 생기기 시작하고, 春分에 이르러 乙木인 '잎'이 나오기 시작하면서 甲木의 관장시기가 마무리 됨.

2. 乙木의 관장시기

① 봄의 극성인 春分에서 '甲木의 성장력'이 끝남과 동시에 乙木의 기운인 '확장력'이 시작되는데, 여기서 유념하여야 할 것은 立春에서 맹아를 틔워 春分까지를 '甲木의 성장력'으로 표현했지만, 이는 주된 역할인 '성장력'을 의미하는 것이지 '큰 나무'인 甲木을 의미하는 것이 아니라는 것이다. 하나의 작은 갈대라 하더라도 '맹아'로 태어날 때에는 甲木의 기운이고 성장할 때에도 역시 같은 '성장력'이다. '立春에 맹아를 틔우는 것(생명력)'은 큰 나무든 작은 나무든 같은 이치이기 때문이다.

물상적으로 '나무'를 볼 때에는 크고 작은 나무를 甲乙木으로 보기도 하지만 진의는 '성장력'과 '확장력'이다. 다만 '성장'과 '확장'이라는 의미가 개념상 또는 역할 상 다르기 때문에 순서에 입각할 뿐이다. 같은 이치로 巳월 立夏에서의 '결실의 기운'과 午月 夏至에서의 '다 자란 열매와 씨'를 庚金 또는 乙木으로도 보지만, '결실의 기운'에서 '열매와 씨'로의 성장 자체는 '성장력' 즉, 甲木의 기운이다.

그래서 양 오행과 음 오행은 서로의 범위와 한계 내에서 관장시기에 따른 각자의 역할이 있지만 보완 관계를 이루면서 존재한다고 하는 것이다.

② 春分 이후 '잎'이 나오면서 시작되는 '乙木의 확장력'이 바탕이 되어 여름의 시작인 巳4월 立夏에 이르면 '잎'이 자라고 '꽃'이 피는데, 이 꽃 안에서 함께 생기는 것이 '결실의 기운' 庚金이다. 乙木인 잎이 자란다 함은 '광합성'을 의미하는 것이고, 광합성을 한다 함은 '결실의 기운' 庚金에 대한 '생명력의 공급'을 의미하므로, 이것이 甲木의 기운인 '적극적인 성

장력'과 다른 乙木의 특성이다.

> 참고 '탄생의 기운'을 의미하는 것은 癸水이다. 따라서 개화(開花=丙火)와 '결실의 기운의 탄생'은 양토적인 작용력인 戊土에 의해, 立春에서 '발영의 기운(丙火)'을 얻은 癸水가 맹아로 탄생하듯, 癸水가 변화를 보이는 것이고, 乙木은 '결실의 기운'에 '생명력'을 부여하게 된다. 癸水의 관장시기는 冬至~夏至고, 立春 이후의 癸水는 생물이 흡수하는 실질적인 '음용수'로서의 '탄생의 기운'이다.

③ 여름의 극성인 夏至에 이르면 '확장의 극대화'를 이룬 乙木은 광합성을 극대화시킴과 동시에, 巳월 立夏에서의 '결실의 기운'을 '다 자란 열매와 씨'로 성장을 시킨다.

> 참고 乙木은 陰木이므로 '음'은 항상 '양'의 경계에서 '양'이 生할 수 있도록 바탕을 이룬다는 음양의 이치에서 벗어나지 않는다. '결실의 기운'인 庚金에게 생명력을 공급하면 庚金 안에 있는 '씨' 辛金도 함께 자라고, 이 씨는 결국 내년 立春에 甲木으로 태어날 수 있기 때문에, 이를 陰木으로서 준비하고 있는 것이다.

④ '광합성의 극대화'를 이룬 乙木은 夏至 이후 따가운 햇살인 丁火의 도움으로 '열매와 씨'가 '익어가기'를 할 수 있도록 생명력의 공급을 활발히 하고, 立秋에 이르면 庚金의 기운인 숙살 즉, '영글기'가 잘 이루어질 수 있도록 돕는다.

> 참고 '숙살지기'는 庚金, '생명력'은 乙木이다. 乙木의 성질이 '확장력'

이긴 하지만 木의 기본은 '생명력'이다.

⑤ 가을의 극성인 秋分에 이르면 결실인 庚金은 경작으로 마무리를 하게 되고, 庚金과 함께 '영글기를 마친 씨(辛金)'는 홀로 남아 '소극적인 응축' 을 시작함으로써 내년에 甲木으로 태어날 준비를 시작하는데, 여기까지 즉, 庚金이 결실로서의 마무리가 될 때까지 생명력의 공급을 책임지는 것 이 乙木이다.

> 참고 甲木은 '생명력', '성장력'이므로 秋分~春分, 乙木은 광합성을 위 한 '확장력'과 秋分에 이르러 庚金이 '숙살을 이룬 결실'이 되기까지 생명 력을 공급해야 하므로 春分~秋分까지를 관장하게 된다.

【3】丙丁 火의 관장시기

1. 丙火의 관장시기

① 丙火는 '발영의 기운'이자 '피어나는 기운'이고, 戊土는 '양토적인 작 용력', 壬水는 '잉태의 기운', 癸水는 '탄생의 기운'이다. 子月 冬至에 이르 면 辛金 '씨'는 '응축의 극대화'를 이룸과 동시에 壬水로 하여금 잉태를 이 루게 하고, 잉태를 이룸과 동시에 壬水는 '탄생의 기운'인 癸水로 전환된 다. 이때 양토적인 작용력인 戊土가 '잉태된 생명력' 癸水에 처음으로 '발 영의 기운'을 넣어 '활기'를 띠게 함으로써 '탄생의 기운'으로 거듭나게 하는 데, 이것이 丙火의 관장시기의 시작이다.

> 참고 양토적인 작용력인 戊土와 '탄생의 기운'인 癸水가 만날 때에만

'발영의 기운' 또는 '피어나는 기운'이 생성된다. 왜냐하면 이 '기운'들은 '立春에 맹아의 탄생'이나 '立夏에서의 결실의 기운의 탄생' 등 생명이 탄생할 때와 夏至 이후 '익어가기의 바탕'이 될 수 있는 성장까지만 필요한 기운이기 때문이다. 여기서 '발영의 기운'은 '밝음으로 피어날 기운이 처음으로 일어나는 것'이므로 '피어나는 기운'과 더불어 '적극적' 의미를 가지고 있는 陽火인 丙火이다.

② 立春이 되면 양토적인 작용력 戊土는 辛金 '씨'가 甲木(맹아)으로 힘차게 싹을 틔울 수 있도록, 春分까지 '활기찬 성장력'을 갖출 수 있도록, 巳月 立夏에서 꽃을 피워 '결실의 기운'을 탄생하게 할 수 있도록 하기 위해 '탄생의 기운' 癸水에 '제2차 발영의 기운'을 넣어 준다.

> **참고** 冬至에서는 '탄생의 기운'인 癸水가 '활기를 갖도록 하기 위한 발영의 기운'이였지만, 立春에서는 '甲木으로의 탄생과 성장을 위한 발영의 기운'이다. 冬至에서의 발영의 기운이 있어야 立春에서의 '탄생과 성장'을 위한 발영의 기운이 있을 수 있고, 立春에서의 발영의 기운이 있어야 立夏에서 꽃을 피우고 '결실의 기운'을 탄생하게 할 수 있는 발영의 기운이 생길 수 있다는 인과관계가 있다.

③ '피어나는 기운'인 丙火는 목왕절(木旺節)의 극성인 春分에 이르기까지 甲木의 성장력이 극성에 이를 수 있도록 적극적으로 '활력'을 넣어 준다.

> **참고** '성장'은 木의 기운이지만 '활력'은 火의 기운이다. 여기서 木기운에 '활력'을 주어야만 甲木이 성장을 하고, 甲木이 성장을 해야만 巳月 立夏에서 '꽃'과 '결실의 기운'을 준비할 수 있다. 이것이 木生火의 이치이다.

④ 巳月 立夏에 이르면 '양토적인 작용력'은 春分에서 극성을 이룬 '성장력(木)'을 바탕으로 꽃을 피우고 '결실의 기운'을 탄생시키기 위해 '탄생의 기운'인 癸水에 '제3차 발영의 기운'을 넣어 준다.

> **참고** 여기서 '결실의 기운(庚金)'을 처음 생기게 하는 것은 생명력인 乙木이고, 이를 탄생하고 성장하게 하는 것은 '발영의 기운'이다. '탄생'을 위해서나 '다 자란 열매와 씨'로 성장하기 위해서는 반드시 '발영의 기운'과 '피어나는 기운'이 필요하다.

⑤ 여름의 극성인 夏至에 이르면 작열하는 태양의 힘으로 광합성은 절정을 이르게 되는데, 여기서 巳月 立夏에서 생긴 '결실의 기운'은 '다 자란 열매와 씨'로서의 위용을 갖추게 되고, 동시에 丙火의 기운은 마무리되면서 '익어가기'를 할 수 있도록 도와줄 丁火의 관장시기로 전환된다.

> **참고** '피어나게 하는 기운'은 丙火, '익어가게 하는 기운'은 丁火이다. 夏至에서의 '결실의 기운'은 '다 자란 열매와 씨'로 성장을 했기 때문에 丙火의 '피어나게 하는 기운'인 양화로서의 역할이 끝나면서 음화인 丁火의 '익어가기'로 바뀌는 것이고, 이때 丙火는 관장시기를 마무리 하면서 '다 자란 열매와 씨' 중 辛金 '씨'에 마지막으로 '피어나는 기운'을 줌으로써 처음으로 '잉태의 기운'인 壬水를 품게 한다. 그래서 '壬水의 관장시기'는 丁火와 함께 '夏至에서 冬至까지'이고, '癸水의 관장시기'는 丙火와 함께 '冬至에서 夏至까지'이다.

2. 丁火의 관장시기
① 丁火는 '밝음의 기운', 庚金은 '결실'이자 '숙살지기', 辛金은 '씨'이

자 '응축의 기운'이고, 壬水는 '잉태의 기운'이다.

　여름의 극성인 夏至를 넘어가면 '다 자란 열매와 씨'인 庚金은 '익어가기'를 해야 하는데, 이를 충족시킬 수 있는 오행이 '생명력의 공급'을 책임지고 있는 乙木과 '밝음의 기운'인 丁火 그리고 '음토적인 작용력'인 己土다. 夏至를 지나면 서의 '열매와 씨'는 다 자랐다 해도 작열하는 태양에너지를 견디기에는 역부족이다. 이때 태양에너지를 받아 '잎'으로 하여금 '광합성'을 하게 하는 것이 己土고, '잎'이면서 이를 庚金에 공급하는 것이 乙木이며, 따가운 햇볕으로 '익어가기'를 시키는 것이 丁火다.

　夏至에서 立秋 전까지의 '익어가기'가 극대화를 이루어야 立秋 이후 秋分까지의 '영글기'가 극대화를 이룰 수 있다는 인과관계가 있다.

> **참고**　'다 자란 열매와 씨를 익어가게 한다'는 말은 어른들의 교육에 의해 청소년이 성인이 되는 것에 비유할 수 있다. 즉, 丙丁火의 火氣를 흡수해 '광합성'이라는 작용력을 통해 오히려 金氣(열매와 씨)를 살찌우게 하는 것, 이것이 火氣에서 金氣로 '극 전환'을 시킬 수 있는 己土(어른들)의 빼어난 '작용력(사랑과 교육)'임을 비유한 말이다.

　② 立秋에 이르면 丁火는 '숙살지기'인 庚金의 기운을 도와 '다 익은 열매와 씨'가 '영글기(숙살)'를 할 수 있도록 돕는다.

　'立秋에서 시작되는 영글기'는 '立春에서 맹아가 고개를 내미는 것'과 비유된다. '영글기'가 시작된다 함은 秋分에서 경작이 될 수 있는 '결실'로 바뀌는 것을 의미하기도 하지만, '익어가기'와는 달리, '영근다' 함은 '적극적인 작용력'인 戊土에 의해 사실상의 '응축'으로 전환되는 것이고, '응축이 시작된다' 함은 '잉태의 기운' 壬水가 冬至에서의 '잉태의 완결'을 향해 '잉태를 시작'했다는 것을 의미한다.

128

'잉태의 시작으로서의 영글기를 시작하는 것(庚金)'과 '맹아라는 현상으로서의 생명이 시작(탄생=甲木)되는 것'은 어찌 보면 상대적인 현상인 듯이 보일 수 있다. 하지만 '잉태의 시작'과 '탄생의 시작'이라는 '극한 변화로서의 생명력의 시작'이라는 관점으로 보면 같은 의미를 가지고 있다는 것을 알 수 있다.

> 참고 '立秋에서의 庚金의 기운(숙살지기=영글기)'은 '丁火의 기운'이 없이는 불가하고, '立春에서의 甲木의 기운(탄생)'은 '丙火의 기운'이 없이는 불가하다. 이는 '음양은 상대적인 기운으로 균형을 유지하면서 흐르고 있다'는 것이 현상으로 나타나고 있음을 의미한다. 대지는 立春에서 문을 열고, 立秋에서 문을 닫는다는 말이 있다. 이 말은 立春에서 생명력인 '木火의 기운'이 시작되어 立秋에서 마감을 하고, 立秋부터 立春까지는 '응축(잉태)'을 중심으로 '金水기운의 관장시기'임을 의미하는 말이다.

③ 가을의 극성인 秋分에 이르면 '영글기'는 극대화를 이루고 경작을 끝낸 후의 '홀로 남은 씨'만이 남아 순수한 '응축의 기운(辛金)'과 '밝음의 기운(丁火)'에 의해 서서히 '소극적인 응축'이 시작된다.

> 참고 '소극적인 응축'이란 가을의 따가운 햇볕인 丁火의 기운과 辛金의 기운인 '응축의 기운'에 의해 씨가 견고함을 더 하기 위해 말라가는 것으로 이는 秋分 이전의 '영글기의 극대화'라는 바탕이 있어야 가능하다.

④ 겨울의 시작인 亥月 立冬에 이르면, 戌月 寒露, 霜降을 지나는 동안 '극대화를 이룬 소극적 응축'을 바탕으로 丁火의 기운과 강한 음기에 의해 '적극적인 응축'이 시작된다.

'적극적인 응축'이란 丁火의 도움을 받은 겨울의 강한 음기가 적극적으로 씨를 굳어가게 하는 것을 말한다. 가을의 金氣에 의해 서서히 말라가게 하는 '소극적인 응축'과의 차이점을 구별한다.

⑤ 겨울의 극성인 冬至에 이르면 마지막 남은 '밝음의 기운' 丁火는 夏至부터 준비해온 '잉태의 기운' 壬水를 도와 잉태를 마무리하고는 '발영의 기운'인 丙火로 전환된다.

참고 '丁火의 기운'은 '夏至부터 冬至까지' 열매와 씨를 익어가게 하고, 숙살을 도와 영글게 하며, 응축을 도와 '생명력의 잉태'까지 책임을 지는 기운이다. '잉태의 기운'인 壬水와 '밝음의 기운'인 丁火의 관장시기가 같음을 주목한다.

【4】戊己 土의 관장시기

오행의 변화는 戊己土의 '작용력의 덩어리' 안에서 연출되는 5가지 특성이다. 이를 '4행의 변화'와 '土의 작용력'으로 구분지어 살펴보았다. '대지의 작용력'은 음양이 변화를 보이는 곳마다 존재하므로 木火金水가 변화를 보이는 바탕에는 언제나 그와 균형을 이룬 '작용력'이 함께한다. 그래서 계절의 변화에 따라 '양토적인 작용력'인 戊土가 있고, '음토적인 작용력'인 己土가 있다. '양토적인 작용력'인 戊土는 '생명력의 잉태 또는 탄생'을 위한 '적극적인 변화'가 요구될 때 나타나는 작용력이고, '음토적인 작용력'인 己土는 잉태 또는 탄생이 잘 이루어질 수 있도록 '金水의 기운'을 품고 소극적으로 '숙성'을 시키는 작용력이다.

이와 같은 이치에 따라 戊土의 작용력을 대표하는 시기는, 계절이 시작되는 첫 달인 寅巳申亥 즉, 寅月(음력 1월경, 봄 시작), 巳月(음력 4월경, 여름 시작), 申月(음력 7월경, 가을 시작), 亥月(음력 10월경, 겨울 시작)과 立夏인 巳月에 '꽃'을 피우고, 꽃 속에 처음으로 '결실의 기운'이 생길 수 있도록 준비하는 辰月(淸明) 그리고 立冬인 亥月에 적극적으로 '응축'을 시작함으로써 '木의 기운'을 갖출 수 있도록 준비(소극적인 응축의 극대화)하는 戌月 등 모두 6달을 꼽을 수 있고, '己土의 작용력'을 대표하는 시기는, 立春(寅月)에 맹아가 처음으로 고개를 내밀 수 있도록 준비(잉태와 숙성)하는 丑월과 立秋(申월)에 '영글기(숙살)'를 시작할 수 있도록 준비(익어가기)하는 未월(小暑) 그리고 夏至를 품고 있는 午월(망종) 등 3달을 꼽을 수 있다.

12달 중 나머지 3달인 卯월(驚蟄), 酉월(白露), 子월(大雪)은 각 계절의 극성을 이루는 시기이므로 각각 木 金 水가 대표하는 것이 원칙이다. 그러나 두드러진 역할로 인해 '관장시기'를 논할 뿐, 모든 오행의 변화에는 '대지의 작용력'이 존재한다. 특히 '4극성지(極盛支)'인 卯(春分), 午(夏至), 酉(秋分), 子(冬至) 중, 子月 冬至에서 '생명력의 잉태'를 이룬 씨에 '발영의 기운'을 넣어주는 '양토적인 작용력'과 午月 夏至(火)에서 가을(金)로 극전환을 이루는 '음토적인 작용력'은 '대지의 작용력'의 백미(白眉)라 할만하다.

> 참고 절기마다의 '작용력'을 주목해야 하지만 '子월 동지'와 '午월 하지'를 강조한 이유는, 전자는 '음에서 양으로', 후자는 '양에서 음으로' 극 전환을 이루기 때문이다. 戊土의 작용력은 '양'이므로 '적극성'을, 근土의 작용력은 '음'이므로 '소극성'을 보여줌으로써 그 역할에 차이가 있다. 그러나 이 두 '작용력'도 역할이 다를 뿐 하나의 오행으로서 언제나 균형을 이루면서 흐르고 있다는 것을 염두에 두어야 한다. 즉, '양토적인 작용력'이 변화를 주도한 후에는 '음토적인 작용력'이 '잉태 및 숙성'을 시키고, '음토

적인 작용력의 '잉태 및 숙성'이 끝나면 다시 '양토적인 작용력'이 변화를 시작함으로써 순차적으로 순환을 반복한다는 것 그리고 관장시기가 진행 중인 작용력과 그렇지 않은 작용력 또한 균형을 이루어 양으로 음으로 보완관계를 이루면서 함께 작용력을 펼친다는 것 등이다. 이는 물론 10오행 모두에게 적용되는 이치이다. 그래서 '현상으로 인식되는 모든 변화는 대지의 작용력의 품 안'이라는 말을 하는 것이다.

1. 戊土의 관장시기

① 冬至에 이르면 辛金 씨는 戊土의 '적극적인 응축'에 힘입어 '응축의 극대화'를 이루고, '잉태의 기운'인 壬水는 '밝음의 기운'인 丁火의 도움으로 '생명력의 잉태'를 마무리함으로써 '탄생의 기운' 癸水에 관장시기를 넘기는데, 이때 '양토적인 작용력'인 戊土는 癸水에 '제1차 발영의 기운'을 넣어줌으로써 立春에 맹아로 태어날 수 있는 발판을 이룬다.

> **참고** 壬水는 '잉태까지'이고, 癸水는 '잉태부터'이다. 그리고 冬至에서의 '생명력의 잉태'는 60갑자의 시작인 '甲子'임을 참고한다.

② 冬至에서 생명력을 잉태하고 丑月에 숙성된 씨 辛金은 寅月 立春에 와서 드디어 맹아를 틔우게 되는데, 이때 戊土는 癸水에 '제2차 발영의 기운'을 불어 넣어 '맹아'로 탄생이 될 수 있도록 '적극적인 작용력'을 펼친다.

> **참고** '씨'는 辛金이고, '탄생의 기운'은 癸水이다. 따라서 물리적으로는 辛金 씨가 맹아를 틔우는 것이지만 생명력인 甲木의 기운은 癸水이다. 펌프가 있어야 물을 풀 수 있고, 항아리가 있어야 물을 담아둘 수 있으며, 컵이 있어야 물을 떠 음용할 수 있는 것과 같이 '씨'와 '생명력'은 뗄 수 없는 관

계지만 개념의 차이는 분명히 이해해야 한다. 이와 같이 발영의 기운을 얻어 맹아가 탄생하는 것을 두고 '대지의 문이 열린다' 는 비유를 하는 것이고, 이것이 바로 '양토적인 작용력' 의 절묘함을 표현한 것이다.

③ 淸明(辰月)에 이르면 '대지' 는 목왕절을 갈무리하고 여름의 시작인 巳月 立夏로 전환시키기 위해 '꽃이 필 수 있는 기운' 과 꽃 속에 자리할 '결실의 기운' 을 준비한다.

> **참고** 여기서의 戊土는 木旺節에서 火旺節로 전환시키는 작용력이므로 木火가 변화를 보이는 바탕에서 보이지는 않지만 적극적으로 작용하게 되는데, 이는 亥月 立冬의 '적극적인 응축' 을 대비해 戌月의 '양토적인 작용력' 이 환경적인 바탕에서 '소극적인 응축' 을 극대화시키는 것과 상대적이지만 같은 이치이다.

④ 立夏(巳월)에 이르면 戊土는 적극적으로 꽃을 피우고 꽃 안에 처음 생긴 '결실의 기운' 에 '제3차 발영의 기운' 을 불어 넣어줌으로써 여름의 문을 연다. 여기서 꽃이 필 수 있는 '꽃눈자리' 를 만들고, '결실의 기운' 이 생길 수 있는 자리를 만드는 것은 乙木이고, 꽃을 피움과 동시에 '발영의 기운' 을 넣어 '결실의 기운' 을 탄생시키는 것은 '양토적인 작용력' 인 戊土와 '탄생의 기운' 인 癸水의 합작품이다. 뿐만 아니라 夏至에서 癸水에게 '제4차 발영의 기운' 을 줌으로써 壬水에게 관장시기를 넘기게 하는 것도 '양토적인 작용력' 이다.

⑤ 立秋(申월)에 이르면 '대지' 는 문을 닫아 '다 익은 열매와 씨' 의 성장을 멈추게 하고 숙살지기를 넣어 '영글게 하기' 를 시작함으로써 秋分에서

경작을 끝낼 수 있도록 준비를 하는데, 이때의 '영글기의 시작'은 '잉태의 기운'인 壬水가 잉태를 시작함이다.

> **참고** 여기서 '양토적인 작용력에 의해 잉태가 시작'된다 함은 寅月 立春에서 '맹아의 탄생'과 이치가 같다. 申月 立秋부터의 '영글기'는 酉月 秋分이후의 '소극적인 응축'으로, '소극적인 응축'은 亥月 立冬의 '적극적인 응축'으로, '적극적인 응축'은 子月 冬至에서의 '응축의 극대화'로 이어짐으로써 잉태를 마무리하는 과정과 秋分 이후 '홀로 남은 씨'의 '소극적인 응축'을 시작으로 '甲木의 기운'은 시작(관장시기)되고, 亥月 立冬에서 '적극적인 응축'으로 인해 '甲木의 기운'이 탄생되며, 子月 冬至에서의 '잉태'와 '발영의 기운'에 의해 '생명력'을 얻어, 寅月 立春에서 甲木으로 탄생한다는 이 일련의 과정을 분석해 보면, 두 경우 모두 '생명력이 시작'되어 '잉태와 탄생'으로 마무리되는 이치가 순차적으로 바탕을 이룸으로써 인과관계를 이루고 있음을 알 수 있다. 특히 이에 대한 변화를 주도하고 있는 것이 '양토적인 작용력'임을 주목한다.

⑥ 秋分에 이르러 경작을 끝낸 후 '홀로 남은 씨'는 음의 기운(辛金)에 의해 '소극적인 응축'의 과정을 시작하고, 戌月 寒露를 지나 霜降에 이르면 대지는 金旺節을 마무리 하면서 '소극적인 응축의 극대화'를 이룬 '씨'로 하여금 겨울의 시작인 亥月 立冬부터 '적극적인 응축'을 받을 수 있도록 준비를 한다.

⑦ 立冬(亥月)이 되면 '소극적인 응축'을 받아온 씨 辛金은 '양토적인 작용력'에 의해 '적극적인 응축'을 받기 시작함으로써 '내년에 甲木으로 태어날 수 있는 예약된 씨'가 된다.

134

참고 寒露에서 立冬까지의 '소극적인 응축의 마무리'와 '立冬부터의 적극적인 응축으로의 전환' 그리고 '立冬부터의 적극적인 응축' 모두 '양토적인 작용력'이다. 戊土의 관장시기는 立春~春分, 淸明~夏至, 立秋~秋分, 寒露~冬至이다.

2. 己土의 관장시기

① 冬至에서 '응축의 극대화'를 이룬 씨, 辛金이 품고 있는 '탄생의 기운' 癸水에 '제1차 발영의 기운'을 넣어주는 것은 '양토적인 작용력'이지만, 생명력을 잉태하고 子月 丑月을 거쳐 立春까지 품 안에 보듬어 숙성을 시키는 것은 '음토적인 작용력'인 己土다.

참고 癸水는 '태아', 辛金은 '아기집 또는 영양분'이며, 己土는 '엄마의 몸'이다.

② 巳月 立夏에서 戊土의 작용력에 의해 맺힌 '결실의 기운'은 午月 夏至까지 양화인 丙火에 의해 '다 자란 열매와 씨'가 된다. 이때 夏至 이후 '다 자란 열매와 씨'를 품고 '피어나게 하는 기운'인 丙火를 '익어가게 하는 기운'인 丁火의 기운으로 전환을 시키는 것이 己土의 작용력이다.

③ 未月 小暑부터 立秋(申月)까지의 한 달 동안 己土는 '밝음의 기운'인 丁火와 생명력의 공급을 책임지고 있는 乙木의 도움을 받아 '다 자란 열매와 씨'를 '다 익은 열매와 씨'로 전환을 시킴으로써 立秋 이후 숙살을 받을 수 있도록 준비를 마치게 되는데, 夏至에서 小暑까지는 여름(火)의 기운을 가을(金)의 기운으로 즉, '성장의 기운'을 '익어가기의 기운'으로, 未月 한 달인 小暑에서 大暑를 지나 立秋전까지는 '익어가기의 기운'을 '영글게 하

는 기운'으로 극 전환시키는 것이 己土의 작용력이다.

> **참고** 己土는 음토로서 '엄마의 몸'과 같아 冬至에서 잉태된 생명력을 품 안에 보듬어 숙성을 시킨다는 표현을 한 것이고, 丑월에 상대되는 未월 역시 庚金을 품고 여름(火)에서 가을(金)로 넘어가는 극 전환을 이루므로 이치가 같다. 火氣를 흡수해 金氣를 生 하는 것은 己土의 특성(광합성)이다.
>
> 戊土의 작용력에 비해 己土의 작용력이 숫자적으로 적은 듯이 보이지만, '현상'적인 특성을 부분적으로 순서에 입각해 구별했을 뿐, 상기한 바와 같이 戊己土 역시 양 오행, 음 오행으로서 항상 균형에 의해 유지된다는 것을 기억해야 한다. 己土의 관장시기는 大雪~立春, 驚蟄~淸明, 芒種~立秋, 白露~寒露이다.
>
> 관장시기를 자세히 보면 각 극성지에서 戊己土의 관장시기가 겹치는 것을 알 수 있는데, 이는 관장시기가 바뀌는 극한 변화를 이루어야 하기 때문이다. 즉, 驚蟄~春分은 '잎눈자리'를 만들어 '잎'을 나오게 하기 위함이고, 芒種~夏至는 '다 자란 열매와 씨'를 작렬하는 丙火로부터 미리 보호하면서 가을로 넘기기를 준비하기 위함이며, 白露~秋分은 경작 후 '홀로 남은 씨'를 보호하기 위함이고, 大雪~冬至는 잉태후 立春까지 품고 가려면 冬至에서의 잉태를 미리 보호하면서 준비를 해야 하기 때문이다.

【5】 庚辛 金의 관장시기

1. 庚金의 관장시기

① 立春에서 고개를 내민 맹아는 驚蟄에서 '적극적인 성장'을 멈춤과 동시에 '잎눈 자리'가 생기고, 春分에 이르면 다 생긴 '잎눈 자리'에서 '잎'

이 나오기 시작하면서 甲木의 관장시기가 마무리된다. 여기서 '적극적인 성장'이 멈춘다 함은 '자라는 것' 자체가 멈춘다는 것이 아니라 '자력으로 성장할 수 있을 만큼의 성장을 이루었다는 것'을 의미하는 것이고, '잎'이 생긴다 함은 광합성이 목적이므로 성장력에 상대되는 결실 및 영글기의 기운 庚金과 생명력의 공급을 담당하고 있는 乙木의 관장시기가 시작되었음을 말한다.

> **참고** 春分에서 '성장의 멈춤'이 庚金의 시작'인 것은 秋分에서 '영글기의 멈춤(경작)'이 甲木의 시작'인 것과 같고, 春分에서 확장의 기운인 '잎'으로서의 乙木의 시작은 秋分에서 '응축의 기운'인 辛金의 시작과 서로 상대적이지만 같은 이치다. 즉, 甲木과 辛金이 관장시기를 같이하고, 乙木과 庚金이 관장시기를 같이하는 이치가 있음을 말하는 것으로, '탄생 및 성장(甲木)'은 '결실을 마무리하면서 잉태를 시작하는 기운'인 '영글기(庚金)'와 상대되는 개념이고, '잎'으로서의 '확장'인 乙木은 '홀로 남은 씨에 대한 응축'으로서의 辛金과 상대를 이루면서 음양으로서의 균형을 이루고 있음을 말한다.

② 巳月 立夏에서 대지는 꽃을 피우고 꽃 속에 '결실의 기운'을 품게 하는데, 이것이 立秋에서 秋分까지의 '영글기 및 결실'로서의 '예약된 庚金'이다.

> **참고** '결실의 기운'과 '열매와 씨' 그리고 '숙살(영글기)'을 의미할 때에는 양금인 庚金으로 표현하지만, '씨'에 포커스를 맞출 때에는 '응축의 기운'인 辛金이다. 하지만 乙木이 '열매와 씨'에 '생명력을 공급하는 이치'를 보면 乙木이 甲木의 바탕이 됨으로써 '甲木의 씨' 역할을 하고 있음을 전체

오행의 흐름과 더불어 이해해야 한다. 이는 물론 '음'을 바탕으로 '양'이 변화를 주도한다는 '음양의 이치'에 근거를 두고 있다. 이렇게 '한 가지 이치'를 '여러 가지'로 표현하는 이유는 '이치에 의한 역할의 차이'를 개념적으로 달리보기 때문이다.

그리고 亥月 立冬에서의 '예약된 甲木'과 巳月 立夏에서의 '예약된 庚金'이 상호 상대적이지만 같은 이치임을 주목한다.

③ 夏至에 이르러 '다 자란 열매와 씨'는 가을 '영글기'만을 기다리는 '준비된 결실'이므로 '영글기(庚金)의 잉태'를 의미한다.

> 참고 다 자라지 못한 열매와 씨는 숙살을 받을 수 없기 때문에 夏至에서의 '다 자란 열매와 씨'가 '영글기의 잉태'이다. 이는 冬至에서 辛金 '씨'가 품는 '생명력의 잉태'와 상대되는 말이지만 역시 맥을 같이한다. 夏至에서 음기(壬水)가 처음 시작됨을 상기한다.

④ 未月 小暑와 大暑를 거치면서 夏至에서의 '다 자란 열매와 씨'는 己土의 작용력과 丁火의 도움으로 '익어가기의 극대화'를 이룸으로서 '다 익은 열매와 씨'로 전환을 하게 되고, 이를 바탕으로 立秋에 이르면 '양토적인 작용력'에 의해 적극적인 숙살지기가 시작됨으로써 '영글기'가 시작되는데 이것이 '庚金의 탄생'이다.

> 참고 '관장시기'는 '오행의 기운이 처음 시작되고 끝나는 기간'을 의미한다. 따라서 관장시기 동안 '탄생 및 성장'에서 '마무리'까지의 단계적인 변화를 눈여겨보아야 한다. 庚金의 관장시기인 春分서 秋分까지 중 立秋를

'庚金의 탄생'으로 보는 이치와 甲木의 관장시기인 秋分에서 春分까지 중 立春을 '甲木의 탄생'으로 보는 이치도 그 중의 하나이다. 이들은 상대적인 개념이긴 하지만 같은 이치를 가지고 있다는 점, 즉 '전자'는 '팽창에서 수축으로의 변화'이고, '후자'는 '수축에서 팽창으로의 변화'라는 '다른 성질'의 '같은 변화'가 있음을 보여주는 것이다.

이 경우뿐 아니라 각각의 24절기는 서로 상대되는 절기와 저마다의 특성이 있으므로 변화를 보이는 성질은 각각 다르지만 같은 이치로 흐르고 있다. 이렇게 상대적이지만 같은 이치로 순환하는 이유는 역시 자전과 공전이라는 '법칙성의 범위 안'에서 앞이 있으면 뒤가 있다는 '음양의 상대적인 균형의 원리' 때문이다. 立夏에서의 '결실의 기운의 탄생'과 立冬에서의 '갑목의 기운의 탄생' 그리고 立春에서의 '갑목의 탄생', 立秋에서의 '경금의 탄생'을 개념적으로 구별해야 한다.

⑤ 秋分에 이르면 '다 영근 열매와 씨'는 경작을 하게 되는데, 여기서 '다 영근 열매'는 庚金이고, 열매 속에 자리 잡고 있는 '다 영근 씨'는 庚金과 한 몸으로 균형을 이루면서 성장을 해온 辛金이지만, 立夏에서 '결실의 기운'이 생길 수 있도록 돕고, 夏至에서 '다 자란 열매와 씨'로 성숙시켰으며, 秋分에서 '결실'로 마무리가 될 때까지 생명력을 공급한 것은 乙木이다.

한편 秋分에서 경작이 끝나면 숙살지기인 庚金의 기운은 역할을 마감하면서 관장시기를 마무리하게 되고, '庚金 속의 씨'이자 '응축의 기운'인 辛金은 '밝음의 기운'인 丁火의 도움을 받으면서 '소극적인 응축'을 시작으로 관장시기를 시작함으로써 내년에 甲木으로 태어날 것을 기약하게 된다.

참고 그래서 庚金과 乙木의 관장시기가 마무리되는 秋分을 기점으로 甲木과 辛金의 관장시기가 시작된다. 庚金과 乙木, 甲木과 辛金이 관장시기를 같이 하는 이유는 '음목'인 乙木의 '생명력의 공급'은 '결실의 기운'인 '庚金의 범위 안에서만' 존재하고, '생명력의 탄생 및 성장'을 의미하는 甲木은 辛金인 '씨' 안에서만 존재할 수 있기 때문이다. 이러한 뗄 수 없는 필연적인 관계를 논리적으로, 과학적으로 설명하고 있는 것이 나중에 다루게 될 '간지론의 지장간'과 '생극합충' 이론이다.

2. 辛金의 관장시기

① 秋分이 되면 경작 후 庚金 속에 있던 '다 영근 씨'이자 '홀로 남은 씨' 辛金은 응축의 기운에 의해 '소극적인 응축'이 시작됨으로써 내년에 甲木으로 태어날 것을 기약한다.

> **참고** 辛金이 내년에 甲木으로 태어난다함은 辛金이 '씨'이기 때문에 이는 물리적으로 '씨'가 맹아를 틔는 것을 표현한 것이다. 실제로 甲木이라는 '생명'으로 태어나는 것은 辛金 '씨'가 품고 있는 '탄생의 기운' 癸水가 '씨'의 범위 안'에서 '씨의 몸'을 빌어 '맹아'라는 이름으로 태어나는 것이다. 이것이 辛金과 甲木이 관장시기를 같이하는 이유다.

② 戌月 寒露에서 霜降을 지나 亥月 立冬까지 한 달 동안 辛金의 '소극적인 응축'은 丁火의 담금질을 통해 극대화를 이루고, 立冬이 되면 '양토적인 작용력'은 '소극적인 응축'을 '적극적인 응축'으로 전환을 시키는데 이것이 내년 立春에 태어날 '예약된 甲木'이다.

> **참고** 戌月의 '소극적인 응축'은 늦가을이라는 환경적인 조건에 맞추어 '양토적인 작용력'이 소극적인 응축을 할 수 있도록 바탕을 이루어 주는 것이고, 亥月 立冬부터의 '적극적인 응축'은 겨울 추위가 시작됨으로서 '양토

140

적인 작용력'이 적극적으로 응축을 주도하는 것이다.

③ 子11月 大雪을 지나 冬至에 이르면 丁火와 壬水는 '응축의 극대화'를 이룬 辛金 '씨'에 생명력을 넣어줌으로써 잉태를 이루게 함과 동시에 자신들의 관장시기를 마무리하는데, 이때 辛金 '씨'는 다시 '잉태로부터 시작되는 탄생의 기운'인 癸水를 품어 보호하기 시작하고, 양토적인 작용력인 戊土는 癸水에 '제1차 발영의 기운'을 줌으로써 癸水와 丙火의 관장시기를 시작하게 한다.

> **참고** 夏至에서 시작한 '잉태의 기운' 壬水는 秋分까지는 '庚金의 범위 안'에서 성장하지만, 秋分 이후는 '홀로 남은 씨' 辛金의 범위 안'에서 숙성되어 冬至에서 잉태를 이루고, 잉태후의 癸水 또한 辛金의 범위 안에서 숙성되어 立春에서 맹아로 탄생이 된다. 앞에서 설명한 바와 같이 辛金과 甲木의 관장시기가 같은 이유다.

④ 丑月 小寒 大寒을 지나 寅월 立春까지 한 달 동안 辛金은 '음토적인 작용력'인 '己土의 품 안'에서 '탄생의 기운'인 癸水를 보호하면서 숙성을 시켜 立春이 되면 맹아로 탄생이 될 수 있도록 돕는다.

⑤ 寅月 立春에 튼 맹아는 卯月 春分까지 성장력을 극대화하게 되는데, 이때 음의 기운인 辛金은 양의 기운인 甲木의 기운에 경계를 이루어, '응축의 기운'으로 '견고함을 위한 바탕'이 되어줌으로써 성장력이 극대화될 수 있도록 돕는다.

> **참고** 양은 음의 경계가 균형을 이루어 주어야만 이를 바탕으로 존재는

물론 탄력적인 변화를 보일 수 있다는 것이 음양오행의 기본 이치다. 그래서 '木 기운' 의 경계에는 '金 기운' 이, '火 기운' 의 경계에는 '水 기운' 이 균형을 이루면서 바탕을 이루고 있기 때문에 '木' 이 되고 '火' 가 될 수 있으며, 이것이 庚金과 乙木, 辛金과 甲木, 癸水와 丙火, 壬水와 丁火 등이 관장시기를 같이하는 이유다. 이때 양금인 庚金이 경계를 이루지 않는 이유는 생명력의 성장(생동력)에 대한 억제(숙살지기)가 지나쳐 균형을 유지하지 못하기 때문이고, 음금인 辛金의 경계는 오히려 생명력의 성장에 바탕이 되기 때문이다.

여기서 '성장의 바탕' 이란 '木 기운으로 성장할 수 있도록 적당한 균형을 유지하면서 경계를 이루는 것' 을 의미하는데, 이는 비바람 등 자연환경이 묘목을 강하게 키우는 것으로, 丁火가 庚金의 숙살을 돕는 이치와 같고, 수도관이 있어 수돗물이 가정으로 공급되는 것과 같다.

⑥ 卯月 春分에 이르면 '응축의 기운' 인 辛金은 역할을 마무리하면서 관장시기를 庚金에게 넘기는데, 이는 甲木의 성장력이 '자력으로 성장할 수 있을 만큼의 성장' 을 이루고는 乙木에게 관장시기를 넘기기 때문이다.

【6】 壬癸 水의 관장시기

1. 壬水의 관장시기

① 巳月 立夏에서 생긴 꽃 속의 '결실의 기운' 은 夏至에 이르면 '열매와 씨' 로 성장한다. 이때 '성장' 으로서의 생명력은 乙木의 기운이지만 '성장한 열매(결실)' 는 庚金이고, '庚金 속의 씨' 는 辛金이다.

夏至에서 丙火는 태양 에너지를 극성으로 끌어 올려 '씨' 인 辛金에 마지막으로 '피어나는 기운'을 주어 '잉태의 기운'인 壬水를 품게 함으로써 관장시기를 丁火에게 넘기고, 동시에 양토적인 작용력인 戊土 또한 관장시기를 마무리하는 癸水에게 '제4차 발영의 기운'을 줌으로써 '잉태의 기운' 壬水로 관장시기가 전환이 될 수 있도록 돕는다.

> 참고 잉태의 기운이 陽水인 壬水인 까닭은 辛金 씨를 바탕으로 冬至까지 '잉태를 향해 적극적으로 전진하는 기운'이기 때문이고, 탄생의 기운이 陰水인 癸水인 까닭은 木火 및 결실의 기운이 적극적으로 '탄생 및 성장'을 하는 데에 癸水가 바탕을 이루기 때문이다. 즉, 陰의 기운인 辛金, 씨 가 '陽의 기운인 잉태'와 균형을 유지하면서 '숙성'을 이루어 가고 있고, 陰의 기운인 탄생의 기운 癸水가 '陽의 기운인 木火 및 결실의 기운의 탄생 및 성장'과 균형을 유지하면서 '생장'을 하고 있음을 의미하는 것으로, 이 또한 음양은 균형을 전제로 존재함을 보여주는 것이다.

② 未月 小暑와 大暑를 지나면서 庚金은 '익어가기의 극대화'를 이루고, 이를 바탕으로 立秋에 이르면 '다 익은 열매와 씨'에 숙살의 기운이 시작되면서 '영글기'가 시작되는데, 이것이 庚金의 탄생이고 이때 잉태의 기운인 壬水 또한 잉태를 시작한다.

> 참고 '영글기'는 '팽창에서 수축으로의 전환'이므로 壬水 또한 잉태를 시작하는 것이다. 즉, 팽창에서 수축으로 전환했다 함은 辛金 씨도 '영글기'를 통해 사실상의 '응축'을 시작한 것이기 때문인데, 이는 立秋 이전 '익어가기의 극대화'까지는 아직 木火의 기운이 남아있음을 의미하는 것이기도 하다.

③ '영글기' 가 끝나는 酉月 秋分에서 경작이 끝나면 '홀로 남은 씨' 辛金은 '소극적인 응축' 이 시작되고, 戌月 寒露 霜降을 지나면서 '양토적인 작용력' 은 辛金으로 하여금 '소극적인 응축의 극대화' 를 이루게 하는데, 여기서의 '소극적인 응축의 극대화' 는 辛金이 '생명력으로서의 잉태의 기운' 을 품을 수 있을 만큼 숙성되었음을 의미하고, 이를 바탕으로 亥月 立冬부터의 '적극적인 응축' 으로 인해 '갑목의 기운으로서의 잉태의 기운' 을 품는다.

> **참고** 여기서의 '숙성' 은 늦가을 '소극적인 응축' 이 가질 수 있는 '견고함의 완성' 이다. '소극적인 응축' 이 '극대화' 를 이루어야 '적극적인 응축' 을 받을 수 있고, '적극적인 응축' 을 충분히 받아야 冬至에서 '응축의 극대화' 를 이루어 壬水 또한 잉태를 이룰 수 있다.

④ 亥月 立冬에 이르면 '양토적인 작용력' 은 '적극적인 응축' 을 시작하고, 辛金 씨는 이를 바탕으로 '잉태의 기운' 을 품는데, 이는 '잉태의 기운' 壬水가 '밝음의 기운' 丁火의 도움을 받아 辛金 '씨' 안에 생명력으로 자리를 잡는 것을 말한다.

> **참고** 立秋에서의 '잉태의 시작' 과 立冬에서의 '잉태의 기운을 품는 것' 은 구별되어야 한다. 즉, 전자는 辛金 씨가 '영글기' 의 시작으로 인해 사실상의 '응축' 이 시작되었음을 의미하고, 후자는 '동지에서의 완결될 잉태가 시작' 되었음을 의미한다.

⑤ 冬至에 이르면 辛金 씨는 '응축의 극대화' 를 이루고, '잉태의 기운' 壬水는 丁火의 도움을 받아 드디어 생명력의 잉태를 이룸으로써 '탄생의

기운' 癸水로 전환되는데, 이때 戊土는 癸水에 '제1차 발영의 기운'을 줌으로써 立春에 맹아로 태어날 수 있는 바탕을 이룬다.

2. 癸水의 관장시기

① 子月 冬至에 이르러 '응축의 극대화'를 이룬 '씨' 辛金 안에서 생명력의 잉태를 이룬 '잉태의 기운' 壬水는 '탄생의 기운' 癸水로 전환되고, 동시에 癸水는 '양토적인 작용력'에 의해 제1차 발영의 기운을 얻음으로써 丙火와 함께 관장시기를 시작한다.

> **참고** '잉태'도 '탄생'도 극한 변화다. 이렇게 극한 변화를 이룰 때마다 음양의 이치에 따라 '양토, 음토의 작용력'도 균형을 이루면서 작용력을 펼치고 있음은 물론, 모든 10오행의 변화는 '대지의 작용력의 덩어리' 안에서 균형을 유지하면서 변화를 보인다.

② 丑月, 小寒 大寒을 지나 立春까지 한 달 동안, '탄생의 기운' 癸水는 음토적인 작용력인 己土 품안에서 辛金 씨의 보호를 받으면서 숙성되어 하늘과 '하나'가 될 수 있는 모든 준비를 마친다.

③ 寅月 立春이 되면 '탄생의 기운' 癸水는 '제2차 발영의 기운'을 얻어 산고(産苦)의 고통과 함께 대지의 문이 열리면서 마침내 세상 밖으로 고개를 내민다.

> **참고** 立春이 되기 전, 丑月 大寒에서 '씨눈'이 생기고, 이 '씨눈'에서 立春이 되면 땅 속에서 맹아가 틔는데, 이를 '산고의 고통과 함께 대지의 문이 열리는 것'으로 비유했다. 立春에 이르면 땅 속에서 맹아가 틔고, 雨水

의 봄비를 맞으면서 맹아가 땅 밖으로 고개를 내민다고 생각하면 이해하기가 쉽다. 立春 이후의 癸水는 생명들이 흡수하는 실질적인 물로서의 역할이다.

④ 卯月 春分에 이르면 甲木의 성장력이 극성을 이룸과 동시에 '잎'이 나오기 시작하면서 확장력인 乙木의 기운으로 전환을 하게 되는데, 이때 '탄생의 기운' 癸水는 巳月 立夏가 되면 꽃이 필 수 있도록 준비를 하면서 乙木을 도와 '결실의 기운'이 자리 잡을 수 있는 '터'를 함께 준비한다.

> **참고** '癸, 甲'이 관장시기를 끝낸다 함은 곧 상대기운인 '庚, 乙'의 관장시기가 시작됨을 말한다. 이때 癸水는 '탄생의 기운이자 실제의 물'로써 생명력의 바탕을 이룬다.

⑤ 辰月 清明을 지나 穀雨가 되면 농사에 필요한 비를 맞으면서 乙木은 '꽃눈자리'를 만듦과 동시에 '결실의 기운'인 庚金의 기운이 꽃 속에 자리 잡을 수 있는 '터'를 준비하게 되는데, 이때 癸水는 '양토적인 작용력'과 함께 꽃 피울 준비를 마무리한다.

> **참고** '결실의 기운'을 만들어 내는 '씨 역할'을 하는 것과 생명력을 공급함으로써 '열매와 씨'로 '성장'시키는 것은 乙木의 기운이고, 丙火의 도움을 받으면서 성장해가는 '열매' 자체는 庚金, 그 안의 '씨'는 辛金이다. 癸水가 꽃 피울 준비를 한다는 것에 의문을 가질 수 있으나, 꽃은 곧 결실의 기운을 위한 꽃이기 때문에 꽃 자체도 결실의 기운을 생기게 하는 과정이다. 그래서 癸水가 꽃 피울 준비를 한다고 하는 것이고, 또한 실제의 물 癸水가 나무의 뿌리로 흡수되면 '나무의 몸 안'에서 양토적인 작용력에 의해 다양한 변화를 이루게 된다.

⑥ 巳月 立夏에 이르면 양토적인 작용력 戊土는 꽃을 피게 함과 동시에 꽃 안에 결실의 기운이 자리를 잡을 수 있도록 돕는데, 여기서 결실의 기운이 생기게 하는 씨 역할은 乙木이지만, 결실의 기운으로 탄생을 시키는 것은 戊土에게 '제3차 발영의 기운'을 받은 탄생의 기운 癸水다.

⑦ 午月 芒種을 지나 夏至에 이르면 丙火는 '다 자란 열매와 씨' 중 '씨'인 辛金에 마지막 에너지를 줌으로써 '잉태의 기운'인 壬水를 품게 하는데, 이때 辛金이 잉태의 기운으로서의 생명력을 품으려면 양토적인 작용력인 戊土가 癸水에 제4차 발영의 기운을 주어 壬水로 재탄생시키면서 관장 시기를 마무리하도록 도와야 한다.

> **참고** 夏至에서, 탄생의 기운 癸水는 잉태의 기운 壬水로 전환되고, 丙火 역시 적극적인 개화의 기운에서 소극적으로 익어가게 하는 기운인 丁火로 전환된다. 이때는 음토인 己土의 작용력이다. 立春부터 夏至까지는 '탄생과 성장'을 위해 실제의 물이자 탄생의 기운인 癸水의 관장시기였지만, 夏至 이후는 물을 품은 乙木이 '익어가기'를 해야 하기 때문에 잉태의 기운인 壬水의 관장시기이다.

제4편
체용변화론(體用變化論)

제1장. 서설

【1】 체용변화 이론의 중요성

음양은 균형을 전제로 존재하고 균형을 이룬 음양은 오행이다. 현상으로 인식이 가능한 이유는 오행의 속성이 늘 변화가 진행 중이기 때문이다. 이 균형을 이룬 음양이 오행이라는 이름으로 천변만화를 보이는 현상을 논리적으로 설명하고자 하는 이론이 '체용변화' 다. 생년월일시를 간지로 표현한 명식(命式=四柱)도 음양과 오행으로 구성되어 있으므로 당연히 이 이론이 기본 바탕을 이룬다.

연월일시로 나타내는 사주는 지구의 자전 공전 중의 어느 한 시점이다. 이 '시점' 은 아주 짧은 순간이긴 하지만, 그 역학적인 범위 내에서 음양과 오행의 상호 작용력이 보여주는 천변만화는 가히 '변화 이치의 결정체' 라 해도 틀리지 않다. 이 '변화' 를 알아볼 수 있도록 특성에 따라 이론적으로 분류해 놓은 것이 天干 地支, 生剋合沖, 六親(十親), 用行(=用神) 등이다.

> 참고 연월일시 '시점' 은 '한순간' 이다. 하지만 '태어남' 을 의미하기 때문

에 사주 주인의 평생을 상징하는 바탕이다. 이 바탕과 행운(行運)이 조화를 이루어 생명을 다 할 때까지 무수한 변화를 보이게 된다.

하나의 오행인 干支(예: 甲子)는 天干이 陽(甲), 地支가 陰(子)이므로 '天干地支'의 정의는 '오행의 양과 음'이다. 또한 生은 양, 剋은 음이고, 合은 양, 沖은 음이므로, 生剋合沖 역시 변화의 특성으로 바라본 오행 변화의 흐름이다. 음양으로 보고자 함은 '體로 본 시각'이고, 干支, 生剋合沖 등 오행으로 보고자 함은 '用으로 본 시각'이며, 상기한 주요이론들은 '用으로의 변화를 전제로 성립되는 이론들'이다. 따라서 음양과 오행을 정의할 수 있어야 干支와 生 剋 合 沖을 정의할 수 있으므로 체용변화의 원리는 명리학의 바탕이요 골격이다.

> **참고** 명리학은 음양과 오행으로 크게 나누고, 干支論, 生剋合沖論, 六親論, 用行(=用神)論 등 주요 이론들 모두 오행을 전제로, 즉 '用으로의 변화'를 전제로 존재하는 이론들이다. 음양과 오행의 개념 및 변화이치를 알아야 이 이론들을 이해할 수 있다는 하나의 맥이 형성되어 있다.

【2】체용변화 이론에 대한 명리학계의 현실

지금까지의 명리학 체계에서 '체용변화'를 언급하고 있는 곳은 12개의 地支 중에서 亥, 子와 巳, 午 이 4地支를 설명할 때와 사주명리학에서 가장 중요하다고 입을 모으는 '用神'에서의 '用'자 뿐이다. 그나마도 亥, 子와 巳, 午에서의 '체용변화'에 대한 설명에서는 '子와 午의 體는 陽이지만 用은 陰으로 본다'는 것과 '亥와 巳의 體는 음이지만 用은 양으로 본다'고 하는 결론만 있을 뿐이고, '用神'에서는 用神의 '用'자가 體用에 근거한

'用' 자인지조차도 언급되지 않고 있다.

用神을 부정하는 일부 술사들도 있다. 앞에서 여러 차례 언급한 바 있지만, 명리학의 주요 이론 들은 '음양이 오행으로 변화를 보인다' 는 '체용변화 이론' 을 전제로 존재한다. 用神이란 불균형을 이루고 있는 사주 8자의 내용 중에서 균형점에 가장 가까이 갈 수 있는 오행을 말하는 것으로 用神의 用 자는 體에 대한 用에 근거하는 명칭이다. 用神에 대한 긍정, 부정 자체가 음양오행의 개념과 변화이치(체용변화)를 이해하지 못한 데서 오는 성숙하지 못한 주장이다.

> 참고 '논리의 부재' 는 정해져 있는 공식만을 외워 대입하는 형식으로 공부를 할 수밖에 없는 이유가 될 수 있을 뿐 아니라, '근거 없는 비법' 이나 '오해로 이루어진 이론' 을 양산할 수 있는 이유가 될 수 있다. 또한 用行(= 用神)은 '사주의 안' 에서 뿐 아니라 사회생활 및 대인관계에서도 균형점에 가까이 갈 수 있는 대안을 의미한다.
>
> 지금까지 명리학계에서 사주 간명시 가장 중요한 것으로 알려져 있는 용어 중의 하나가 用神이다. 用神이란 '오행간의 세력이 불균형을 이루고 있는 사주의 내용' 에서 '균형점으로 접근시킬 수 있는 가장 적당한 오행' 을 말한다. 하지만 用神 중 '神' 은 글자의 의미가 말해주듯 '탄력적 또는 조화력' 이라는 의미가 없는 것은 아니지만, '用' 의 의미를 대변하기에는 많이 부족할 뿐 아니라 오해의 소지가 많았다. 따라서 '쓰이는 오행' 또는 '쓸 오행' 이라는 뜻에 따라 앞으로는 '用行' 으로 명칭을 바꾸기로 하였다.

제2장. 체용(體用)이란

【1】서언

　'체용'이란 말은 '몸 체(體)'와 '쓸 용(用)'을 함께 붙여 쓰는 말이다. '易'이라는 글자가 말해주듯 어차피 단 한 순간도 제 모습을 유지하는 것은 없다. 그러나 세상만사 모든 것이 인과관계를 이루면서 흘러가듯 果가 있으면 因이 있을 것이기 때문에 체용변화에서도 역시 體가 없으면 用 또한 없다는 인과관계가 있다.

　'體用'은 일반적으로 '지나치게 추상적일 뿐 아니라 깨달음을 요하는 철학적인 용어'로 알려져 있어 매우 어렵다는 인식을 주어 온 것이 사실이다. 필자 또한 이에 대한 연구를 위해 많은 시간을 소비하면서 자료를 찾아보았지만 결과를 얻지 못해 크게 고심을 한 경험이 있다. 체용변화의 이치는 음양오행의 변화 이치를 설명하는 것이므로 우리의 현실 생활과 전혀 다르지 않다. 따라서 '체용의 의의'를 살펴보고 '생활 속에서의 체용변화'를 알아보는 것으로 순서를 잡는다.

【2】체용의 의의

　'몸 體', '쓸 用'이라는 글자의 의미가 말해주듯 體는 우리의 몸을 본래의 있는 그대로 본 것이고, '用'은 體인 우리의 몸을 씀으로써(用) 다양하게 변화를 보이고 있는 모습이다.

　'體'인 '몸'은 전혀 변화가 없는데 만세를 부른다든가, 허리를 구부린다든가, 심지어는 태권도 시범을 보일 때처럼 공중으로 날아올라 송판을 격파한다거나 공중에서 몇 바퀴씩 회전을 하는 경우가 있는가 하면, 발레나

무용처럼 아름다운 예술을 연출하는 경우도 있다. 이 때 변화를 보이고 있는 다양한 모습이 用이고, 전혀 변화가 없는 우리의 몸이 體다.

> **참고** 우리의 몸은 정신과 육체의 균형으로 이루어져 있다는 體는 있지만, '이 모습이 나' 라고 가리킬 수 있는 모습은 없다. 이는 우리의 몸이 늘 변화가 진행 중인 존재(用)이기 때문이다.

그러면 어째서 우리의 몸은 전혀 변화가 없는데 웃기도 하고 울기도 하며 장소를 이동하는 등 다양한 변화를 보이는 것일까? 물론 우주의 모든 이치가 '변화가 진행 중' 인 것이 근본적인 이유다. 하지만 우주의 섭리가 그러하다면 우리의 눈에 현상으로 인식할 수 있는 인과적인 이치 또한 근본적인 이유와 다르지 않아야 한다.

지구에는 70억 인구라는 말이 나올 만큼 수많은 사람들과 헤아릴 수 없이 많은 동식물들이 함께 살고 있다. 하지만 단 한 생명도 같은 생명이 없고 행동, 마음 또한 같은 생명이 없다. 단지 비슷해 보이는 생각, 마음, 행동이 있을 뿐이다. 이렇게 다른 이유는 자신만의 특성을 가지고 독립을 유지하면서 변화가 진행 중인 정신과 육체가 역시 변화가 진행 중인 환경 속에서 살고 있기 때문이고, 비슷해 보이는 이유는 유유상종(類類相從)이기 때문이다.

이렇게 모든 동식물이 다른 모습으로 다른 삶을 살지만 모두에게 같은 것이 꼭 한 가지가 있다. 그것은 바로 '살고 있다' 는 '인식할 수 있는 현상' 이다. 살고 있다는 말은 변화 중을 의미하고, 변화는 인과의 법칙을 말하며, 인과의 법칙은 곧 균형을 이룬 음양이 오행이라는 이름으로 다양한 변화를 보이는 것을 말한다. 이것이 우리가 현상으로 인식할 수 있는 근거다. 여기서 '다양한 변화' 란 '用의 모습' 이다. 따라서 用의 모습이 있으려면 體

의 모습이 있어야 하고, 體가 用으로 변화를 보이려면 변화를 보일 수 있는 인과관계가 있어야 한다.

사람은 '기쁜 일'이 있으면 웃고, '슬픈 일'이 있으면 운다. '웃고 운다' 함은 결과이므로 원인이 되는 것은 '기쁜 일'과 '슬픈 일'이다. 즉, 사람의 몸인 체의 모습이 웃고 울거나, 발레와 같은 예술 등 用의 모습으로 변화를 보이려면 반드시 그에 상응하는 환경과의 만남이 있어야 한다. 변화중인 '정신과 육체'와 '환경과의 만남'이 '노력한 만큼'과 균형을 이루면 '결과에 대한 기쁨'이 있고, 균형을 이루지 못하면 슬픔과 고통이 따르는 것이다.

여기서의 환경은 얼핏 같은 범위 내에 있는 것처럼 보이기도 하지만, 항상 변화를 보이고 있는 환경에 맞추어, 자기만이 가지고 있는 독특한 정신과 육체가 균형을 이루고자 하므로 개개인 모두가 다를 수밖에 없다.

따라서 '體用'이란 '변화 이전 바탕을 이루는 균형을 이룬 음양의 모습을 體라 하고, 균형을 이룬 음양이 만남의 변화로 인해 오행의 모습으로 변화를 보인 것을 用'이라 하며, '體에서 用으로 변화를 보이는 일련의 인과관계'를 '체용변화'라 한다.

> **참고** 오행도 양 오행이 있고 음 오행이 있음을 상기한다. 따라서 서로 다른 오행과 오행이 만나 음양으로 균형을 이루면 또 다른 오행을 生할 수 있다.

이때 '환경과 만나는 것'이 양토적인 작용력이고, '행동으로 옮겨 결과를 나타내는 것'이 음토적인 작용력이며, 이 둘 또한 원하는 만큼의 균형을 이루어야 원하는 만큼의 결과를 生할 수 있다. 이는 남자의 환경인 양토적인 작용력과 여자의 환경인 음토적인 작용력이 균형을 이루어야 부부가 되어 가정을 이룰 수 있고, 남자의 적극적인 사랑의 행위를 받아 여자의 소극적인 사랑의 행위가 균형을 이루었을 때 생명력을 잉태하고 이를 성숙시켜 태어나게 하는 것과 같다.

우리의 국민 또는 이해관계가 있는 여러 나라들이 한반도의 비핵화를 원하는 것은 양토적인 작용력이고, 정부가 외교적으로, 정치적으로 이를 실천에 옮기는 것은 음토적인 작용력이며, 이 두 작용력이 원하는 만큼의 균형을 이루어야 원하는 만큼의 결과를 얻을 수 있는 것도 같은 이치다.

【3】 생활 속에서의 체용변화

구심점을 중심으로 자전과 공전이 있으면 이는 균형을 이룬 음양이고, 생명력을 가지고 있는 오행이며, 우주가 현상으로 인식될 수 있는 섭리다. 굳이 '인간은 소우주다'라는 말을 빌리지 않는다 해도 지구에서의 이치와 우주의 이치가 하나인 이상 '작은 사물의 이치를 알면 큰 사물의 이치를 안다'는 말과 같이 내 환경 주위의 이치를 살펴 이해하면 하나하나 섭리에 접근할 수 있을 것이다. 균형을 이룬 음양은 오행이다. 이는 변화가 진행 중일 뿐 무시무종이다. 따라서 음양으로 보면 '體로 본 시각'이고, 오행으로 보면 '用으로 본 시각'이다.

우리의 생활 주변에서 우리가 알 수 있는 '체용 변화'를 보자. 물은 액체로서 영하의 기온으로 떨어지면 얼음이 되고 눈도 되며 눈사람이 되기도 한다. 또 예술가의 손길이 얼음에 닿으면 아름다운 조각 작품이 되기도 한다. 여기서 물은 體(음, 水)고, 얼음 눈 눈사람과 조각 작품은 用(양, 火)이다. 그리고 온도의 변화와 예술가의 손길은 만남의 변화다. 진흙에 장인의 혼을 담으면 아름다운 청자 백자가 되고, 山 위의 바위 또한 건축가의 손이 닿으면 훌륭한 건축물이 되지만, 장인의 혼이 담기면 석불 석탑과 같은 예술품이 된다. 바람이라는 만남의 변화에 의한 바다와 파도 역시 그 이치는 같다.

154

참고 얼음으로 만든 작품이지만 여기서의 '조각 작품'은 火이다. 이는 건설 발전을 丙火로 보고, 문명을 丁火로 보는 것과 같다.

영하의 온도(만남의 변화)　　　　　장인의 손길(만남의 변화)

투명한 사각통 안의 물 ──→ 커다란 사각 얼음 ──→ 아름다운 조각 작품

물과 온도가 만나 균형을 이루어 변화를 보인 것이 얼음 - 물은 음, 온도는 변화를 주도하므로 양, 이 둘이 균형을 이룬 음양으로서의 體, 얼음이라는 오행으로 변화를 보이는 것은 用. 얼음과 장인의 손길이 만나 균형을 이루어 변화를 보인 것이 아름다운 조각 작품 - 얼음은 음, 장인의 손길은 변화를 주도하므로 양, 이 둘이 균형을 이룬 음양으로서의 體, 작품이라는 오행으로 변화를 보이는 것은 用.

바람　　　　　　　사람들의 지혜

잔잔한 바다 ──→ 파도 ──→ 파도타기를 즐기는 사람들

바다와 바람이 만나 균형을 이루어 변화를 보인 것이 파도 - 바다는 음, 바람은 변화를 주도하므로 양, 이 둘이 균형을 이룬 음양으로서의 體, 파도라는 오행으로 변화를 보이는 것이 用. 파도와 사람들의 지혜가 만나 균형을 이룬 것이 '파도타기' - 파도와 사람은 균형을 이룬 음양으로서의 體, 파도타기라는 오행으로 변화를 보이는 것이 用.

　학생과 선생은 음양을 이룬 體다. 이 두 사람이 대학이라는 환경과의 만남에 의해 학생은 교수로, 기업가로, 예술가로 성장한다. 인재를 키우기 위해 대학을 설립하는 것은 양토적인 작용력이고, 학생과 교수가 대학에서 만나 '인재라는 목표를 이루는 것'은 음토적인 작용력이다. 물론 이 두 작용력이 균형을 이룬 만큼만 결과인 用의 모습으로 나타난다.

　남녀는 균형을 이룬 음양으로서의 體다. 둘이 사랑을 나누는 것은 양토적인 작용력, 여자가 아기를 잉태해 탄생시키는 것은 음토적인 작용력으로

균형을 이룬 만큼 변화를 보인 用의 모습이다.

> **참고** 여기서 用의 모습은 體의 모습의 본질 자체가 변한 것이 아니라는 점을 주목한다. 즉, 변화된 얼음이나 조각 작품은 물이라는 본질을 벗어난 것이 아니며, 청자 백자, 건축물, 석불 석탑, 파도, 부부 등 用의 모습도 體의 모습인 진흙, 바위, 바다, 남녀 등의 본질이 변한 것은 아니라는 뜻이다. 만남의 변화로 인해 體의 모습인 본질은 유지하면서도 用의 모습인 '인식될 수 있는 다른 형상'만을 낳았을 뿐이다.
> 남자와 여자(균형을 이룬 음양으로서의 體) ➡ 남편과 아내(작용력에 의해 부부라는 오행으로 변화를 보인 用, 男: 남자이면서 남편, 女: 여자이면서 아내)
> 얼음과 장인(균형을 이룬 음양으로서의 體) ➡ '얼음 조각 작품'('장인의 손길'이라는 작용력에 의해 '작품'이라는 오행으로 변화를 보인 用, 얼음이면서 작품, 장인이면서 사람)

일상생활에서의 예를 하나 더 보자. 사람은 양이고, 물질은 음이다. 하지만 한 여름 수십여 명이 업무를 보고 있는 사무실은 음이고, 더위를 식혀줄 선풍기 및 에어컨은 양이다. 왜냐 하면 '능동적'과 '수동적'이라는 음양의 이치 때문이다. 사무실과 선풍기가 균형을 이루면 그에 따른 효과를 볼 것이나 균형이 맞지 않으면 에어컨으로 균형을 맞출 것이고, 사람의 수와 사무실의 크기에 따라 에어컨의 규격도 달라질 것이다.

날이 더워 냉방기를 구입할 수밖에 없는 환경은 양토적인 작용력이고, 이를 구입해 만족스런 효과를 보는 것은 음토적인 작용력이다. 여기서도 음양의 본체는 변한 것이 없는데 더운 날씨와 냉방기의 구입이라는 환경과의 만남으로 인해 시원한 사무실이라는 用의 모습으로서의 오행이 형성되었다.

오행 중 木을 대표하는 나무를 보자. 하나의 '씨'는 자연 환경과의 만남을 통해 새싹을 틔우고 이 새싹은 나무로 성장하며 제 철을 만나면 아름다운 꽃들을 만발하게 함으로써 많은 사람들의 눈을 황홀하게 한다. 이때 새싹의 體는 씨이고 나무의 체는 새싹이며 꽃의 체는 나무다. 물론 총체적으로 보면 나무의 체는 씨가 될 것이다.

이와 같이 변화 이전의 바탕을 이루는 것이 體고 변화를 보인 것이 用이지만, 體와 用은 우리의 눈에만 변화로 보일 뿐 사실상 변화된 것이 없는 하나다.

앞에서 설명한 나무를 보면, 아름답게 피어난 꽃 속에는 가을 '결실의 씨'를 품고 있고, 이 가을 결실은 '자신의 씨'를 품고 있으며, 겨울이 되면 이 씨는 '응축의 극대화'를 거쳐 立春에 이르러 다시 맹아를 틔운다.

그렇다면 이 '씨'의 체는 나무가 되는가? 사람의 눈에는 전혀 달리 보일 수 있겠지만 '그 나무의 씨'는 '그 나무만'이 가지고 있는 독특한 기운이 농축된 결정체다. 그래서 소나무는 소나무만의 씨를 품게 되고, 감나무는 감나무만의 기운을 품게 되는 것이며, 사람은 사람만의 씨를 품게 된다. 이것이 끝없이 흐르면서 보여주는 체용변화의 모습이며 그 사이에 자연환경과의 만남을 통해 생, 변, 멸을 영속시키게 되는 것이다.

이렇게 '만남의 변화에 의해 오행의 모습으로 변화를 보인다' 함은 체용변화의 이치로 볼 때 어떠한 원리를 가지고 있는가? 이는 수축과 팽창이 오행의 모습으로 균형을 유지하듯, 생성과 소멸 또한 오행의 모습으로 균형을 유지하기 때문이며, 여기서의 균형이란 '體와 만남의 변화에 대한 균형이 用으로 나타나는 것'을 말한다.

제3장. 계절의 체용변화

【1】 서언

우리나라는 4계절이 있지만, 전 세계가 모두 4계절인 것은 아니며 계절은 각 나라마다 많이 다르다. 그러나 자전 공전으로 인해 잠재되어 체용변화로 흐르고 있는 이치는 다르지 않다. 한난조습, 밤과 낮, 시간의 차이 등이 대소 강약으로 다르게 나타나는 데서 오는 사람들의 체감이 다를 뿐이다. 다만 4계절이 보여주는 오행의 모습이 비교적 선명하기 때문에 체용변화를 설명하기에 편리해 그 기준으로 삼고자 하는 것이다.

> 참고 4계절 중 각 계절이 끝나는 달인 辰月, 未月, 戌月, 丑月 등을 우리는 '환절기'라고 부른다. 환절기는 이름 그대로 계절이 바뀌는 시기를 말하지만, 명리학적으로는 대지의 작용력이 두드러지는 시기임을 의미하는 말이기도 한다. 그러나 환절기로 뭉뚱그려 표현하지만, 관장시기에서 살펴보았듯이 이 넉 달이 보여주는 '작용력'으로서의 역할은 완전히 다르다.

우리의 4계절을 오행으로 보면 봄은 木이고 여름은 火, 가을은 金, 겨울은 水다. 음양으로 본 시각이 體이고, 오행으로의 변화로 본 시각이 用이므로 각 계절 또한 당연히 체용변화의 흐름으로 나타나게 된다.

사람은 4계절 어느 때에든 태어날 수 있다. 그러나 겨울이 음이고 여름이 양이라는 것은 인식하기가 쉽지만, 봄도 양이고 가을도 음이기 때문에 같은 음인 가을과 겨울, 같은 양인 봄과 여름을 구별하는 것이 그리 쉽지만은 않다. 즉, 봄은 '양 중 음'이고, 가을은 '음 중 양'이라는 설명만 가지고는 궁금증에 대한 갈증만 더할 뿐 본질을 이해하기에는 많이 부족하다는 것이다. 이를 해결해주는 것이 바로 체용변화 이론이다.

【2】체용변화로 본 계절의 특성

'간지론'에서 설명하는 바와 같이 양인 10天干이 있고, 음인 12地支가 있으며, 60갑자로 흐르는 이 천간과 지지는 양끼리, 음끼리의 결합으로 하나를 이루어 양·음·양·음의 순서(甲子는 양, 乙丑은 음……)로 흘러야 한다. 그래서 甲子, 甲午라는 양이 있고 乙亥, 乙巳라는 음이 있어 體를 이루었으나, 이것이 用으로 변화를 보임으로써 그 쓰임새(用)가 '子, 午'는 '양에서 음으로', '巳, 亥'는 '음에서 양으로' 바뀐다는 것(用)이 지금까지의 사실상 체용구별의 요지로서 주목을 받아왔다.

> **참고** 천간과 지지는 양인 10천간, 甲 乙 丙 丁 戊 己 庚 辛 壬 癸와 음인 12지지, 子 丑 寅 卯 辰 巳 午 未 申 酉 戌 亥로 구성되어 있지만, 양인 천간, 음인 지지 모두 양끼리, 음끼리 순으로 배열되어 있다. 즉, 천간과 지지가 하나씩 순서대로 양끼리, 음끼리 짝을 이루어 甲子(양), 乙丑(음), 丙寅(양), 丁卯(음)……로 흘러 60갑자를 이루고 있음을 말한다. 이렇게 이루어진 60 갑자는 양·음·양·음…… 순으로 흘러 음인 癸亥에서 끝나 다시 양인 甲子로 시작함으로써 순환을 계속한다. 이 순환 중에 子와 午의 體는 양이지만 우리가 사용(用)할 때에는 음으로 보고, 亥와 巳 역시 체는 음이지만 사용할

때에는 양으로 본다는 뜻이다.

결국 60갑자는 體의 모습인 양 음 양 음……의 순으로 배열이 되어 있으나 用의 모습인 오행의 모습 즉, 음 중 양, 양 중 음 등의 다양한 모습을 보이면서 규칙적으로 흐르고 있다는 것을 말한다.

그러나 극양지기인 火도 양화가 있고 음화가 있으며, 극음지기인 水도 양수가 있고 음수가 있듯이 木과 金 역시 양목과 음목, 양금과 음금이 있다. 체용변화는 음양이 균형을 이룬 모든 오행이 변화를 보이는 것이지 단지 水火만이 변화를 보이는 것이 아니다.

體는 바탕인 '음양으로 본 시각'이고, 用은 '변화를 보이는 음양' 즉, 오행이다. 음양의 균형에 의해 비로소 인식되는 오행은 헤아릴 수 없는 모습으로 변화를 보이는데, 우리가 인식할 수 있는 현상을 성질과 역할에 따라 대별해서 木 火 土 金 水 다섯 가지로 구분을 했을 뿐, 각 오행이 변화를 보이는 이치는 꼭 집어 가리킬 수 있는 대상이 아니다.

> **참고** 木은 물상적으로는 나무를 의미하지만 생명력, 희망 등 무언가를 이루고자 하는 의욕을 의미하기도 하고, 火 또한 실제의 불을 의미하기도 하지만 피어나는 기운인 개화, 번영, 문명 등을 의미하기도 한다.

1. 봄과 여름(양의 계절)

1) 봄의 체용변화

봄은 극음지기인 겨울에 이어 오는 계절이며 만물이 생명력으로 극성을 이루는 계절이다. 봄의 생명력이나 생동력은 적극적인 기운이기 때문에 體는 양에 해당되고 오행인 用은 양중 음인 木이다.

이해의 편의상 '양중 음, 음중 양'이라는 표현을 하긴 하지만, 체와 용이 하나이듯이 오행이 보여주는 천태만상 역시 결국은 음양이므로 모든 오행은 특성이 다를 뿐 그 지위는 같다. 음양배합이 100이라면 50이 木(양), 50이 金(음), 火(양)와 水(음) 역시 5:5를 유지하면서 서로 다른 모습을 보여주지만, 균형을 이루면서 100을 유지하는 것은 변함이 없다.

火는 양이면서 다른 오행에 비해 양의 기운이 더 강하지만 그만큼 상대적으로 강한 水가 균형을 이루고 있으므로, '피어나게 하려는', '익게 하는', 火일 뿐 火=陽이 아니며, 木도 양이면서 火보다 양의 기운이 덜 강하지만 그만큼의 金이 균형을 이루므로, 생명력을 상징하는 木일뿐 역시 木=陽이 아니다. 그래서 음양은 '體로 본 시각'이라 하고 오행은 '用으로 본 시각'이라고 한다.

木(봄, 생명력)은 한 겨울 冬至에서 '응축의 극대화'를 이룬 씨 辛金 안에 생명력으로 잉태되고, 丑月 음토적인 작용력에 의한 성숙 과정을 거쳐야만 비로소 立春이 되어 새싹을 틔움으로써 그 생명력이 시작된다. 따라서 봄은 겨울을 바탕으로 생명력을 탄생시키고, 春分에 이르기까지 그 생동력을 극성으로 끌어올려 정점에 이르게 하는 것이다.

명리학에서는 음력이나 양력보다는 절기가 중요하다. 子월이나 丑월…… 등 12지지가 나타내는 月은 모두 절기를 기준으로 흐르고 있다.

양목(甲목)이 있고 음목(乙목)이 있는 까닭은 무엇인가?

立春에 새싹을 틔워 목왕절(木旺節: 봄)의 극성인 春分에 이르기 까지는, '자력으로 클 수 있을 만큼의 성장'을 이루고자 하므로, 생동력은 극성을 향해 옆 뒤를 돌아볼 새 없이 적극적이다. 그래서 體도 양이고, 用도 양목이다.

여기서 甲木의 경계를 두면서 균형을 이루고 있는 '바탕'은 辛金이다.
즉, 매서운 봄바람 등의 환경이 있어야 묘목이 튼튼하게 자랄 수 있다는 뜻이다.

그러나 春分을 지나 秋分에 이르기 전까지는 '성장을 다한 甲木의 기운'
을 바탕으로 내실을 튼튼히 하면서 '결실의 기운'을 生해 '익어가기'를 거
쳐 '영글기'를 이루려는 소극적인 작용 때문에 體는 양이지만 用은 음목이다.

立春~春分까지는 양목인 甲木이고, 春分~秋分까지는 음목인 乙木
이라는, 선입견에 의한 단정은 금물이다. 立春~春分까지의 甲木은 장악력
이 강한 乙木이 물을 품고 같이 성장하지 않으면 불가한 것이고, 春分~秋
分까지의 乙木 또한 甲木의 성장력과 음양 조절 없이는 불가한 것이기 때
문이다. 다만 '성장력'과 '확장력'을 구별했을 뿐이다. 또 立春에 태어난
'갈대'라 하더라도 크기, 성질, 역할 등에서 을목으로 분류하기도 하지만
'태어남'과 '성장'은 甲木의 기운이다. 양 오행과 음 오행은 절기에 따라 관
장시기에 의한 상호 역할이 다를 뿐(주연과 조연 또는 스텝과 배우의 관계),
보완 관계를 이루면서 함께 성장한다.

2) 여름의 체용변화

火는 '발영의 기운'이자 '피어나는 기운' 또는 '익어가기', '영글기'를
돕는 '밝음의 기운'이고, 木은 강한 생동력으로 쉴 새 없이 성장하려 하거
나 끊임없이 생명력을 공급하려는 기운이다.
나무에서 불이 붙듯이, 여름은 봄이 일구어 내는 생명력의 극성을 바탕
으로 피어나고 활짝 핀 꽃 속에 결실의 씨를 품어 성장을 시키는 계절이고,
익은 벼가 고개를 숙이듯이 늦여름 小暑에서 초가을 秋分까지는 이를 '익
어가게' 하고, '영글게' 하는 계절이다. 적극적으로 만발하려 하고 그 만발

함 속에서 적극적으로 결실의 씨를 품고 이를 익어가게 하므로 體는 양이고 오행인 用은 木보다 양의 기운이 더 강한 火다.

> **참고** 火가 木보다 양의 기운이 더 강하다 해서 火가 더 강하다는 선입견을 가져서는 안 된다. 음양의 배합에서 火가 양의 기운이 더 강할 뿐, 夏至에서의 '만발하려는 기운의 극성'과 春分에서의 '성장력의 극성'은 강하기도 같고 지위도 같다. 木은 金이, 火는 水가 균형을 이루므로 성질이 다를 뿐이다.

火 또한 양화(丙火)가 있고 음화(丁火)가 있으며 그 이치는 木의 경우와 같다.

辰月(청명) 환절기를 거쳐 立夏에 이르면 丙火의 기운은 적극적으로 꽃을 피우면서 꽃 안에는 '결실의 기운'을 품는다. 여름의 극성인 夏至에 이르기까지 광합성은 극대화를 이루고, 꽃이 만발할수록 '결실의 기운' 역시 '열매와 씨'로 성장한다. 이렇게 적극적으로 피어나게 하고 성장을 시킴으로 體도 양이고 用도 양화(丙火)다.

그러나 夏至를 지나 秋分에 이르기까지는 더 이상의 만발하려는 기운은 사라지므로 꽃은 지고, 오히려 다 익은 결실에 숙살지기를 도와 농익게 하려는 소극적인 작용으로 인해 體는 양이되 用은 음화(丁火)다.

2. 가을과 겨울(음의 계절)

1) 가을의 체용변화

가을은 양의 계절인 여름에서 이어지는 음의 계절이다. 봄과 여름이 양의 계절인데 대해 가을과 겨울은 음의 계절로써 이 또한 음양이 균형을 이루고 있으며, 이 균형 속에서 각 계절은 다시 양 음 양 음…… 순으로 균형을 이루면서 흘러간다.

봄, 여름과 가을, 겨울이 양과 음으로 분리될 수 있지만, 봄(木)은 가을(金)
과, 여름(火)은 겨울(水)과 상대를 이룸으로써 체용변화의 차이를 보여주고 있다.

가을은 여름에 성장할 대로 성장한 '결실의 기운' 인 '양의 기운' 을 수렴
하여, 여름에 비해 소극적으로 농익게 하기 때문에 體는 음이며, 오행인 用
은 '음중 양' 인 金이다. 봄에서 설명한 바와 같이 가을 또한 음중 양이라는
표현은 하지만 음양배합에서 水가 '음의 기운' 이 더 강할 뿐, 秋分에서의
金氣와 冬至에서의 水氣는 강하기도 같고 지위도 같다. 水 역시 水=陰이
아니기 때문이기도 하지만 水와 金은 '음양의 균형배합' 이 엄연히 다른 오
행이기 때문이다.

앞에서는 木은 金이, 火는 水가 경계를 두면서 균형을 이루고 있었
지만, 여기서의 金氣는 火氣가, 水氣는 土氣가 경계에서 균형을 이루게 된
다. 이는 경계를 두고 균형을 이루는 오행이 다르기 때문이다.

양금(庚)이 있고 음금(辛)이 있는 까닭은 봄, 여름에서 설명한 이치와 같다.
夏至를 지나 여름의 끝인 未月이 지나면서 부터는, 성장을 다한 결실인
'열매와 씨' 가 음화의 기운인 丁火의 따가운 햇볕을 받아 적극적으로 수렴
을 함으로써 익어 가는 과정을 거치게 되고, 立秋부터 가을의 정점인 秋分
에 이르기까지는 숙살지기를 통해 적극적으로 영글게 하는 모습을 보여주
기 때문에 體는 음이지만 用은 양금인 庚金이다.
그러나 秋分을 지나 冬至에 이르기까지는, '다 영근 결실' 에 대한 경작이
끝나고, 결실과 함께 영글어 가는 과정을 거친 씨 辛金만이 남아 숙살지기
후의 음기(辛金)인 '응축' 을 통해 보다 견고한 씨로 다시 소극적, 수동적인
응축의 과정을 겪게 되므로 體도 음이고, 用도 음금인 辛金이다.

영글어 가는 결실은 경작을 앞둔 숙살지기의 적극적인 기운이지만,
秋分을 기점으로 경작을 끝낸 후부터는 순수한 씨만이 남아 과육이 아닌 순
수한 음기에 의한 '소극적인 응축' 즉, '견고함을 더하기 위한 응축의 기운' 이다.

2) 겨울의 체용변화

가을과 겨울 전체를 비교할 때, 겨울인 水는 음의 기운에 의해 소극적으
로 '응축의 극대화' 를 이루려는 씨의 기운이고, 가을인 金은 강한 숙살지
기를 통해 적극적으로 결실을 영글게 하는 기운이다. 가을에 결실이 농익
어야만 그 안에 있는 씨는 튼튼하게 영글어 가고, 이렇게 영근 씨만이 한
겨울 강한 음기에 의해 소극적으로 '응축의 극대화' 를 이룰 수 있게 하므
로 겨울의 體는 음이고 오행인 用은 水다.

양수(壬)가 있고 음수(癸)가 있는 까닭 역시 다른 계절과 이치가 같다.
戌月(寒露, 霜降) 환절기를 거쳐 亥月 立冬에 이르면, 秋分 이후 소극적으
로 응축의 기운을 받아온 씨는, 극음지기를 상징하는 절기인 冬至에 이르
기까지, 강한 음기에 의해 적극적으로 응축의 과정을 거치게 된다. 그리고
는 冬至에 이르러 마침내 '응축의 극대화' 를 통해 '생명력의 잉태' 를 할 수
있도록 하므로 體는 음이지만 用은 양수인 壬水가 되고, 冬至부터 立春까
지는 잉태된 생명의 씨를 소극적으로 숙성을 시키는 과정이므로 體도 음이
고 用도 음수인 癸水다.

가을과 겨울이 모두 음이지만 가을은 결실을 영글게 하는 적극적인
기운 때문에 음 중에도 양에 해당되고, 겨울은 경작 후 씨만이 남아 순수하
게 '응축의 극대화' 를 겪게 하므로 체, 용 모두 음이다.
겨울 중에도 立冬부터 冬至까지는 견고함을 향한 응축의 과정을 적극적으

로 하게 되므로 음 중에도 양수에 해당이 되고, 冬至부터 立春까지는 응축이 아닌 응축의 극대화를 이룬 씨를 소극적으로 숙성의 과정을 겪게 하므로 음 중에도 음수에 속한다. 여기서 '생명의 잉태'라 함은 立春에 새싹으로 태어나게 될 모든 생명의 씨는 극음지기인 冬至에서 이른바 '응축의 극대화'를 거쳐야만 왕성한 생명력으로 태어날 수 있음을 의미하며, 이 '응축의 극대화'를 이루지 못한 생명의 씨는 立春에 설사 새싹을 틔웠다 해도, 결실을 열게 하고 이를 거두기까지에는 힘이 부족하다는 것을 의미한다.

3. 4정(四頂)의 체용변화

'양의 기운'으로만 보면 극양지기인 夏至가 가장 강할 수 있을 것이고, '음의 기운'으로만 보면 극음지기인 冬至가 가장 강할 수 있을 것이다. 그러나 봄과 여름은 體로 보면 같은 양이지만 用으로 보면 木이라는 오행과 火라는 오행으로 고유한 특성을 가지고 있고, 가을과 겨울은 體로 보면 같은 음이지만 用으로 보면 金이라는 오행과 水라는 오행으로 역시 고유한 특성을 가지고 있다. 따라서 春分, 夏至, 秋分, 冬至 4계절의 극성을 이루는 절기는 각각 자기 계절을 대표할 뿐 아니라 그 특성에 대한 지위가 동등하므로 4頂이라 한다.

春分은 體는 양이면서 생명력의 성장이 극성을 이루는 절기이므로 木氣가 가장 강한 목왕절(木旺節)이고, 夏至 역시 體는 양이면서 광합성을 통해 꽃과 결실이 다 자랄 수 있도록 '피어나는 기운'이 극성을 이루는 절기이므로 火氣가 가장 강한 화왕절(火旺節)이며, 秋分은 體는 음이면서 숙살지기를 통해 결실이 농익어 가는 것이 극성을 이루는 절기이므로 金氣가 가장 강한 금왕절(金旺節)이고, 冬至 역시 體는 음이면서 木으로 태어날 약속된 씨가 '응축의 극대화'를 이루는 계절이므로 水氣가 가장 강한 수왕절(水旺節)이다.

제2부

천간지지, 지장간 완결

제1편
천간과 지지

제1장. 간지의 의의

【1】 간지의 정의

간지의 정의는 '오행의 양과 음'이다. 매우 간단한 듯이 보이지만 정의가 말해주듯 간지는 음양오행의 정의와 변화이치를 전제하고 있다.

'음양'은 '균형을 이루어 인식될 수 있는 현상을 유지함으로써 우주를 형성하고 있는 상대적인 두 기운'으로 이는 '우주의 구성요소'를 '體로 본 시각'이고, '오행'은 '균형을 이루어 상대적 완결성을 갖춤으로써 다양한 현상으로 변화를 보이는 음양'이므로 이는 '用으로 본 시각'이다. '음양'과 '오행'은 결국은 같은 말이지만 현상을 유지할 수 있는 '바탕'이라는 측면과 '변화'라는 측면에서 그 정의를 달리 표현할 수 있다. 현상으로 보이는 동식물 뿐 아니라 기상 변화 등 세상의 모든 조화가 '균형을 이룬 음양'인 '오행'이 보여주는 다양한 현상이다.

이렇게 균형을 이루면서 변화를 보이고 있는 음양 중 양이 천간이고, 음이 지지다. 정신은 천간 육체는 지지, 남자는 천간 여자는 지지다. 그러나 오행은 음양이 어떻게 균형을 이루고 있느냐에 따라 천간과 지지의 모습이

168

다르게 나타날 수 있다.

우리의 일상생활에서 아빠는 천간 엄마는 지지지만, 아빠가 없는 가정에서는 엄마가 천간 자식이 지지가 될 수 있다. 엄마는 자식이 버팀목이 되므로 사회생활에서 보람을 일구면서 활동을 할 수 있고, 자식은 그에 힘입어 공부를 열심히 해서 훌륭한 자식이 되고자 하기 때문이다. 이때 엄마는 비록 여자지만 가장으로서 천간의 역할을 하는 것이고, 자식은 엄마의 바탕이므로 지지가 된다. 물론 자식이 성장해 사회활동을 하고 엄마가 노쇠해 힘을 잃으면 그 반대가 될 수도 있을 것이다. 이것이 아빠가 천간인 경우와는 다르게 하나의 '가정'이라는 오행을 형성하는 또 다른 음양의 균형이요 천간과 지지다.

천간지지를 비롯해 생극합충, 십친(육친), 용행(용신) 등 명리학의 주요 이론들은 음양에서 오행으로의 변화 즉, 오행을 전제로 성립되는 이론들이지만, '음양은 어떠한 모습으로 균형을 이루는가'에 관한 문제는 우리가 가지고 있는 지식으로 판단하려 하면 이는 선입견이 될 가능성이 매우 크다. 그래서 우리가 이미 알고 있는 현상의 모습으로 인식하려 하기보다는 '어떠한 이치로 균형을 이루어 변화를 하는가'에 초점을 맞추어야 한다.

> 참고 남자는 양이고 천간이면서 하늘이라 하고, 여자는 음이고 지지이면서 땅이라 한다. 남자는 적극적으로 활동을 하려는 양의 기운이지만 여자라는 음의 기운이 없으면 활동해야 할 명분이 없게 되고, 활동할 남자가 있기 때문에 여자는 그 버팀목(바탕)이 되고자 한다. 그래서 '남자와 여자'가 간지로서 균형을 이루어 '사람'이라는 오행을 형성하고 '부부'라는 오행을 형성한다. 육체라는 버팀목이 있어야 정신이 활동을 할 수 있고, 정신이 활동을 해야 육체가 존재할 수 있는 것과 같은 이치이다. 엄마는 음이고 지지임

에도 천간이라고 한 이유는 가정이라는 오행에서 천간인 아빠와 같은 역할을 했기 때문이다. 오행에서 양은 천간이고 음은 지지이므로 천간은 지지를 바탕으로 변화를 할 수 있고, 지지는 천간의 변화에 따라 바탕으로서의 균형을 이루면서 함께 변화를 한다는 음양의 기본적인 성질이 그대로 반영된 것이다.

【2】 간지는 오행의 변화를 구조적 상징적으로 표현한 것이다

뒤에 설명하게 될 '생 극 합 충'은 오행이 변화하는 이치를 논리적으로 설명하는 이론인 데 대해 '천간 지지'는 오행의 과학적이면서 철학적인 변화 이치를 구조적 상징적으로 설명하는 이론이다. 명리학은 구심점을 중심으로 돌고 있는 자전과 공전의 원리에 기인하는 모든 현상의 변화이치를 천간과 지지로 나타내는 학문이다. 그래서 10천간 12지지가 있고 지장간(支藏干)이 있으며 연월일시로 도출하는 사주 네 기둥과 10년 대운(大運), 세운(歲運=年運), 월운(月運), 일진(日辰) 등이 있다.

여름에도 음양이 있고 겨울에도 음양이 있듯이 양 중에 음양이 있고 음 중에도 음양이 있다. 사주 또한 천간 4자는 양, 지지 4자는 음, 지장간은 음 중 양이지만 그 중에도 각각 음양이 있으며, 연월일시 네 기둥도 연주(年柱)는 양, 월주(月柱)는 음, 일주(日柱)는 양, 시주(時柱)는 음으로 구성되어 있다.

여기서도 물론 모든 오행은 간지(음양)의 결합이므로 양은 천간이고 음은 지지다. 같은 이치로 지장간 포함 사주 원국은 양이요 천간이고, 10년 대운은 음이요 지지이며, 세운(년운)은 양, 월운은 음, 일진은 양, 시는 음으로 역시 간지 구성의 연속이다.

천간 지지, 생극합충 등 명리학의 주요 이론들은 오행이 변화를 보이는 '用의 모습'을 이치별로 분석해놓은 것이다.

【3】간지는 다양한 현상으로 변화를 보이는 하나의 오행이다

'간지'는 '오행의 양과 음'이다. 따라서 '천간'은 적극적이고 능동적이므로 '지지'를 바탕으로 천변만화를 보이지만, '지지'는 소극적이고 수동적이므로 '천간'의 변화에 따라 경계(바탕)를 이루어 균형을 유지하면서 함께 변화를 한다.

정신은 천간이고 양이므로 적극적인 변화를 주도하지만, 육체는 지지요 음이므로 정신과 균형을 이루어 '하나'를 유지하면서 소극적으로 바탕을 이룰 뿐 변화를 주도하지 않는다. 다양한 변화를 보이는 것이 오행이듯이 사람 또한 각 개개인이 하나의 오행이므로 쌍둥이라 해도 똑같은 사람은 없다. 물론 짐승도 식물도 마찬가지이다.

60甲子는 甲子에서 癸亥까지 생 변 멸로 흐르는 생명력의 변화이치를 간지로 표현한 것이다. 60갑자의 시작인 甲子에서 甲木은 생명력을 의미하고 子는 '생명력이 잉태를 할 수 있는 지구상에서의 환경조건'이요 바탕이다. 그래서 甲子는 생명력의 잉태를 상징한다. 두 번째인 乙丑에서 乙木은 음목이기 때문에 음이 양을 생산하는 이치에 따라 앞으로 양목인 甲木으로 태어날 것을 암시하고, 丑은 생명력인 癸水를 품고 甲木으로 태어날 때까지 숙성시키는 대지의 작용력 중 음토적인 작용력이 돋보이는 지구의 환경조건이다. 세 번째인 丙寅은 甲木인 생명력이, 10개월 된 태아가 밝은 빛을 보고 태어나듯, 立春이 되어 발영의 기운을 받아 땅속에서 생명으로 태어

나는 모습이다.

이와 같이 흘러 마지막 60번째인 癸亥에서 癸水는 탄생의 기운이므로 '멸' 과 동시에 다시 태어날 것을 암시하고, 亥 또한 立冬에서 甲木의 생명력을 품음으로써 내년에 생명체인 甲木의 모습으로 태어날 것을 암시하는 지지이므로 癸亥는 다음 단계의 탄생을 위한 생명력을 품고 있는 간지다.

> **참고** 甲子는 엄마 아빠의 사랑의 행위에 의한 결실 즉, 잉태와 같고, 乙丑은 엄마의 뱃속에서 10개월을 기다리는 태아와 같으며, 丙寅은 立春이 되어 생명력이 탄생하는 것과 같다. 마지막인 癸亥는 '멸' 을 의미하는 듯이 보이지만 탄생의 기운인 생명력을 품음으로써 다음 生을 준비하고 있음을 나타내고 있다. 이와 같이 60갑자는 하나의 오행이 잉태에서 시작되어 탄생, 성장, 쇠퇴 등을 거쳐 멸에 이르기까지의 생명력의 흐름을 상징적으로 보여주는 것이지만, 결국은 우주는 완전한 소멸이 아니라 끊임없이 순환하고 있음을 보여주는 것이다.

생명력을 상징하는 같은 甲木이라 해도 甲子, 甲寅, 甲辰, 甲午, 甲申, 甲戌 등이 품고 있는 변화 이치는 모두 다르다. 봄에 피어나는 생명력과 가을에 피어나는 생명력이 다르듯이 천간과 지지가 하나를 이룬 오행으로서의 변화 이치가 각각 나름대로의 특성을 가지고 있기 때문이다. 즉, 甲子는 생명력의 잉태를, 甲寅은 생명력의 탄생과 생장을, 甲辰은 생명력이 결실의 씨를 준비함을, 甲午는 광합성의 극대화를 통한 생명력의 팽창을, 甲申은 숙살에 의해 생명력이 농익어 감을, 甲戌은 생명력이 씨 안에서 응축을 시작해 내년을 준비하게 함을 말한다.

따라서 甲木이 상징하는 생명력, 성장력 등으로만 보면 가장 왕성한 것은 甲寅이고, 그 다음이 甲子, 甲辰, 甲午, 甲申, 甲戌 순으로 볼 수 있다. 그러나 각 지지와 하나를 이룬 甲木의 생명력은 6개의 간지가 모두 그 특성이 다르다는 것을 주목해야 한다. 강하다 약하다 등은 선입견이 되어 각 간지가 가지고 있는 진의를 간과하게 할 가능성이 매우 크기 때문이다.

> **참고** 사주 8자 중에서 '나'로 보는 것은 '日干'이다. 그래서 일간을 중심으로 강하다 약하다 등으로 볼 수는 있다. 그러나 '나'라는 선입견이 먼저 들어가면 네 기둥인 각각의 간지들이 가지고 있는 특성들이 상호 작용하는 의미를 간과할 수 있고, 이를 간과하면 사주 전체에서 어떠한 오행이 균형점에 가장 가까이 갈 수 있는지를 파악하기가 어려울 수 있다. 모든 음양오행 구조는 균형을 전제로 존재하고, 균형을 이루어야만 안정과 조화를 이룰 수 있다.
>
> '사람'으로 태어날 수 있었던 것은 천간 4자와 지지 4자가 양과 음(體의 모습으로)으로 나름대로의 균형을 이루었기 때문이고, 각각 길흉화복이 다른 이유는 8자가 품고 있는 각 오행들의 변화(用의 모습)가 아직은 불균형을 이루고 있기 때문이다. 물론 균형에 가까울수록 행복한 삶이 될 것이고, 멀수록 힘든 삶이 될 것이겠지만, 이 불균형을 파악해서 균형으로 이끌 수 있는 해법을 찾아내는 것이 명리학자들에게 주어진 과제가 아닐까 싶다.

제2장. 10개의 하늘(10천간)과 12개의 땅(12지지)

【1】 10개의 하늘

균형을 이룬 음양이 천변만화를 보이는 것을 특성에 따라 5가지로 크게 분류한 것이 오행인 木 火 土 金 水다. 사람은 생명력이므로 오행으로는 木이다. 따라서 남녀가 있으므로 오행 또한 양목(陽木)과 음목(陰木)으로 분류할 수 있다. 정신과 육체로 분류하는 것도 같은 이치다. 이와 같이 균형을 이룬 음양이 오행으로 변화를 보이고, 오행은 다시 양 오행과 음 오행으로 분류되므로 오행은 10이며 이것이 10천간이다.

오행으로 분류된 10천간은 아래의 표와 같다.

木	火	土	金	水
甲乙 갑을	丙丁 병정	戊己 무기	庚辛 경신	壬癸 임계

	木	火	土	金	水
양오행	甲	丙	戊	庚	壬
음오행	乙	丁	己	辛	癸

음인 지구가 양인 태양을 한 바퀴 공전을 하는 동안 지구에는 4계절인 木(봄), 火(여름), 金(가을), 水(겨울)로 인지할 수 있는 음양 변화가 있고, 사이사이에 환절기인 土가 있으며 이는 다시 양 오행이 관장하는 시기와 음 오행이 관장하는 시기로 나뉜다. 이것이 태양이 지구에 미치는 오행의 모습이며 10천간의 모습이다.

【2】12개의 땅

10개의 하늘의 기운을 받아들여 오행의 흐름인 생명력이 생멸할 수 있는 터전을 음의 공간 즉, 12개의 땅의 모습이라 한다. 이 땅의 모습 안에도 음양이 공존함은 하늘모습과 같다. 지구는 木火土金水가 혼합되어 있는 오행의 덩어리이자 '대지의 작용력의 덩어리'이다. 23.5도 기울어져 있는 이 '덩어리'가 구심점인 태양을 일정한 궤적으로 자전과 공전을 함께 하고 있다. 따라서 언제는 태양의 앞쪽이고, 언제는 뒤쪽이며, 또 언제는 태양과의 거리가 가깝고, 언제는 거리가 멀다. 이렇게 자전 공전 한 바퀴는 앞과 뒤 그리고 가깝고 멀다는 등의 관계로 지지는 12로 분류된다. 이는 양의 기운인 '하늘 및 태양 에너지'와 각각 나름대로의 '하나'가 될 수 있는 음이요 바탕이다. 따라서 寅月은 寅月이 가지고 있는 조건만큼만 태양 에너지와 균형을 이루고, 그 만큼만 태양 에너지는 지구의 품에서 변화를 보이는데, 이것이 寅月만이 우리에게 보여주는 10오행의 변화다.

12지지는 1년 중 '10오행(계절)이 변화하는 이치'를 12로 분류한 것이고 이를 보다 더 세분화한 것이 24절기다. 따라서 지지는 아래의 표와 같이 12가지로 표현되어 음양의 순환을 나타내고 있으며, 각 계절의 끝자락에 환절기로서의 작용력이 두드러지는 辰未戌丑 네 지지가 자리를 하고 있다.

한 계절 3달 중, 첫째 둘째 달이 양과 음으로 나뉘고, 환절기마다의 작용지(진미술축)를 둘씩 음양으로 분류하면 숫자는 12가 된다. 그래서 지지는 반드시 12로 분류되고, 이는 자전과 공전이 존재하는 한 10천간과 더불어 간지가 결합이 되어 흐르는 불변의 진리이다.

> **참고** 온도 기준을 '영상'과 '영하'로 구별 지으려는 습관이 강하면 '열대지방'이나 '한대지방'이 가지고 있는 12지지의 변화를 이해하기 어려울 수 있다.

12지지는 절기라는 마디를 이루고 있고 그 사이사이에는 절기가 하나씩 더 있어 24절기가 되는 바, 이는 12支時가 24시간이 되는 것과 같은 이치다. 자전이든 공전이든 구심점인 태양을 기준으로 도는 한 바퀴는 오행의 변화로써 나타나는 작용력이 같기 때문이다.

10오행의 흐름을 12지지에 따라 '體用 변화'로 분류를 하면 다음과 같다.

〈표 1〉

子	丑	寅	卯	辰	巳	午	未	申	酉	戌	亥
자	축	인	묘	진	사	오	미	신	유	술	해

〈표 2〉

양 :	子	寅	午	申	辰戌
음 :	亥	卯	巳	酉	丑未

〈표 3〉

봄	여름	가을	겨울
寅 卯 辰	巳 午 未	申 酉 戌	亥 子 丑

〈표 4〉

	봄	여름	가을	겨울
양	寅	巳	申	亥
음	卯	午	酉	子
환절기	辰(양)	未(음)	戌(양)	丑(음)

표1의 배열은 극음이면서 잉태의 기운인 子로부터 시작되는 땅의 모습이지만 體로 보면 양음양음…… 순으로 배열된 모습이고, 표2는 표1을 體의

모습인 양음 순으로 분류한 모습이며, 표3은 입춘으로부터 3개월씩 계절별로 분류된 用의 모습이고, 표4는 표3을 양과 음으로 분류한 모습이다.

> **참고** 만일 지축이 바로 서 있다면 태양 광선과 지구의 경선은 늘 직각 (90°)을 이루기 때문에 자전에 의해 밤낮은 있으나, 계절은 지역에 따라 태양과의 일정한 거리로 인해 열대, 건조, 온대, 냉대, 한대 중 어느 한 계절이 계속될 것이다. 그러면 木火土金水로 차이를 보이는 계절의 변화는 위에서의 설명과 많이 다르게 된다.

【3】 하늘과 땅의 결합(간지의 결합)

1. 천간오행과 지지오행이 따로 있는가

상기한 바와 같이 오행은 木火土金水고 이것이 양 오행과 음 오행으로 나뉘면서 10천간이 형성된다. 따라서 오행은 10천간 이외의 오행은 없다. 그렇다면 지지를 의미하는 寅卯辰…… 등은 무엇을 의미하는가?

천간의 기운은 지지가 균형을 이루면서 바탕이 되어주어야만 지지 상에서 오행으로서의 그 모습을 드러낼 수 있다. 이는 마치 끝이 없을 것처럼 많은 양의 공기가 있지만 공기와 고무가 균형을 이루어야만 풍선으로서의 제 역할을 하는 것과 같고, 음 요철이 바탕이 되어야만 양 요철과 하나가 되는 것과 같으며, 남자 여자는 많지만 여인의 사랑이 바탕이 되어야만 남녀 간의 사랑이 결실을 이루는 것과 같다.

지구는 태양을 구심점으로 자전과 공전을 하면서 균형을 이룬다. 빛과 열기, 각종 에너지는 애초부터 태양으로부터 와서 지구의 환경조건과 하나(간지 결합)가 되어 스스로 변화를 하는 것이지 지구 자체가 변화를 보이는 것이 아니다. 지구는 다만 '작용력의 덩어리' 라는 바탕을 이루고 있을 뿐이다.

이것이 천간과 12지지의 균형을 이룬 결합이고, 寅月(입춘)과 申月(입추) 등이 다른 이유이며, 열대지방과 온대지방이 다른 이유이고, 12지지인 달 (月)이 흐름에 따라 계절변화뿐 아니라 한난조습에 따른 모든 생명력의 변화가 천태만상으로 나타나는 이유이다.

2. 지지가 12로 나누어지는 의미

지구가 태양을 공전하는 한 바퀴는 360°, 360일이다. 이 360일을 30으로 나눈 것이 한 달 12지지이고, 12지지를 다시 보름(15일)으로 세분화한 것이 24절기다. 즉, 24절기를 두 절기씩 묶은 것이 12지지인 12달이고, 석 달씩 묶은 것이 4계절이다.

명리학은 절기로 말을 하지만, 24절기 중 지지를 12로 표현하는 근본적인 이유는, 지지 하나 하나에는 계절이 변해가는 이치를 정밀하게 설명할 수 있는 논리적인 근거가 있기 때문이고, 이를 이론으로 정립해 놓은 것이 잠시 후에 설명하게 될 '지장간' 이다. 즉, '지장간' 이 변화를 보이는 이치를 한 달을 단위로 12로 구분 지은 것이 12지지다. 따라서 계절 변화의 이치를 알려면 지장간의 변화이치를 알아야 한다. 그래야 각 12지지의 존재 이유는 물론 나머지 지지 사이사이의 12절기도 이해하기가 수월하다. '지지' 는 한 달 동안 '지장간' 이 변화를 보이는 흐름 전체를 한 글자로 나타낸 것이다. 따라서 '지장간' 을 떼어 놓고는 '지지' 를 논할 수 없다.

立春으로부터 시작되는 寅은 대지의 작용력에 의해 맹아가 발영의 기운을 얻어 생명력으로 태어난다는 의미를 가지고 있는 지장간 '戊 丙 甲' 을 대표하는 지지이지 寅 자체가 木이 아니다. 다만 '戊 丙 甲' 이라는 10오행의 변화이치는 寅이라는 지지만이 가지고 있는 특성이라는 것이고, 각 '지지'가 모두 이와 같은 특성을 품고 있기 때문에 '천간'에 대한 '지지'로서 '지지'가 중요하다고 하는 것이다.

지금까지의 명리학계는 寅, 卯는 立春(봄)에 새 생명이 태어나 성장한다는 계절적인 특성에 따라 이를 寅木, 卯木으로 분류해온 것이 사실이다. 한·중·일 3국을 중심으로 지금도 거의 대부분의 운명가들이 '지지'를 오행으로 분류해서 쓰고 있는 것도 사실이다.

분명히 말하지만 '12지지'는 각 '지지'가 가지고 있는 고유한 환경조건으로 인해 자기만이 품고 있는 '10오행의 변화이치(지장간)'를 상징할 뿐, 지지 자체는 스스로 변화를 주도할 수 있는 '10오행'이 아니다. 따라서 甲乙木 이외에 寅卯木이 따로 있는 것이 아니다. 그래서 '지장간(支藏干)'을 '지지가 품고 있는 천간'이라고 한다.

> **참고** 여기서 새 생명으로 태어나는 맹아는 甲乙木 모두를 말한다. 소나무(甲木)든 갈대(乙木)든 立春에 맹아를 틔워 성장하는 생명력, 성장력 등은 甲木의 기운이고, 경칩(驚蟄)을 지나면서 확장 및 성장을 하면서 광합성(나무의 잎)과 결실의 기운이 생명력을 품을 수 있도록 돕는 것은 乙木의 기운이다. 즉, 같은 木이지만 양목으로서의 기운과 음목으로서의 기운이라는 특성과 역할이 다르다는 것이다.
>
> 山에서 큰 나무와 작은 나무들이 서로 보완 관계를 이루듯이 甲乙木을 큰 나무와 작은 식물로 분류를 해야 할 때도 물론 있다. 하지만 큰 나무든 작은 식물이든 立春에 맹아를 틔고, 立夏에서 결실의 기운이 생겨 광합성에 의해 영글어 가는 것은 같은 이치이다. 봄에 피는 꽃도 있고, 가을에 피는 꽃도 있지만 절기 변화에 따른 생, 변, 멸의 변화이치는 같다.

【4】 하늘과 땅이 양끼리 음끼리 결합을 하는 이치

생명(木)이란 햇빛(火), 흙(土), 공기(金), 물(水) 등과 더불어 하나가 되고, 하늘과 땅은 상호 감응을 하여 결합함으로써 비로소 오행의 흐름인 생명력으로 나타난다. 하늘과 땅은 양끼리, 음끼리 결합을 한다. 그래서 60갑자의 배열은 자연스럽게 양 음 양 음 순으로 이어진다.

하늘과 땅은 왜 양끼리, 음끼리 결합을 하는가? 하늘은 양이요, 땅은 음이므로 간지는 이미 음양의 균형이다. 중요한 것은 이렇게 간지로서 하나가 된 결합이 體의 모습으로 음이면 음, 양이면 양으로 한 몸을 이루어야 양 음 양 음 순으로 또 다른 모습의 하늘과 땅이 결합을 하게 되고, 이것이 60갑자를 이룸으로써 오행의 흐름(用)은 생 변 멸의 흐름으로 나타나게 된다는 것이다.

이는 인간(양)인 남녀(하늘과 땅)가 가정을 이룸으로써 하나(양)가 되는 것과 짐승(음)인 암수가 둥지를 틂으로써 하나(음)가 되는 것 그리고 인간(양, 천간)과 짐승(음, 지지)이 함께 어우러짐으로써 자연인 60갑자의 흐름을 형성하게 된다는 이치와 같다.

甲	乙	丙	丁	戊	己	庚	辛	壬	癸
子	丑	寅	卯	辰	巳	午	未	申	酉	戌	亥

위와 같이 천간보다는 지지가 둘이 많으므로 다시 甲戌 乙亥로 이어져 60간지가 순환하게 되고, 10천간을 중심으로 배열을 하면 아래와 같이 六甲으로 10년이 시작되는 60갑자가 된다.

참고 이 60갑자는 순행으로 역행으로 술술 나올 수 있을 만큼 외워야 한다. 사주와 대운을 적을 때도 물론 유용하게 쓰지만 보다 중요한 것은 60 갑자라는 한 묶음 자체가 생명력의 흐름을 생 변 멸이라는 의미를 담아 정밀하게 보여주고 있기 때문이다.

당장은 이해하기가 쉽지는 않겠지만 외워두어야 깨달음에 보다 빠르고 깊이 있게 접근할 수 있다. 가장 빨리 외우는 방법은 10천간과 12지지를 먼저 확실하게 숙지한 후 간지를 하나씩 순서대로 순행으로 역행으로 붙여나가는 것이다. 여기서 기본 조건은 10천간과 12지지가 확실하게 숙지되어 있어야 한다는 것이다. 아래 그림의 손가락 마디에 붙여진 간지 위치를 참고해 천간 지지 순으로 갑자, 을축…… 등으로 짚어 나가면 장소가 어디이든 조용히 자유롭게 외울 수 있다.

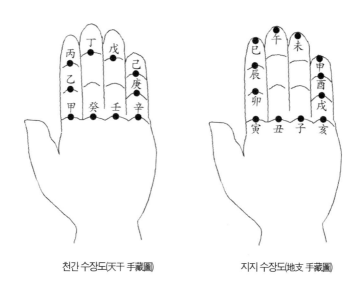

천간 수장도(天干 手藏圖)   지지 수장도(地支 手藏圖)

甲子	乙丑	丙寅	丁卯	戊辰	己巳	庚午	辛未	壬申	癸酉
甲戌	乙亥	丙子	丁丑	戊寅	己卯	庚辰	辛巳	壬午	癸未
甲申	乙酉	丙戌	丁亥	戊子	己丑	庚寅	辛卯	壬辰	癸巳
甲午	乙未	丙申	丁酉	戊戌	己亥	庚子	辛丑	壬寅	癸卯
甲辰	乙巳	丙午	丁未	戊申	己酉	庚戌	辛亥	壬子	癸丑
甲寅	乙卯	丙辰	丁巳	戊午	己未	庚申	辛酉	壬戌	癸亥

참고 60갑자는 體로 보면 양음양음 순이지만, 用으로 보면 잉태인 甲子 (동지)로 시작해 탄생인 丙寅(입춘)으로 흐르는 모습이다. 만일 탄생을 의미 하는 丙寅을 60갑자의 시작으로 본다면 乙丑까지가 한 마디가 될 수 있음 을 참고한다.

제3장. 10개의 하늘 모습

음양이 균형을 이루어 변화를 보이면 이는 이미 오행이고, 이를 인식할 수 있는 성질에 따라 분류해 놓은 것이 木 火 土 金 水다. 오행을 양 오행, 음 오행으로 나누면 10이 되는 바 이것이 10개의 하늘이며, 그 모습은 甲

乙丙丁戊己庚辛壬癸 로 나타낸다.

<blockquote>
참고 음양과 오행의 정의, 성질, 변화이치 등은 '음양오행, 체용변화' 편
에서 다루었기 때문에 이곳에서는 '천간과 지지'의 개념 및 성질을 익히는
데에 필요한 만큼만 설명을 하도록 한다. 흐름에 대한 일관적인 '맥'이 있
기 때문에 필요한 부분은 반복된다 하더라도 주저하지 않았다.
</blockquote>

【1】甲乙 木

甲은 양목이고, 乙은 음목이다. 木의 가장 중요한 특성은 생명력, 성장
력, 생동력이다. 甲木은 양목이므로 하늘 높은 줄 모르고 솟으려 하고 최고
가 되어야 하며, 미래 지향적이면서 추진력이 강한 반면에 乙木은 음목이
므로 섬세하고 적응력이 강하면서 끈질긴 생명력을 가지고 있으므로 솟으
려 하기 보다는 뿌리를 견고히 하면서 옆으로 확장하려 한다. 그래서 木은
시작하다, 희망을 갖다, 행하다, 자라다, 오르다, 나아가다는 등의 의미를
가지고 있다.

양목의 특성에 따라 甲木은 소나무, 잣나무, 감나무, 은행나무 등 위로
솟으려는 성향을 가진 나무가 이에 해당이 된다고 보는 반면에 음목인 乙
木은 갈대, 잔디, 넝쿨나무, 잡초, 곡식, 대나무 등, 줄기는 가녀리나 뿌리
가 튼튼한 식물이 이에 해당된다고 본다.

그러나 현상의 모습에 따라 甲木은 강하고 乙木은 약하다는 식의 선입견
은 금물이다. 甲木과 乙木은 '木의 성질'에 따라 각각의 특성이 다를 뿐이
다. 이는 남자와 여자는 같은 사람이지만 그 특성이 다른 것과 같다. 남자
는 적극적이면서 거친 성향을 가지고 있고, 여자는 소극적이면서 부드러운

성향을 가지고 있다. 그래서 남자가 더 강해 보일 수는 있겠지만, 여자의 부드러움이 균형을 이루면서 바탕이 되어주지 않으면 남자는 존재할 수 없기 때문에 강약 자체가 모순이다. 이것이 음양의 균형이고 오행이다.

甲木은 오로지 삶을 이루고자 하는 생명력, 생동력이다. 이는 방금 모태에서 떨어진 망아지가 스스로 일어나 걸으려고 몸부림치는 것과 같고, 갓난아기가 자신도 모르게 엄마의 젖꼭지를 빨기 위해 최선을 다하는 것과 같으며, 밭에 심은 콩이 햇빛을 받을 수 있는 떡잎이 되기 위해 흙을 밀고 올라와 세상 밖을 보고자 하는 것과 같고, 가고 싶은 대학을 가기 위해 오로지 공부에 미쳐있는 고3 학생의 마음과 같다. 이러한 마음으로 甲木은 立春에 싹을 틔워 春分에 이르기까지 온 세상에 木氣로 가득 채우고자 하는 것이다.

乙木은 음목이므로 부드러운 성향이 있으나 뿌리를 튼튼히 하려 하므로 끈질긴 생명력을 가지고 있다. 이는 남편이 걱정 없이 사회생활을 할 수 있도록 아이들을 보살피면서 가정의 바탕이 되고자 하는 아내의 한결같은 마음과 같고, 자식의 장래를 위해 묵묵히 파출부 일, 길가 광주리장사 일도 마다하지 않는 일편단심 어머니의 마음과 같으며, '나는 한 사람을 돌보고자 했다. 내가 만일 여러 사람을 돌보고자 한 사람을 놓쳤다면 42,000명 모두를 잃었을 것이다' 라고 말하는 테레사 수녀의 마음과 같다.
乙木은 春分까지 가득 채운 甲木의 성장을 바탕으로 생명력을 확장해서 여름에 광합성을 도우려는 기운이고, 立夏에서 결실의 기운에 생명력을 넣어주며, 결실의 기운(과일 등)이 잘 성장해서 그 '씨' 가 내년에 甲木으로 다시 태어날 수 있도록 생명력을 도움으로써 만반의 준비를 하는 기운이다.

甲木은 성장력이므로 가을의 숙살 기운인 庚金과는 상극 관계다. 성장력을 억제하는 것이 숙살지기이므로 庚金이 甲木을 억제하는 것이 원칙이지만, 甲木의 강하기에 따라 庚金의 억제 여부가 달라질 수도 있다. 모든 오행의 성질은 각각의 특성이 있어 균형을 향해 흐르는 이치가 다를 뿐 본래는 이기고 지는 것이 없기 때문이다.

> **참고** 여기서 '수렴(收斂)'이라는 말은 '거두어들여 정리해서 저장하다'
> 라는 뜻이고, '숙살지기(肅殺之氣)'란 '외부로 발설하는 기운을 안으로 수
> 렴하여 저장하는 기운'을 말하는 것으로 甲木의 기운인 성장력이나 생동력
> 의 반대개념이다.

乙木은 적극적인 성장력이 아니라 소극적인 확장력이고, 소극적으로 '결실의 기운'에 생명력을 품게 하는 기운이므로 庚金의 기운인 숙살지기의 상대되는 개념이 아니다. 오히려 관장시기가 같을 만큼 밀접한 관련이 있다. 같은 음 오행인 辛金의 소극적인 응축의 기운이 乙木을 억제할 수 있는 상대 개념이다. 이는 마치 乙木의 남편은 庚金인데 누이동생인 辛金이 시누이 노릇을 하는 것과 같다. 그러나 시집살이를 하고 안 하고는 乙木의 입장에 따라 다를 수 있음은 甲木의 경우와 같다.

> **참고** 乙木의 남편을 庚金이라 예를 든 이유는 乙木이 巳월 立夏에서 결
> 실의 기운이 생길 때부터 秋分에서 경작이 이루어질 때까지 관장시기를 같
> 이 하면서 생명력을 돕기 때문이다.

이 밖에도 甲乙木의 성질을 좀 더 보면, 甲木은 '시험에 합격하려면 밤샘을 할 정도로 미쳐야 돼!'라고 말을 하지만, 乙木은 '잠을 충분히 자고 컨디

선을 조절하면서 맑은 정신으로 빈틈없이 해야 돼!' 라고 말을 하고, 甲木은 '상대의 마음을 잡으려면 상대가 나에게 관심을 가질 수 있는 무언가를 만들어야 돼!' 라고 말을 하지만, 乙木은 '스펀지에 물 차듯이 상대에게 부담 주지 않으면서 접근할 수 있는 방법을 찾아야 돼!' 라고 말한다.

甲乙은 오행 중 木이므로 같은 木 성질을 가지고 있다는 공통점은 있으나, 나아가려 하고 솟으려 하는 적극적인 양목과 부드럽지만 끈질기고 빈틈없는 소극적인 음목은 각각의 특성이 있을 뿐 장단점을 지적할 문제는 아니다. 다만 상황에 따라 적합할 수 있고, 적합하지 않을 수 있기 때문에 이에 대한 적절한 조화를 이루려면 甲乙木의 특성을 잘 이해하여야 한다.

이 밖에도 甲木은 적극적인 성장력을 의미하므로 수분과 영양 공급을 충분히 해 줄 수 있는 己土를 반가워하고, 적극적인 개화의 기운인 丙火는 甲木의 기운을 설기시키는 것이 강하므로 병화 스스로도 지나칠 수 있어 꺼리되 숙살을 돕는 소극적인 丁火를 좋아하며, 내년에 甲木으로 태어날 씨 辛金은 좋아하되 상대되는 庚金은 꺼리고, '생명력의 잉태'를 준비하는 壬水보다는 '생명력의 탄생'을 준비하는 癸水를 반가워한다.

> **참고** 甲木의 生을 받은 丙火가 지나칠 수 있다 함은 양목의 생을 받은 양화의 火氣가 치열해져 지나칠 수 있음을 말한다. '치열'해진다는 말 자체가 지나치다는 의미가 있는 말이기는 하지만 만일 '음기'가 강한 명조(命造= 命式=四柱)의 경우에는 오히려 큰 도움이 될 수 있음을 참고한다. 그래서 명리는 균형을 전제로 존재하고, 균형은 곧 '안정과 조화'를 말한다.

이에 대해 乙木은 뿌리에 물을 품고 광합성을 돕는 음목으로서 소극적인 확장력을 의미하므로 꽃을 피워 결실의 기운을 생기게 하는 丙火는 좋아하되 숙살을 돕는 丁火는 꺼리고, 결실의 기운에 생명력을 도우므로 庚金은 반가워하되 응축의 기운이자 상대되는 辛金은 꺼리며, 발영의 기운을 필요로 하는 탄생의 기운 癸水보다는 밝음의 기운을 필요로 하는 잉태의 기운 壬水를 좋아한다.

【2】丙丁 火

丙火는 양화(陽火)고, 丁火는 음화(陰火)다. 火의 물상적인 형체는 '불'이다. 따라서 '불'로써 맹렬함, 팽창 등을 표현하고자 하는 것이 일반적이다. 그러나 火가 대표적으로 상징하는 것은 '피우고자 하는 기운', 즉 '개화(開花)하여 만발하고자 하는 기운'과 초가을 따가운 햇볕에 의해 벼가 고개를 숙이고 과실이 영글어 가듯 '익히고자 하는 기운'이다.

꽃이 만발할수록 꽃 속에서 결실의 기운이 숙성해 가는 것이나, 하지 이후 결실이 익어가는 것, 물상적으로 실제의 불이 음식을 익어 가게 하는 것 그리고 첫눈에 반하는 것은 木이지만, 이것이 사랑으로 꽃 피우는 것은 이러한 火의 피우고자 하는 기운과 익히고자 하는 기운 때문이다.

火는 정열이고, 밝음이며, 열기이고, 젊음이다. 그래서 한편 쟁취하려는 마음과 모든 것을 활짝 피우고자 하는 마음을 가지고 있다. 火의 마음은 분명하고 확실하므로 추상적이거나 애매모호한 것을 싫어한다. 이러한 특성으로 인해 눈앞에 보이는 것을 믿으려 하므로 융통성이 부족하게 되고, 현실을 직시하고자 하므로 앞을 내다보기 어렵다는 단점도 있다.

丙火는 발영을 하거나 피어나는 기운이고, 丁火는 밝음의 빛이다. 따라서 촛불이나 모닥불 자체는 丙火고, 이 불들이 상징하는 의미와 밝음은 丁

火다. 같은 이치로 아궁이의 장작불은 丙火, 솥 안에서 끓고 있는 열기는 丁火, 다 타고 남은 불씨로 뜸을 들이는 것도 丁火다. 개화는 丙火지만 꽃 자체에서 풍기는 아름다움은 丁火고, 개발이나 발전은 병화지만 이를 바탕으로 이루어진 문명은 정화다.

학교를 세우는 것은 丙火다. 그러나 이를 바탕으로 꽃을 피우는 교육은 정화다. 학원 공부나 집에서 독학하는 것은 피우려는 기운이므로 적극적인 의미로서의 丙火고, 학교 공부는 익어가게 하는 기운이므로 소극적으로 응한다는 의미에서의 丁火다. 그러나 공부 자체는 목표를 두고 있으므로 전자는 甲木이고, 후자는 乙木이다.

사랑을 고백하는 것은 丙火지만 그 고백을 받아들이는 사랑은 丁火다. 고아원이나 양로원을 세우는 것, 아이를 입양해 친자식처럼 키우는 것은 丙火의 마음이지만, 노인과 고아에 대한 봉사활동이나 아프리카 등 어려운 환경에 처한 곳을 찾아가 기아에 허덕이는 아이들을 돕는 것은 丁火의 마음이다.

대기업에서 대학에 장학금을 희사하는 것은 丙火의 기운이지만, 허드렛일을 해서 모은 돈 수백억을 대학 등에 희사하면서 자신의 이름조차 밝히기를 꺼려 하는 어느 독지가 할머니의 마음은 丁火의 마음이다.

아빠가 적극적으로 경제활동을 하는 것은 丙火의 마음이지만, 아빠가 벌어온 소득으로 가정을 위해 소비하는 엄마의 마음은 丁火의 마음이다. 개발 생산 등을 통한 공급은 丙火의 기운이고, 풍요를 지향하는 수요는 丁火의 기운이다. 같은 이치로 건물을 짓는 것은 丙火, 인테리어는 丁火다. 옳고 그름을 분명히 구별하고자 하는 마음은 丙火고, 좀 더 상대 입장에서 생각해 보고 균형을 맞추려는 마음은 丁火다. 굴복을 시켜 내 편으로 만들고자 하는 것은 丙火지만, 설득을 해서 협조자로 만들고자 하는 것은 丁火다.

丙火는 피어나는 기운이자 개화하는 기운이므로 꽃 속에 결실의 씨를 품는다. 그래서 숙살의 기운인 庚金은 억제하지만, 내년에 갑목으로 태어날 씨를 처음으로 응축시키는 기운인 辛金은 반가워한다. 庚金은 음기면서 숙살지기이므로 얼핏 庚金이 丙火를 억제할 수 있는 것으로 생각할 수 있으나, 庚금은 甲木의 기운인 성장력의 상대개념일 뿐 적극적인 팽창의 기운인 丙火를 감당하기는 어렵다.

숙살의 기운과 응축의 기운의 도움을 받아 적극적으로 잉태를 향해 전진하는 壬水가 피어나게 하는 기운인 丙火를 억제할 수 있는 상대개념이므로 꺼리고, 발영의 기운을 얻어 甲木으로 태어날 癸水를 좋아한다. 丙火는 개화하는 기운 속에 '결실의 씨'를 품으므로 이를 감싸고 보듬는 己土는 좋아하지만, 火氣를 도우므로(癸水에 대한 발영의 기운 등) 설기(泄氣)가 순조롭지 않은 戊土는 꺼린다.

> **참고** 여기서의 '설기'란 '氣가 샌다'는 뜻으로 丙火의 맹렬한 기운이 火生土로 土에 전달이 됨을 말한다. 己土는 습토이므로 火氣의 흡수가 좋아 '通氣'에 유리하나, 戊土는 양화와 양토 관계이므로 '통기'가 순조롭지 않음을 의미한다. 하지만 오행은 각각의 특성이 있으므로 언제나 그런 것은 아니다.

이에 대해 丁火는 결실을 익어가게 함으로써 숙살을 도우므로 庚金을 좋아하고, 辛金은 응축을 함으로써 水氣를 도우므로 꺼리며, 火氣를 돕는 戊土는 좋아하되 설기가 심한 己土는 싫어하고, 잉태의 기운이자 관장시기가 같은 壬水는 반가워하되 탄생의 기운 癸水는 익어가기와는 반대이므로 꺼린다. 또한 생동력의 기운이면서 水氣를 흡수하는 甲목의 도움은 간절하지만, 물을 머금고 확장력으로 광합성을 돕는 乙목의 도움은 기다리지 않는다.

참고 丁火가 辛金을 꺼린다 함은 秋分 전 庚金과 乙木의 관장시기에서는 木火의 기운이 함께 익어가기와 영글기를 도왔지만, 이후 辛金의 소극적인 응축이 시작되면 수축의 기운인 金水의 기운이 강해지면서 丁火의 힘이 많이 소비되기 때문이고, 癸水를 꺼리는 이유는 丑月의 숙성기는 丁火의 관장시기인 未月의 익어가기와 반대개념이기 때문이다.

【3】戊己 土

戊土는 양토고 己土는 음토다. 물상적으로 土의 형체는 흙으로 나타내지만 흙뿐 아니라 대기권 안의 모든 성분이 5行으로 이루어져 있으므로 '양토, 음토의 작용력'이 바탕이 되어 태양에너지와 균형을 이룬 모습으로 순환을 이룬다. 그래서 눈에 보이는 동식물 뿐 아니라 계절의 변화와 같은 현상의 모든 변화 역시 土의 덩어리 안에 있다 하고 이를 체용변화의 원리로 설명하는 것이다.

이는 나무가 癸水를 흡수하면 癸水가 사라진 듯이 보이지만 사라지지 않은 것과 같고, 기세로 보면 언제나 존재해 있을 것 같은 강력한 태풍도 하나의 氣 흐름의 변화일 뿐 사실상 존재하지 않는 것과 같으며, 결실이 자라 영글어 경작을 끝내면 모두가 사라진 듯이 보이지만 씨를 남김으로써 완전한 소멸이 아닌 것과 같고, 인간 개인이 '나'라는 이름으로 정해져 있는 듯이 보이지만 단 한 시도 자아를 유지하지 못하고 변화를 계속 보이는 것과 같다.

봄·여름·가을·겨울 사계절은 木·火·金·水 4행의 기운이 변화를 보이는 모습이다. 그러나 그 배경에는 환절기라는 이름으로 인식되고 있는 그에 적절한 土의 작용력이 바탕에 깔려있으면서 한 몸을 이룬다. 환절기는 이 계절에서 다음 계절로 바뀔 때의 산고(産苦)를 대지의 작용력이 중재를 함

190

으로써 순조로이 넘어가게 하는 시기다.

土의 마음은 중화의 마음이다. 그래서 불같은 丙火와 밖의 기운을 안으로 쌓아 저장하려는 庚金 사이에서 중재를 하는 것은 己土고, 오로지 甲木을 생 하기 위해 단단해지려는 辛金과 예리함으로 이를 쏘아보는 丁火 사이에서 중재를 하는 것은 戊土다. 戊土는 농토를 만들고 집 지을 자리를 위해 땅을 개간하는 마음이지만, 己土는 개간된 땅에서 온갖 곡식과 채소를 심어 생산하려는 마음이다.

戊土는 경거망동을 하지 않고 참을성도 강해 다툼을 중재하면서 새로운 생명력을 창조할 수 있는 능력을 가지고 있다. 하지만 이것이 균형을 잃으면 집념과 집착이 강하게 나타나면서 고집이 세거나 속마음을 알 수 없는 음흉한 사람 소리를 듣게 되고 시원스럽지 못하고 어물쩍 넘어가므로 소신이 없어 믿을 수 없는 사람이 될 수 있다.

己土는 夏至에서의 맹렬한 丙火 속에서도 결실의 씨를 품고 가을로 전환을 시키는 土다. 따라서 己土는 구체적인 토질로서 기름진 땅 혹은 문전옥답과 같은 이미지를 가지고 모든 생명을 포용력으로 감싸주며 항상 상대방을 배려하고자 한다. 그러나 己土가 균형을 잃으면 오히려 속이 좁고 자기만 아는 이기주의가 눈빛에 가득하고 겉으로는 부드러우면서 속으로는 정이 메말라 옹졸한 모습을 보이기도 한다.

己土는 기름진 땅이므로 끝없이 성장하려는 생명력인 甲木을 가장 좋아하고, 습한 땅으로서 丙화의 피어나는 기운을 흡수해 생명의 씨인 金氣를 키워내므로 물을 품고 태양을 가리는 乙木은 싫어한다. 반면에 戊土는 솟으려 하거나 질주를 하려는 甲木을 꺼려 하고, 영양분을 가득 품고 庚金에 생명력을 공급하는 乙木은 좋아한다.

적극적으로 행동을 보임으로써 세상사는 법을 가르치려는 아빠의 마음은 戊土의 마음이고, 자식을 품에 안아 사랑으로 키우려는 엄마의 마음은 己土의 마음이다. 己土는 마치 중용의 이치를 실현하려는 교육기관과 같다. 학교를 세우는 것은 丙火, 교육은 丁火지만, 선생님의 '가르침'은 戊土, 학생들의 가슴에 새겨지는 '우리 선생님'은 己土다. '가르침'은 적극적인 변화를 를 주도하는 양토적인 작용력이고, '선생님'은 가슴에 남는 존경의 마음으로 표본이 되는 음토적인 작용력이기 때문이다.

생각은 동적(動的)인 작용력이므로 양토인 戊土, 마음은 정적(靜的)인 작용력이므로 음토인 己土고, 이성(理性)은 판단에 의한 적극적인 작용력으로 戊土, 감성(感性)은 감정에 의한 소극적인 작용력이므로 己土다. 위로하고 격려하고 적극적으로 응원하는 마음은 戊土, 묵묵히 끝까지 들어주면서 상대의 마음을 편하게 해주는 마음은 己土다.

용광로를 지피고 있는 불은 丙火, 용광로 안에서 끓고 있는 쇳물은 丁火이듯이 피어나는 사랑은 丙火, 간직하고 있는 사랑은 丁火다. 그러나 결혼해서 가정을 꾸리는 것은 戊土, 이에 바탕을 이루는 내 여자 내 아내는 己土, 가정을 대표하는 남편은 甲木이다.

> **참고** 戊土인 가정 안에서의 남편은 甲木으로, 아내와 자식은 乙木으로
> 볼 수도 있다. 이는 같은 생명력으로서의 음양의 균형인 木으로 보는 경우
> 이다. 오행은 같은 것이라 해도 상대적인 역할에 따라 다르게 볼 수 있음을
> 참고한다.

국가는 적극적인 작용력의 덩어리이므로 戊土, 국민은 결실을 품고자 하는 작용력이므로 己土고, 대통령은 목적을 주도하고자 하므로 甲木, 장관은 목적을 보좌하므로 乙木이다. 투표는 적극적인 작용력이므로 戊土, 촛

불시위는 소극적으로 마음을 드러내고자 하는 작용력이므로 己土다. 국민을 대변하는 국회의원은 적극적으로 국민을 대표해 공무원을 감시하므로 戊土, 공무원은 국민을 위해 작용력(결실)을 펼치고자 하므로 己土다.

여기서 무토와 기토가 균형을 잃으면 국민의 뜻에 맞지 않는 작용력이 발생하므로 국가발전에 역행하는 기형적인 오행을 낳게 된다.

【4】庚辛 金

庚금은 양금, 辛금은 음금이다. 물상적인 金의 형체는 바위나 쇠 그리고 이들로 구성되어 있는 山을 말한다. 金은 강건함이 상징이요 수렴해서 단단하게 하고자 하는 기운이 특징이다. 그래서 金이 대표적으로 상징하는 것이 '숙살지기'와 '응축의 기운'이다.

양금(陽金)은 수축의 변형인 숙살의 기운으로 끝없이 수렴과 저장을 함으로써 결실을 영글게 하려는 기운이고, 음금(陰金)은 추분 이후 음기에 의한 소극적인 응축을 시작함으로써 경작 후 남은 씨를 보다 견고하게 하는 기운이다. 그래서 金은 가을을 의미하고 결실을 의미하며 자식을 의미한다.

金氣는 火氣와도 상극 관계고 木氣와도 상극 관계다. 그러나 상극(相剋)의 개념이 전혀 다르다. 金氣는 수렴을 하거나 응축을 하려는 기운이므로 피어나게 하거나 익어가게 하는 기운인 팽창력을 감당하기에는 역부족이지만, 성장력이나 확장력은 상대적인 개념이므로 감당이 가능하다. 즉, 숙살(庚金)의 상대 개념은 성장(甲木)과 피어나는 기운(丙火)이고, 응축(辛)의 상대 개념은 확장(乙木)과 밝음(丁火)이다.

그래서 庚金은 丙火의 억제를 받고 甲木을 억제하지만 생명력을 공급하는 乙木과 癸水, 숙살을 돕는 丁火를 좋아하고, 辛金은 丁火의 억제를 받고

乙木을 억제하지만 발영의 기운을 주는 丙火, 품 안에 품고 가는 壬水와 甲木을 좋아한다.

　庚金은 결실을 의미하므로 장년기의 마음이다. 왠지 중후하고 무게가 있어 보이며 믿음직한 느낌을 준다. 그러나 수렴과 저장을 상징하므로 자신을 지키면서 상대를 관조하고자 한다. 이는 양인 긍정적인 성향보다는 음인 부정적인 성향이다. 단단하므로 의리가 있고, 칠전팔기의 마음으로 마음먹은 것은 끝을 내려는 성향이 강하지만 이는 곧 사심이 없어 속기도 잘하고, 순수하고 고지식하다는 것을 의미하기도 한다. 이와 같은 성품으로 인해 한편 대쪽 같은 성향이 있어 배반 없이 평생 충성할 수 있는 성품을 지니고 있는 것이 庚金의 마음이다.

　그러나 庚金이 지나치면 주장을 굽히지 않아 결합과 제휴가 어려운 고집불통이 될 수 있고, 이것이 혹 심하면 끝을 보려는 마음으로 표출될 수도 있는 반면, 반대로 많이 허약하면 경금은 결실을 향한 숙살지기이므로 마음에 차지 않으면 조바심이 앞을 가려 속내를 감추기 어렵다. 이는 대인관계에서의 신뢰문제 뿐 아니라 가족관계에서조차도 늘 걱정을 끼치는 사람이 될 수 있는 원인이 되기도 한다.

　건설은 丙火요 문명은 丁火였다. 그러나 회사 및 단체는 庚金이고, 사업은 水며, 사업의 목적은 木으로 응용된다. 나라는 戊土, 국민은 己土, 대통령은 甲木, 장관은 乙木, 정부는 조직이므로 庚금이다. 정부(金)는 국민과의 결속(壬癸水, 잉태 및 탄생의 기운)을 굳건히 하여야 가능성과 희망이라는 나무(木)를 키우게 되고 번영이라는 꽃을 피우게 된다(金生水 水生木 木生火).

　辛金은 냉혹한 맛을 풍기는 결정체다. 따라서 직업은 군·검·경 계통이 잘 어울린다. 본연의 의미대로라면 경찰과 검찰은 수사를 해서 범인을 색출(숙살), 범죄 없는 사회(甲乙木)를 만들고자 하므로 庚金과 辛金, 판사는 이를 확정하고 형기를 마친 후 새 삶(갑목)을 살 수 있도록 하므로 戊土, 변호사는 밝음을 찾아주고자 하므로 丁火다. 그러나 이 역시 상호 균형을 지키지 못하면 부작용으로 이어지는 것은 다른 오행과 같다.

辛金은 스스로가 예리하고 야물기 때문에 준비성이 강한 사람보다는 져줄 줄 아는 사람이나 자신이 들어가 앉아 있을 빈틈이 있는 사람을 좋아한다. 그래서 뒤끝 없이 화통한 丙火를 좋아한다. 辛金은 내년에 甲목의 탄생을 위한 최초의 소극적인 응축의 기운이므로 목적을 위해 야물게 준비하려는 마음이 있다. 견고성을 더 하려는 성향으로 인해 예술을 사랑하고, 작품성을 지향한다. 이러한 성향은 익어가게 하는 기운으로 숙살을 돕고 문명을 상징하는 丁火와 흡사한 점이 있어 보이지만 예술과 작품은 丁火다.

辛金의 이러한 특성은 툭툭 털어버리는 것이 없으므로 약해지면 우울증에 걸리기 쉬우며 그래서 결심을 하면 꼭 성취하려는 집착을 갖기 때문에, 칭찬이 습관화 되어 있고 비위를 잘 맞추는 사람에게는 쉽게 무너지는 단점이 있다.

【5】 壬癸 水

壬水는 생명력의 잉태를 준비하는 기운이고, 癸水는 탄생을 준비하는 기운이다. 물로의 응용도 필요한 경우가 있지만 壬癸水가 가지고 있는 변화이치에 대한 진정한 의미를 이해하는 것이 더욱 중요하다.

夏至에서 冬至까지는 辛金, 씨가 응축되어 가는 과정에 비례해 적극적으로 잉태를 향해 전진하므로 양수인 壬水의 기운이고, 冬至에서 立春까지는 생명력에 필수적인 응축의 극대화를 거친 씨, 辛金의 품 안에서 소극적으로 생명의 탄생을 준비하거나, 辰月~巳月(입하 전) 개화(開花)와 결실의 기운을 준비하므로 음수인 癸水의 기운이다.

물상적으로 金生水의 원리에 의해 庚金인 山에 가까울수록 癸水에 가깝고, 산으로부터는 멀리 바다에 가까울수록 壬水에 가깝다. 그래서 산에 가까울수록 음용수에 가깝고 멀수록 경작을 위한 농업용수에 가깝다. 바닷물은 음용수나 농업용수로 쓸 수 없음에도 壬水로 볼 수 있는 이유는 소금은 金, 물은 水이기 때문이다. 현실적으로 구름을 형성해 비를 만들고 이 비가다시 壬癸水로 쓰인다는 것을 생각해보면 역시 잉태를 준비하는 씨 壬水로봄이 타당하다.

> 참고 癸水는 탄생의 기운이므로 음용수고, 壬水는 잉태의 기운이므로 농업용수이다. 하지만 식물 입장에서 보면 음용수이므로 癸水이다. 立春 이후의 물이 癸水였다는 점을 기억하자.

壬水는 적극적인 잉태의 기운이므로 밝음의 기운인 丁火를 좋아하고 戊土의 억제를 받으며, 피어나는 기운인 丙火를 억제한다. 癸水는 탄생의 기운이므로 발영의 기운을 주는 丙火와 戊土는 좋아하지만 익어가게 하는 기운인 丁火는 억제하고 음토적인 작용력인 己土에게는 억제를 받는다.

물은 순리에 따라 흐르고 수직 관념이 있으므로 법과 질서고 도덕성이다. 목표를 위해 계획을 잡아 노력하는 지혜는 壬水, 제갈공명의 지혜는 癸水다. 준비하는 지혜는 壬水, 극복하는 지혜는 癸水다. 물은 부지런하고 청결하면서 응집력 또한 강하며 활발한 사고력과 냉정하게 파고드는 특징, 자신의 이익보다 공동체의 결속에 만족을 느끼는 특성 등이 있으므로 노동쟁의와 같은 조직을 이끌어 가는 수장이나 참모, 카운슬러 등이 제격이다. 노동조합을 만드는 것은 壬水, 노동쟁의는 癸水다. 사고방식이 자유자재하고 개방적이며 한 곳에 집착하지 않으므로 소설을 쓰는 것은 壬水, 시를 쓰는 것은 癸水다.

그러나 물은 지혜이므로 균형을 잃은 지혜는 권모술수(權謀術數)로 남을 기만하는 지혜가 될 수 있고, 이러한 성향이 편고 되면 잔꾀가 발달하여 풍파를 일으키는, 버릴 수도 키울 수도 없는 자식만도 못한 남편 같은 사람이 될 수 있으며, 지나치면 집착으로 끈질기게 따라다니면서 남을 힘들게 하는 스토커와 같은 사람이 될 수 있다. 물은 순리에 따라 흐르므로 폭넓은 사고력을 가지고 있으며, 지혜를 겸비하고 도량도 넓은 것이 원칙이지만, 과부족이 지나치면 독선으로 흐르고, 약하면 질질 끌려 다닐 뿐 아니라 이중성격을 가진 사람으로 오해를 받기 쉽다.

제4장. 12개 땅의 모습

【1】 서언

상기한 바와 같이 오행은 양 오행과 음 오행이 있을 뿐 천간오행이 따로 있고, 지지오행이 따로 있는 것이 아니다. 지구의 다양한 계절변화를 나타내는 12달 12지지는, 양인 태양의 기운이 자전과 공전 중인 지구의 위치 등 상태여건에 따라 그에 맞추어 변해가는 모습을 마디 별로 절기라는 이름을 지어 분류해 놓은 것이다.

사계절은 계절이 시작되는 첫 달과 정점을 지나 끝나가는 둘째 달 그리고 환절기인 셋째 달로 이루어져 있다. 봄 여름의 體는 양이고, 가을 겨울의 體는 음이다. 그러나 사계절 모두가 用으로 변화를 보이는 것은 다르다. 體에 관계없이 用으로 보면 첫 달인 寅巳申亥는 양으로 보고, 둘째 달인 子午卯酉는 음으로 보며, 셋째 달인 환절기 辰未戌丑은 대지의 작용력으로서 그 역할에 따라 음토적인 작용력과 양토적인 작용력으로 나뉜다.

【2】12개의 땅

12지지는 아래의 표와 같고 각 지지는 절기에 맞추어 아래에서 설명하는 지장간으로 표현된다. 따라서 지지를 알려면 각각의 지장간을 숙지하여야 하고 이를 12지지가 속해 있는 계절의 변화에 응용할 수 있어야 한다.

> 참고 앞에서 설명했던 '月과 절기 도표'가 숙지되어야 이론 전개가 수월
> 하다.

〈표 1〉

子	丑	寅	卯	辰	巳	午	未	申	酉	戌	亥
자	축	인	묘	진	사	오	미	신	유	술	해

극음이면서 잉태의 기운인 子로부터 시작되는 땅의 모습이고 이것이 12지지를 표현하는 대표적인 모습이다. 丑辰未戌 4환절기를 비롯해 전체가 양음양음 순으로 고르게 배열된 體의 모습이다. 관습에 따라 달은 음력을 많이 사용하기는 하지만 절기는 오히려 양력을 기준으로 봄이 정확도에 가깝다. 양력으로 하면 12월(子), 1월(丑), 2월(寅) 순이 될 것이다.

〈표 2〉

양 :	子	寅	辰	午	申	戌
음 :	丑	卯	巳	未	酉	亥

양 :	子	寅	午	申	辰	戌
음 :	亥	卯	巳	酉	丑	未

앞의 '표1'을 體의 모습 그대로 양음 순으로 분류한 것으로 아래 표는 4 환절기를 구별한 모습이다.

〈표 3〉

봄	여름	가을	겨울
寅 卯 辰	巳 午 未	申 酉 戌	亥 子 丑

	봄	여름	가을	겨울
양	寅	巳	申	亥
음	卯	午	酉	子
환절기	辰(양)	未(음)	戌(양)	丑(음)

위의 표는 입춘으로부터 3개월씩 계절별로 분류된 用의 모습이지만 體로 보면 '寅~丑'까지 양음양음 순으로 이어져 있다. 그러나 아래의 표는 계절을 분리한 用의 모습으로 계절별 작용력에 의해 계절 중심으로 음양이 변화된 모습이다. 계절을 여는 첫 달은 모두 양이고, 둘째 달 극성지는 음이며, 셋째 달 환절기는 양음양음 순이다.

【3】 지장간(支藏干)

1. 지장간의 의의

'지장간'이라 함은 말 그대로 '12지지가 품고 있는 천간'이다. 이는 '12 개의 땅의 모습 안에서 생명력으로 존재하고 있는 10개의 하늘 모습'이다. 지지는 지구의 환경 조건이고, 지장간은 그 조건에 맞추어 균형을 이루면 서 오행의 모습으로 변화를 보이는 생명력 즉, 10오행으로서의 천간이다. 지장간은 지지가 순차적으로 자전과 공전을 함에 따라 생 변 멸이라는 변 화의 모습으로 나타나는 천간으로, 이는 12지지와 각각 균형을 이룬 범위 안에서만 존재하는 생명력이다.

하늘은 땅에 뿌리를 내리고 땅은 하늘에 그 기운을 드러냄으로써 하나를 이룬다. 10개의 하늘 모습은 천원(天元), 12개의 땅의 모습은 지원(地元) 그 리고 지장간을 인원(人元)이라 하여 이 셋을 天地人 삼재(三才)라 한다.

> 참고 천간과 지지 그리고 지장간의 관계를 잠시 보면, 천간은 아빠, 지지 는 엄마, 지장간은 자식이라 할 수 있다. 즉, 천간과 지지인 아빠와 엄마의 사랑에 따라 엄마의 품에서 자식의 변화가 균형을 이룬다는 뜻이다. 아빠는 처자식이 바탕이 되어 변화를 하는 것과 같고, 처자식은 아빠의 변화에 따 라 함께 균형을 이루는 것과 같다.
> 여기서 천간인 아빠의 변화는 가정을 대표하는 변화이므로 밖에서도 알 수 있지만, 자식인 지장간의 변화는 밖에서는 잘 보이지 않는 변화이다. 하지 만 남이 모른다 해서 가벼운 것이 아니다. 자식의 일이 중요하듯이 본인의 체감에는 매우 중요하게 작용한다. 같은 천간이지만 천간과 지장간으로 구 별되는 차이를 이해해야 명리학으로서의 3才를 이해하는 데 도움이 될 수 있고, 사주 간명 시에도 천간과 지장간의 변화를 보다 깊이 있게 해석할 수

있다. 또한 지장간은 계절 따라 흐르는 생명력의 절묘한 변화를 설명하고 있는 것이기 때문에 '양 오행 음 오행의 관장시기'를 설명할 수 있을 만큼 반드시 숙지해야 한다.

2. 지장간의 구성
1) 여기(餘氣), 중기(中氣), 정기(正氣)

子	丑	寅	卯	辰	巳	午	未	申	酉	戌	亥	
壬	癸	戊	甲	乙	戊	丙	丁	戊	庚	辛	戊	―여기
	辛	丙		癸	庚	己	乙	壬		丁	甲	―중기
癸	己	甲	乙	戊	丙	丁	己	庚	辛	戊	壬	―정기

지장간은 위의 표에서와 같이 여기(餘氣), 중기(中氣), 정기(正氣)로 분류를 하기도 하는데 이는 1개월 30일을 셋 또는 둘로 나누어 오행의 흐름을 이해하고자 하는 것이다.

餘氣는 전 月의 기운이 아직 남아 그 흔적을 보여주는 것이고, 中氣는 여기와 정기의 중간 氣로서 정기를 도와 정기가 본기(本氣)로서의 生을 이룰 수 있도록 돕는 氣이며, 正氣는 그 달의 본기를 말한다. 正氣는 다음 달의 여기가 됨으로써 달 흐름의 연속성을 보여준다. 지장간의 여기 중기 정기는 각각 한 달 30일 중에서 순차적으로 관장하는 日數가 있다는 주장이 있는바 아래와 같이 첫째, 둘째, 셋째 달 순으로 참고한다.

'장생지'란 '生을 품고 있는 지지'라는 뜻으로 자기 계절의 오행이 시작되어 생장(生長)함과 동시에 다음 계절의 오행 또한 함께 시작되는 지지이다.

그 특징을 보면, 첫째, '여기(餘氣)'는 반드시 양토적인 작용력인 戊土라는 것, 둘째, '중기(中氣)'는 본기의 성장에 도움을 주면서 함께 조화를 이룸과 동시에 다음 계절의 바탕을 준비하는 오행이라는 것, 셋째, '여기'와 '중기'의 조화력에 의해 '정기(正氣)'인 본기가 왕지인 극성에 이를 수 있도록 상호 작용을 하고 있다는 것이다.

따라서 '장생지'란 戊土인 양토적인 작용력의 품 안에서 中氣와 균형을 이루어 正氣가 극성을 향해 성장하는 지지이며, 이때 中氣의 역할이 시작되어야 이 시작을 바탕으로 다음 계절에서는 이 中氣가 本氣로서의 역할이 시작될 수 있다는 인과관계를 품고 있는 지지다.

'장생지'는 자기 계절의 시작이므로 본기에 대한 생장의 의미를 가지고 있지만 동시에 다음 계절까지 준비를 하고 있기 때문에 대지의 안에서는 생명력이 피어나는 심오한 변화가 일고 있음을 의미하는 지지다. 따라서 '장생지'는 그 해석을 함에 있어 이사, 승진, 여행 등 일상생활에서의 변화와 밀접한 관계를 이루고 있다.

> **참고** 장생지, 왕지, 작용지는 각각 구조적인 특징을 가지고 있다. 그 이유는 물론 사계절로 변화를 보이는 오행 흐름의 변화가 '법칙성'의 범위 안에 있기 때문이다. 따라서 먼저 구조적인 특징을 확인하고 왜 이러한 구조로 이루어졌는지에 대한 내용을 이해해야 지장간의 모든 것을 이해할 수 있다. 지장간의 흐름은 곧 생명력의 변화이자 계절 변화의 흐름이고, 계절이 변화하는 어느 한 시점에서 인간은 태어났으므로 지장간의 흐름을 이해하고 있는 정도에 따라 명리를 얼마나 이해하고 있는가를 가늠할 수도 있다. 달과 절기표시 원도표 참조.

❷ 왕지

子	卯	午	酉
壬	甲	丙	庚
		己	
癸	乙	丁	辛

'왕지'는 자기 계절 중 두 번째 달이자 해당 오행이 가장 왕(旺) 한 지지다.

그 특징을 보면, 첫째, 장생지의 정기인 양 오행이 성장을 끝낸 시점에서 확장기(성숙기)로 전환되는 '음기가 강한 지지' 라는 것, 둘째, 양 오행의 생장을 바탕으로 확장을 극대화함으로써 자기 계절의 오행이 음양으로 극성을 이룬다는 것, 셋째, 극성을 이룬 정점에서 자기 오행의 성장을 멈추고 다음 계절로의 변화를 준비한다는 것 등이다.

따라서 '왕지'는 자기 계절의 양 오행, 음 오행이 극성을 이룸과 동시에 성장을 멈추어 다음 계절로의 변화를 준비하므로 다른 지지와는 다르게 자기 오행만을 가지고 있다는 특징을 가지고 있다. 여기서 '다음 계절로의 변화를 준비한다' 함은 다음 지지인 '작용지'가 환절기로서 계절을 바꿀 수 있도록 준비하는 것을 말하지만, '정점에서 성장을 멈춘다' 함은 상대되는 정점(春分과 秋分, 夏至와 冬至)의 오행이 처음으로 시작된다는 의미가 함께 있다.

> **참고** 寅月(입춘~경칩) 중, 立春~雨水까지는 생명이 탄생되어 하늘과 하나가 되는 시기이고, 雨水~驚蟄까지는 성장 시기이다. 그리고 卯月(경칩~청명)은 驚蟄~春分까지 寅月의 성장을 바탕으로 '잎눈'이 틔어 잎이 자랄 수 있는 바탕이 마련되는 시기이고, 春分~淸明까지는 木 기운의 성장을 끝내고 작용지인 환절기를 준비하는 시기이다.

보름밖에 되지 않는 날짜 수로 너무 짧지 않은가 라는 생각이 들 수도 있다. 그러나 여기서 설명하고 있는 것은 계절 변화에 따른 오행의 생명력의 변화임을 주목해야 한다. 따라서 큰 나무 한 그루나 배추 한 포기 등 물상적인 오행으로 인한 선입견을 주의함과 동시에, 이 물상적인 오행 또한 같은 이치에 의해 생, 변, 멸을 하고 있다는 것도 이해해야 한다.

다른 왕지는 모두 자기 오행만 가지고 있지만 午만 己土가 하나 더 있다. 상기한 바와 같이 극 관계인 여름(火)에서 가을(金)로 전환을 시킬 때 己土가 어떠한 역할을 하는 지를 상징적으로 보여주는 부분이다. 왕지는 자기 계절의 극성지이기 때문에 해석을 함에 있어 강렬하고 예리하며 분명하다는 특징을 가지고 있다.

❸ 작용지

辰	未	戌	丑
乙	丁	辛	癸
癸	乙	丁	辛
戊	己	戊	己

'作用支'는 자기 계절의 셋째 달이자 환절기인 辰未戌丑이다. 따라서 각각의 대지의 작용력에 필요한 오행을 품고 있으므로 지장간 셋이 모두 다르고, 다음 계절을 준비하는 오행으로 구성이 되어 있다.

봄에서 여름으로 넘어갈 때(辰)에는 꽃과 결실의 기운을 준비(乙癸戊)해야 하고, 여름에서 가을로 넘어갈 때(未)에는 다 자란 결실을 익게 해서 영글기를 준비(丁乙己)해야 하며, 가을에서 겨울로 넘어갈 때(戌)에는 홀로 남은 씨에 대한 소극적인 응축을 극대화해서 적극적인 응축을 받을 수 있는 바탕(辛丁戊)을 이루어야 하고, 겨울에서 봄으로 넘어갈 때(丑)에는 탄생의 기운 癸水와 辛金 씨를 숙성시켜 생명으로 태어나 성장할 수 있도록 준비(癸辛己)를 해야 한다.

'지지'를 오행으로 즉, 寅을 寅木, 巳를 巳火 등으로 보는 것이 당금 명리학계의 현실이므로 작용지 넷을 같은 土로 분류를 하는 경우도 있고, 또 丑과 辰은 습토(濕土), 未와 戌은 조토(燥土)로 보는 견해들도 있다. 하지만 지지는 오행도 아닐뿐더러 지장간의 내용 또한 작용력으로서의 역할이 모두 다르다. 즉, 辰月은 목왕절(木旺節) 끝자락에서 여름인 화왕절(火旺節)을 준비하는 입장에 있고, 戌月은 금왕절(金旺節) 끝자락에서 수왕절(水旺節)을 준비하는 입장에 있다. 따라서 작용력 자체가 모두 다르다. 물론 丑月이나 未月도 같은 입장이다.

辰 속에는 생명력인 乙木과 탄생의 기운인 癸水가 水木을 대표해 존재해 있고, 未 속에는 익어가게 하는 기운인 丁火와 생명력인 乙木이 木火를 대표해 존재해 있으며, 戌 속에는 소극적인 응축의 기운인 辛金과 이를 돕는 丁火가 火金을 대표해 존재해 있고, 丑 속에는 탄생의 기운인 癸水와 응축의 기운이자 씨인 辛金이 金水를 대표해 존재해 있다. 즉, 辰은 水木, 未는 木火, 戌은 火金, 丑은 金水가 내장되어 작용함으로써 이 또한 水→木→火→金 순으로 흐르는 계절과 같은 방향이다. 뿐만 아니라 辰과 戌은 正氣가 양토인 戊土고, 丑과 未는 正氣가 음토인 己土이며 이들은 순차적으로 양토 음토 순으로 이루어져 음양이 균형을 이루고 있다.

참고 장생지(藏生支) 寅巳申亥는 餘氣가 모두 戊土고, 作用支 辰未戌丑은 正氣가 모두 土이면서 '戊土 己土 순'으로 이루어져 있다. '전자'는 계절의 첫 달이므로 미리 준비를 해서 적극적으로 생명력을 탄생시켜 성장시키고자 하는 의미가 있고, '후쨔'는 끝 달이므로 왕지를 거친 생명력을 품어 다음 생명으로 재탄생을 잘 할 수 있도록 바탕에서 작용을 한다는 의미가 있기 때문이다.

辰月, 戌月의 정기가 戊土인 이유는 辰月은 立夏에서 시작되는 開花와 결실의 기운을 '적극적'으로 준비해야 하기 때문이고, 戌月은 立冬에서 시작되는 잉태를 위한 응축과 갑목의 기운을 '적극적'으로 준비해야 하기 때문이며, 未月과 丑月의 정기가 己土인 이유는 未月은 火氣로부터 결실인 庚金을 품어 익어가기를 할 수 있도록 '소극적'으로 준비를 해야 하기 때문이고, 丑月은 잉태된 탄생의 기운 癸水를 품어 立春에 생명으로 태어날 수 있도록 '소극적'으로 숙성을 시켜야 하기 때문이다. 이 모두가 음양의 성질에 따른 양토적인 작용력과 음토적인 작용력의 역할이다.

3. 지장간의 흐름(지장간이 보여주는 생명력의 흐름)

지구가 태양을 한 바퀴 공전하는 것이 1년 12달 365일이다. 이 1년 동안 지구는 비슷한 환경을 유지하는 곳은 있을 수 있지만 단 한 시도, 단 한 곳도 같은 환경(오행)을 유지하는 곳은 없다. 이는 지구가 태양을 구심점으로 자전과 공전을 하는 동안 한 순간도 멈추지 않는다는 것과 지축이 23.5° 기울어져 타원형으로 돌고 있다는 것이 주축을 이루는 이유다.

1년 동안 비슷한 환경을 유지하는 것을 넷으로 분류한 것이 4계절이고, 12로 나눈 것이 12지지, 이를 좀 더 세분화해서 보름(15일)으로 나눈 것이 24절기다. 1개의 지지는 2개의 절기로 이루어져 있는 바 이 두 개의 절기가 보여주는 오행의 변화를 나타낸 것을 지지별로 마디를 지어 표현한 것이 지장간이다.

참고 2계절이든 4계절이든, 열대지방이든 한대지방이든, 그것이 사람들에게는 달리 보일 수 있지만 지구가 자전 공전을 하는 한 12지지로 변화를 보이는 기본 이치는 다르지 않다.

사계절은 수왕절(水旺節: 겨울), 목왕절(木旺節: 봄), 화왕절(火旺節: 여름), 금왕절(金旺節: 가을)로 분류되고, 수왕절은 亥子丑, 목왕절은 寅卯辰, 화왕절은 巳午未, 금왕절은 申酉戌 등 月별로 분류된다.

1) 수왕절(水旺節: 겨울)

겨울(水)	해(亥: 음력 10월)	입동(立冬, 양력 11월 7일~8일)　: 겨울의 시작
		소설(小雪, 양력 11월 22일~23일): 눈이 내리기 시작
	자(子: 음력 11월)	대설(大雪, 양력 12월 6일~8일)　 : 큰 눈이 내림
		동지(冬至, 양력 12월 21일~23일): 연중에서 밤의 길이가 가장 김
	축(丑: 음력 12월)	소한(小寒, 양력 1월 5일~7일)　　 : 겨울 추위 시작
		대한(大寒, 양력 1월 20일~21일) : 겨울 큰 추위

❶ 亥月(입동~대설: 戊甲壬)

亥月은 겨울의 첫 달로 장생지이고, 지장간은 '戊 甲 壬'이다. 절기로는 겨울이 시작되는 立冬과 눈이 내리기 시작하는 小雪이 있다.

戊: 立冬에 이르러 양토적인 작용력은 秋分 이후 戊月에서 소극적인 응축의 극대화를 이룬 홀로 남은 씨에 대한 적극적인 응축을 시작하고,

甲: 小雪이 지나면서 적극적인 응축을 받아온 씨는 눈 속에서 견고함을 더해 내년에 태어나게 될 甲木으로서의 생명력을 품게 된다. 이것이 亥를 木의 장생지라 부르는 이유다.

壬: 小雪에서 大雪까지는 눈 덮인 대지 안에서 응축을 더욱 견고히 함으

로써 甲木의 기운이 冬至에 이르러 마침내 생명력으로 잉태될 수 있도록
준비를 한다.

여기서 견고해지는 씨는 辛金이고, 적극적인 응축은 丁火와 양토적인 작
용력의 합작품이며, 강해지는 잉태의 기운은 壬水지만, 적극적인 응축과
함께 잉태의 기운이 왕성해짐으로써 상징되는 생명력은 내년 立春에 태어
나게 될 '예약된 甲木'이다.

그래서 亥의 體는 음이지만 亥月은 用으로서 잉태의 기운인 '양수(陽水)
의 기운이 강한 달'로 본다.

> **참고** 小雪에서 눈이 내리기 시작한다는 의미는 大雪까지 적극적인 응축
> 을 강화한다는 의미가 있다. 이는 立春이 지나 봄비가 내리기 시작한다는
> 雨水에서 水生木에 의해 사실상 새싹이 고개를 내민다는 의미와 통하고, 立
> 夏를 지나 小滿에서 芒種까지 '다 자란 열매와 씨'가 될 수 있도록 활발한
> 광합성을 통해 '열매와 씨'의 성장을 극대화한다는 이치 그리고 立秋를 지
> 나 處暑에서 白露까지 더위가 사라짐으로써 더욱 강한 숙살지기로 결실을
> 야물게 한다는 이치와도 통한다.

❷ 子月(대설~소한: 壬　癸)

子月은 수왕절의 왕지로 지장간은 여기와 정기뿐인 '壬 癸'다. 절기로는
큰 눈이 내린다는 大雪과 겨울의 정점인 冬至가 있다. 동지는 겨울의 정점
이므로 생명력이 잉태됨으로써 양의 기운이 시작되는 시점이다.

壬: 大雪이 되면 적극적인 응축을 받아온 씨 辛金은 冬至에 이르기까지
응축의 극대화를 이루게 되는데, 이때 잉태의 기운 壬水는 밝음의 기운인
丁火의 도움을 받아 생명력(木)의 잉태를 마무리한다.

210

癸: 동지에 이르면 壬水는 잉태를 이룸과 동시에 癸水로 탈바꿈 하고, 이 때 양토적인 작용력인 戊土는 癸水에 '제1차 발영의 기운'을 품게 함으로써 생명으로 태어날 수 있는 숙성기를 준비한다.

丙火는, 관장시기를 마치는 丁火를 바탕으로, 戊土와 癸水의 만남을 시점으로 癸水와 함께 관장시기가 시작되는데, 冬至는 발영의 기운인 丙火로 인해 음양이 바뀌면서 해(年)가 바뀌는 즉, 새해가 시작되는 시점이다.

여기서 새해가 시작된다 함은 실질적으로 생명력이 잉태를 함으로써 새로운 생명이 시작된다는 의미(극음에서 양으로)가 있기 때문에 體는 양이다. 그러나 亥月부터의 적극적인 응축의 기운이 子月인 大雪부터는 생명력의 잉태를 준비하는 소극적인 기운이 시작되고, 冬至에서의 잉태 이후에도 立春에 甲木으로 태어날 수 있도록 소극적으로 숙성을 준비하는 丑月로 전환을 해야 하기 때문에 子의 用을 음으로 보는 것이다.

❸ 丑月(소한~입춘: 癸辛己)

丑月은 수왕절의 끝 달인 작용지로서 지장간은 세 개가 모두 다른 癸辛己다. 작용지 네 개 중, 丑과 未는 음토적인 작용력이다. 丑月의 절기는 추위가 시작된다는 小寒과 큰 추위를 의미하는 大寒이 있다.

丑月은 겨울의 마지막 달이면서 겨울을 봄으로 전환시키는 환절기다. 겨울인 水에서 봄인 木으로의 전환이기 때문에 얼핏 水生木으로 자연스럽게 넘어가는 듯이 생각할 수 있지만, 오행에서 다른 오행으로 변화를 한다는 것은 어느 계절이든지 극적인 변화를 의미하기 때문에 반드시 대지의 작용력에 의해 산고(産苦)를 치르는 과정이 필요하다.

癸: 冬至에서 잉태된 탄생의 기운 癸水는 겨울 추위가 시작되는 小寒에서 己土의 품 안에 자리를 잡아 생명력에 대한 자리매김을 하고,

辛: 大寒에 이르기 까지 응축의 기운이자 씨인 辛金의 도움으로 보다 더 성숙된 생명력으로 성장한다.

己: 대한이 되면 己土는 辛金 씨로 하여금 씨눈을 열 수 있도록 작용력을 펼침과 동시에 큰 추위를 받아 들여 오히려 癸水의 생명력을 보듬어 立春이 되면 양토의 적극적인 작용력에 의해 생명으로 탄생해서 무난히 성장할 수 있도록 필요한 준비를 다 한다.

> **참고** '癸辛己'는 태아, 아기집, 엄마의 몸으로 비유한 바 있다. 오행은 균형을 이룬 음양이므로 지장간 또한 상호간의 작용력이 균형을 이루고 있어야 자기 역할을 할 수 있다. 즉, '癸 辛 己' 세 지장간의 역할이 균형을 이루고 있지 못하면 생명으로의 탄생이 어렵기도 하거니와 설사 탄생을 했다 해도 건강하게 자라서 가을에 결실을 이루기가 순조롭지 않다는 것을 말한다.

小寒과 立春 사이에 겨울의 큰 추위를 상징하는 大寒이 있다. 小寒에서 大寒까지는 탄생을 할 수 있을 만큼 숙성을 시키는 시기이고, 大寒에서 立春까지는 탄생을 해서 성장할 수 있는 힘을 갈무리 하는 시기이다. 그래서 丑月을 '음토적인 작용력이 강한 달'로 본다. 숙성할 만큼 숙성하고 튼튼할 만큼 튼튼해야 태어나도 생명을 유지할 수 있다.

> **참고** 冬至에서 癸水에 '제1차 발영의 기운'을 불어 넣어 생명력에 활기를 준 것은 양토적인 작용력이었지만, 잉태와 숙성을 시키는 것은 己土의 작용력이다. 이는 未月에서 己土가 가슴에 金을 품고 오히려 火氣를 흡수해서 金을 성숙시키는 것과 같은 이치이다.

2) 목왕절(木旺節: 봄)

봄(木)	인(寅: 음력 1월)	입춘(立春, 양력 2월 3일~5일)	: 봄의 시작
		우수(雨水, 양력 2월 18일~20일)	: 봄비가 내리고 새싹이 틈
	묘(卯: 음력 2월)	경칩(驚蟄, 양력 3월 5일~7일)	: 개구리가 동면에서 깸
		춘분(春分, 양력 3월 20일~22일)	: 봄의 정가운데, 낮이 길어지기 시작
	진(辰: 음력 3월)	청명(淸明, 양력 4월 4일~6일)	: 청명한 봄날, 봄 농사 시작
		곡우(穀雨, 양력 4월 19일~21일)	: 농사에 필요한 비가 내림

❶ 寅月(입춘~경칩: 戊丙甲)

寅月은 네 개의 장생지 寅巳申亥 중 목왕절의 첫 달로 지장간은 '戊 丙 甲'이다. 절기로는 봄이 시작되는 立春과 봄비가 내려 새싹을 돕는다는 雨水가 있다.

봄을 상징하는 木의 體는 양이지만 寅月은 '양목으로서의 기운이 강한 달'이고, 卯月은 '음목으로서의 기운이 강한 달'이다. 寅을 '양목의 기운이 강한 달'로 본다함은 적극적으로 생명력이 탄생을 해서 끝없이 성장하려는 甲木의 기운을 대표하기 때문이다.

그래서 계절이 시작되는 첫 달, 寅 巳 申 亥는 모두 '陽 오행의 기운이 강한 달'이고, 둘째 달, 卯 午 酉 子는 '陰 오행의 기운이 강한 달'이며, 셋째 달, 辰 未 戌 丑은 작용력인 환절기로서의 역할로 '양 음 양 음' 순이다.

戊: 立春에 이르면 丑月에서 己土와 辛金에 의해 숙성된 癸水는 양토적인 작용력에 의해 땅 속에서 '제2차 발영의 기운'을 얻음으로써 맹아(甲木)로 탄생을 하고,

丙: 탄생부터 雨水에 이르기까지 성장(木)하려는 기운에 활력(丙火)을 더함으로써 생명인 새싹의 모습을 갖추게 되며,

甲: 雨水에 이르면 촉촉한 봄비에 의해 새싹이 되어 마침내 땅 밖으로 고개를 내밀어 하늘과 하나가 된다.

이때 발영의 기운이 피어나는 기운으로 새싹의 탄생을 돕는다 함은 이 새싹이 성장해서 활기를 띤 木 기운으로서의 극성을 이루어야 火旺節인 여름에 꽃을 피우고 결실을 맺어 광합성을 통해 결실을 성장시킬 수 있기 때문이다. 그래서 丙火는 甲木의 기운이 극성을 이룰 때까지 함께 하게 되는데, 이것이 寅을 火의 장생이라 부르는 이유다.

> **참고** 땅 속에서 맹아가 눈을 떠 사실상 하늘을 바라보는 시기는 봄비가
> 내린다는 雨水 즈음이 될 것이다. 地水火風에 의한 대지의 작용력도 신묘하
> 지만 水生木이라는 이치에 의해 생명력이 하늘과 하나가 된다는 것 또한
> 신비롭기만 하다. 이때부터의 癸水는 음용수로서의 물이다.
> 寅月은 戊 丙 甲이라는 10오행의 변화를 품은 유일한 한 달 이다. 여기서
> 의 丙火는 甲木이 성장하는 데에 필수적인 활기이다. 이 활기가 巳月 立夏
> 에서 피어나는 기운의 바탕이 된다.

❷ 卯月(경칩~청명: 甲 乙)

卯月은 4旺支 卯午酉子 네 지지 중 목왕절의 가운데 달로 지장간은 '甲 乙'이다. 절기로는 개구리가 잠에서 깨어난다는 驚蟄과 봄의 정점인 春分이 있다.

甲: 驚蟄에 이르면 寅月에서 '자력으로 클 수 있을 만큼의 성장'을 이룬 甲木의 기운과 양화의 팽창력(丙火=활력)을 바탕으로 음목의 기운인 확장력을 갖추기 위한 잎눈이 트이기 시작한다.

乙: 봄의 정점인 春分을 지나면서 木 기운이 극성을 이룸과 동시에 성장

214

이 멈추면서 준비된 '잎눈자리'에서 잎이 나오기 시작, 淸明에 이르기 까지 잎은 기본적인 성장을 이룬다. 그래서 잎눈이 틔기 시작하는 경칩에서 잎이 나와 자리를 잡는 청명까지의 卯月을 '음목의 기운이 강한 달'로 본다.

봄의 정점인 春分에서 木 기운의 성장이 멈춘다 함은 상대 오행인 庚金의 기운이 시작됨을 의미하는 바 이는 庚金과 乙木의 기운 또한 관장시기를 마무리 하는 辛金과 甲木의 기운을 바탕으로 생성됨을 말한다.

> **참고** 寅月의 甲木의 성장력은 辛金의 경계(비바람, 차가운 날씨 등)가 바탕이 되어 주어야만 순조롭다. 丑月에서의 辛金과 癸水도 같은 이치(바탕, 울타리)로서 이 모두 辛金과 甲木의 관장시기가 같은 이유이다. 庚金이 아닌 이유는 庚金은 경계를 넘어 甲木의 성장력을 막는 기운이기 때문이며 그래서 甲木의 성장력이 끝나면 辛金의 역할도 함께 끝나고 이를 바탕으로 庚金의 기운이 乙木과 함께 시작되는 것이다. 여기서 庚金의 기운이 시작되어야 立夏에서 결실의 기운이 생길 수 있다는 인과관계가 있다.
>
> '春分에서 성장이 멈춘다' 함은 자라는 것이 멈춘다는 것이 아니라 스스로 자랄 수 있는 기본 바탕을 이루었다는 의미이다. 즉, 甲木은 스스로 성장할 수 있는 바탕을 이루었고, 乙木은 잎눈이 모두 자리를 잡아 잎이 나오기 시작했다는 뜻이다.

❸ 辰月(청명~입하: 乙癸戊)

辰月은 목왕절을 화왕절로 전환시키는 작용지로 지장간은 '乙 癸 戊'이며 戌月과 더불어 양토적인 작용력이다. 辰月의 절기는 청명한 봄날, 봄 농사를 시작한다는 淸明과 농사에 필요한 비가 내린다는 穀雨가 있다.

乙: 淸明에 이르면 春分에서 나오기 시작한 잎은 제 모습을 갖추기 시작하고, 함께 시작된 庚金의 기운 또한 잎의 성장과 함께 성숙된다.

癸: 穀雨가 되면 생명력의 기운이자 잎인 乙木은 때 맞춰 내리는 봄비(癸水)의 도움을 받아 양토적인 작용력과 더불어 꽃눈을 열기 시작하고,

戊: 穀雨를 지나 立夏에 이르면 癸水는 戊土에 의해 '제3차 발영의 기운'을 얻음으로써 꽃을 피우며, 乙木은 꽃과 함께 결실의 기운이 생명력을 품을 수 있도록 준비를 끝낸다.

> **참고** 이때 곡우에서 내리는 비는 水生木으로 나무를 살찌우고 나무는 木生火로 꽃을 피우게 되므로 癸水는 탄생의 기운으로서의 본연의 의미도 있지만 필요할 때 내리는 '단비'로서의 의미도 있다. 또 4작용지 중 辰은 '乙癸'가 水木으로의 작용력을 보여주고, 이는 未의 '丁乙'인 木火로, 戊의 '辛丁'인 火金, 丑의 '癸辛'인 金水로 이어짐으로써, 작용지끼리도 계절의 흐름을 따라 순행인 生의 관계로 작용력을 보여주고 있다.
>
> 음용수로 쓰인 癸水는 '나무의 몸'이나 '사람의 몸' 안에서 '생극합충'이라는 신묘한 작용력을 거쳐 헤아릴 수 없는 변화를 이루었지만 사라지지 않고 다시 세상 밖으로 나와 壬癸水로서의 역할을 하게 된다. 즉, '만남에 의한 변화'만을 이루었을 뿐 사라지는 것이 아니다.

辰月은 봄의 끝 달이자 여름으로 전환되는 환절기로써 木이라는 오행에서 火라는 오행으로의 변화를 적극적으로 주도하는 양토적인 작용력이 강한 달이다. 대지의 작용력이 미치지 않는 계절이 없지만, 하나의 오행에서 다른 오행으로 넘어가는 환절기야말로 작용력이 돋보이는 시기라고 할 수 있다.

3) 화왕절(火旺節: 여름)

여름(火)	사 (巳: 음력 4월)	입하(立夏, 양력 5월 5일~7일) : 여름의 시작
		소만(小滿, 양력 5월 20일~22일) : 여름의 기운이 강해짐
	오 (午: 음력 5월)	망종(芒種, 양력 6월 5일~7일) : 볍씨 뿌리기
		하지(夏至, 양력 6월 21일~24일) : 연중 낮의 길이가 가장 김
	미 (未: 음력 6월)	소서(小暑, 양력 7월 6일~8일) : 여름 더위 시작
		대서(大暑, 양력 7월 22일~24일) : 더위가 가장 심함

❶ 巳月(입하~망종: 戊庚丙)

巳月은 네 장생지 중 여름을 여는 첫 달로 지장간은 '戊 庚 丙'이다. 절기로는 여름의 시작인 立夏와 여름의 기운이 강해진다는 小滿이다.

巳月은 여름이 시작되는 첫 달이다. 辰月이 지나면서 봄에서 여름으로의 변화를 준비한 양토적인 작용력은 巳月 입하에서 망종까지 적극적으로 꽃을 피워 결실의 기운을 품고 광합성을 활발하게 함으로써 열매와 씨를 성장시킨다. 그래서 巳의 體는 음이지만 用은 '양화(陽火)의 기운이 강한 달'로 본다.

戊: 입하가 되면 戊土는 癸水에 제3차 발영의 기운을 넣어 줌으로써 辰月에서 준비했던 꽃을 피우기 시작함과 동시에 꽃 속에 생명력을 품은 결실의 기운을 함께 품는다.

庚: 小滿에 이르기까지 결실의 기운은 활짝 피기 시작한 꽃 속에서 벌 나비 등 만남의 도움을 받아 열매와 씨로서의 모습을 갖추기 시작하고,

丙: 小滿을 지나 芒種에 이르기까지 꽃은 활짝 피고, 팽창할 만큼 팽창한 나무와 나뭇잎은 활발한 광합성을 통해 적극적으로 열매와 씨를 성장시킨다.

巳月에서 결실의 기운이 생겨 열매와 씨로 성장한다 함은 가을의 결실을 준비한다는 장생지로서의 인과관계가 있다.

여기서 적극적으로 開花 하고 결실의 기운을 생기게 해서 성장시키는 것은 巳月에 걸맞은 戊土의 역할이지만, 꽃 속에서 보이지 않게 꽃이 필수록 결실의 기운을 품어 숙성시키는 것은 戊土와 균형을 이룬 己土의 작용력이다. 관장시기이든 아니든 '음 양 오행'은 상호 균형을 이루면서 자기의 역할을 하고 있다는 것이 음양이 균형을 전제로 존재하는 이치다. 또한 망종에서 하지까지 戊土와 관장시기를 같이 하면서 火氣(여름)를 金氣(가을)로 전환시키는 것이 己土의 작용력이다.

> **참고** 지금까지도 '巳火 속의 庚金은 조토(燥土)인 戊土와 큰 불인 丙火 사이에 끼어 있기 때문에 힘이 없어 쓸 수 없다' 라는 말과 '亥水 속의 甲木은 대해수(大海水)를 깔고 있는 부목(浮木)이므로 쓸 수 없다' 라는 말이 통용되고 있는 실정이고 이를 당연한 듯이 받아들이고 있는 사람들이 많다.
> 장생지에서의 中氣가 얼마나 중요한 역할을 하는지, 또 지장간 역시 상호 균형을 이룸으로써 그 역할을 할 수 있다는 음양의 기본적인 이치 등을 잊어서는 안 된다. 巳月은 丙火의 '피어나는 기운이 강한 달' 이고, 亥月은 壬水의 '잉태의 기운이 강한 달' 이다.
> 계절의 변화를 통해 본 '변화를 보이는 오행의 모습' 은 '씨' 와 '생명력' 사이에서 '生 變 滅로 변화를 보이는 현상' 이다.

❷ 午月(망종~소서: 丙己丁)

午月은 화왕절의 왕지로서 지장간은 '丙 己 丁' 이다. 午月의 절기는 곡식의 씨를 뿌린다는 芒種과 여름의 극성이자 낮의 길이가 가장 길다는 夏至가 있다.

巳의 體는 음이지만 用은 '양화의 기운이 강한 달'로 보고, 午의 體는 양이지만 用은 '음화의 기운이 강한 달'로 본다. 巳月은 적극적으로 결실의 기운을 생기게 해서 열매와 씨로 성장을 시키기 때문이고, 午月은 자리 잡은 열매와 씨를 소극적으로 숙성을 시키기 때문이다. 또한 春分에서 상대 계절인 庚金의 기운이 처음 시작 되었듯이, 夏至는 여름의 극성이므로, 이 시점에서 상대 계절인 冬至의 응축의 극대화를 위해 음기(壬水)가 처음으로 생겨 가을 겨울의 준비가 시작된다는 의미가 있다.

따라서 夏至에서 水 기운이 생겨야 立秋에서 적극적으로 숙살이 시작될 수 있다는 인과관계가 성립이 되는데, 이 이치는 冬至에서 제1차 발영의 기운이 생겨야 立春에서 맹아가 탄생할 수 있다는 이치와도 상응한다.

丙: 芒種에 이르면 작렬하는 태양에 의해 광합성은 극대화를 이루고 열매와 씨는 위용을 갖추면서 성장에 박차를 가한다. 이때부터는 巳月의 丙火와 戊土에 의한 적극적인 生長을 바탕으로 夏至 이후 익어가기를 할 수 있을 만큼의 소극적인 숙성기가 시작되는 시기이므로 꽃이 지면서 마무리를 준비하는 戊土의 작용력과 함께 己土의 작용력이 시작된다. 己土는 음토적인 작용력으로서 庚金을 품고 丙火를 丁火로 전환을 시켜야 하므로 芒種부터 관장시기가 시작되지만 본격적인 丁火의 관장시기는 夏至부터다.

> 참고 午月의 丁火와 己土의 관장시기도 巳月의 丙火와 戊土가 바탕이 되어 시작되는 것으로, 丙丁火, 戊己土 또한 양과 음으로 균형을 이루면서 변화를 보이는 하나의 오행의 흐름이다.

己: 열매와 씨는 庚辛金이다. 夏至를 지나면서 열매와 씨는 극성을 이룬 火 기운을 흡수해서 오히려 庚辛金을 살찌우는 己土의 작용력의 보호를 받으면서 성장의 극대화를 이루지만 동시에 팽창력은 멈춘다. 작렬하는 丙火의 기운을 己土가 흡수해서 丁火로 바꿔주기 때문이다.

丁: 夏至에서 팽창력이 멈춘다 함은 열매와 씨는 丁火와 己土에 의해 익어가기가 시작됨을 의미하는 것이고, 이는 곧 상대 오행이자 잉태의 기운인 壬水의 관장시기가 시작됨을 의미하는 것이기도 하다.

> **참고** 명식에서 천간, 지장간 합해 12~16개의 오행 중, 體가 양인 丁火와 乙木의 합이 10개, 體가 음인 庚金과 癸水를 합해 6개뿐이라 해도 양이 더 강하다고 하기 어려운 경우가 많다. 이유는 물론 오행의 특성인 성질에 의한 변화 때문이다.

❸ 未月(소서~입추: 丁乙己)

未月은 4작용지 중 여름을 가을로 전환시키는 환절기로 지장간은 '丁 乙 己' 이다. 절기로는 여름 더위가 시작된다는 小暑와 더위가 가장 심하다는 大暑가 있다.

丁: 夏至에서 己土의 작용력에 의해 여름의 기운인 팽창력은 멈추고 음기인 壬水의 기운이 시작되면서, 小暑에 이르면 달구어지기 시작한 대지 위에서 다 자란 열매와 씨를 익어가게 하는 丁火의 기운이 활발해진다.

乙: 익어가기를 시작한 열매와 씨는 立秋가 되기까지 가을 영글기를 시작할 수 있을 만큼의 다 익은 열매와 씨가 되는데, 이때 己土의 작용력인 광합성을 통해 생명력을 공급해주는 것은 잎인 乙木이다.

己: 午月의 시작인 芒種부터 立秋 이전까지 맹렬한 丙火의 기운을 흡수해 열매와 씨를 살찌우게 하면서, 大暑를 지나면서 달구어진 대지와 따가운 햇살인 丁火로 하여금 익어가기를 하도록 작용하는 것은 己土의 작용력이다. 그래서 未月을 '음토적인 작용력이 강한 달'로 본다.

> 참고 4장생지(寅巳申亥)의 지장간이 戊土로 시작되는 이유는, 4작용지(辰未戌丑)인 환절기에서 전환된 오행(생명력)을 도래하는 다음 계절에서 적극적으로 시작해야 하기 때문이고, 4작용지의 지장간의 正氣가 土(戊己土)인 이유는, 장생지와 왕지를 거쳐 극성을 이룬 오행(생명력)을 바탕에서 품어 다음 계절의 작용력인 장생지의 戊土에게 넘겨주어야 하기 때문이다. 즉, 이달의 정기가 다음 달의 여기가 되는 이유이다.
>
> 未月 丁火는 夏至에서 처음 생긴 壬水에 밝음의 기운으로 생명력을 돕고, 乙木은 잎을 통해 익어가는 결실 속에 생명력을 공급함으로써 立秋 이후의 영글기를 준비하며, 己土는 가슴에 金을 품고 광합성을 통해 오히려 火氣를 흡수해서 金을 성숙시키는 역할을 한다.

4) 금왕절(金旺節: 가을)

가을(金)	신(申: 음력 7월)	입추(立秋, 양력 8월 7일~9일) : 가을의 시작
		처서(處暑, 양력 8월 23일~24일) : 더위가 가고 일교차가 심함
	유(酉: 음력 8월)	백로(白露, 양력 9월 7일~9일) : 이슬이 내리기 시작
		추분(秋分, 양력 9월 22일~24일) : 가을의 정가운데, 밤이 길어지기 시작
	술(戌: 음력 9월)	한로(寒露, 양력 10월 8일~9일) : 찬 이슬 시작
		상강(霜降, 양력 10월 23일~25일): 서리가 내리기 시작

❶ 申月(입추~백로: 戊壬庚)

申月은 4장생지 중 가을을 여는 첫 달로 지장간은 戊 壬 庚 이다. 절기로는 가을의 시작인 立秋와 더위가 가고 일교차가 심하다는 處暑가 있다.

戊: 大暑를 거치면서 丁火와 己土의 작용력에 의해 다 익은 열매와 씨가 된 庚金은 立秋에 이르면 戊土의 적극적인 작용력에 의해 영글기를 시작한다. 立秋가 되면 대지의 문이 닫히면서 乙木은 잎에 저장해 놓은 모든 영양분을 庚金에 공급하기 시작하면서 씨에 대한 생명력으로서의 역할을 하게 되고, 丁火의 따가운 햇살은 己土의 익어 가기가 아닌 戊土의 영글기를 돕는다.

壬: 處暑가 되면 숨어버린 더위와 함께 아침저녁으로 음기가 강해짐으로써 열매와 씨는 숙살에 의해 본격적으로 영글기를 시작하는데, 이는 立秋 이전까지의 팽창의 기운에서 立秋 이후 수축의 기운으로의 극 전환이며, 이것이 잉태의 시작이자 대지의 문이 닫힌다는 표현의 이유다.

> 참고 夏至부터는 '잉태의 기운의 시작'이고, 立秋부터는 '잉태의 시작'이며, 立冬부터의 '적극적인 응축'은 '생명력을 품은 잉태의 기운(예약된 갑목=戊甲壬)'이고, 冬至에서의 '응축의 극대화'는 '잉태의 완결(壬癸)'이다.

庚: 立秋~白露는 戊土에 의한 적극적인 작용력이 적극적으로 숙살을 시킨다. 그래서 申月의 지장간이 '戊 壬 庚'이고 이를 水의 장생이라 부르며, 申月을 '양금의 기운이 강한 달'로 본다.

> 참고 庚金이 결실을 마무리함과 동시에 乙木은 결실의 속에 자리 잡은 씨에 생명력을 품게 함으로써 둘의 관장시기가 끝나는데 이때 乙木의 생명력은 내년 立春에 태어날 甲木의 생명력이다.

❷ 酉月(백로~한로: 庚 辛)

申月은 立秋에서 白露까지 적극적인 숙살지기로 결실을 농익어가게 하는 시기지만, 酉月인 白露에서 寒露까지는 결실을 거두어들이고 남은 씨에 대한 소극적인 응축이 시작되는 시기다. 酉月은 금왕절의 왕지로서 지장간은 '庚 辛'이고, 절기로는 이슬이 내리기 시작한다는 白露와 가을의 정점으로 밤이 길어지기 시작한다는 秋分이 있다.

庚: 申月 庚金의 숙살지기에 의해 다 영근 결실은 白露를 지나면서 이슬을 맞음으로써 소극적으로 경작을 위한 숙성기를 거치게 되는데, 여기서 '이슬을 맞는다' 함은 사실상 '소극적인 응축의 눈'이 열리는 것과 같아 이는 卯月 驚蟄에서 잎눈이 생기는 시점과 상대적이지만 같은 이치다. 그래서 酉月을 '음금의 기운이 강한 달'로 본다.

辛: 가을의 정점인 秋分에 이르면 경작을 마무리 하는 적극적인 숙성이 끝나고 乙木은 낙엽이 됨으로써 4계절 오행 변화가 보여준 1년 순환의 '마디'를 이루고, 경작 후 남은 씨에 대한 소극적인 응축이 시작되는데 이것이 甲木과 辛金의 관장시기의 시작이자 씨로부터 시작되는 새로운 오행 변화의 시작이다.

> 참고 酉月 秋分에서의 홀로 남은 씨가 바탕이 되어 亥月 立冬에서 壬水
> 가 생명력을 품어 '예약된 甲木'을 이루는 이치는 卯月 春分에서 잎이 나와
> 야 巳月 立夏에서 결실의 기운(庚金)이 처음으로 생긴다는 이치와 상응한다.

❸ 戌月(한로~입동: 辛丁戊)

戌月은 4작용지 중 가을을 겨울로 전환시키는 환절기로 지장간은 '辛 丁戊'고, 辰月과 더불어 양토적인 작용력이다. 절기로는 찬 이슬이 시작된다는 寒露와 서리가 내리기 시작한다는 霜降이 있다.

辛: 寒露에 이르면 찬 이슬이 시작되면서 음기는 깊어지고 홀로 남은 씨에 대한 소극적인 응축이 본격화 된다.

丁: 霜降에 이르면 立冬에서의 적극적인 응축이 이루어질 수 있도록 소극적인 응축은 극성을 이루는데, 이때 밝음의 기운인 丁火는 辛金 씨를 더욱 견고하게 함으로써 생명력을 갖출 수 있도록 작용을 한다.

戊: 霜降에서 立冬에 이르기까지 戊土는 소극적인 응축을 극대화시킴으로서 亥月 立冬이 되면 적극적인 응축에 의해 '생명력을 품은 잉태의 기운'으로 전환을 시킬 수 있도록 모든 준비를 마치는데, 여기서의 '모든 준비'가 '환경조건의 균형'을 유지하면서 적극적으로 펼쳐지는 양토적인 작용력이다.

> 참고 홀로 남은 씨에 '응축(辛)'과 '밝음(丁)'이 조화를 이루어야 霜降~立冬까지 잉태의 기운 壬水가 생명력인 甲木의 기운을 품을 수 있고, 冬至에서 잉태를 완결 지을 수 있다.

제2편
사주의 구성원리

제1장. 총설

【1】사주와 사주학의 의의

　'사주(四柱)'란 '개인의 생년, 월, 일, 시를 간지(干支)로 표현해 놓은 것'이고, '사주학'은 '사주와 행운(行運)을 기초로 음양과 오행의 생극제화(生剋制化)를 살펴 개인 중심의 길흉화복(吉凶禍福)을 도출해내는 학문'이다. 사주는 年, 月, 日, 時를 간지로 나타낸 네 기둥을 뜻하는 말이지만 8글자로 구성되어 있으므로 '팔자'라고도 불린다. 그러나 사주를 간명(看命)할 때에는 8자 사주 원국(原局) 외에도 지지가 품고 있는 지장간과 10년을 마디로 흐르는 대운(大運)이 필수적이다.

> 참고　아래 명식에서 그 구조와 명칭을 숙지하고 이어서 진행되는 내용을 참고해서 각각의 성질과 역할을 이해해야만 상호간의 유기성(有機性)을 파악할 수 있다.

시	일	월	연		
己	丙	丁	乙	———	천 간 (天干)
丑	戌	亥	卯	———	지 지 (地支)

癸	辛	戊	甲	———	지장간 (支藏干)
辛	丁	甲			(지지가 품고 있는 천간)
己	戊	壬	乙		

82	72	62	52	42	32	22	12	02	———	대운수
戊	己	庚	辛	壬	癸	甲	乙	丙	———	대운(간지)
子	丑	寅	卯	辰	巳	午	未	申		

壬	癸	戊	甲	乙	戊	丙	丁	戊	———	대운의 지장간
	辛	丙		癸	庚	己	乙	壬		
癸	己	甲	乙	戊	丙	丁	己	庚		

【2】 사주에는 지장간이 포함된다

세간에서는 사주 원국과 대운만을 표기하고 간명을 하는 것이 일반적이지만 이는 지장간의 중요성이 간과된 습관이다. 사주를 간명할 때에는 천간 오행들에 대해 지지가 어떠한 바탕을 이루고 있는 가를 살펴야 하고, 이때 지지가 품고 있는 지장간의 흐름을 읽어내야만 그 바탕을 이해할 수 있다. 따라서 천간의 역할과 지장간의 역할을 이해하는 것이 중요하다.

이는 한 가정에서 아빠의 역할과 엄마의 역할 그리고 자식들의 역할을 생각해 보면 이해에 도움이 된다. 즉, 밖으로 드러나는 아빠의 역할이 빛을 보려면 엄마는 제자리에서 자식들을 훌륭히 품어야 하고 그래야 그 자식들이 아빠의 바탕이 되는 것이다. 자식이 기대 이상으로 훌륭히 자라준다면 한없이 자랑스럽고 행복할 것이고, 포기를 하고 싶을 만큼 속을 썩이면 인생 2/3 이상이 허망함을 넘어 절망감으로까지 갈 수도 있는 것과 같다.

천간 4오행의 배열 흐름과 지장간 배열 흐름과의 유기성(有機性)이 어떻게 구성되어 있는가를 살피는 것은 매우 중요하다.

【3】 사주에는 대운도 포함된다

네 기둥으로 구성되어 있는 사주에서 천간은 양이고 지지는 음이다. 이렇게 천간 지지 음양이 4개씩 균형을 이루고 태어났기 때문에 오행으로서의 모습을 유지하고 있는 것이 우리 사람이다. 그러나 간지는 균형을 이루었으나 각 오행들의 내용까지 균형을 이루고 있는 것은 아니다. 모든 오행이 다르듯이 개개인 모두 자신이 가지고 태어난 사주팔자는 사실상 모두 다르다. 다만 사람의 命을 8글자로만 표현할 수밖에 없는 한계가 있을 뿐이다. 뿐만 아니라 태어난 후 자라서 늙어 죽을 때까지의 자신만의 환경에 대한 체감도 다르다. 그래서 비록 완전하지는 않지만 타고난 사주팔자에서의 불균형을 대운인 평생의 환경이 보완할 수 있는가 아니면 불균형을 더하게 하는가를 살펴야 하는 것이고, 이것이 대운을 사주에 포함하는 이유다.

> 참고 '命을 8글자로만 표현할 수밖에 없는 한계가 있다' 고 했지만, 간지
> 8자와 지장간과의 음양오행으로서의 상호 작용력을 이해하기도 쉽지 않고,
> 여기에 대운의 간지와 지장간의 흐름을 원국과 조합을 해서 이해하기는 더
> 욱 쉬운 일이 아니다. 한계가 있을 수는 있지만 상기 내용을 충분히 이해할
> 수만 있다면 우리가 원하는 만큼의 목적은 이룰 수 있다고 본다. 易이라는
> 글자의 의미가 말해주듯 '신살(神殺), 형(刑), 파(破), 해(害)' 등과 같은' 정해
> 져 있는 공식'은 음양오행의 흐름을 이해하는 데에 큰 장애가 될 수 있다.

'쌍둥이의 사주는 같은데 사는 모습은 많이 다르다. 그래서 사주를 믿지 않는다'는 말을 종종 듣는다. 그러나 명리학은 10천간 12지지에 의한 우주의 변화이치를 연구하는 학문이고, 사주 또한 그 변화이치에 해당된다. 사주 전체의 흐름을 이해하는 것이 쉬운 일도 아니거니와 학문은 하나하나 깨달아 가는 것이지 모든 것을 알고 있어야 한다는 것은 무리라고 본다. 아무리 세계적으로 유명한 우주 과학자라 하더라도 우주를 다 알고 있을 수는 없는 것과 같다.

【4】 사주의 구성원리에 대한 근거가 분명치 않다

사주는 네 기둥과 지장간 그리고 대운으로 구성되고, 日干을 '나'로 보므로 일간을 중심으로 감정을 하게 된다. 그러나 이들이 한 몸으로 이루어져 있는 중요한 구성요소임에도 단지 전해져 오고 있다는 사실 자체가 진리인 양, 아직까지도 아래와 같은 근본적인 요소들에 대한 논리적인 근거를 찾기가 쉽지 않다. 할 수 없이 당연한 것으로 알고 따라는 왔지만 증폭되는 갈증을 식힐 수는 없었다. 기존의 이론이 올바르다면 이를 따르는 것이 당연하다. 그러나 당연하다면 왜 당연한지를 알아야 한다. 그래야 명리학 전반에 걸쳐 이론적인 맥(脈)을 찾을 수 있을 것이고 학문으로서의 입지도 세울 수 있을 뿐 아니라 어느 누구에게나 적용될 수 있는 기본적인 '틀'로 발전할 수 있을 것이기 때문이다.

아래에서 전개되는 이론들은 그동안 막힌 수도관처럼 필자의 가슴을 답답하게 했던 내용들이다. 이 이론들에 대한 '존재의 근거'를 찾기 위해 필자는 최선을 다 했다. 훌륭한 동도제현들께서 부족한 부분을 찾아 필자의 가슴을 더욱 시원하게 해주시기를 기대한다. 덧붙여 이렇게 훌륭한 학문의 틀을 이루신 분이 어느 나라의 누구신지는 모르겠지만, 지금 현존하신다면 이역만리라도 찾아뵙고 3보 1배라도 올리고 싶은 심정이다.

'사주의 구성원리' 중에서 필자를 답답하게 했던 내용들은 다음과 같다.

첫째, 네 기둥이 형성되는 근거는 무엇이고, 日干을 왜 '나' 로 보는가?

둘째, '한 해의 시작' 은 立春인 寅月부터 시작하는 데 '하루의 시작' 은 왜 子時부터 시작하는가?('하루의 시작' 을 '寅時' 로 본다면 이치에 어긋나는가?)

셋째, '月柱' 와 '時柱' 의 구성원리는 왜 '생(生)', '극(剋)' 으로 다른가?

넷째, 대운 數는 왜 '3' 으로 나누고, 大運은 왜 '10년' 이며 왜 '月支' 를 타고 흐르는가?

다섯째, 대운은 왜 '순행' 이 있고 '역행' 이 있는가?

'명리학' 의 모든 이론은 구심점을 중심으로 돌고 있는 자전과 공전의 원리 즉, 10천간 12지지의 원리에 기인하는바 하나하나 살펴보기로 하자.

제2장. 사주의 구성원리

【1】 사주 네 기둥이 형성되는 근거와 日干을 '나' 로 보는 이유

당대(唐代)의 이허중(李虛中)이 만들었다는 '당사주' 는 비록 오늘날까지도 전해 내려오고 있기는 하지만 年柱의 간지를 중심으로 이론을 전개함으로써 논리상 충분치 못하다는 평을 받아 왔다. 이에 대해 오늘날의 명리학으로서 자리 잡음을 한 '日干 위주의 간명법' 은 송대(宋代)의 서자평(徐子平)으로부터 출발한다고 알려져 있다. 간명법이 '年' 에서 '日' 위주로 변했다 함은 '사주 네 기둥이 형성되는 근거' 가 보다 명확해졌음을 의미하는 것임은 분명하다. 그러나 왜 '일간' 위주로 변했는지를 우리가 알아야 한다. 그래야 사주 자체에 대한 신뢰도 깊어지고 사주를 해석함에 보다 확신감을 가질 수 있다.

지구가 태양을 한 바퀴 도는 동안 태양은 지구에 일정하고도 규칙적인 12달 24절기라는 흔적을 남긴다. 공전 한 바퀴를 12로 나누면 한 달은 30일이고 1년은 360일 360°다.

'한 바퀴'의 의미는 지구와 태양간의 '균형'에 의한 총체적인 순환의 완성이자 10천간을 형성하는 하나의 '마디'다. 이 규칙적으로 흐르는 한 바퀴 안에서 모든 오행은 균형을 유지하면서 수많은 변화를 보인다. 오행의 변화는 규칙적인 한 바퀴 안에서 형성되는 것이므로 모두 같은 것으로 생각이 될 수도 있겠으나 규칙에 의한 기본 틀만 같을 뿐 같은 것은 하나도 없다. 오행은 기본적으로 균형을 이루고 있을 뿐 모두가 다르기 때문이고 또한 한 순간도 자아를 유지하지 못하고 변화가 진행 중이기 때문이다.

공전 한 바퀴는 태양을 기준으로 표현한 것이다. 그래서 '年'은 '양'이고, 지구에 남겨진 흔적인 '月' 즉, 12지지는 지구를 기준으로 표현한 것이므로 '음'이다. 같은 이치로 자전 또한 태양을 기준으로 본 '한 바퀴'이므로 '양'이고, 자전 속에서 지구 기준 12지지인 '時'는 '음'이다.

사주 네 기둥, 年 月 日 時는 '양 음 양 음' 순으로 형성된 간지의 결합이고, 태양 기준 年과 日은 천간인 양이 體고 지지인 음이 用이며, 지구 기준 月과 時는 지지인 음이 體고 천간인 양이 用이다. 따라서 '年'과 '日'은 천간 기준 지지를 결합하는 순서로 흐르게 되고, '月'과 '時'는 지지 기준 천간을 결합하는 순서로 흐르게 된다.

참고 천간이 양, 지지가 음이고, 연월일시 또한 양음양음으로 간지를 이루면서 균형을 이루고 있으므로 사주 자체는 음양이 균형을 이루고 있는 하나의 오행이다. 같은 이치로 전체적으로 '나'를 의미하는 사주 원국은 양이고 천간이며, 月支를 타고 흐르는 대운은 음이고 지지이다. 따라서 이 또한 음양이 균형을 이루고 있는 간지의 결합이다.

'體 用'의 개념에서 體는 본체를 의미하므로 변하지 않는 바탕이고, 用은 본체를 바탕으로 어떤 만남의 관계에 의해 변화를 보이는 현상이다. 즉, 月支와 時支는 體이므로 12지지 기준 天干이 用으로써 변화를 보이면서 甲子, 丙子 등의 간지를 이루고, 이에 대해 年干과 日干 또한 體이므로 10천간 기준 12地支가 用으로써 변화를 보이면서 甲子, 甲午 등의 간지를 이루는 것을 말한다.

이는 물론 年干과 日干은 태양 기준 한 바퀴를 의미하기 때문이고, 月支와 時支는 지구에서의 변함없이 주어져 있는 환경조건이기 때문이지만, 명리학의 모든 이론은 철저하게 음양오행의 균형의 원리가 바탕이 되어 있기 때문에 月干과 時干이 지지와 더불어 간지를 형성하면서 흐르는 이치는 生과 剋이라는 상반된 이론이 바탕을 이루게 된다.

'年 日은 태양 기준', '月 時는 지구 기준'으로 간지의 결합을 바라본 시각이다.

생년월일시 사주는 지구의 자전 공전 중의 어느 한 시점이다. 日은 年月의 공전 속에서 이루어진 자전이므로 하늘(年)과 땅(月)의 간지 결합에 의한 땅의 모습(月) 속에서의 하늘 모습(日)이다. 즉, 年月(아빠, 엄마)의 간지 결합에 의한 月支(엄마의 몸) 속에서 태어난 日(나)이다. 지구가 태양을 공전하는 궤도상의 어느 위치에 가 있든 하늘과 땅 그리고 땅의 모습 속에서의 하늘 모습은 변함이 없다.

年月(年柱와 月柱)이 간지면 日時(日柱와 時柱)도 간지고 年月의 결합을 바탕으로 日時가 태어났으므로 日時는 양, 年月은 음이다. 따라서 日은 양 중의 양이고 그 중에도 일간이 양이다. 年月은 부모와 같고 日은 나와 같으므로 年月은 나의 바탕이요 지지이기 때문이다.

생명력이란 음에 뿌리를 둔 양이어야 하므로 日柱 중에서도 독립성 및 주체성을 가지고 있는 日干이 나이며 이것이 또한 지지가 아닌 천간을 나로 보는 이유다.

> **참고** 자전과 공전이 의미하는 '한 바퀴'는 태양과 지구의 균형 상태를 유지하는 순환의 완성으로서 하나의 오행이다. 이것이 10천간으로 이어지는 이유는 甲乙丙丁…… 순인 木火土金水로 흐르기 때문이다. 우리 인간의 인식으로는 확인할 수 없다 할지라도 어디에서든 '구심점을 중심으로 돌고 있는 자전 공전의 원리'는 균형을 전제로 궤도상에서 돌고 있는 한 '목화토금수로 흐르는 불변의 진리'라고 할 수 있다.

【2】 한 해의 시작은 寅月의 시작인 立春부터 시작한다

명리학은 체용변화가 근간을 이루는 학문이다. 태양과 지구가 균형을 이루고 있는 자체는 體로 본 시각이고, 균형을 유지하면서 자전과 공전으로 변화를 보이는 것은 목화토금수로 흐르는 오행의 변화 즉, 用으로 본 시각이다. 이것이 법칙성 안에서 변화를 보이는 생명성이고, 자전 공전을 통해 지구에서 12지지의 모습으로 나타나는 4계절이다.

한편 冬至는 극음지기로서 음양이 바뀌는 시점이다. 음에서 양으로 바뀐다 함은 體로 본 시각이지만 이를 用으로 보면 응축의 극대화를 이룬 씨가 생명력을 잉태하는 모습이다. 동지인 甲子에서 잉태되어 乙丑 숙성기를 거쳐 立春인 丙寅이 되면 생명은 탄생한다. 사주란 사람이 탄생하는 시점인 생년 월 일 시를 간지로 나타낸 것이다.

만일 冬至에서의 잉태의 시점을 간지로 뽑아야 한다고 주장을 한다면 이는 하나의 학설이 될 수는 있겠다. 그러나 잉태는 그 시점을 알아보기도 쉽지 않을 뿐더러, 바깥세상과 균형을 이룬 오행 흐름의 시작이라고 보기보다는 독립된 생명으로 태어나기 위한 음토적인 작용력의 품 안(엄마의 품 안)으로 보는 것이 옳다. 이는 독립성과 주체성을 가지고 있는 일간을 나로 보는 이치와 같다. 응축의 극대화를 거친 씨 역시 잉태는 되었지만 아직 己土의 품 안에서 숙성기를 거치고 있고, 새싹은 독립되어 태어나 첫 호흡과 함께 세상과 하나를 이루었기 때문이다.

이것이 '탄생의 시점'인 寅月 立春을 한 해의 시작으로 보아 간지를 뽑아내는 이유다.

【3】하루의 시작은 子時부터인가, 寅時부터인가

공전은 계절의 흐름이지만 자전은 밤과 낮으로 균형을 이룬 '하루'를 의미한다. 태양과 지구가 균형을 이룰 수 있는 이유는 자전과 공전이 있기 때문이고 이는 태양을 기준으로 도는 같은 '한 바퀴'다. 한 바퀴가 의미하는 것은 用으로서의 변화 즉, 木火土金水로의 흐름이다. 그래서 1년 한 바퀴도 12지지, 하루 한 바퀴도 12지지다. 이는 자전이든 공전이든 구심점을 중심으로 돌고 있는 한 10천간 12지지의 변함없는 원리다.

세상에는 하루만 사는 생명도 있고 일주일 또는 수백 년 이상을 사는 생명도 있다. 이들 모두는 한 바퀴가 갖는 木火土金水 오행의 흐름을 그대로 겪는다. 즉, 4계절을 겪고 12지지를 겪는다.

'시간의 크기'에 대한 선입견을 가지면 안 된다. '시간'은 하루든 1
년이든 10년, 100년이든 한 마디로서 하나의 단위가 될 수는 있지만, 오행
은 한 순간도 쉬지 않고 흐르고 있기 때문에 적은 시간이든 많은 시간이든
하나의 마디로서 규정을 지을 수 있을 뿐 오행 변화의 흐름은 전혀 다르지
않다. '음 중 음양', '양 중 음양'으로 우주는 균형을 이룬 음양이 영속적으
로 이루어져 있음을 참고한다.

모든 생명력은 亥月에 생명력을 축적하기 시작해서 寅月에 탄생을 하고,
하루도 역시 亥時 장생지에서 甲木의 기운이 자리를 잡아, 子時자정에 응
축의 극대화를 이루어 丑時 숙성의 시간을 거쳐 마침내 寅時에 생명은 탄
생이 되며, 卯時 왕지를 거쳐 辰時는 작용지, 巳時에서는 꽃이 피고 결실의
기운이 생길 것이며, 午時의 광합성을 거쳐 未時에서는 익어가기를 하고
申時에는 숙살을 받아 酉時에 결실을 이루고 씨를 남길 것이다.
생명력의 활동성을 보아도 亥時에 적극적으로 에너지를 축적하기 시작
해서 子時(자정)에 응축의 극대화를 거쳐, 丑時에 활동에너지로 숙성을 시
키고, 寅時에 생명력의 활동이 시작된다.

'亥時에 잠이 들어 에너지를 축적한다' 함은 겨울에 씨가 응축의 극
대화를 이루고자 하는 것과 같고, '寅時에 활동이 시작된다' 함은 봄에 생명
력이 세상으로 표출되는 것과 같다.

이와 같이 생명력의 잉태를 의미하는 冬至를 한해의 시작으로 보지 않
고, 생명의 탄생을 즉, 立春을 새해로 보는 이치는 똑같은 한 바퀴인 자전
또한 다르지 않다. 이는 물론 명리학 적인 입장에서 간지를 뽑을 수 있는
새해를 말하는 것이지, 일반적으로 알고 있는 새해를 말하는 것이 아니다.

같은 이치로 '하루의 시작'을 子時로 보아야 하는 특별한 이유가 없는 이상 하루의 시작도 寅時부터를 당일 간지로 뽑아야 한다. 양력이든 음력이든 날짜 변동 없이 모든 사람의 하루의 시작은 體로 보아 음이 끝나고 양이 시작되는 '00시'일 수 있지만, 명리학적으로 하루의 시작을 간지로 나타내는 기준은 用으로 보아 생명력의 활동이 시작되는 寅時가 되어야 하는 것이 체용변화의 이치에 부합이 된다.

冬至가 새해의 시작이므로 하루의 시작도 子時(자정)가 되어야 한다는 이에 따른 적합한 근거가 없는 한, 立春이 새해의 시작이라면 하루의 시작도 寅時가 되어야 한다. 이에 따르면 당일 간지를 쓰던 子時와 丑時生의 일주(日柱) 간지는 어제 날짜의 간지가 되어야 하고, 寅時 이후의 출생자라 하더라도 時干이 바뀌게 될 것이다.

> **참고** 만일 '02월 04일 02시'가 立春 절입시(節入時)인데 출생자가 '02시 30분'에 태어났다면, '자정을 하루의 시작으로 볼 때'에는 '입춘 절입시'가 지났으므로 '새해, 寅月, 당일 간지'를 뽑아야 하지만, '寅時를 하루의 시작으로 볼 때'에는 아직 寅時가 되지 않았으므로 '전년, 丑月, 전날의 간지'를 뽑아야 하고, 時干 또한 日干에 따라 변하므로 사주 8자 중 時支만 빼고 7자가 모두 바뀌게 된다. '사주 기둥 세우는 방법'에서 다시 보도록 하겠다.

훌륭한 선배님들이 깨달은 이치가 옳을 수도, 틀릴 수도 있을 것이고, 전해져오는 이론 또한 옳을 수도, 틀릴 수도 있을 것이다. '올바른 이론'을 이해하지 못하는 것이라면 열공을 해서 내 것으로 만들면 되겠지만, 만일 내가 근거를 알지 못하는 상태에서 당연시 하는 믿음으로 따르고 있는 것이라면 이는 개인의 발전은 물론 명리학계 전체에도 도움이 되지 않는다는 것이 필자의 생각이다.

'학문'이란 올바르게 이해를 하고 있는 것이든, 아니면 오해를 하고 있는 것이든, '자연의 이치'에 부합이 되는 나름대로의 이치가 있어야 하고 또 논리적으로 이해될 수 있는 합당한 논거가 있어야 한다. 만일 이에 맞지 않으면 아무리 많은 사람들이 인용하고 있다 해도 이는 선입견에 의한 습관일 뿐이고 이것이 굳어지면 맹종이 될 수밖에 없을 것이기 때문이다.

참고 冬至를 '새해의 시작'으로 보기 때문에 '하루의 시작'도 子時로 본다든가, 立春을 '새해의 시작'으로 보기 때문에 '하루의 시작'도 寅時로 본다는 등의 주장은 이 주장들의 옳고 그름을 떠나 논리적으로는 두 주장 모두 합당하다고 볼 수 있다.

그러나 지금까지의 우리나라에서처럼 立春을 '한 해의 시작'으로 보아 간지를 세우면서 하루의 시작은 자시로 보아 간지를 세우는 것은 그에 맞는 합당한 근거가 제시되지 않는 한 논리적인 모순에서 벗어날 수 없다고 본다. 이것이 혹 '남의 것을 받아서 내 것으로 만드는 과정에서 생긴 부작용이 아니겠는가?'라고 한다면 당연히 '부작용'을 바로 잡기도 해야겠지만, 더 큰 문제는 '남의 것'이나 '내 것'이라는 생각 자체에 있다고 본다. 왜냐하면 학문이란 언제나 변함없이 존재해 있는 우주의 섭리를 하나하나 발견해 나가는 것이고, 누군가가 먼저 발견한 사람이 있을 뿐, '네 것', '내 것' 등으로 기득권을 주장할 수 있는 성질의 것이 아니기 때문이다.

이러한 생각은 학문을 연구하는 데에 장애가 될 뿐 아니라 '맹종'이라는 옳지 못한 습관을 낳게 하므로 하루 빨리 개선되어야 한다고 본다.

아래의 표를 참고해서 체용변화에 의한 '오행의 생 변 멸'을 '1년의 시작'과 '하루의 시작'을 염두에 두고 언제로 기준을 삼아야 할지를 참고해 보기로 하자.

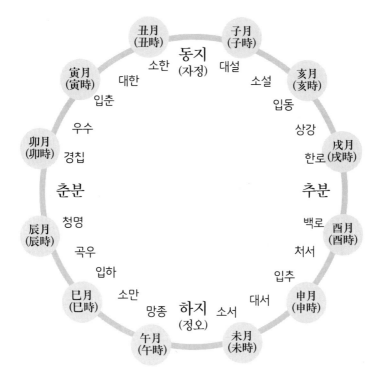

【4】月柱와 時柱의 구성원리는 왜 生, 剋으로 다른가

이 자리가 '사주의 구성원리'를 설명하는 자리이므로 月干과 時干이 변화를 보이는 이치 또한 함께 설명해야 하는 것이 원칙이다. 그러나 앞에서도 언급한 바와 같이 명리학은 한 가지 이치로 흐르는 맥을 형성하고 있기때문에 이론에 따라 선후를 구별해서 설명하기가 어려운 부분이 많이 있다.

연월일시 사주를 선택하려면 만세력과 時 조견표를 참고하면 그만이지만 사주의 구성원리를 좀 더 깊이 이해하려면 월주(月柱)와 시주(時柱)의구성원리를 이해하여야 한다. 명리학은 철저하게 음양의 균형의 원리가 바탕에 깔려 있고, 이 균형을 이룬 음양이 오행으로서의 변화를 보이는, 즉, 체용변화의 원리가 근간을 이루는 학문이며, 이 변화의 원리에 주축을 이루고 있는 것이 생극합충(生剋合沖)이라는 이론이다.

用으로 변화를 보이는 月干과 時干 또한 體를 이루는 年干과 日干이 어떠한 오행이냐에 따라 생극합충에 의해 변화를 보이는 이치가 다르게 나타난다(연월과 일시도 천간끼리 양음으로 각각 간지를 이룸).

자리로 보면 '사주의 구성원리'에서 다루어야 하는 것이 맞는데, 내용은 '생극합충'이기 때문에 이곳에서 다룰 것인가 '생극합충'에서 다룰 것인가를 놓고 많은 고민을 하다 결국 자기 자리에서 하는 것이 제격이라는 결론을 내렸다. 그래서 부득이 '생극합충' 이론 중 필요한 것이 '생, 극, 합'이므로 이에 관한 기본 공식을 간단히 설명하고 본론에 들고자 한다.

앞에서 설명한 바와 같이 사주 연월일시는 양음양음 순이다. 年과 日은 태양 중심이므로 천간이 體, 지지가 用이다. 따라서 甲寅, 甲辰, 甲午……등으로 用인 지지가 바뀌면서 간지를 이루고, 月과 時는 지구 중심이므로 지지가 體, 천간이 用이다. 따라서 乙丑, 丁丑, 己丑…… 등으로 천간이 변화를 보인다.

여기서 주의해야 할 것은 年, 日에서 지지가 바뀐다고 해서 지지가 변화를 보인다는 뜻이 아니라는 것이다. 즉, 體인 천간이 오행으로서 음인 각각의 해당 지지와 균형을 이루어 간지를 형성할 뿐이다.

그러나 月과 時는 음인 지지가 體이므로 양인 천간이 오행으로서의 변화를 보인다. 봄에 꽃 피고, 여름에 광합성을 해서, 가을에 결실을 거두는 것이 꼭 지지가 변화를 보이는 것처럼 보이지만 지지는 음으로 바탕을 이룰 뿐 천간이 변화를 보이는 것임을 기억한다.

이 '月干과 時干이 변화를 보이는 이치'를 여기서 살펴보고자 한다. 年柱에서는 年干이 體고, 月柱에서는 月干이 用이므로 年月干 또한 體 用으로 간지를 이루면서 用인 月干이 변화를 보이고 있음을 염두에 두기로 한다. 日 時 또한 같은 이치다.

'生'은 양의 기운으로 冬至에서 잉태를 이루고 丑月에서 탄생의 기운이 숙성을 해야 立春에 맹아를 틔우고(水生木), 봄에 나무가 성숙해야 여름에 꽃을 피우듯이(木生火), 하나의 오행을 바탕으로 다른 오행이 생 하는 이치를 말하고, '剋'은 음의 기운으로 다 끓은 국수를 찬 물에 헹구면 쫄깃해지듯이(水剋火), 어른들의 통제와 교육이 아이들을 성인으로 성장시키듯이(金剋木), 초가을 따가운 햇살이 과일을 영글게 하듯이(火剋金), 억제, 통제, 경계, 한계 등을 이룸으로써 '생'의 바탕을 이루는 것을 말한다.

이에 대해 '合'은 '剋'에서 도출된 이론으로 '剋 관계에 있는 양 오행과 음 오행이 균형을 이루어 다른 오행을 생 하는 이치'를 말하는 것으로 이는 적극적인 '生' 이론이므로 양의 기운이다. '합'은 '충'에 대한 '합'이지만 여기서는 굳이 '충'까지 설명할 필요가 없으므로 '충'은 본론에 들어가 자세히 살펴보도록 하겠다.

그리고 관장시기에서 戊土와 癸水, 壬水와 丁火, 甲木과 己土, 丙火와 辛金, 庚金과 乙木 등이 만나 어떠한 변화를 보였는가를 생각해 보면 도움이 될 것이다.

> **참고** 앞에서도 '신살(神煞), 형(刑), 파(破), 해(害)……'와 같은 '정해져 있는 공식'은 명리학의 이치(음양오행의 변화이치)를 이해하는 데 장애가 된다는 말을 한 바 있다. 그러나 여기서 소개하는 공식은 '정해져 있는 것'이 아니라 '규칙적으로 변화하는 성질을 이치에 맞게 분류한 것'이다. 이는

'차가운 공기와 뜨거운 공기가 만나면 바람이 불고 비가 온다' 는 등의 이치
를 표현해 놓은 것과 같다.

生	木生火　　火生土　　土生金　　金生水　　水生木
剋	木剋土　　土剋水　　水剋火　　火剋金　　金剋木
5合	甲己 合 生 戊土　　丙辛 合 生 壬水　　戊癸 合 生 丙火 庚乙 合 生 庚金　　壬丁 合 生 甲木

참고 '생극합충론' 에서 어차피 외워야 할 공식들이다. 조금 복잡하긴 하
지만 미리 외워 두면 오행 관계의 모든 변화 이치를 이해하는 데에 도움이
된다. 외울 때는 '甲己 合 戊土', '庚乙 合 庚金' 등으로 외우는 것이 편리하다.
年과 月이 간지로 결합하는 근거는 상기한 바와 같이 年의 體는 천간이고,
月의 體는 지지이므로 體인 年의 천간과 用인 月의 천간이 합을 해서 '年
月' 이라는 하나의 오행이 되어야 하기 때문이다. 즉, '한 해' 는 공전 한 바
퀴이므로 '甲年' 이라는 '태양 중심' 입장에서 지구의 각각의 12지지와 균형
을 이루어 간지를 이루는 것이므로 甲子, 甲辰, 甲午…… 등으로 지지가 변
화를 보이는 것을 의미하고, '달' 은 지구의 입장에서 1년 12지지 중의 하나
가 정해져 있는 것이므로 年干에 따라 月干 또한 바뀌게 된다. 따라서 甲寅,
丙寅, 戊寅…… 등으로 천간이 변화를 보이게 된다.

　年과 月, 日과 時는 각각 하나의 간지를 이루는 오행이고, 日時와 年月이
다시 간지를 이루므로 결국 사주는 전체적으로 음양의 균형인 간지를 형성
하고 있는 하나의 오행이다.
　아래의 명식에서와 같이 年柱와 日柱가 주어지고 月과 時는 지지만 주어

진 상태에서 月, 時 각각의 천간을 구하는 것인데, 구하는 방법에 있어서 음양의 균형 이치에 따라 상반된 논리를 보이고 있다. 이 이치를 알아두면 음양오행의 균형관계를 좀 더 깊이 있게 알 수 있고, 이를 이해하면 명리학이 왜 균형을 중요시하고, 왜 체용변화가 근간을 이루고 있는 지를 이해하는 데 도움이 될 수 있기 때문에 조금은 무리수를 두면서까지 여기서 설명하고자 하는 것이다.

시	일	월	연		시	일	월	연
	庚		甲	⟹	丁	庚	丙	甲
卯	午	寅	戌		卯	午	寅	戌

1. 月干을 구하는 방법

年干이 月干과 간지를 이루려면 우선 변함이 없는 體의 모습인 年干 甲과 합을 하는 오행인 己土를 선택하고, 위의 공식에서와 같이 '甲己 合 生 戊土'이므로 일단 戊土를 전제해 놓고 시작한다.

이때 年干은 體, 月干은 用이므로 月干이 변화를 보이는데, 이 변화를 보이는 오행을 구하는 방법은 生이다. 즉, 합해서 生(化) 한 오행인 戊土를 生하는 오행은 火(火生土)이므로 양화인 丙火로부터 시작하는데, 月은 寅月부터 출발하므로 丙寅, 丁卯, 戊辰, 己巳…… 순으로 짚어 나간다. 변화는 양이 시작하고 양이 변화를 주도한다는 점을 기억한다. 위의 명식은 寅月이므로 丙寅月이 되었지만, 만일 辰月이었다면 丙寅, 丁卯, 戊辰이므로 戊辰月이 되었을 것이고, 午月이었다면 己巳, 庚午로 이어져 庚午月이 되었을 것이다.

日 時는 양, 年 月은 음으로 이 또한 간지를 이룬다. 月干을 구하는 방식

이 年月干이 슴을 해서 化(生) 하는 오행에 대한 生으로 시작하는 이유가
바로 이것 때문이다. 즉, 양인 日時에 대해 年月은 음이므로 그 자체에서
양인 生으로서 균형을 이루어야 하기 때문이다.

2. 時干을 구하는 방법

時干을 구하는 방법도 月干을 구하는 방법과 같다. 다만 生이 아닌 剋으
로 시작하는 것이 다르다. 위의 명식에서 庚 日干이 합하는 오행은 乙이다.
따라서 '庚乙 合 生 庚金'이므로 月干을 구하는 방법과는 반대인 庚金을
극 하는 오행으로 시작이 된다. 金을 극 하는 오행은 火(火剋金)이다. 그래
서 丙寅, 丁卯, 戊辰……순으로 짚어 나간다. 위 명식은 卯時이므로 丁卯
時가 되었지만, 만일 辰時면 戊辰時가 되었을 것이고 午時면 己巳, 庚午로
이어져 庚午時가 되었을 것이다.

만일 日干이 丙火 또는 辛金이었다면 '丙辛 合 生 壬水'이므로 壬水를 극
하는 양 오행인 戊土(土剋水)로 시작이 되었을 것이다. 즉, 戊寅, 己卯, 庚
辰, 辛巳로 흐르므로 寅時면 戊寅時고 巳時면 辛巳時가 되었을 것이다.

時干을 구하는 방식이 生이 아닌 剋으로 시작하는 이유 또한 日時는 양
이므로 年月에서의 이치와 같이 그 자체에서 음인 극으로 음양의 균형을
이루어야 하기 때문이다.

> 참고 여기서 유념하여야 할 것은 필자의 주장이 '하루의 시작'을 寅時로
> 본다는 것이다. 그래서 변화되는 시점을 月, 時 모두 寅으로 시작했다.
> 만일 하루의 시작을 子時로 본다면 月은 어차피 立春이므로 寅으로 시작하
> 겠지만, 時는 子時로 시작하게 된다. 즉, 위의 명식에서 日干이 庚이므로
> '庚乙 합 생 庚金'이라는 이치에 의해 金을 극 하는 오행인 丙火부터 丙子,
> 丁丑, 戊寅, 己卯……순이 되어 己卯時가 되었을 것이다. 이것이 지금 만세

력 등에 실린 '시 조견표'의 내용이다.

사주팔자에서 한 글자만 바뀌어도 길흉화복이 180° 바뀌는 경우가 많다. 더욱이 子時, 丑時 생 사주는 자신을 상징하는 日柱 자체가 바뀌기 때문에, 즉, 寅時가 안 되어 전날의 간지를 잡기 때문에 개인의 운명 전체가 바뀌게 된다.

이렇게 복잡한 이론이 사주를 보는 데에 무슨 소용이 있는가? 라는 생각이 들 수도 있을 것이다. 그러나 사주 네 기둥이 구성되는 원리 또한 철저하게 음양의 균형으로 이루어져 있다는 것을 깨달아야 간지가 오행임을 이해할 수 있고, 사주 원국과 지장간, 대운 등 모두가 간지로 이루어져 균형 관계를 유지하고 있는 것임을 이해하게 됨은 물론, 나아가 명리의 기본 이치가 균형의 원리라는 것이 이해되어야 사주역시 깊이 있는 이해가 가능하기 때문이다.

'寅時'를 '하루의 시작'으로 본 '시 조견표'

戊, 癸	壬, 丁	丙, 辛	庚, 乙	甲, 己	日 /時
壬寅	庚寅	戊寅	丙寅	甲寅	寅
癸卯	辛卯	己卯	丁卯	乙卯	卯
甲辰	壬辰	庚辰	戊辰	丙辰	辰
乙巳	癸巳	辛巳	己巳	丁巳	巳
丙午	甲午	壬午	庚午	戊午	午
丁未	乙未	癸未	辛未	己未	未
戊申	丙申	甲申	壬申	庚申	申
己酉	丁酉	乙酉	癸酉	辛酉	酉
庚戌	戊戌	丙戌	甲戌	壬戌	戌
辛亥	己亥	丁亥	乙亥	癸亥	亥
壬子	庚子	戊子	丙子	甲子	子
癸丑	辛丑	己丑	丁丑	乙丑	丑

【4】 대운은 왜 10년이며 왜 월지를 타고 흐르는가

1. 서설(의의)

　만세력에서 사주 원국을 뽑고 대운을 구할 때 '생일'을 중심으로 남녀 순행·역행을 구별하여 앞뒤의 절기까지의 수를 헤아려 3으로 나누면 3대운 5대운 하는 식의 '대운 수'가 구해진다. 그리고는 3, 13, 23······ 순으로 月柱의 간지 앞과 뒤의 간지를 시작으로 순행 또는 역행으로 10년씩 흐르는 대운을 구하게 된다. 이와 같이 '대운'을 구하는 방법은 약 20여 년 전까지는 국내외에서 보편적으로 사용되었던 계산 방식이었다. 그러나 지금은 거의 모든 '만세력'에 표기가 되어 나오기 때문에 관심을 갖는 사람이 거의 없다.

　'대운 수'와 '10년을 마디로 흐르는 대운'은 사주의 구성요건이다. 따라서 대운은 왜 10년을 마디로 흐르고, 대운 수는 왜 3으로 나누어야 하며, 대운은 왜 月支를 타고 흐르는지를 알아야 한다. 그래야 대운 자체를 이해할 수 있고 이를 원국에 적절히 적용할 수 있으며, 결국 대운 또한 나와 한 몸이라는 것을 알게 된다.

　이렇게 '사주' 하면 당연히 따라다니는 것이 '대운'임에도 불구하고 아직까지 이에 대한 소신 있는 주장은 찾아보기가 힘들다. 다만 태양이 북극성을 한 바퀴 공전하는데 120년이 걸리므로 지구의 1개월은 우주의 10년에 해당된다는 주장과 태양이 10년을 주기로 변화를 보이는 흑점의 극대·극소화 현상의 영향으로 인해 대운은 10년이며 또한 지구는 매달 기후가 바뀌므로 지구의 한 달은 태양의 10년이고, 따라서 지구의 3일은 태양의 1년이므로 대운 수는 3으로 나눈다는 주장이 있다.

여기서 '지구의 한 달이 태양의 10년'인 이유는 '태양이 10년을 주기로 변화를 보이는 흑점의 극대·극소 현상'과 '지구는 매달 기후가 바뀐다'는 의미를 같은 맥락으로 보기 때문인 것으로 보이지만, 우리의 절기는 '한 달'을 '지지'로 분류하므로 중요하기는 하지만 '한 달'을 꼭 집어 기준으로 하는 것도 아닐뿐더러 '흑점의 10년 변화 현상 주기'와 '지구의 한 달간의 변화 현상 주기'와의 논리적인 인과관계에 대한 증명이 있어야 할 것으로 보인다. 또한 흑점의 변화 주기는 11.5년 정도라는 것이 학자들의 주장임을 참고한다.

그러나 필자가 수없이 강조해 왔듯이 명리학은 구심점을 중심으로 돌고 있는 자전 공전의 원리 즉, 10천간 12지지의 원리가 가장 기본이므로 모든 이론은 이 원리를 바탕으로 형성이 되어 있다. 따라서 이 주장들은 명리학적인 논거가 없어 단지 주장일 뿐 학문적인 가치를 논하기에는 많이 부족하다.

명리학에 관해서는 기상학·절기학·농부학 등 다양한 표현들이 있다. 이들은 물론 기후의 변화를 의미하는 절기나 계절을 바탕으로 한 표현들이다. '月' 역시 절기에서 절기를 의미하므로 기후의 변화를 의미하는 뚜렷한 단위라 할 수 있다. 그러나 '절기'란 규칙적인 오행의 변화이고 음양의 결합이므로 경계가 분명하다.

24절기를 두고 '자로 잰 듯이 정확하다'는 말들을 많이 한다. 24절기뿐 아니라 4계절, 한 달을 3으로 나눈 10일, 1년의 반씩인 6개월, 대운의 마디인 10년 등 절기에 버금가는 모든 오행의 변화는 경계가 분명하므로 기후 변화를 가늠하는 기준이 될 수 있다.

'月'을 두고 흔히 명리학의 기본원리인 10천간 12지지 중에서 12지지임을 말한다. 12지지는 물론 오행의 규칙적인 변화이며 천간을 전제로 한 지지다. 즉, 日은 1천간 12지지 24시간, 10日은 10천간 120지지, 年은 1천간 12지지 24절기 360일, 10年 역시 10천간 120지지이다. 10, 12, 24, 360(=1) 등의 숫자들은 얼핏 복잡해 보이지만 계산에 따라 0의 개수만 차이가 있을 뿐 모두 '천간 중심 한 바퀴로 귀일되는 자전 공전의 원리'를 수리적으로 표현한 것임을 알 수 있다.

한편 '대운 수'를 구하고자 하면 생일부터 절기 일까지의 수를 헤아려 3으로 나누어야 한다. 일반적으로 대운은 月支를 타고 이어지는 것이 당연한 것으로 인식이 되어 있기 때문에 한 달 30일에 대운 10년이라는 전제하에 3대 1의 비율로 계산을 해왔다. 대운수를 3으로 나눈다는 문제와 대운은 왜 10년이며 왜 월지를 타고 흐르는가의 문제는 논리를 같이 하기 때문에 따로 논할 문제가 아니다.

앞에서 예를 든 학설이 지구의 한 달은 우주 혹은 태양의 10년이므로 대운은 10년이라고 주장하지만, 지금까지 대운과 관련되어 분명한 것은 '月안의 내 생일부터 절입일까지의 날짜 수' 뿐이다.

시중에 선 보인 명리서들 대부분이 '3으로 나누고 대운은 10년'이라는 공식만 소개하고 있는 것이 현실이다. 그나마도 요즘은 만세력에 대운수가 기재되어 나오기 때문에 3으로 나눈다는 표현을 하고 있는 책도 드물고 따라서 이러한 이치가 있는지조차도 모르는 사람들이 늘고 있어 안타까움을 더한다.

참고 사주를 통해 운명을 살펴보고자 하는 사람이라면 누구나 사주 원국을 뽑고 10년을 마디로 흐르는 대운을 적어 조합을 하는 것이 기본이다. 당연한 절차고 기본이지만 이 '기본'이 품고 있는 '진실 된 기본'을 알아야 명식 전체를 파악할 수 있다.

따라서 '사주 구성의 원리'는 무엇이고, '사주원국과 대운은 어떠한 관계'에 있으며, '대운은 왜 10년이고 왜 월지를 타고 흐르는가?' 등을 알아야 한다. 그래야만 명리학의 모든 것이라고 할 수 있는 음양의 균형의 원리, 오행의 변화이치, 이 원리를 상징적, 구조적으로 표현한 천간과 지지, 다양한 변화 속에서도 규칙성을 보여주는 생극합충 등, 전체적으로 흐르는 논리의 맥을 이해할 수 있기 때문이다.

2. 온전한 간지 결합의 수 120

'1년'을 명리학의 입장에서 정의해 보면 '寅月부터 丑月까지 지구가 태양을 중심으로 자전과 공전을 함으로써 한 바퀴를 이루어 12달이라는 시간적, 공간적인 오행의 흐름을 형성하는 마디로서의 한 단위'이다. 이때 10년인 10천간은 甲乙丙丁戊己庚辛壬癸의 순으로 각각 12달인 12지지를 품고 흐른다.

10천간은 각각 구심점이 되고 이를 축으로 각각 12개의 음양 지지가 순차로 흘러 골고루 결합을 함으로써 하나의 온전한 '마디'를 이루는바 이것이 '온전한 간지 결합의 수 120'이다. 즉, 10×12=120이다.

여기서 '온전한 간지 결합의 수 120'이라 함은 구심점을 전제로 한 개념이다. 10개의 구심점이 각각 12개의 지지를 품고 있으므로 자전과 공전이라는 법칙성의 범위 내에서 하나의 생명력을 품을 수 있는 바탕인 한 마디로서의 '온전한 간지 결합의 수 120'이 되었음을 의미한다. 또한 온전한 생명력은 중화의 원리에 의해 천10, 지12의 기운이 완결(온전한 간지결합의 수 120)된 배경 속에서 탄생이 됨을 의미하기도 한다.

> 참고 1천간에 12지지이므로 10천간이면 120지지이다. 여기서 60甲子는 양끼리 음끼리 결합이 되므로 甲年이 丑月과 결합이 될 수는 없다고 생각

할 수 있다. 그러나 甲寅년이라 해도 丙寅월, 丁丑월…… 등 모두와 결합하기 때문에 12지지가 됨을 유념해야 한다. 뒤에서 설명하는 '온전한 간지 결합의 수 120'과 '60갑자'를 비교한 부분을 참고한다.

사주 역시 같은 조건이므로 10천간 12지지 중에서 선택되어 태어남은 물론, 각각의 대운도 사주원국을 구심점으로 10천간 12지지 즉, '온전한 간지 결합의 수 120'을 이루면서 흐르기 때문에 '나'의 지지가 될 수 있고, 도래하는 세운 10년과 각각 결합이 될 수 있다. 흐르는 방향은 月支가 모태이므로 월지가 흐르는 방향이다. 다만 순행과 역행이 있다.

> 참고 '月支'가 모태라 함은 한 달 30일 중의 하루이기 때문이고, '지지'를 칭하는 이유는 月과 時는 지구 기준 12지지가 體이기 때문이다. 앞에서 설명한 體와 用에 대한 기본적인 개념과 年 日은 '천간이 體', '지지가 用'이며 月과 時는 '지지가 체', '천간이 용'이 되는 이치를 천간과 지지의 개념과 더불어 이해해야 한다.

3. 대운은 왜 10년이며 왜 월지를 타고 흐르는가

사주 年月日時는 사람이 태어나는 어느 한 시점이다. 따라서 쌍둥이라 해도 사람마다의 운명은 사실상 모두 다르다. 또한 태어나는 순간부터 사람마다의 환경 조건도 모두 다르다. 그래서 '나만의 대운'이 '나'를 중심으로 새로이 시작된다. '온전한 간지 결합의 수 120'은 구심점을 중심으로 한 자전 공전이 간지를 이룬 모습이므로 새로 태어난 개인의 입장에서 볼 때에는 대운이 흐르는 모습이다. 즉, '나'는 하늘이고 천간이며 사주원국이고, '대운'은 땅이고 지지이며 나만의 환경조건이다.

'나만의 대운'은 구심점을 중심으로 흐르게 되는데 그 구심점은 바로

'나' 다. 따라서 '나' 즉, 사주를 가정해야만 대운은 존재하며 '나'는 천간이고 '대운'은 지지이므로 나로부터 대운은 시작되고, 나와는 한 몸이므로 비로소 '온전한 간지 결합의 수 120'을 형성해 생명력을 갖춤으로서 흐르게 된다.

木이 土에 뿌리를 둔다함은 생명력이 대지의 작용력에 뿌리를 둔다는 말이고, 나만의 대지의 작용력이 바로 나와 조화를 이루고 있는 '나만의 대운'이다.

日干은 月 속에 있는 천간이며, 年月은 하나의 간지로서 나의 바탕이다. 따라서 年干은 日干의 부친과 같고, 月支는 모태와 같다. 日干은 나요 천간이고 月支는 나의 바탕인 지지이며, 사주는 나요 천간이고 대운은 내가 태어나면서부터 시작되는 나의 환경이고 지지다. 나의 지지는 12여야 하고 나는 月支에서 태어났으므로 나의 生과 동시에 시작되는 나의 환경인 나의 대운 또한 모태인 月支를 타고 흐른다.

'마디'는 생명력을 품을 수 있는 '온전한 간지 결합의 수 120'여야 하고, 1천간이 12지지이므로 120을 품고 있는 10천간 즉, 10년이다. 대운이라는 나의 지지 속에서도 역시 10천간이 흐르므로 이것이 세운(歲運=1年)이라는 이름으로 10년 동안 순차적으로 적용이 되는 것이다.

> 참고 대운은 나에게만 존재하는 나만의 환경이고 바탕이다. 따라서 구심점인 '나(사주)'를 전제해야만 60갑자의 모습으로 흐르는 대운과 더불어 '온전한 간지결합의 수 120'을 형성하면서 하나의 온전한 생명력으로 조화를 이루게 된다. 이는 12지지로 흐르는 지구가 태양과 더불어 1년을 형성하면서 10년 동안 '온전한 간지결합의 수 120'을 형성하는 모습이다. 그래서 대운은 10년을 한 마디로 하는 것이고, '대운 10년'이란 '한 해가 10개가 모

인 것'을 말한다.

그리고 대운이 月支를 타고 흐르는 이유는 내가 태어난 바탕이 월지이기 때문이다. 즉, 일간을 나로 보는 이유가 독립된 자전 한 바퀴이기 때문이지만 이 한 바퀴도 한 달 30일 중의 하루임을 상기한다. 이것이 대운이 사주에 포함되는 이유이기도 하다.

'온전한 간지 결합의 수 120'은 天10, 地12로서 생명력이 태어날 수 있는 조건 또는 생명력을 형성하면서 조화를 이룰 수 있는 범위로서 중화를 이룬 마디이지만 전체적으로 보면 이것도 하나의 오행이다. 우주는 음양의 균형이 영속적으로 이루어져 있는 하나의 거대한 오행임을 참고한다.

【6】 대운 수를 3으로 나누는 이치

상기한 바와 같이 대운은 월지를 타고 흐르는 나의 바탕이요 나의 지지이므로 '나'와 함께 '온전한 간지 결합의 수 120'을 형성하면서 흐른다. 12지지 중 하나인 한 달은 30일이고, 대운은 10년이므로 30과 10년은 3일과 1년의 비율이다.

월	대운
30일	10년
3일	1년

따라서 나의 생일부터 절기까지의 수를 헤아려 3으로 나누어 대운 수를 구하는데 몫이 1이면 대운 수는 1이고, 몫이 2이면 대운 수는 2다. 이 말은 나의 생일이 절기와 3일의 차이가 난다면 대운 수는 1을 의미하므로 1, 11, 21, 31······로 흐르게 되고, 6일의 차이가 난다면 대운 수는 2가 되므로 2,

12, 22, 32……, 27일의 차이가 난다면 9, 19, 29……로 흐르게 됨을 의미한다. 물론 이 대운 수는 온전한 간지 결합의 수인 120달(30일:10년=3일:1년)이 '한 마디를 이루어 변화를 보이는 기점' 임을 이해하는 것이 중요하다.

한편 지구는 태양이라는 구심점을 중심으로 공전을 하고 있다. 여기서 1공전은 구심점을 중심으로 1달은 12번이고, 120간지(1달 중 10일, 1년 중 4달)는 3번을 거치게 된다. 즉, 순환의 완성을 의미하는 360의 1/3에 해당됨을 의미한다. 한 달 역시 10일은 120간지이므로 3묶음의 10천간 12지지를 형성한다. 그래서 360간지(120×3)를 이루고 있다.

> **참고** 1년도 3으로 나누어야 120간지(4달)를 이루고, 절기에서 절기인 한 달 역시 3으로 나누어야 120이라는 마디를 형성할 수 있다. 즉, 한 달 30일을 3으로 나누어야 10천간인 10일이 되고 이 10일은 각각 12지지를 품고 있기 때문에 120간지가 된다. 그래서 한 달 중 생일부터 절기까지의 수를 헤아려 3으로 나눈 몫이 대운 마디의 기점이 되는 것이다. 4달이 120간지인 이유는 1달은 10×3이고, 4달은 30×4=120이기 때문이다.

생일날부터 전후의 절기까지의 수가 3날이든 7날이든 이 또한 단지 360° 한 바퀴의 숫자가 3이요 7이다. 따라서 한 마디로서의 120간지가 맞아 떨어지는 그 시점을 찾으려면(한 달을 3으로 나누어야 '온전한 간지결합의 수 120' 이 되므로) 비로소 3으로 나누어야 하며 그 시점(나눈 몫)이 1이면 1, 11, 21, 31……로 대운수가 흐르게 되고 2이면 2, 12, 22, 32……로 흐르게 된다.

참고로 7날을 3으로 나누면 1이 남아 반올림이 안 되므로 버릴 수도 있으나 월 1일이면 대운은 120일이므로 4달을 버리게 됨을 유념하여야 한다.

참고 3일은 1년의 비율이므로 1일(하루)은 1년의 1/3인 4달이 된다. 즉, 날짜수가 7일 경우 3으로 나누면 대운 수는 2고 나머지가 1이므로 1은 버릴 수 있지만 대운의 시작은 매 대운 수로부터 4개월 후가 된다는 것을 염두에 두어야 한다는 뜻이다. 대운수를 계산하는 법은 아래 '사주 구성 방법'의 '대운'에서 자세히 설명한다.

【7】 첫 대운 수가 시작되기 전에는 무엇을 근거로 판단하는가

여러 주장이 있지만 첫 대운 수에 진입하기 전까지는 生月의 간지로 판단한다는 설이 타당하다. 왜냐하면 대운은 생월의 간지가 모태이기 때문이다. 예를 들어 丙申年 甲午月 生(남)이 4대운이고 순행이라면 丙申, 丁酉, 戊戌년이 지나 4세인 己亥 歲運(年運) 시작으로부터 乙未 大運이 시작되는데, 이때 乙未 大運이 시작되기 전까지는 어느 대운의 영향을 받느냐의 문제이다.

'생월의 간지로 판단한다' 함은 생월인 甲午月이 첫 대운 수에 이르기 전까지 甲午 대운의 역할을 한다는 뜻으로, 이는 대운이 월지에서 태어나 월지를 타고 흐르기 때문이다.

大運(數)	세운(歲運)
甲午(생월)	병신, 정유, 무술
乙未(04)	기해, 경자, 신축, 임인, 계묘, 갑진, 을사, 병오, 정미, 무신
丙申(14)	기유, 경술, 신해, 임자, 계축, 갑인, 을묘, 병진, 정사, 무오
丁酉(24)	기미, 경신, 신유, 임술, 계해, 갑자, 을축, 병인, 정묘, 무진
戊戌(34)	기사, 경오, 신미, 임신, 계유, 갑술, 을해, 병자, 정축, 무인
己亥(44)	기묘, 경진, 신사, 임오, 계미, 갑신, 을유, 병술, 정해, 무자

庚子(54)	기축, 경인, 신묘, 임진, 계사, 갑오, 을미, 병신, 정유, 무술
辛丑(64)	기해, 경자, 신축, 임인, 계묘, 갑진, 을사, 병오, 정미, 무신
壬寅(74)	기유, 경술, 신해, 임자, 계축, 갑인, 을묘, 병진, 정사, 무오

【8】 대운에 순행(順行)이 있고 역행(逆行)이 있는 이치

1. 대운은 순행이 있고, 역행이 있다

사주를 간명하려면 원국과 지장간 그리고 대운이 필수적이다. 사주를 뽑고 남자와 여자를 가려 남자가 양년(陽年)에, 여자가 음년(陰年)에 태어났으면 순행이고, 남자가 음년, 여자가 양년에 태어났으면 역행이다. 즉, 남녀가 자기와 음양이 같은 해(양끼리, 음끼리)에 태어나면 순행, 음양이 다른 해에 태어나면 역행이다.

순행이란 지구가 공전을 하면서 나타나는 계절의 방향 즉, 60甲子의 生變滅인 木火土金水로 흐르는 방향을 말하고, 역행이란 그 반대 방향인 水金土火木 방향으로 흐르는 것을 말한다.

여기서 유념하여야 할 것은 '대운의 흐름은 공전 방향'이라는 고정 관념을 갖지 말아야 한다는 것이다. 지구에서 발생하는 모든 오행의 흐름은 '공전의 범위'라는 법칙성의 품 안에서의 변화이긴 하지만 그 범위 안에서 각 오행은 저마다의 독립된 흐름 즉, 생명성을 갖고 있기 때문이다. 대운은 천간인 사람과 한 몸으로 흐르는 지지요 환경체감이다. 따라서 대운이 木火土金水로 흘러야 균형을 이루는 사람이 있고 水金土火木으로 흘러야 균형을 이루는 사람이 있다. 이는 모두 음양의 균형인 간지 결합의 조건인 것이다.

참고 여기서 순행과 역행이라는 단어에 대한 선입견을 가지면 안 된다. 목화토금수 방향과 수금토화목 방향 두 가지가 있다는 것을 분명히 숙지해야 한다. 단지 공전 방향과 같은가 아닌가에 따라 '순행', '역행'으로 이름이 붙여졌을 뿐이다.

2. 왜 순행이고 역행인가

그러면 어느 때가 순행이고 역행이며 왜 순행이고 역행인가? 양끼리(남자 양년), 음끼리(여자 음년)이면 60갑자의 흐름을 따라 木火土金水 방향으로 순행이고, 음양이 틀리면(남자 음년, 여자 양년) 반대 방향인 水金土火木 방향으로 역행이다.

참고 60갑자는 양끼리 음끼리 결합이 되어 양음양음 순으로 木火土金水 방향을 따라 흐른다. 따라서 사람 역시 남자 양년, 여자 음년이면 양끼리 음끼리 이므로 60갑자의 흐름대로 목화토금수 방향이다. 그러나 남자 음년, 여자 양년이면 음양이 맞지 않으므로 60갑자와 반대 방향인 水金土火木 방향이라야 한다.

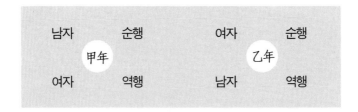

남자와 여자가 모두 양년인 甲年에 태어났다면, 남자는 같은 양이므로 순행, 여자는 음양이 다르므로 역행이다. 여기서 만일 여자도 순행이라면

남자와 여자가 모두 같은 해, 같은 대운을 체감하게 된다. 대운은 나만의 환경으로 나와 한 몸이다. 따라서 남녀가 모두 같은 해에 태어나 '같은 간지'인 '같은 대운'을 체감하게 된다면 정작 남자와 여자 즉, 균형을 이룬 음양으로서의 간지가 성립되지 않는다. 즉, 음양이 다른 남녀가 '양년'이라는 같은 해에 태어나 대운까지도 똑같다면, 대운은 나와 한 몸(한 덩어리)이라는 이치에 비추어 남녀가 같은 몸을 가지고 같은 체감을 하면서 세상을 산다는 의미가 되므로, 여자든 남자든 둘 중의 하나는 이미 모순이 된다는 것이다.

그러나 여자의 대운이 역행이라면 '순행 대운과 한 몸을 이루는 남자'와 '역행 대운과 한 몸을 이루는 여자'는 '양과 음'으로 균형을 이루어 간지 결합이 가능하다. 그래서 '양년'에 태어나면 남자는 순행, 여자는 역행이다.

음년인 乙年에 태어난 경우도 이치는 같다. 다만 순행과 역행은 음양으로 균형을 맞추고자 하는 것이므로 남녀를 간지로 볼 때 남자가 천간이고 여자가 지지인 것은 마찬가지다.

> 참고 남자든 여자든 생명력을 갖춘 오행으로서 지지와 더불어 생명력을 유지하려면 자기의 대운과 반드시 음양 관계 즉, 간지로서의 균형을 이루어야 하므로 목화토금수 방향일 수도 있고, 수금토화목 방향일 수도 있다. 남자가 자기에게 맞는 대운과 한 몸을 이룬 양과, 여자가 자기의 대운과 한 몸을 이룬 음이라야 남자와 여자가 양과 음으로 간지를 이룰 수 있다는 것을 의미한다. 그래서 '나만의 대운'이다.
> 순행이고 역행일 수밖에 없는 이유, 그것은 '남자와 여자는 하나의 간지로 결합이 되어야 하는 양과 음'이라는 것이 기본적인 자연의 원리 즉, '음양의 균형의 원리'이기 때문이다. 남자는 양이고 여자는 음이다. 또한 목화토금수 방향인 순행은 적극적으로 '생을 주는 방향'이므로 양이고, 수금토화

목 방향인 역행은 소극적으로 '생을 받는 방향'이므로 음이다(木生火 등 생하는 방향, 金生水 등 생을 받는 방향).

위의 '결합 조건'을 수학의 기초인 '곱하기'로서 예를 들어 '음양의 균형'과 '생명력'이 어떠한 관계에 있는가를 살펴보자.

남자-양년=순행 : (+) × (+) = (+)	여자-음년=순행 : (−) × (−) = (+)
남자-음년=역행 : (+) × (−) = (−)	여자-양년=역행 : (−) × (+) = (−)

여기서 유심히 보면 '음'인 (−)가 있는 곳은 반드시 (−)가 하나 더 있다는 것을 알 수 있다. 이는 '곱하기 식'에서 (−)가 둘이면 (+)가 됨을 의미하고, (+)는 '양'이므로 결국, 순행과 역행이 있는 이유는 사람으로서의 생명력을 유지할 수 있는 '음양의 균형조건'이다. 즉, 남녀가 각각 태어난 해와 대운이 음양으로 균형을 이루어야 하나의 오행인 '생명력(양=+)'으로 살아갈 수 있음을 보여주는 것이고, 그래야 '생명력으로서의 남녀(양중양, 양중음)'가 간지를 이루어 60갑자의 '생'을 살 수 있다는 것을 보여주는 것이다.

【9】온전한 간지 결합의 수 120과 60갑자

'60 갑자'와 '온전한 간지 결합의 수 120', 이 둘이 품고 있는 내용은 명리학에서 매우 중요한 의미를 차지한다. 따라서 '한 마디'를 의미하면서도 각각 다른 특성을 가지고 있는 두 수의 성립과 그 흐름에 대한 기본적인 원리를 이해하는 것이 중요하다.

공식화되어 있는 바와 같이 60甲子에 甲子는 있어도 甲丑은 없다. 가까운 것에서 그 이유를 다시 한 번 살펴보자. 정신과 육체는 간지의 결합이다. 인간은 양이면서도 남자와 여자인 양·음의 모습으로 구별되어 있다.

즉, 양중의 양이요, 양중의 음이므로 결국은 양끼리의 결합에 해당된다. 이에 대해 암·수컷 짐승들의 결합은 당연히 음끼리의 결합에 해당된다. 같은 이치로 60甲子는 甲寅, 乙卯……와 같이 양끼리 음끼리 천간과 지지가 한 몸이 되어 양음양음의 순으로 흐르고 있다. 즉, 인간과 짐승 및 초목 등이 함께 어우러져 양음양음의 순으로 배열되어 지구 표면에서 세상을 형성하고 있으며, 이는 60개의 간지가 양음의 순으로 12지지의 오행을 타고 흐르면서 순환하는 모습이다.

이에 대해 '온전한 간지 결합의 수 120' 을 보면, 상기한 바와 같이 甲丑이라는 간지는 없다. 그러나 甲子년 등 구심점이 乙丑월, 丙寅월 등 음과 양을 골고루 거치면서 12지지와 결합이 되어 1년이라는 한 바퀴를 형성함으로써 10천간이 12지지와 골고루 결합이 되어 120간지인 한 마디를 이룬다.

다시 요약해 보면, '60갑자' 는 10천간 12지지가 양끼리 음끼리 간지가 결합이 되어 오행의 모습으로 12지지를 타고 흐름으로서 마디를 이룬 것으로 이는 구심점을 배재한 지지만의 흐름을 일컫는 것인데 대해, '온전한 간지 결합의 수 120' 은 10천간이라는 각각의 구심점과 12지지의 음양이 골고루 결합이 되어 마디를 이룬 것이다.

결국 구심점을 중심으로 60갑자가 흐르면서 마디를 이룬 것이 '온전한 간지 결합의 수 120' 이라는 것을 알 수 있다. 즉, 양년(陽年)의 수가 甲丙戊庚壬 5이므로 12지지 중 양 6을 곱하면 30이고, 음년(陰年)의 수 역시 乙丁己辛癸 5이므로 12지지 중 음 6을 곱하면 30이므로 합하면 60이 되는 바 이것이 양음양음 순으로 흐르는 60갑자이고, 양년에 음양 12지지를 곱하면 60이 되고, 음년에 음양 12지지를 곱하면 역시 60이므로 이를 합하면 120이다. 이것이 구심점과 음양 12지지의 결합으로부터 발생하는 '온전한 간지결합의 수 120' 이 되는 것이다.

제3장. 3재(才)의 의미

【1】 명리학 입장에서의 3재

앞에서 대운수를 구함에 있어 3으로 나누어야 하는 원리를 살펴보았다. 이에는 '온전한 한 바퀴 360°'와 '온전한 간지 결합의 수 120' 그리고 '1달 30일과 대운 10년의 비율'이라는 분명한 이유가 있었다. 명리학에서는 천간, 지지, 지장간을 두고 천지인 3재라고 한다. 설명하는 방법에서 약간씩의 차이를 보일 뿐 전달하고자 하는 궁극적인 내용은 같다고 본다.

우주는 기본적으로 헤아릴 수 없이 다양한 '음양이 균형을 이룬 모습'으로 존재하는 바 이를 본체라 하며 천간(양)과 지지(음)가 그것이다. 간지는 대지의 작용력에 의해 결합을 하게 되고 이를 10천간 12지지라 하여 마침내 120간지의 흐름을 타게 되는 것으로 설명을 하였으며, 지지의 흐름인 60갑자의 體는 양음 양음의 순이지만 생, 변, 멸로써 나타난다 하고 이를 用이라 하였다.

따라서 도식적인 개념으로 3재를 보게 되면 천간과 지지로 우주가 형성되어 있다는 가장 기본적인 음양의 균형과 用의 모습으로서 양인 10천간과 음인 12지지로 나타나는 '60갑자 및 온전한 간지결합의 수 120의 흐름'으로 나누어 볼 수 있다.

그러나 음양과 오행이 간지로 어우러져 하나의 생명력인 우주를 형성하고 있는 그 바탕에는 중화를 향한 무궁한 생명력과 조화력이 함축되어 있다. 이것이 하늘에는 '천도(天道)'가 있고, 땅에는 '지도(地道)'가 있으며, 중간(땅의 품 안)에는 '인도(人道: 생명력의 존재이치=지장간)'가 있다고 함으로써 道로서 3재의 의미를 설명하고자 하는 것이다. 천지인 3재는 3으로 분리하지만 '하나'로 이루어진 것이고 또한 다시 셋으로 분리하여 상호의 흐름을 시간적 공간적으로 구분한 것임을 이해하여야 한다.

한 바퀴인 360은 순환의 완성인데 대하여, 그 1/3인 '온전한 간지 결합의 수 120'은 천간(天道)과 12지지가 '하나'로 결합을 함으로써 하나의 생명력(人道)을 품을 수 있는 온전한 지지(地道)가 되었음을 의미한다. 이것이 '사주를 구심점으로 한 대운 10년'의 이치다.

> **참고** 이 부분은 앞에서 '명리의 의의'를 논할 때 '넓은 의미의 명리'를 '하늘이 품고 있는 도리'라고 설명한 것과 일맥상통하는 부분이다. 대운의 흐름은 60갑자를 타고 양음양음의 순으로 순행 또는 역행으로 흐르지만 늘 구심점을 중심으로 12지지가 흐름으로써 지구에서는 '온전한 간지결합의 수 120'으로 체감을 하게 된다.

【2】 생활 속에서의 3재

'가정'은 아빠, 엄마, 자식이라는 가족으로 구성이 되어야만 존재하는 이름이다. 따라서 '가정'을 전제하지 않고서는 가족 자체가 존재하지 않는다. 가정의 구성요소인 가족을 명리학적인 시각으로 살펴보면 '아빠의 體'는 양이요 남자고 천간이며, '엄마의 體'는 음이요 여자고 지지이다. 이 천간과 지지는 '가정(행복)'이라는 작용력에 의해 비로소 오행의 변화인 10천간 12지지 중의 하나가 됨으로써 결합(부부)을 하게 되어 행복·사랑·슬픔 등 60갑자의 흐름을 연출하게 된다.

가정이라는 이름을 전제하고서야 비로소 남자에서 남편과 아빠가 되는 것이고, 여자에서 아내와 엄마가 되는 것이다. 여기서 간지 결합을 통해 자식이 생기고 그 자식은 곧 중화를 향한 오행의 흐름으로서의 가정의 영속성이다. 천간인 아빠에게는 '천도'가 있고, 지지인 엄마에게는 '지도'가 있으며, 지장간인 자식에게는 '인도'가 있으므로 가정 역시 우주의 존재 원리와 다르지 아니하며 당연히 생극제화(生剋制化)의 원리에 의해 생과 변과 멸을 반복하는 천지인 3재의 대표적인 모습이라 할 것이다.

> 참고 아빠와 엄마의 부부로서의 결합은 年月의 공전과 같고, 그 안에서 태어난 자식은 日時의 자전과 같다. 또한 하나의 사주에서 천간은 아빠와 같고 지지는 엄마와 같으며 지장간은 자식과 같다. 그래서 아빠와 엄마 그리고 자식이 함께 각자의 역할로서 균형을 이루어야 가정이라는 오행이 유지되고 행복이라는 안정과 조화를 이루게 된다. 여기서 각자의 역할이 균형을 이루지 못하는 경우, 이것이 세상만사 불협화음의 원인이 될 수 있다는 점을 주목할 필요가 있지 않을까 싶다.

【3】세속에서 통용되고 있는 3재(災)

1. 3재의 의미

지금도 세간에서 가장 많이 통용되는 용어 중에 '3재'라는 것이 있다. '3재라서 그런가! 일이 잘 풀리질 않아!', '나는 올해가 나가는 3재라 내년부터 잘 풀린대!' 등의 말을 믿는 사람들이 많다. 여기서의 '3재'란 사람에게 닥치는 3가지 재해 즉, 도병재(刀兵災)·질역재(疾疫災)·기근재(飢饉災), 또는 수재(水災)·화재(火災)·풍재(風災) 등을 말한다.

2. 3재의 근거

사람이 살다보면 행운과 불행을 겪기도 한다. 이를 일반적으로 액운이든 해를 액년(厄年) 또는 3재년이라고 부르면서 3재의 해에 해당하는 사람은 액을 쫓고 3재를 면해야지 그렇지 않으면 불행이 닥쳐온다고들 말한다. '3재'란 누구나 맞이하게 되는 것이 아니라 같은 해라도 3재의 해에 해당하는 사람과 그렇지 않은 사람이 있으며 12지(十二支)인 '띠'로 따지는 것이 특징이다.

이는 소위 '지지의 合' 중 3合과 方合이라는 것에 근거를 두고 있다. 그래서 명리학의 일부인지 무속의 일부인지 구별이 분명치 않은 것 중의 하나다. 근거를 보면, 태어난 해 즉, 띠가 범 말 개 띠인 寅午戌년생은 원숭이 닭 개를 상징하는 申酉戌년에, 뱀 닭 소 띠인 巳酉丑년생은 돼지 쥐 소를 상징하는 亥子丑년에, 원숭이 쥐 용 띠인 申子辰년생은 범 토끼 용을 상징하는 寅卯辰년에, 돼지 토끼 양 띠인 亥卯未년생은 뱀 말 양을 상징하는 巳午未년에 각각 3재가 든다고 하므로 3재는 9년마다 들게 된다.

> **참고** '3合'이란 12지지 중 寅午戌이 합을 해서 火局(국)을 형성하고, 巳酉丑이 합을 해서 金局을, 申子辰은 水局을, 亥卯未는 木局을 형성한다는 이론이고, '方合'이란 계절의 달을 순서에 따른 3달 즉, 寅卯辰은 木局, 巳午未는 火局, 申酉戌은 金局, 亥子丑은 水局을 이룬다는 이론으로, 여기서 '局'이란 '3개의 지지가 합해서 한 가지 오행으로 化해서 세력을 형성한다'는 뜻을 담고 있는 말이다.
>
> 요점을 보면, 3합 중 寅午戌(火局: 여름)에 해당하는 해에 태어난 사람은 방합 중 다음 계절인 申酉戌(金局: 가을)에 해당되는 해에 3재가 든다는 내용이므로, 이는 3합을 이루는 오행의 계절 다음 계절에 해당되는 방합의 해에 3재가 든다는 내용이다.
>
> 즉, 3合이 木局(봄)인 경우는 亥卯未년을 의미하므로 돼지띠 토끼띠 양띠는 方合이 여름인 巳午未년에 해당되는 뱀띠 말띠 양띠 해에, 寅午戌 火局(여

름)인 경우는 가을(申酉戌)에 해당되는 해에, 巳 酉 丑 金局(가을)인 경우는
겨울(亥子丑)에 해당되는 해에, 申 子 辰 水局(겨울)인 경우는 봄(寅卯辰)에
해당되는 해에 3재가 든다는 뜻이다.

3. 3재 예방

3재가 드는 3년간은 인간관계나 모든 일을 꺼리고 삼가야 할 일이 많다
하고, 심지어 결혼이나 회갑잔치, 이사나 개축 같은 인간사의 중요한 일들
도 3재가 든 해에는 피하는 현상이 지금도 낯설지 않다.

세속에서는 이와 같은 복설(卜說)을 믿고 3마리의 매를 그리거나 '삼두
일족응(三頭一足鷹)' 부적을 문설주에 붙여 액을 막는다 하기도 하고, 지역
에 따라서는 정초에 '홍수매기'를 하여 가족 중에 3재가 든 사람의 액막이
를 해주거나, 절이나 무당집에 가서 부적을 해오기도 하고 '제웅(除雄)'을
만들어 땅에 묻거나 들판에 버려 악귀를 쫓아낸다고도 한다.

> **참고** '홍수매기'란 '횡수(橫數)막이'가 와전된 말로써 '橫數'는 운수가
> 가로나 옆으로 누워있다는 뜻으로 '기(일어날 起 또는 氣)'가 쓰러져 있으
> 면 흉살과 흉액이 넘어 들어와 침투하기 때문에 '액년'이 된다는 의미를 담
> 고 있는 말이다. 묵은해를 보내고 새해 연초에 많은 사람들이 한 해의 신수
> 와 운수를 보기 위해 神 제자들의 집으로 모여 1년의 운수 대통을 비는 행
> 사로, '시기'는 정월 초사흘에서 한 달 안이 보통이나 가장 선호하는 날은
> 대보름 전날인 14일 밤이고, '방법'은 당년의 액운이 있는 가족의 옷이나
> 신발 등 가까이 했던 물건들을 특정 장소에 비치하고 무속인이 '횡수막이
> 축원'을 드린 후 이를 태우는 방식으로 진행이 된다.
> 그리고 '제웅(除雄)'이란 '짚으로 사람의 형상을 만든 것'으로 '처용'이라고
> 도 한다. 이는 『삼국유사』의 〈처용설화〉에서 비롯된 것으로 붉은 탈의 처용

은 귀신을 쫓아내는 구역신(驅疫神)으로 간주되었는데 이것이 민간화 되면서 정초의 세시풍속으로 정착된 것으로 보는 주장이 유력하다. 시기나 방법으로는 음력 정월 열 나흗날(대보름 전날) 저녁에 '제웅'에다가 옷을 입히고 푼돈을 넣어서 성명 또는 출생한 해의 간지를 적어서 길바닥이나 다리 밑에 버리는 형식이 있고, 혹은 병이 든 사람을 치료하기 위하여 무녀가 제웅을 만들어 놓고 비는 경우도 있는가 하면, 흑주술(黑呪術)이라 하여 상대방을 저주하기 위한 방편으로 제웅을 이용했다고도 한다.

4. 3재의 타당성

인간관계나 마음가짐 등 매사 삼가고자 하는 마음을 갖는다거나, 묵은해를 보내고 새해 연초에 한 해의 신수와 운수를 보는 것 등은 풍습이라 해도 격이 틀리지 않아 보인다.

그러나 '새해 초이기 때문'이라는 이유라면 충분히 이해할 수 있는 일이지만, 왜 3合과 方合이 3재라는 액년의 근거가 되었는지도 알 수 없을 뿐 아니라 3合의 局이 나타내는 오행의 계절과 方合의 局이 나타내는 오행의 계절은 개념상 인과관계로 연결이 되어야 할 아무런 근거가 없다. 논리를 떠나 혹 '지지의 沖'을 인정해서 이에 근거를 두었는가 보아도 '지충(支沖)'보다는 '충'이 아닌 것이 더 많기 때문에 이것도 근거라고 할 명분이 되지를 않는다.

더욱이 3합이라는 이론의 근거를 자신 있게 설명하는 이도 찾아보기 어렵지만, 이 이론이 근본적으로 타당치 않은 이유는 음양의 가장 기본적인 원리 즉, 양은 적극적인 기운이므로 변화를 주도하지만, 음은 소극적인 기운이므로 변화를 하는 양의 바탕을 이루면서 균형을 이루어 함께 변화를 보일 뿐 음이 스스로 변화를 주도하는 것이 아니라는 이치에 맞지 않기 때문이고, 더욱이 오행은 양 오행, 음 오행을 합해 10오행이 있을 뿐이므로 10오행 이외의 것으로 변화를 논한다는 것은 이미 논리에 맞지 않기 때문이다.

음양의 원리도 원리지만 寅 午 戌 등 地支가 합을 해서 火局 등으로 변화를 보이면 그에 해당되는 지장간의 중요성은 거의 상실된다는 이론적인 모순이 발생됨을 주목해야 한다. 이 이론적인 모순은 지지인 엄마가 다른 것에 눈을 돌리면 지장간인 자식들을 품을 수도 없고, 천간인 남편의 바탕이 될 수도 없다는 이치와 같다.

> **참고** 양과 음이 있고, 천간과 지지가 있듯이, 생과 극이 있고, 합과 충이 있다. 이 모두가 균형을 이룬 음양, 즉 오행이 변화를 보이는 이치를 구별 지어 설명하고자 하는 이론들이지만, '지지의 생극합충'은 음양오행의 이치에 따른 이론이 아니기 때문에 근거에 따른 분명한 입증이 요구된다고 보는 것이 필자의 입장이다.

사주명리는 원국과 지장간 그리고 대운을 조합해서 균형과 불균형을 판단해서 균형점에 이를 수 있는 오행이 어떤 것인가를 찾아 길흉화복을 대입하는 것이 기본이다. 띠 하나로 이를 판단할 수 있었다면 이렇게 장구한 세월동안 많은 사람들의 관심을 끌지는 못했을 것이다.

제4장. 사주 구성(기둥 세우는) 방법

【1】 서설

'사주'는 생년 월 일 시를 간지로 표현한 네 기둥으로 알려져 있지만 상기한 바와 같이 지장간, 대운을 포함하는 개념이다. 사주를 뽑을 때 年柱·月柱·日柱는 만세력에서 찾고, 時柱는 '時 조견표'에서 확인하는 것이 보통이다. 그러나 요즘에는 만세력이 프로그램화 되어 있어서 인터넷만 있으면 이 조차도 불필요한 일거리가 되었다. 하물며 사주를 해석해 놓은 프로그램까지 등장을 해서 인고(忍苦)를 해야 할 수고까지 덜었다고 한다. 말 그대로 인고를 요하기는 하지만 本書와 인연 있는 분들은 음양과 오행, 천간과 지지, 생극합충, 적용론 등을 순서대로 충분히 숙지해서 활용하시기를 충심으로 부탁드린다.

앞에서 설명하였다시피 명리학의 입장에서 '하루의 시작'을 寅時로 보아야 한다는 것이 필자의 입장이다.

【2】 年柱 세우는 방법

새해 시작은 立春이다. 따라서 사주 네 기둥 중 年柱를 세울 때 유념해야 할 것은 立春 절입일 절입시이다. 12월생이라 해도 입춘 절입일 절입시에 들어섰다면 새해에 출생한 것이고 1월생이라 해도 아직 이에 이르지 못했으면 전년에 출생한 것이다.

명리에서는 절기가 중요한 것이지 양력 음력이 중요한 것이 아니다. 따라서 양력이든 음력이든, 1월이든 2월이든, 00년 00월 00일 00시가 입춘 절입일 절입시에 들어섰다면 새해의 연주를 세워야 하고, 들어서지 못했다면 전년의 연주를 세워야 한다.

【3】月柱 세우는 방법

月은 12지지인 12절기의 절입일과 절입시를 기준으로 한다. 12절기 및 月은 입춘(寅月)·경칩(卯月)·청명(辰月) / 입하(巳月)·망종(午月)·소서(未月) / 입추(申月)·백로(酉月)·한로(戌月) / 입동(亥月)·대설(子月)·소한(丑月) 등이다.

月柱를 세울 때도 주의해야 할 것은 매월의 절입일 절입시지만 특히 입춘을 주의하여야 한다. 즉, 年柱가 입춘에 들어서 새해라면 寅月이 되지만 들어서지 못했다면 전년도 丑月이 되기 때문이다.

【4】日柱 세우는 방법

日柱는 만세력에서 태어난 당일의 日辰을 찾아 그대로 세우면 된다. 다만 하루의 시작을 子時로 보느냐 寅時로 보느냐에 따라 일주가 달라질 수 있다. 즉, 하루의 시작이 寅時인 03시 30분 01초(00:01)부터라면 子時, 丑時생의 사주는 전날의 일주를 세워야 한다. 자시를 23:00~01:00로 보는가, 아니면 23:30~01:30로 보는 가와 같은 시각의 차이는 '표준시'의 기준에 따른다.

여기서도 주의해야 할 점은 생일이 '절입일'인 경우 '절입시'를 눈여겨 보아야 한다는 것이다. 절입시에 따라 月이 달라질 수 있기 때문이다. 몇 분의 차이로 인해 사주가 달라질 수 있음을 생각해보면 당연한 일이다.

【5】時柱 세우는 방법

時柱는 원칙적으로 만세력에서 찾을 수 있는 것이 아니다. 日辰에 따라 時干이 달라지기 때문이다. 다만 요즈음 대부분의 만세력은 '시 조견표'를 함께 실어 편리함을 더했다. '시 조견표'를 빌지 않아도 시주를 세울 수 있는 방법은 앞에서 설명했다.

> **참고** 時柱를 세울 때에도 역시 하루의 시작을 子時로 보느냐 寅時로 보느냐에 따라 時干이 달라질 수 있음을 염두에 두어야 한다.

時柱를 세울 때 참고해야 할 것이 두 가지가 있는데 '표준시'와 '서머타임'이 그것이다.

1. 표준시(標準時)

해가 동쪽에서 뜨는 이유는 지구가 서쪽에서 동쪽으로 자전하기 때문이다. 4분×360=24시간이다. 이 말은 시간을 정하는 기준점에서 서쪽으로 1° 떨어진 곳은 4분이 늦어지고, 동쪽으로 1° 떨어진 곳은 4분이 빨라진다는 것을 의미한다.

한편 우리나라의 표준시는 1961년 8월 10일 이후 동경 135°를 기준으로 한다. 따라서 우리나라가 위치한 동경 127° 30분은 동경 135°일 때의 시각에서 30분을 빼야 한다. 즉, 동경 135°에서 00시 30분이면 동경 127° 30분에서는 00시가 된다. 이것이 2시간의 時를 정각이 아닌 30분 단위로 보는, 예를 들어 寅時를 03시~05시가 아닌 03시 30분~05시 30분으로 보는 분들이 많은 이유이다. 사주를 세울 때 이를 참조할 수도 있겠지만 이는 우리나라 자체에서도 지역마다 다르므로 절대적인 것은 아니다.

〈12支時의 시간표〉

子時 23:30~01:30	辰時 07:30~09:30	申時 15:30~17:30
丑時 01:30~03:30	巳時 09:30~11:30	酉時 17:30~19:30
寅時 03:30~05:30	午時 11:30~13:30	戌時 19:30~21:30
卯時 05:30~07:30	未時 13:30~15:30	亥時 21:30~23:30

2. 서머타임(summetime)

'서머타임'은 영국에서 처음 실시한 제도로 하절기의 긴 낮 시간을 효과적으로 활용하기 위하여 1시간을 앞당긴 것을 말한다. 따라서 서머타임이 적용된 기간에 태어난 사람의 출생시가 12시라면 1시간을 앞당겨 11시로 정해야 한다는 것이다. '서머타임'은 1시간이라는 시간차가 있기 때문에 사주를 세울 때 참고하여야 한다.

1948년	05월 31일 자정 ~ 09월 22일 자정
1949년	04월 03일 자정 ~ 09월 30일 자정
1950년	04월 01일 자정 ~ 09월 10일 자정
1951년	05월 06일 자정 ~ 09월 08일 자정
1955년	03월 14일 자시 ~ 08월 06일 해시
1956년	05월 20일 자정 ~ 09월 29일 자정
1959년	05월 03일 00시 ~ 09월 19일 24시
1961년	서머타임 폐지 (05월 01일)
1987년	05월 10일 02시 ~ 10월 11일 03시
1988년	05월 08일 02시 ~ 10월 09일 03시

3. 조자시(朝子時), 야자시(夜子時)

'조자시' 란 00시 30분~01시 30분을 말하고, '야자시' 란 23시 30분~00시 30분을 말한다. 즉, 조자시와 야자시는 같은 날 '새벽 子時 와 '밤 子時 이다. 여기서 00시 30분을 기준으로 하는 이유는 우리나라는 동경 135°를 기준으로 하기 때문에 실질적인 자정은 00시 30분경이 되기 때문이다. 물론 하루의 시작을 寅時로 본다면 의미가 없는 학설들이다. 그런데도 이를 서술하는 이유는 학설들이 다를 수밖에 없는 이유와 하루의 시작을 寅時로 보아야 하는 이치 등을 비교해볼 필요가 있기 때문이다.

'조자시' 와 '야자시' 를 구분해야 한다는 설(구분설, 다수설이라고 할 수 있음)이 있고, 구분할 필요 없이 23시 30분 이후 출생자는 일진(日辰)과 시진(時辰) 모두를 다음날로 보아야 한다는 설(자시설)도 있다.

전자는 동지와 하지를 기점으로 음양이 변화를 보이는 이치와 같이 하루 중의 자정과 정오 또한 그 이치가 한 해와 다르지 않다 하고, 따라서 '자정(00:30)' 을 하루의 시작으로 보는 한 '조자시' 와 '야자시' 는 구별되어야 한다는 주장이고, 후자는 구별할 필요 없이 금일 자시가 시작되는 23:30부터 내일로 보자는 주장이다.

이를 구분해야 한다는 주장을 따라 적용을 해보면 자정(00시 30분)을 기점으로 전날 야자시와 당일 조자시는 23시 30분~01시 30분까지가 자시이므로 時는 같지만 日辰이 다르며, 당일의 조자시와 야자시는 日은 같으나 23시 30분부터 새로이 자시가 시작되므로 時의 干이 달라진다. 즉, 甲이나 己 일간이 조자시(00시 30분~01시 30분)에 태어났다면 甲子時가 되지만 야자시(23시 30분~00시 30분)에 태어났다면 丙子時가 된다.

그러나 '구분설' 은 당일인데도 時干이 다르다는 모순이 있고, '자시설' 은 음양이 바뀌는 子正이 아니라 子時가 시작되는 23:30부터 일진이 시작되어야 한다고 하므로 時를 구별해야할 필요는 없지만(예: 甲,己 日干의 子

時는 甲子時=23:30~01:30로 야자시가 없다.) 자정 전 즉, 음양이 바뀌기 도 전에 하루가 시작된다고 함으로써 이치에 따른 기준이 아니라 단순히 '시'에만 기준을 둠으로써 '기준을 위한 기준'이라는 지적을 면키 어렵다.

> **참고** '구분설'의 조견표는 지금 통용되고 있는 만세력에 나와 있는 것이
> 고, '자시설'의 조견표는 '조자시·야자시' 구별 없이 子時에서 시작해 亥時
> 에서 끝나게 된다. 하루의 시작을 寅時로 보면 역시 '조자시·야자시' 구별
> 없이 寅時에서 시작해 丑時에서 끝나게 된다(예: 갑·기 일간인 경우, 갑인~
> 을축). 時干을 구하는 방법'에서의 '조견표'를 참조한다.

【6】 대운

1. 대운을 세우는 방법

상기한 바와 같이 대운은 태어나면서 시작되는 나만의 환경체감으로 오행을 따라 순행 또는 역행으로 흐르는 10년씩의 마디이다. 사주 원국은 개인 삶의 실체를 대변하지만 길흉화복으로의 변화는 대운의 영향이 크다. 한마디로 원국은 자동차고 대운은 도로다. 차종이 다르다 해도 도로를 잘 만나면 속도를 낼 수 있는 것과 같다. 대운을 이해하려면 원국을 먼저 분명히 이해해야 하는 것이 당연한 순서다. 그래야 원국과 대운을 입체적으로 파악할 수 있다.

대운은 월지를 타고 흐르므로 기준은 月柱고 남녀의 순행 역행을 가리는 것은 年柱다. 남자가 양년에 태어나고 여자가 음년에 태어나면 순행이라 하여 월주로부터 미래로 갑자를 짚어 나가고, 남자가 음년, 여자가 양년이면 과거로 갑자를 짚어 나간다.

(여명) 49년 08월 30일 (음) 19:35

壬	甲	甲	己
戌	申	戌	丑

辛	戊	辛	癸
丁	壬	丁	辛
戊	庚	戊	己

66	56	46	36	26	16	06
辛	庚	己	戊	丁	丙	乙
巳	辰	卯	寅	丑	子	亥

위의 사주는 '여성이 음년' 생이므로 순행임을 보여주고 있다. 만일 남자라면 4대운에 역행인 癸酉, 壬申, 辛未…… 순으로 흐르게 된다. 대운 수는 만세력에 표기되어 있기 때문에 쉽고 간편하게 확인할 수 있지만 앞에서 설명한 바와 같이 중요한 의미가 내재되어 있기 때문에 계산하는 방법을 알아두어야 한다.

時의 干은 寅時를 시작으로 보아 壬戌時가 되었다. 子時를 시작으로 보면 甲戌時가 되었을 것이다.

2. 대운수를 구하는 방법

① 연주 기준, 남자가 양, 여자가 음일 때 순행이므로 '출생일부터', '다음 절기 전날까지'의 날짜 수와 시간을 모두 센다. 반대로 남자가 음, 여자가 양일 때에는 역행이므로 '출생 전날부터' 거꾸로 '지난달 절기까지'의 날짜 수와 시간을 모두 센다.

② 그 날짜 수와 시간을 3으로 나눈다. 나머지가 '1일 12시간 이상'이 되면 1을 더하고(반올림), 미만이면 버린다. 예를 들어 4일 13시간을 '3'으로 나누면 1대운에 나머지가 1일 13시간이므로 반올림이 되어 2대운이 되지만, 4일 11시간이라면 나머지가 1일 11시간이 되므로 버리고 그대로 1대운

이 된다. 다만 1대운 약 6개월이 운의 주기가 바뀌는 시기가 될 것이다.

참고 3으로 나누어 남은 '1일'이 4개월이었으므로 12시간이 2달이 됨을 참고한다.

③ 앞의 예를 든 사주의 대운수를 계산해 보면 여자가 음년이므로 순행이다. 미래의 절기일인 11월 08일 03시 01분에서 출생일인 10월 21일 20시 30분을 빼면 17일 6시간 31분이 된다. 이를 3으로 나누면 대운 수 5에 나머지가 2일 6시간 31분이 되므로 반올림이 되어 대운 수는 6이 된다.

④ 아래는 찾을 때 많은 사람들이 혼란스러워했던 명식들이다. 꼭 확인해서 정확히 이해하여야 한다.

1995년 01월 05일 15시 30분 (여명, 음력)

〈원국〉				〈대운〉				
시	일	월	연	49	39	29	19	09
甲	丙	丁	甲	壬	癸	甲	乙	丙
申	寅	丑	戌	申	酉	戌	亥	子

위 명식은 95년 음력 01월 05일 '입춘' 일이지만 '절입시'가 16시 13분이므로 새해인 乙亥年으로 진입을 하지 못했다. 그래서 甲戌年, 丁丑月이 되었고, 時는 15시 30분이므로 申時다. 따라서 時柱는 '丙辛 合 生 壬水'를 극 하는 오행인 戊土부터 시작해 戊寅, 己卯, 庚辰, 辛巳, 壬午, 癸未, 甲申 순이 되므로 甲申時가 되었다. 子時를 시작으로 보면 戊子, 己丑, 庚寅, 辛卯, 壬辰, 癸巳, 甲午, 乙未, 丙申 순이므로 丙申時가 되었을 것이다.

대운은 여명이 양년인 甲戌年이므로 丁丑月 기준 역행이다.

272

1952년 12월 21일 12시 (건명, 음력)

〈원 국〉				〈대 운〉					
시	일	월	연	51	41	30	20	11	01
壬	丙	甲	癸	戊	己	庚	辛	壬	癸
午	戌	寅	巳	申	酉	戌	亥	子	丑

이 명식은 52년 음력 12월 21일이지만 立春日의 절입시인 11시 47분 이후에 태어났기 때문에 癸巳年, 甲寅月이고, 대운은 남명이 음년인 癸巳年이기 때문에 역행이다. 時干은 寅時를 시작으로 보아 戊寅, 己卯, 庚辰, 辛巳, 壬午 순이므로 壬午時다. 子時를 시작으로 보면 甲午時가 되었을 것이다.

1955년 윤3월 15일 16시 10분 (여명, 음력)

〈원 국〉				〈대 운〉					
시	일	월	연	51	41	31	21	11	01
丙	丁	庚	乙	丙	乙	甲	癸	壬	辛
申	卯	辰	未	戌	酉	申	未	午	巳

1955년 윤3월 15일 16시 20분 (여명, 음력)

〈원 국〉				〈대 운〉				
시	일	월	연	50	40	30	20	10
丙	丁	辛	乙	丙	乙	甲	癸	壬
申	卯	巳	未	戌	酉	申	未	午

위의 두 명식은 생년월일이 같고 시도 10분밖에 차이나지 않는 쌍둥이다. 그러나 앞의 것은 16시 18분인 立夏 절입시를 못 미쳤고, 뒤의 것은 2

분이 지났다. 그래서 같은 날 10분차이지만 하나는 庚辰月이고, 하나는 辛巳月이다. 대운은 여명이 음년인 乙未년이므로 순행이고 대운 수 또한 절입시의 전과 후이므로 다르다. 時干은 역시 寅時를 시작으로 보아 丙申시가 되었다.

⑤ 아래의 명식은 立春 절입시가 子時(자정)에서 寅時 사이인 경우로 '입춘 절입시(01시 40분)'가 지나 태어났지만 寅時가 아직 안된 경우의 명식들이다. 하루의 시작을 子時(자정)로 보느냐, 寅時로 보느냐에 따라 아래와 같이 사주 자체가 완전히 다르다.

1976년 01월 06일 02시 30분 (남명, 음력)

(가) '하루의 시작'을 '子時(자정)'로 보는 경우의 명식

시	일	월	연		80	70	60	50	40	30	20	10
辛	丁	庚	丙		戊	丁	丙	乙	甲	癸	壬	辛
丑	亥	寅	辰		戌	酉	申	未	午	巳	辰	卯

(나) '하루의 시작'을 '寅時'로 보는 경우의 명식

시	일	월	연		80	70	60	50	40	30	20	10
己	丙	己	乙		辛	壬	癸	甲	乙	丙	丁	戊
丑	戌	丑	卯		巳	午	未	申	酉	戌	亥	子

'하루의 시작'을 '子時(자정)'로 보느냐, '寅時'로 보느냐에 따라 우선 달라지는 것은 時干이고, 자정 이후나 丑時에 태어난 사람은 日柱도 어제의 干支를 써야 하므로 이 자체만으로도 '8자'가 바뀌었다고 할 만큼 큰 변화다. 그런데 위의 경우는 丑時 한 글자만 빼고 7자가 바뀌었을 뿐 아니라 대

274

운까지도 순행에서 역행으로 바뀌었다. 흔한 경우는 아니지만 이는 흔하고 아니고의 문제도 아닐 뿐더러, 단순히 '나는 이렇게 생각해' 라는 식으로 주장만 내세울 일도 아니다.

지금 한·중·일 3국에서 寅時를 하루의 시작으로 인정하는 사람은 논거가 다른 일부를 제외하곤 거의 없다. 그럼에도 불구하고 필자가 이를 주장하는 이유는 결코 유명세에 대한 욕심 때문이 아니다. 처음부터 무언가가 논리적으로 모순이 있다는 것을 느꼈고, 결국 앞에서 설명한 바와 같은 결론을 얻었기 때문이다. 자전과 공전은 균형을 전제로 木火土金水로 흐르는 불변의 진리다. 얼핏 보면 이 둘은 다를 수 있는 것처럼 느껴지기도 하지만, '한 바퀴'로 귀일되는 오행의 흐름은 전혀 다르지 않다. 사주 8자에서 時干 한 글자만 바뀌어도 내용이 완전히 달라지는 경우를 수없이 보아왔고, 가지고 있던 의문점들을 풀어왔다. 하물며 日柱가 바뀌고, 8자 중 7자가 바뀌면서 대운까지 바뀐다면 무슨 말이 더 필요하겠는가? 자전, 공전이 木火土金水 오행의 변화이치 즉, 체용변화의 이치로 흐르는 한 진실이 바뀔 일은 없을 것으로 본다.

만일 모두가 하루의 시작을 00시 30분이 아닌 03시 30분으로 인식하고 있다면 위 입춘 절입시의 날짜는 '5일'이 되었을 것이다.

제3부
생극합충 완결

제1편
생극론

【1】 생, 극의 의의

1. 生 한다는 것

1) 생의 의의

'生' 이란 '극성(極盛)을 이룬 하나의 오행이 어떤 만남의 변화와 균형을 이루어 다른 오행의 기운을 형성하는 것' 을 말한다. 따라서 生은 바탕을 이루고 있는 다른 오행의 '극성' 을 전제로 생겨나는 것이고, 반드시 생을 이룰 수 있는 환경적인 조건이 있어야 한다.

이는 여인이 아기를 가질 수 있는 '성숙한 몸' 이라는 바탕이 있어야 하고 또 결혼이라는 환경적인 변화가 있어야 아기가 태어날 수 있는 것과 같으며, 감나무 씨라야 감나무가 되고 성숙된 감나무만이 기후 변화라는 환경적인 변화를 만남으로써 감나무 꽃을 피워 감이 열리는 것과 같다. 여기서의 '환경적인 조건' 은 물론 '감나무 씨' 라는 제한적인 조건과 地水火風 등에 의한 절기 변화가 될 것이다.

12지지는 환경조건이고 변화를 보이는 것은 10오행이다. 따라서 10오행은 12지지의 한계와 범위 내에서 계절이라는 이름으로 변화를 보인다. 이것이 천간과 지지가 균형을 이루면서 변화를 보이는 '生의 모습'이다.

> 참고 봄(木)이 와야 여름(火)이 오는 것은 당연한 것이고 그래서 木生火지
> 만, 봄 중에서도 甲木의 기운이 가장 강한 春分이라는 극성기를 거치지 않
> 으면 여름이 올 수 없다. 상기한 바와 같이 10오행의 관장시기는 4극성지에
> 서 큰 변화를 보이므로 봄에서 여름으로 넘어가는 木生火 또한 春分이라는
> 정점에서 생극합충이라는 변화를 거쳐야만 가능하고, 이에 대한 근본적인
> 바탕을 이루고 있는 것이 환경조건 즉, 기후관계를 비롯한 다른 오행들과의
> 균형관계를 조절해주는 양토, 음토의 작용력인 대지의 작용력이다.

2) 생의 모습

'生'이란 '자연이 변화를 보이면서 흐르는 순리'로서 이를 오행의 변화
로서 설명하고자 한 것이 木生火, 火生土, 土生金, 金生水, 水生木이다. 이
는 木을 바탕으로 火가 생 하고, 火를 바탕으로 土가 생 하며, 土를 바탕으
로 金이 생 하고, 金을 바탕으로 水가 생 하며, 水를 바탕으로 木이 생한다
는 의미로, 木이 아니면 火를 생할 수 없고, 火가 아니면 土를 생할 수 없다
는 등의 의미를 포함하고 있다.

木生火	火生土	土生金	金生水	水生木
甲乙　丙丁	丙丁　戊己	戊己　庚辛	庚辛　壬癸	壬癸　甲乙

'生의 모습'은 立春을 시작으로 나무가 자라야 여름에 꽃을 피우고, 꽃이
피어야 광합성(土)을 할 수 있으며, 광합성을 해야 열매와 씨를 이루고, 열
매와 씨가 익어야 결실을 이루며, 결실을 이루어야 씨를 남기고, 씨가 응축

의 극대화를 이루어야 立春에 생명이 태어나는 모습이다.

'사람'으로서의 '生의 모습'을 보면, 태어나 성장(木)을 해야 사랑(火)을 할 수 있고, 사랑을 해야 가정(土)을 꾸릴 수 있으며, 가정을 꾸려야 자식(金)을 낳을 수 있고, 자식이 있어야 '종자(種子=水=응축의 극대화=생명의 기운=생명의 영속성)'가 되며, 종자가 되어야 태어나고 성장(木)해서 어른이 되는 것과 같다.

> 참고 나무도 씨를 남겨 자라면 다른 나무가 되듯이 사람도 자식을 낳으면 다른 사람이 된다. 나무와 사람은 비록 다른 오행의 모습이지만 각각이 가지고 있는 '나무'와 '사람'이라는 '생명'이 어떻게 이어지면서 순환하고 있는 가를 보여주는 것이지 한 생명이 계속 변화를 보이는 모습이 아니다. 이는 60갑자를 한 개인의 평생에 비유했을 때, 60갑자는 甲子로 시작해 癸亥로 끝나지만 亥가 품고 있는 지장간 '戊甲壬' 중의 甲이 내년 입춘에 태어날 甲木이라는 이치와 맥을 같이 하는 것으로도 해석할 수 있다.

2. 剋한다는 것

1) 극의 의의

'剋'의 글자풀이로는 이기다, 능하다, 정하다 등의 의미를 가지고 있지만, 명리학 용어로서의 '극'이란 '온전한 生으로의 변화가 이루어질 수 있도록 한계와 범위를 지으면서 균형을 이루어 함께 변화를 보이는 生의 바탕'으로, 앞의 '生의 의의'에서 '어떤 만남의 변화와 균형을 이루어'에서 '어떤 만남의 변화'가 剋이다.

따라서 生은 '剋의 범위 내'에서만 변화를 보이고 변화를 주도하며, 剋은 生이 변화를 보이는 그대로 균형을 이루면서 바탕을 이루고, 수동적으로 함께 변화를 보이지만 변화를 주도하지는 않는다.

法은 국민이 온전한 生을 이룰 수 있도록 경계를 이루고 있는 剋이다. 법이 존재하므로 안정과 질서가 있고 평화가 있어 사람들은 온전한 生을 이룰 수 있지만 균형을 유지하고자 변화를 주도하는 것은 국민이지 법이 아니다. 따라서 이 둘이 균형을 이루지 못하면 즉, 법이 약하면 혼란이 올 것이고, 법이 지나치면 무력(武力)이 될 것이다.

'학교와 교육'은 울타리를 형성하고 있는 극이고, 열심히 공부하고 있는 학생은 생이다. 올바른 학교와 훌륭한 선생님들의 올바른 교육방침이 울타리가 되어 주어야 그 범위에서 청소년들 또한 훌륭한 어른으로 성장할 수 있다. 교육방침이 허술하면 학생들은 학구열을 잃고 혼란을 이기지 못할 것이고, 교육방침이 지나치면 학생들은 중압감을 이기지 못하고 스스로 포기하는 경우가 많아질 것이다.

엄마가 아기를 낳는 것은 생이지만 엄마가 아기를 낳을 수 있도록 한계를 짓는 것은 아빠다. 즉 아빠의 범위 내에서만 엄마가 '두 사람만의 아기'를 낳을 수 있다. 그래서 己土인 여자를 극 하는 甲木이 남자고 둘이 합을 해서 부부가 되어 가정이라는 양토적인 작용력인 戊土를 형성해야만 그 범위 내에서 土生金이라는 이치에 의해 己土인 엄마가 자식인 庚辛金을 생산하는 것이다. 이때 가정이라는 戊土와 가정의 바탕을 이루는 엄마라는 己土는 균형을 이루고 있는 土의 작용력이고, 이 土의 작용력을 극을 함으로써 한계와 범위를 짓고 있는 것이 남자요 아빠인 甲木이다. 다만 戊己土는 음양이 다르므로 剋하는 성질이 다르다.

2) 극의 모습

'剋'이란 '生의 지나침을 막아 온전한 생으로 이끌어 중화의 대열에 합류시키는 바탕'이라는 의미가 있다. 극 또한 생과 더불어 '자연이 변화를 보이면서 흐르는 순리'로서 생과 균형을 이루면서 존재하는 음양의 이치다. 따라서 생이 없으면 극도 없고, 극이 없으면 생도 없다. 이를 오행 변화의 모습으로 설명하고자 한 것이 木剋土, 土剋水, 水剋火, 火剋金, 金剋木이다.

木剋土	土剋水	水剋火	火剋金	金剋木
甲乙 戊己	戊己 壬癸	壬癸 丙丁	丙丁 庚辛	庚辛 甲乙

　자연스럽게 '木이 극 하는 것은 土' 등으로 이해할 수 있지만, 극의 의미는 '경계를 이루다, 한계를 짓다, 억제하다, 바탕을 이루다' 등이므로 土의 한계를 짓는 것은 木, 土를 억제하는 것은 木 등으로 이해할 수도 있다.
　'剋의 모습'은 剋관계에 있는 오행들이 관장시기를 같이 하면서 계절의 변화를 이루는 이치에서 분명하게 나타난다. 즉, 秋分에서 春分까지 辛金과 甲木의 관장시기가 같은 이유는 辛金의 기운이 홀로 남은 씨에 소극적인 응축으로 경계를 둠으로써 甲木으로의 성장을 돕기 때문인데, 이때 '소극적인 응축으로 경계를 둔다' 함은 辛金의 기운이 甲木의 기운에 극을 함으로써 바탕을 이루고 있음을 일컫는 말이다. 즉, 辛金인 씨가 소극적인 응축을 받아야만 씨 안에서 甲木의 기운이 성장할 수 있음이다.
　같은 이치로 冬至에서 夏至까지 丙火와 경계를 이루고 있는 癸水, 春分에서 秋分까지 乙木과 경계를 두고 있는 庚金, 夏至에서 冬至까지 丁火와 경계를 두고 있는 壬水 등도 극 관계로서의 균형을 이룸으로써 생을 돕고 있는 모습이다.

　진흙에 장인의 혼을 담으면 청자 백자가 되고, 커다란 얼음 덩어리 역시 장인의 손길이 닿으면 아름다운 학(鶴)이 되고 용(龍)이 된다. 여기서 '장인의 손길'이 극으로서의 '만남의 변화'다. 진흙이든 얼음이든 '장인의 손길'의 범위 안'에서 작품이라는 생으로 탄생을 하기 때문이다.

> **참고** 진흙과 얼음이 '장인의 손길'과 균형을 이루어 태어나는 것이 '작품'이다. 따라서 작품으로 태어나는 것은 생이고, 장인의 손길은 극으로, 생과 극은 균형을 이루고 있는 양과 음으로 體에서 用으로 변화되는 모습(진흙 또는 얼음→작품)이다. 그래서 體와 만남의 변화가 균형을 이루어 태어나는 것이 用이고, 생과 극은 균형을 전제로 존재하는 음양의 조화이다.
> 앞의 계절 변화에서 관장시기가 같은 두 오행끼리도 '생 극'이 균형을 이루기 때문에 생명력이 生하고, 變하고, 滅하는 계절의 모습으로 순환을 하는 것이다.

3. '생, 극'은 오행을 전제로 존재하는 이론이다

'균형을 이룬 음양'은 體로 본 시각이고 '변화를 보이는 음양'은 用으로 본 시각이다. 즉, 균형을 이룬 음양은 늘 변화가 진행 중인데 이 '변화를 보이면서 흐르는 균형을 이룬 음양'을 '오행'이라 하고 '변화를 보이는 성질'을 크게 5가지로 분류한 것이 木火土金水다.

'생, 극'이란 '순리적으로 흐르는 변화'를 말한다. 따라서 '생, 극'은 오행을 전제로 존재하는 이론이고 그 중에 '생'이 적극적 능동적인 변화이므로 양, '극'은 생의 바탕을 이루면서 함께 하는 소극적·수동적인 변화이므로 음이다.

김연아의 '정신'은 적극적으로 아름다운 예술을 연출하는 '생'이고, 이에 소극적으로 경계를 이루면서 균형을 이루어 함께 변화를 보임으로써 하나의 오행을 형성하고 있는 '몸'은 정신의 바탕인 '극'이다. 이는 풍선 안의 공기와 고무가 균형을 이루어야 고무풍선이 제 구실을 하는 것과 같고, 시소와 아이들이 균형을 이루어야 시소가 제 구실을 하는 것과 같으며, 비행기와 조종사가 하나를 이루어야 비행기가 제 구실을 하는 것과 같고, 巳月 立夏가 되어야만 '戊庚丙'이라는 오행이 변화를 보이는 것과 같다.

> **참고** '생'이 변화를 주도하는 '양의 기운'이지만 '음의 기운'인 '극'이 바탕을 이루고 있지 않으면 존재할 수 없고, '극' 또한 '생'이 없으면 이미 존재할 수 없는 이름이다.

4. '생, 극'은 10 오행이 하는 것이다

음양은 2이고 오행은 木火土金水, 5이며 이를 양 오행, 음 오행으로 분리한 것이 10오행인 甲乙丙丁戊己庚辛壬癸다. 명리학에서 변화를 논할 수 있는 것은 이 10오행뿐이다. 천간은 양이고 지지는 음이다. 따라서 변화를 주도하는 것은 천간이지 지지가 아니다.

이렇게 12지지는 변화를 보이는 것이 아님에도 우리의 눈에 변화를 보이는 것처럼 인식이 되는 이유는, 환경조건과 균형을 이룬 10오행이 각 지지와 때를 맞춰 현실 생활에서 우리가 인식할 수 있는 모습으로 변화를 보이기 때문이다. 즉, '지지는 지장간으로 말을 한다'는 이치에 따라 寅月에는 '戊丙甲'이라는 10오행이 변화를 보이고, 申月에는 '戊壬庚'이라는 10오행이 변화를 보인다.

12지지는 각각 지장간의 변화를 품고 있는 지구의 12가지 환경조건이므로, 변화를 보이고 있는 10오행은 생이고 양이며, 이와 균형을 이루어 생을 존재하게 하는 12개의 환경조건 즉, 12지지는 바탕이요 극이고 음이다. 따라서 12지지의 환경조건이 없으면 10오행의 변화도 없다.

命式을 살필 때에도 10오행의 변화인 천간과 지장간의 변화를 주목해야 하고, 대운 또한 마찬가지이다. 주의해야 할 것은 10오행의 변화를 주목한다 해서 12지지를 가볍게 여겨서는 안 된다는 것이다. 12지지는 각각 자기만의 지장간을 품고 있기 때문에 각 지장간의 변화는 반드시 자신을 품고 있는 지지를 벗어나서는 존재하지 못한다. 12지지가 품고 있는 각각의 10오행인 지장간의 변화, 이것이 지구상에서 보이고 있는 모든 변화의 전부이기 때문이다.

【2】 생의 이치와 극의 이치

1. 생의 이치

1) 木生火의 이치
❶ 甲木이 생 하는 이치
가. 甲木이 丙火를 생 하는 경우

甲木과 丙火는 둘 다 양 오행이므로 陽木이 陽火를 생 하는 경우다. 甲木은 오로지 '생명으로 태어나기 위한 일편단심의 기운'이고, 丙火는 적극적으로 발영의 기운을 돕고 생명력을 활짝 피우고자 하는 기운이다. 甲木은 辛金과 함께 秋分~春分, 丙火는 癸水와 함께 冬至~夏至까지가 관장시기다. 따라서 甲木과 丙火는 冬至~春分까지만 관장시기가 같다.

冬至에서 壬水와 丁火는 辛金 씨가 응축의 극대화를 이룸과 동시에 생명력을 잉태하고, 丁火는 丙火로, 壬水는 癸水로 바뀜으로써 癸水와 丙火의 관장시기가 시작된다. 여기서 잉태를 의미하는 甲木의 기운이 밝음의 기운인 丁火를 발영의 기운이자 피어나는 기운인 丙火로 바꿔주는데 이것이 丙火에 대한 甲木의 木生火다.

> **참고** 잉태는 곧 癸水이고, 癸水는 甲木의 기운이다. 따라서 생명력의 범위 내(木剋土의 범위 내)에서 戊土가 癸水에 발영의 기운을 품게 한다. 丁火는 소극적으로 잉태를 돕는 陰火지만, 잉태부터는 적극적인 발영의 기운이 있어야 한다. 그래서 甲木 生 丙火고, 갑목과 병화가 동시에 木剋土, 火生土로 양토적인 작용력을 이끌어내 癸水에 발영의 기운을 주게 된다.
> 여기서 유념하여야 할 것은 火라는 오행은 반드시 木이라는 오행이 극성을 이룬 만큼만 이를 바탕으로 生을 이룬다는 것이다. 이것이 木生火라는 기본적인 이치이고 이 범위 내에서 生剋合沖이라는 작용력이 함께 하는 것이다.

冬至에서 夏至까지의 모든 발영의 기운은 丙火에 대한 甲木의 木生火가 기본이다. 癸水가 立春에 甲木으로 탄생이 된 후 이 甲木이 성장할 만큼 성장해야 立夏에서 꽃을 피울 수 있고, 꽃을 피우려면 반드시 戊土의 도움을 받아 발영의 기운을 얻어야 한다. 이때 丙火는 생명력의 잉태와 탄생이라는 癸水의 水剋火와 甲木의 木生火의 범위 내(한계)에서 피어나는 기운으로 함께 균형을 이루면서 존재하게 된다.

> **참고** 丙火는 癸水가 剋으로서 한계를 짓는 범위 내에서 탄생이 되고 반드시 癸水와 균형을 이루어 생명력에 활기를 도와야 하므로 관장시기가 같다. 여기서 癸水는 탄생의 기운이라는 입장에서 보면 甲木의 기운이라는 것을 이해해야 한다. 秋分부터 春分까지 辛金과 甲木의 관장시기가 같은 이유이다.

甲木은 丙火를 적극적으로 생성하게 하고, 丙火 또한 적극적으로 피어나고자 하므로 甲木의 生을 받는 丙火의 火氣는 원칙적으로 매우 강하다. 따라서 丙火가 日干인 명식에서 전체적으로 양기보다 음기가 강할 때는 甲木의 생이 반갑지만 양기가 강할 때는 甲木의 생이 두렵다. 적극적인 甲木은 적극적인 丙火의 火氣를 더욱 치열하게 하기 때문이다.

> **참고** 甲木과 丙火는 둘 다 陽氣가 강한 오행들이다. 따라서 甲木은 허약한데 丙火가 지나치면 甲木은 木生火에 의한 설기가 지나쳐 생명력이 약하게 되고, 甲木은 지나친데 丙火가 허약하면 불씨는 미약한데 장작이 많아 불이 지펴지지 않는 것과 같은 결과가 될 수 있다.
> 명리는 균형이 중요하다. 따라서 일간인 나를 생 하는 오행이 아무리 많다 해도 내가 무조건 강해지는 것이 아니다. 즉, '나를 생 하는 오행'은 생 하는 역할을 할 뿐 '나'와는 별개이다. '나'는 하나뿐인데 '나를 생 하는 오행'이 많다 해서 '나'를 강하게 보는 사람들이 많지만 '나와 같은 오행'이 더 있어 '나'와 유기성을 이루는 것과는 많이 다르다. 달과 절기표시가 된 원 도표에서 각 오행들의 관장시기와 겹치는 부분을 참조.

나. 甲木이 丁火를 생 하는 경우

甲木은 陽木이지만 丁火는 陰火다. 즉, 양목이 음화를 생 하는 경우다. 丁火의 관장시기는 壬水와 함께 夏至~冬至다. 따라서 甲木과 丁火의 관장시기가 같은 때는 秋分~冬至까지다.

丁火는 夏至까지 다 자란 열매와 씨를 소극적으로 秋分까지 익어가기와 영글기를 돕고, 秋分 이후 홀로 남은 씨에 대한 辛金의 소극적인 응축, 적극적인 응축을 도와 밝음의 기운을 유지시켜줌으로써 생명력으로 거듭나게 하는 오행이다.

丁火는 夏至 이후 따가운 햇살로 많이 표현한다. 하지만 본질은 어두움인 壬水와 균형을 이루고 있는 밝음의 기운이다. 壬水가 시작되었다 함은 생명력의 시작이고, 생명력이 잉태의 기운으로 시작이 되면 반드시 밝음의 기운이 함께해야 한다. 그래서 '壬, 丁'이 관장시기를 함께 한다.

木火의 계절에는 甲木이 직접 丙火를 생 했지만 金水의 계절에는 庚辛金 씨 안의 잉태의 기운이 밝음의 기운을 품는다. 가을의 햇살인 丁火는 庚辛金을 火剋金 하고, 庚辛金은 자신이 품고 있는 壬水를 金生水 하며, 壬水는 생명력인 甲木의 기운을 水生木 하고 甲木의 기운은 밝음의 기운을 木生火 함으로써 이 밝음의 기운 丁火가 따가운 햇살인 丁火와 하나를 이룬다. 그래서 壬水가 丁火를 품는다고 하는 것이다.

秋分이 지나면 '辛, 甲'의 관장시기가 시작되면서 따가운 햇살 丁火는 홀로 남은 씨 辛金을 강하게 극을 하는데, 辛金이 견고해질수록 '辛金 生 壬水'도 강해지고, '辛金 生 壬水'가 강해질수록 밝음의 기운에 대한 '甲木 生 丁火'도 강해진다. 冬至에 가까울수록 辛金의 응축도 강해지고, '甲木 生 丁火' 또한 강해지면서 균형을 이룬 '壬, 丁'이 마침내 잉태를 이루는 바 이것이 '甲木 生 丁火'로 인해 생명력 스스로가 성장을 하는 모습이다.

> **참고** '辛, 甲'의 관장시기가 시작된다 함은 농축(庚金)에서 응축(辛金)으로, 소극적인 생명력(乙木)에서 적극적인 생명력(甲木)으로 바뀌었음을 의미하는데, 이는 '辛金 生 壬水', '壬水 生 甲木', '甲木 生 丁火'가 강해졌음을 의미한다. 즉, 잉태의 기운 壬水가 본격적으로 甲木의 기운을 품기 시작한 만큼 丁火 또한 생명력인 甲木의 生을 바탕으로 壬水와 균형을 이룬다는 뜻이다.

壬水든 癸水든 생명력이라는 입장에서 보면 둘 다 甲木의 기운이다. 甲

木은 적극적으로 丙火의 생을 도왔다. 그러나 丁火는 庚辛金 즉, 결실과 응축이라는 한계가 있기 때문에 적극적인 '생'으로 나타나지 않는다. 甲木의 입장에서 보아도 '冬至 이후 夏至까지'는 생장을 위한 시기이지만 '夏至 이후 冬至 전까지'는 응축의 극대화를 통해 잉태를 이루어야 할 시기이기 때문이다. 따라서 甲木이 丙火를 생 하면 丙火의 火氣가 치열하게 나타날 수 있지만, 丁火를 생 하면 丁火의 火氣는 예리하게 나타난다.

> 참고 '씨'는 辛金이다. 따라서 辛金이 응축의 극대화를 이루어야 그 안에서 壬水가 잉태를 이룰 수 있다. 탄생의 기운인 癸水에게는 발영의 기운인 丙火가 필요하지만 잉태의 기운인 壬水에게는 밝음의 기운인 丁火가 있어야 한다. 둘 다 '甲木 生 丙丁火'지만 탄생의 기운의 범위 내에서 '甲木 生 丙火'고, 잉태의 기운의 범위 내에서 '甲木 生 丁火'라는 특성에서 차이가 있다는 것과 '壬, 丁', '癸, 丙'이 각각 관장시기가 같은 이유를 주목한다.

丁火 日干 명식으로 예를 들면, 전체적으로 丁火의 火氣가 강한 상태에서 甲木이 생을 하면 상대적으로 庚辛金과 壬癸水가 약해 있으므로 丁火의 예리함이 지나쳐 庚辛金이 위축되어 생명력을 잃게 되고, 丁火의 火氣가 약한 상태에서 甲木의 생을 받는다면 상대적으로 강했던 庚辛金이 생으로 인해 강해진 丁火의 억제(火剋金)를 받아 오히려 균형을 이룸으로써 빛을 발해 생명력이 강해지게 된다.

> 참고 壬水는 丁火가 있어야 甲木의 기운으로서의 생명력을 키워나갈 수 있지만 여기서의 甲木의 기운은 庚辛金의 기운인 농축과 응축을 거쳐야만 생명력으로서 잉태될 수 있다는 한계를 가지고 있다. 이것이 冬至 이후의 丙火에 대한 木生火의 이치와 다른 점이고 한편 金剋木의 이치이기도 하다.

❷ 乙木이 생 하는 이치

가. 乙木이 丙火를 생 하는 경우

乙木은 음 오행, 丙火는 양 오행이다. 따라서 陰木이 陽火를 생 하는 경우다. 乙木의 관장시기는 '甲, 辛'과는 반대로 庚金과 함께 春分~秋分이고, 丙火의 관장시기는 '壬, 丁'과는 반대로 癸水와 함께 冬至~夏至다. 따라서 乙木과 丙火의 관장시기가 같은 시기는 春分~夏至다.

春分에 이르면 자력으로 클 수 있을 만큼 성장한 甲木에 잎눈자리가 모두 잡히고 잎이 나오기 시작하는데 이는 '庚, 乙'의 관장시기가 시작됨을 뜻한다.

立夏는 제3차 발영의 기운에 의해 꽃과 결실의 기운을 품는 절기다. 곡우에서 꽃눈을 맺게 하고 입하 이후 꽃과 결실의 기운을 생장(生長: 생물이 나서 자람)하게 하는 것은 乙木이다. 하지만 이를 품어 성장을 왕성하게 하는 것은 戊土의 작용력에 의한 탄생의 기운 癸水다. 이는 立春(寅月: 戊丙甲)에서 辛金은 丙火에게, 癸水는 戊土에게 발영의 기운을 받아 甲木인 맹아의 탄생을 돕는 이치와 같다.

> 참고 꽃과 결실의 기운을 탄생하게 하는 것은 木 기운으로서의 乙木이고, 활기를 품고 피어나게 하는 것은 戊土와 癸水이다. 여기서 癸水는 탄생의 기운이고 결실의 기운은 庚金으로 표현되지만 아직은 생명력을 품고 성장을 해야 하는 甲木의 기운이다.

乙木의 목적은 결실의 기운에게 생명력을 주고자 함이니 乙木의 丙火에 대한 木生火는 결실의 기운의 범위 내고(金剋木), 결실의 기운 역시 꽃의 범위 내(火剋金)에서 성장하므로 꽃이 필수록 결실의 기운 또한 균형을 이

290

루면서 성장한다. 이것이 丙火에 대한 乙木의 木生火가 소극적이고 탄력적인 이유이며 생명력의 탄생을 위해 적극적으로 甲木이 丙火를 생 하는 이치와 다른 점이다.

> **참고** 春分에서 잎이 나오기 시작한다 함은 잎이 자라는 만큼만 丙火의 기운을 받아들여 피어나는 기운을 생한다는 의미가 있다. 잎이 자라 광합성이 활발해질수록 '乙木 生 丙火' 또한 활발해 지므로 丙火의 관장시기인 하지까지 '乙木 生 丙火'는 균형을 이루면서 꽃을 피우고 결실의 기운을 생장하게 한다.
> 庚金 生 癸水, 癸水 生 乙木, 乙木 生 丙火, 丙火 生 戊土, 戊土 生 庚金 등 '생의 이치'와 癸水 剋 丙火, 丙火 剋 庚金, 庚金 剋 乙木, 乙木 剋 戊土, 戊土 剋 癸水 등 '극의 이치'가 균형을 이루면서 순차적으로 조화롭게 변화를 보이는 시기이다.

명식에서 丙火로 인해 강할 때, 약한 乙木이 생을 하면 乙木의 설기가 심해 꽃만 화려하고 결실의 기운에 생명력의 공급이 어려우니 壬癸水가 水剋火로 丙火를 억제하면서 乙木을 水生木으로 도와야 庚金을 살릴 수 있고, 乙木이 지나친데 丙火가 약하면 잎만 무성하고 꽃이 피기 어려우니 이때는 丙丁火가 乙木의 힘을 빼면서(木生火) 己土를 돕고(火生土), 己土는 土生金으로 庚金을 도와야 결실을 살려내면서 균형점에 가까이 갈 수 있다.

丙火 일간이 火氣가 약하다면 상대적으로 金水가 강한 것이 보통이다. 많이 약한 경우는 乙木은 金氣를 돕기 때문에 거의 도움이 되지 않고, 이때 절실한 것은 甲木의 도움이다. 조금 약한 경우도 甲木의 도움이 우선이고, 乙木의 도움은 차선이다. 乙木은 丙火의 생을 돕기도 하지만 역시 庚辛金(열매와 씨)을 돕는다는 목적이 있기 때문이다.

> 참고 '입하 즈음'이 비록 庚金의 관장시기이기는 하지만 乙木이 생명력을 돕는다 함은 庚辛金 모두에게 적용된다. 결실의 기운은 결국 열매와 씨이기 때문이다. 씨의 기운은 경우에 따라 乙木과 辛金 그리고 壬癸水로 표현되기도 하지만 생명력은 甲木의 기운이고, 씨는 辛金이다.

나. 乙木이 丁火를 생 하는 경우

乙木과 丁火 둘 다 음 오행이므로 陰木이 陰火를 생 하는 경우다. 丁火는 壬水와 함께 夏至~冬至가 관장시기다. 따라서 乙木과 丁火의 관장시기가 같은 때는 '夏至~秋分'까지다.

丁火는 夏至~立秋까지는 庚金의 익어가기를, 立秋~秋分까지는 영글기를 도우며, 秋分~冬至까지는 辛金의 소극적인 응축, 적극적인 응축을 거쳐 응축의 극대화를 통해 생명력의 잉태를 이룰 수 있도록 돕는 오행이다.

夏至에 이르면 열매와 씨는 성숙의 극대화를 이루고, 이때 마지막으로 丙火는 辛金에 피어나는 기운을, 戊土는 癸水에 발영의 기운을 마무리함으로써 잉태의 기운인 壬水를 生함과 동시에 癸水는 壬水, 丙火는 丁火, 戊土는 己土에게 관장시기를 넘기는데, 이때 丙火를 丁火로 바꾸어 주는 것은 익어가기를 위해 영양공급을 해야 할 乙木과 광합성을 상징하는 음토적인 작용력, 己土다.

> 참고 丙火로부터 발영의 기운을 받은 辛金, 씨 속에서 관장시기를 시작하는 壬水도 같이 균형을 이루면서 丙火의 기운을 약화(壬水 剋 丙火)시키면서 '乙木 生 丁火'를 돕는다.

乙木이 丁火를 生 하는 이치는 익어가기와 영글기에서 잘 나타난다. 火

는 반드시 木을 바탕으로만 생을 받을 수 있는 오행이다. 따라서 영양분을 가득 품은 잎, 乙木이 태양 에너지를 밝음의 기운인 丁火로 바꿔주고(乙木生 丁火), 丁火는 己土의 광합성을 도우며(丁火 生 己土), 丁火를 품은 광합성은 정화의 범위(丁火 剋 庚金) 내에서 庚金을 생(己土 生 庚金)하고, 경금은 金生水로 잉태의 기운을 강화시키며, 밝음의 기운을 품은 壬水는 水生木으로 잉태를 의미하는 생명력 甲木의 기운을 키워간다.

여기서 乙木만큼 丁火가 생 하고, 丁火만큼 광합성(己土)이 생 하며, 광합성만큼 庚金이 생 하고, 경금만큼 壬水가 생 하므로 壬水와 丁火가 균형을 이루면서 동지까지 관장시기를 같이 하는 것이다. 이때 잉태의 기운이 강해질수록 甲木의 기운 또한 강해지면서 壬水와 밝음의 기운이 균형을 이룰 수 있도록 돕는 것이 丁火에 대한 甲木의 木生火다.

> **참고** 乙木과 甲木은 같은 木이라는 점을 잊으면 안 된다. 즉, 시기에 따라서 적극적인 역할과 소극적인 역할이 다를 뿐 같은 생명력으로서 乙木의 생명력 공급이 곧 甲木의 기운이다. 다만 오행 변화의 흐름에 따라 변화를 보이는 모습과 역할이 다르게 나타나므로 각 10오행이 관장시기를 달리하기도 하고 같이 하기도 하는 것이다.

명식에서 丁火가 많이 강한 경우라면 상대적으로 庚辛金이 많이 약하다. 乙木이 丁火를 생 하면 丁火는 夏至에서 立秋까지의 익어가기와 秋分까지의 영글기를 돕는 오행이므로 일면 庚辛金을 도울 수 있어 보이기도 하지만, 庚辛金이 많이 약한 경우에는 균형을 잃어 오히려 성장을 못하고 말라버리게 된다.

丁火가 조금 강한 경우는 물론 다르다. 乙木은 庚金과 관장시기를 같이 하므로 결실(庚金)이 경작될 때까지 운명을 같이 한다. 따라서 丁火가 조금 강한 경우는 乙木은 丁火를 생함으로써 庚金의 숙성을 도우므로 결실을 돕게 되고, 이때 乙木은 생명력으로서 庚金과 하나가 되어 秋分에서 경작과 함께 관장시기를 마무리 하게 된다.

秋分 이후의 홀로 남은 씨부터는 '辛, 甲'의 관장시기다. 따라서 丁火가 많이 약한 경우, 조금 약한 경우 모두 甲木의 생은 반기지만 乙木의 도움은 기다리지 않는다.

乙木이 庚辛金을 돕는 시기가 익어가기와 영글기를 하는 夏至에서 秋分까지라는 이유도 있지만, 秋分 이후 冬至까지는 홀로 남은 씨, 辛金의 품 안에서 잉태의 기운인 壬水가 적극적으로 숙성되어야 하는 시기이므로, 辛金의 소극적인 응축을 돕는 丁火에게는 乙木의 소극적인 생보다 甲木의 적극적인 생이 더 절실하기 때문이다.

참고 관장시기를 알아야 각 10오행의 성질과 역할을 이해할 수 있기 때문에 절기의 흐름을 잘 이해하는 것이 우선이다. 하나의 지지(예: 寅=戊丙甲)가 연월일시 어디에 있든 그 지지는 관장시기에 따른 역할을 그대로 품고 있다. 다만 연월일시가 양음양음으로 구성되어 있는데다 세력의 향방이 많이 다를 수 있기 때문에 이에 따른 변화는 별개로 논한다. 여기서 '절기의 이해'는 月支뿐 아니라 時支도 반드시 참고해야 한다는 점 유념해야 한다.

사주는 年 속에서의 月이고, 月 속에서의 日이며, 日 속에서의 時이므로 일간인 '나'가 月支 時支에서 받는 영향이 있고, 月支 時支를 地支로 두고 있는 月干, 時干이 받는 영향도 다르며, 사주의 한 묶음을 상징하는 年干이 月支 時支에서 받는 영향이 각각 다르기 때문이다.

일간은 月支 뿐 아니라 年月의 관계처럼 時支와의 유기성도 매우 중요하다.

따라서 時가 몇 시냐에 따라 月支의 절기와 맞물려 균형을 참고해야 한다.

공전만 절기가 있는 것이 아니라 자전 또한 절기가 있다는 뜻이다. 그래야

月支와 時支의 절기 상태에 따라 천간 오행과 지장간 오행의 성질과 역할이 분명해질 수 있다.

夏至에서 秋分까지(未時)는 丁火가 다소 약한 경우 乙木의 木生火가 庚辛金(열매와 씨)의 익어가기와 영글기를 도울 수 있지만, 秋分 이후(辛酉戌時)에는 辛金과 甲木, 丁火와 壬水의 관장시기이므로 甲木의 도움이 있어야 辛金에 대한 丁火의 역할이 빛을 발하게 된다.

月支와 時支의 작용력에서 또 하나 유념해야 할 것은 時支가 짧고 내 눈에 보인다고 해서 月支보다 가벼이 보아서는 안 된다는 것이다. 사주가 자전 공전 중의 한 시점인 이유가 기본이긴 하지만, 세상에는 하루만 사는 생명도 있고 100년, 1000년을 사는 생명도 있음을 간과해서는 안 되기 때문이다.

2) 火生土의 이치

❶ 丙火가 생 하는 이치

가. 丙火가 戊土를 생 하는 경우

丙火와 戊土 둘 다 양 오행이다. 따라서 陽火가 陽土를 생 하는 경우다. 丙火의 관장시기는 癸水와 함께 冬至~夏至, 戊土의 관장시기는 각 계절의 첫 달인 寅巳申亥 장생지와 辰月, 戌月 그리고 4왕지 중 癸水의 관장시기가 시작되고 끝나는 冬至와 夏至가 대표적이다. 따라서 丙火와 戊土의 관장시기가 같은 때는 동지, 입춘, 청명, 입하, 하지이므로 申月과 戌月을 빼고는 丙火와 관장시기가 거의 같다. 다만 戊土는 양토적인 작용력이므로 스스로의 역할이 꼭 필요할 때 두드러지게 나타난다는 것이 다르다.

丙火와 戊土의 관장시기가 거의 같은 이유는 丙火와 癸水의 관장시기가 같기 때문이다. 즉, 戊土가 癸水에 발영의 기운을 넣어주는 때가 동지, 입춘, 청명, 입하, 하지로 이때마다 戊土는 丙火의 생을 받아야 자신의 역할을 할 수 있다.

참고 양토적인 작용력은 새로운 생명력으로 전환을 시킬 때의 작용력이다. 冬至에서 丁火를 丙火로 전환을 시키는 것은 잉태 즉, 甲木의 기운이다. 따라서 '甲木 生 丙火' 를 바탕으로 양토적인 작용력은 '丙火生 戊土' 에 힘입어 癸水에 발영의 기운을 품게 한다. 여기에서의 발영의 기운은 丙火의 시작이 아니라 관장시기가 壬水와 丁火에서 癸水와 丙火로 전환되는 생명력의 변화를 의미하는 것이다. 冬至에서의 丙火의 시작은 '甲木 生 丙火' 고 夏至에서의 丁火의 시작은 '乙木 生 丁火' 이다.

冬至에서 丁火는 壬水에게 밝음의 기운을 넣어줌으로써 잉태를 완결지음과 동시에 관장시기를 丙火에게 넘기는데, 이때 이를 돕는 것이 생명력을 상징하는 甲木의 기운이다. 즉, 辛金, 씨의 剋(=辛金 剋 甲木)을 받은 甲木의 기운과 甲木의 生을 바탕으로 丙火는 火生土로 양토적인 작용력인 戊土를 이끌어내 癸水에게 발영의 기운을 품게 하는 것이다.

丙火와 戊土는 둘 다 적극성을 기반으로 하므로 戊土에 대한 丙火의 생은 강하게 나타난다. 그래야만 癸水 또한 立春에 甲木으로 태어날 수 있고, 立夏에서 꽃을 피울 수 있으며, 夏至에서 마지막 발영의 기운을 받아 壬水에게 관장시기를 넘겨줄 수 있다.

참고 원래 戊土는 甲木과 己土가 合을 해야 생성되는 작용력이다. 즉, '甲己合 生 戊土' 라는 이치를 말한다. 음토인 己土는 늘 바탕을 이루고 있기 때문에 양토적인 작용력이라는 변화를 주려면 생명력인 甲木과 음토적인 작용력인 己土가 균형을 이루어 合을 해야만 적극적인 작용력이 발생하게 된다. 하지만 이 이치도 '甲木 生 丙火' 가 바탕에 깔려 있다. '합충론' 에서 상세히 설명한다.

명식에서 戊土가 강한데 丙火의 생이 있을 경우, 壬癸水도 강하면 생명력으로서 큰 도움을 받을 수 있지만, 壬癸水가 약하면 水氣가 말라 꽃은 화려하나 씨는 생명력을 잃게 된다. 그러나 戊土가 약한데 丙火의 생이 있는 경우, 壬癸水가 강하면 당연히 양토적인 작용력이 두드러져 壬癸水의 생명력이 강해질 수 있다. 하지만 壬癸水 또한 약하다면 다른 오행인 木火가 강함을 의미하므로, 이때는 또 다른 金水가 와서 壬癸水를 金生水로 도와야 한다. 이것이 오행은 음양이 균형을 이룸으로써 존재하는 이치다.

나. 丙火가 己土를 생 하는 경우

丙火는 양 오행, 己土는 음 오행이다. 따라서 陽火가 陰土를 생 하는 경우다. 丙火와 戊土는 冬至에서 夏至까지 관장시기가 비슷했지만 己土가 대표하는 관장시기는 午月 芒種에서 申月 立秋까지와 子月 大雪에서 寅月 立春까지 2달씩 4달과 甲木의 관장시기가 시작되고 끝나는 秋分과 春分이다. 따라서 丙火와 己土의 관장시기가 같은 때는 冬至~立春, 驚蟄~春分 그리고 芒種~夏至까지다.

冬至에서의 잉태후 戊土로부터 발영의 기운을 얻은 癸水는 小寒, 大寒을 거쳐 立春이 되기까지는 막 잉태된 태아와 같기 때문에 엄마의 몸으로부터 보호를 받아야 한다. 여기서 '엄마의 몸' 역할을 하는 것이 음토적인 작용력인 己土다.

丙火의 생을 받으면 戊土는 癸水에 발영의 기운을 적극적으로 품게 하지만, 己土는 이를 흡수해 품에 안고 있는 辛金으로 하여금 癸水에게 영양을 공급하게 함으로써 숙성을 시킨다. 이것이 癸水와 丙火 그리고 己土의 관장시기가 겹치는 이유다.

따라서 강한 戊土가 丙火의 생까지 강하게 받으면 오히려 癸水가 마를 수 있으므로 이를 두려워 하지만, 己土는 丙火의 생이 지나치다 해도 火氣를 흡수(火生土)해 오히려 金水를 품으므로(土生金, 金生水) 이를 두려워하지 않는다. 다만 己土가 지나치면 태아의 몸과 엄마의 몸이 균형을 잃게 되고, 균형을 잃으면 태아는 엄마의 몸이라는 한계 속에 있으므로 성장에 위축을 받게 된다. 이때는 辛金이 土生金이라는 이치에 의해 己土의 힘을 흡수해 金生水라는 이치에 의해 癸水를 도와야 한다.

癸水가 지나치면 태아의 몸을 엄마의 몸이 감당하기 어려운 상황이므로 戊土가 癸水를 억제하면서 발영의 기운을 품게 함으로써 己土를 돕는 것이 좋고, 丙火가 양기를 도우면서, 金生水로 癸水를 돕는 金氣를 火剋金으로 막아 주면서 火生土로 己土를 돕는 것도 아주 좋다.

> **참고** 戊土는 양토적인 작용력이므로 적극적으로 생명력의 기운인 木火의 기운을, 己土는 음토적인 작용력이므로 소극적으로 결실과 씨의 기운인 金水의 기운을 품는다. 그래서 戊土가 丙火의 생을 강하게 받으면 水氣를 말릴 수 있지만, 己土는 丙火의 생을 강하게 받아도 이를 흡수해 오히려 金水의 기운을 품어 성장을 시킨다고 하는 것이다. 하지에서 己土가 庚金을 품고 丙火를 丁火로 전환시켰음을 상기한다.

❷ 丁火가 생 하는 이치
가. 丁火가 戊土를 생 하는 경우

丁火는 음 오행, 戊土는 양 오행이다. 따라서 음화가 양토를 생 하는 경우다. 丁火와 戊土의 관장시기가 같은 때는 立秋로 시작되는 申月과 寒露로 시작되는 戌月 그리고 立冬으로 시작되는 亥月이다.

영글기를 하기 전 익어가기의 절기인 未月의 지장간은 '丁 乙 己'이다.

즉, 밝음의 기운과 광합성, 생명력 공급이 균형을 이루고 있음을 뜻한다. 大暑를 지나 立秋에 이를 즈음 '壬, 丁'이 품고 있는 생명력인 甲木의 기운이 己土에 뿌리를 두어 양토적인 작용력을 형성하는데, 이때 양토적인 작용력은, 己土의 광합성이 丁火의 범위 내였듯이, 이 또한 '甲木 生 丁火'와 '丁火 生 戊土' 그리고 '甲木 剋 戊土'의 범위 내이다. 火가 반드시 木을 바탕으로 생을 이루듯이 土 또한 반드시 火를 바탕으로 생을 이룬다. 다만 丙火가 바탕인가 丁火가 바탕인가가 흐름에 따라 다르게 나타날 뿐이다.

火를 바탕으로 土가 생을 이룬다 함은 작용력은 밝음의 기운이나 피어나는 기운이 있어야 생명력에 활기를 줄 수 있음을 뜻하고, '丁火 生 戊土'는 壬水와 丁火가 균형을 이루어 甲木의 기운을 품는 범위 내에서 丁火의 생을 받아 양토적인 작용력이 형성됨을 말한다. 이는 秋分 이후의 소극적인 응축(辛丁戊)과 적극적인 응축(戊甲壬)의 경우에도 같다. 즉, 秋分 前에는 壬水 生 甲木, 甲木 生 丁火, 丁火 生 戊土, 戊土 生 庚金, 庚金 生 壬水고, 秋分 後에는 庚金이 辛金으로 바뀌는 것이 다르다.

'丁火 생 戊土'는 익어가기, 영글기, 소극적인 응축, 적극적인 응축, 응축의 극대화 등으로의 성장을 돕는 것이므로 결국 金氣와 水氣를 견고하게 하고자 하는 이치다.

> **참고** 익어가기(未月)에서 영글기(申月)로의 전환에서 戊土는 따가운 햇살 丁火로부터 영글어가는 과육을 의미한다. 이는 未月에서 己土의 광합성과 같은 의미지만 적극적과 소극적이 다르다. 따가운 햇살을 받아야(丁火 生 戊土) (丁火 剋 庚金) 과육이 영글어 가고 과육이 영글어야 庚辛金도 영글어 가며, 庚辛金이 영글어야 '壬, 丁'도 영글어 가므로 잉태가 시작될 수 있다.

戊土도 강한데 丁火의 생마저도 강하다거나, 戊土와 丁火가 약한데 金水

가 강하다면 응축이 지나치거나 부족하므로 균형을 잃어 金水의 기운은 영글기와 견고하기를 못하게 될 것이다.

丁火의 생이 약한 상태에서 戊土가 지나치다면 庚辛金, 壬癸水, 甲乙木 즉, 土生金, 金生水, 水生木, 木生火로 흐르게 하면서 균형을 이루어 통관의 미를 살리면 아주 좋고, 甲乙木이 木生火로 약한 丁火를 도움과 동시에 戊土를 억제(木剋土)함으로써 壬癸水를 돕는 방법(木剋土는 곧 土剋水를 약하게 하므로)도 생각해볼 수 있으나, 이는 水生木으로 甲乙木이 壬癸水의 힘을 흡수하면서 戊土를 억제하는 경우이므로 상황에 따라 대처해야 한다.

丁火의 생은 강한데 戊土가 약한 경우는 己土가 丁火를 흡수해 庚辛金을 생 하면서 戊土를 돕는 것이 좋고, 金水가 지나치면 火土가 약한 것이 보통이므로 庚辛金이 강하면 丙丁火가 火剋金으로 庚辛金을 억제하면서 火生土로 戊土를 도와야 하고, 壬癸水가 강하다면 戊己土가 土剋水로 壬癸水를 억제하면서 戊土를 도와야 한다. 壬癸水가 강한 경우 木이 있고 火가 있다면 水生木, 木生火, 火生土로 통관을 시키면서 戊土를 도울 수 있으므로 오행의 세력 구조에 따라 다양한 방법이 있을 수 있다.

> 참고 申月과 申時, 戌月과 戌時, 亥月과 亥時에서의 戊土와 丁火의 역할을 주목해야 한다. 이때 戊土에 대한 丁火의 火生土가 미치는 庚辛金, 壬癸水에 대한 영향은 영글기와 소극적인 응축 그리고 적극적인 응축이므로 결실과 씨에 대한 특별한 작용이 있음을 의미한다.

나. 丁火가 己土를 생 하는 경우

丁火, 己土 모두 음 오행이다. 따라서 陰火가 陰土를 생 하는 경우다. 己土가 대표하는 관장시기는 午月, 芒種에서 申月, 立秋까지와 大雪에서 立

春까지 2달씩 4달과 甲木의 관장시기가 시작되고 끝나는 秋分과 春分이므로 丁火와 己土의 관장시기가 같은 때는 夏至~立秋까지와 白露~秋分 그리고 大雪~冬至다.

夏至에서 立秋까지 영양분을 가득 품고 있는 乙木을 바탕으로 丁火가 생하고, 광합성으로 표현되는 己土는 밝음의 기운의 생을 받아 품어야(농축) 庚金이 원하는 생명력을 생산할 수 있다. 이것이 己土에 대한 丁火의 火生土다. 따라서 밝음의 기운인 丁火의 생이 없으면 광합성에 의한 未月의 익어가기와 양토적인 작용력에 의한 申月의 영글기는 불가하다.

白露~秋分은 경작과 함께 홀로 남은 씨를 준비하는 시기이자 '庚, 乙의 관장시기'에서 '辛, 甲의 관장시기'로의 전환 시점이다. 이때 辛金을 품어 생명력인 甲木의 기운을 생장하게 하는 것이 己土인 음토적인 작용력이고 그래서 둘이 만나 戌月이 되면 양토적인 작용력을 생한다. 여기서의 己土 또한 견고하기를 돕는 丁火의 火生土를 받아 씨를 응축시키는 작용력이다.

立冬에서 양토적인 작용력으로 시작된 적극적인 응축은 子月, 大雪이 되면 절정을 이루는데, 이때 씨, 辛金과 잉태의 기운, 壬水를 품고 丁火의 도움을 받아 응축의 극대화를 이룰 수 있도록 돕는 것이 己土고, 丁火는 밝음의 기운으로 壬水로 하여금 생명력을 잉태할 수 있도록 돕고는 丙火에게 관장시기를 넘긴다.

> **참고** '丁火 生 己土'는 잎의 광합성을 돕는 것이지만 '丁火 生 戊土'는 햇살이 과육을 영글게 하는 것이고, '戊土 生 庚金'은 과육을 영글게 함으로써 결실을 경작으로 향하게 하는 것이지만 '戊土 生 辛金'은 홀로 남은 씨를 바짝 말리는 것이며, '己土 生 庚金'은 광합성으로 결실을 살찌우게 하는 것이지만 '己土 生 辛金'은 火氣를 흡수해 생명력을 품게 하는 것이다.

陰土인 己土에 대한 丁火의 火生土는 결국 金水의 기운을 견실하게 하고 자 함이다. 따라서 己土가 丁火의 생을 받는다면 庚辛金과 壬癸水의 견실 함이 돋보일 수는 있겠으나 이렇게 되면 전체적으로 陰氣가 陽氣보다 강하 다는 불균형은 피할 수 없게 된다. 이때는 癸水에 대한 戊土의 양토적인 작 용력이 보완을 하거나 陽火인 丙火가 陽氣를 보충해주어야 한다. 그래야 응축의 기운과 발영의 기운이 균형을 이루어 음양이 조화를 이룰 수 있다.

따라서 丁火는 강한데 己土가 약하다면 丁火의 예리함으로 인해 己土가 庚辛金, 壬癸水를 품기 어려우므로 戊土가 癸水와 더불어 발영의 기운을 형성하면서 丁火의 기운을 흡수(火生土)해 庚辛金, 壬癸水를 도와야(土生 金 金生水) 하고,

丁火는 약하고 己土가 지나친 경우, 이때 金水도 강하면 甲木이 木生火 로 丁火를 도우면서 己土와 더불어 양토적인 작용력을 형성해 己土의 힘과 壬癸水의 힘을 억제해야 하며, 金水마저도 약하다면 乙木이 丁火를 도우면 서 己土를 억제(木剋土)함과 동시에 庚金에게 생명력을 주어야 균형점에 다가설 수 있다.

> **참고** 午月, 芒種부터 申月, 立秋까지 己土는 태양에너지를 받아 庚辛金
> 을 품어 여름에서 가을로 넘어가게 하는 음토적인 작용력이고, 반대의 계절
> 인 子月, 大雪~冬至까지 적극적인 응축이 절정을 이룬 씨, 辛金과 잉태의
> 기운인 壬水를 품어 응축의 극대화를 이룰 수 있도록 도울 뿐 아니라, 冬至
> 이후에도 탄생의 기운, 癸水를 품어 立春에 맹아로 태어날 수 있도록 보듬
> 어 숙성시키는 역할을 한다.
> 大雪부터 冬至까지는 비록 보름밖에 안 되는 기간이지만 이 기간에 丁火는
> 밝음의 기운으로 己土의 작용력을 돕고, 冬至에서 잉태의 기운 壬水에게 생
> 명력을 잉태할 수 있는 밝음을 넣어 줌으로써 탄생의 기운 癸水로 전환될

수 있도록 돕는 중요한 역할을 한다.

3) 土生金의 이치

❶ 戊土가 생 하는 이치

가. 戊土가 庚金을 생 하는 경우

戊土, 庚金 모두 양 오행이므로 陽土가 陽金을 생 하는 경우다. 戊土와 庚金의 관장시기가 같은 때는 淸明~夏至 그리고 立秋~秋分이다. 戊土는 생명력과 발영의 기운을 적극적으로 돕는 작용력이고, 庚金은 결실의 기운으로 시작해서 다 자란 열매와 씨를 거쳐 영글기를 마침으로써 적극적으로 결실로서의 마무리를 짓는 기운이다.

春分은 '辛, 甲'이 '庚, 乙'에게 관장시기를 넘기는 절기이자 '戊, 己'의 관장시기가 겹치는 절기다. 驚蟄에서 잎눈자리가 나오기 시작해 春分에서 잎이 나올 즈음 양토적인 작용력은 목왕절의 극성에서 화왕절로 전환을 시키면서 庚金의 기운을 생한다. 木과 金은 상대적인 기운이다. 따라서 春分에서 木 기운이 꺾인다 함은 곧 金 기운의 시작이고, 秋分에서 金 기운이 꺾인다 함은 木 기운의 시작이며, 夏至에서 火 기운이 꺾인다 함은 水 기운의 시작이고, 冬至에서 水 기운이 꺾인다 함은 火 기운의 시작이다.

> 참고 春分에서는 辛金이 己土의 生으로 보호를 받고 있다. 이때 甲木이
> 己土에 뿌리를 두어 양토적인 작용력을 형성해 '戊土 生 庚金'을 이루고,
> 丙火는 辛金에 마지막 발영의 기운을 주어 결실의 기운, 庚金의 生을 도우
> 면서 '辛, 甲'의 관장시기를 마무리 한다. 여기서의 辛金에 대한 丙火의 발
> 영의 기운은 冬至부터 진행되어온 결실의 기운을 위한 잉태의 기운이며, 甲
> 木이 己土에 뿌리를 두어 양토적인 작용력을 형성한다 함은 辛金은 庚金으

로, 甲木은 乙木으로 전환을 시키기 위한 적극적인 작용력이다. 春分부터는 음용수인 癸水가 차가와짐으로써 丙火와 균형을 이루면서 진행되는데 이 또한 대지의 작용력의 역할이다.

辰月(乙癸戊)을 지나 巳月(戊庚丙)을 거쳐 午月(丙己丁) 夏至까지는 丙火 生 戊土, 戊土 生 庚金, 庚金 生 癸水, 癸水 生 乙木, 乙木 生 丙火와 癸水 剋 丙火, 丙火 剋 庚金, 庚金 剋 乙木, 乙木 剋 戊土, 戊土 剋 癸水의 작용력이 균형을 이루면서 조화를 이루고, 夏至~立秋까지는 癸, 丙, 戊가 壬, 丁, 己 로, 立秋~白露까지는 己土가 다시 戊土로 바뀌고, 白露~秋分 보름간은 戊, 己의 관장시기가 겹친다.

> **참고** 앞에서 설명한 바와 같이 春分~夏至까지는 庚, 乙, 丙, 戊, 癸 오행
> 이 주를 이루어 생극작용이 펼쳐지는 시기이다. 즉, 春分에서 잎이 나오는
> 것, 穀雨에서 꽃눈자리를 만드는 것, 立夏에서 꽃이 피고 결실의 기운이 생
> 겨 꽃이 지면서 열매와 씨로 성장하는 것 등은 癸水 生 乙木, 乙木 生 丙火,
> 丙火 生 戊土, 戊土 生 庚金, 庚金 生 癸水 등의 '生의 이치'와 庚金 剋 乙
> 木, 乙木 剋 戊土, 戊土 剋 癸水, 癸水 剋 丙火, 丙火 剋 庚金 등의 '剋의 이
> 치'가 균형을 이루면서 하나를 이루어 순차적으로 조화를 보이는 현상이
> 다. 立秋~秋分까지의 戊, 庚, 壬, 丁의 관계도 마찬가지이다.

戊土가 지나치면 立夏에서는 꽃만 화려하고 결실의 기운인 庚金은 생기 다 말 것이고, 立秋에서는 겉모습은 사과이나 싱그러운 꿀맛이 없는 사과 가 될 것이며, 戊土가 허약하면 巳月 立夏에서 꽃은 피다 마니 결실의 기운 역시 생기다 말 것이고, 申月 立秋에서 영글기를 할 힘이 부족하니 사과는 익다 말 것이다.

따라서 戊土가 지나친 경우는 같은 庚辛金이 土生金으로 戊土의 힘을 흡수해 庚金을 도와야 균형점에 접근할 것이고, 허약한 경우는 丙火가 庚金을 억제(火剋金)하면서 火生土로 戊土를 돕거나 또 다른 戊土가 도와야 목적을 이룰 수 있다.

> **참고** 戊土는 적극적으로 생명력을 변화시키는 작용력이므로 창출에 영향을 주고, 己土는 그 생명력을 품어서 성숙시키는 작용력이므로 숙성에 영향을 준다. 두 오행의 강약에 따른 배합은 다른 오행들과의 세력에 따라 해석이 달라질 수 있으므로 관장시기에 따른 오행들의 성질과 생극관계를 이해하는 것이 중요하다.

나. 戊土가 辛金을 생 하는 경우

戊土는 陽土, 辛金은 陰金이므로 양토가 음금을 생 하는 경우다. 辛金의 관장시기는 甲木과 함께 秋分~春分이므로 戊土와 관장시기가 같은 때는 戌月 寒露~子月 冬至 그리고 立春~春分이다.

辛金은 소극적인 응축에 의해 甲木의 기운의 울타리가 되어줌으로써 甲木의 기운이 성장하는 데 버팀목이 되는 오행으로 물리적으로는 씨이다.

春分에서는 戊土가 甲木의 木剋土와 丙火의 火生土에 힘입어 庚金의 생을 도왔지만 秋分에서는 乙木의 木剋土와 丁火의 火生土를 받아 辛金을 생한다.

> **참고** 秋分이 되면 잎은 한 방울의 영양분까지도 庚金에 주입함으로써 낙엽이 되고, 양토적인 작용력은 그 범위 내에서 밝음의 기운의 도움을 받아 결실을 홀로 남은 씨로 전환시킨다. 이때 '씨 안에 있는 갑목의 기운'과 습

제3부. 생극합충 완결 305

을 해 양토적인 작용력을 생 하고, 홀로 남은 씨가 응축을 견딜 수 있도록 품에 안아 숙성을 시키는 것이 음토적인 작용력인 己土이다. 그래서 白露~ 秋分 보름간은 戊土, 己土의 관장시기가 같다.

寒露를 지나 霜降에 이르면 戊土는 丁火의 예리한 밝음에 의한 火生土에 힘입어 대지 위에서 辛金의 소극적인 응축이 극대화될 수 있도록 바탕을 형성하고, 亥月, 立冬이 되면 극대화를 이룬 소극적인 응축을 바탕으로 적극적인 작용력을 펼침으로써 본격적으로 응축의 극대화를 시작한다. 이때 소극적인 응축은 대지 위에서의 작용력이요 적극적인 응축은 대지의 품 안에서의 작용력이다. 그래서 戌의 지장간은 '辛丁戊'고 亥의 지장간은 '戊甲壬'으로 戊土의 위치가 다르다.

이 밖에도 冬至에서 응축의 극대화를 이룬 씨, 辛金으로 하여금 壬水의 잉태를 돕게 하는 것과 立春에서의 맹아의 탄생 그리고 春分까지 甲木이 성장할 수 있도록 辛金이 울타리가 될 수 있게 하는 것 또한 辛金에 대한 戊土의 土生金이라는 적극적인 작용력이 바탕을 이룬다.

결국 辛金에 대한 戊土의 土生金은 戌月과 亥月, 冬至 그리고 立春에서 春分까지 辛金의 보호 안에서 甲木이라는 생명력이 잉태하고 태어나 성장할 수 있도록 돕는 작용력이다.

戊土가 지나친 경우 허약한 辛金은 土生金이 지나치므로 마마보이가 되어 자신만 알 뿐 甲木의 기운을 돌보지 않으므로 이때는 같은 庚辛金이 戊土의 기운을 흡수(土生金)해서 壬癸水 甲乙木으로(金生水, 水生木) 흐르게 해 木剋土를 유도하면 가장 좋고, 戊土가 허약하고 辛金이 강한 경우는 丙丁火가 火生土로 戊土를 도우면서 火剋金으로 辛金의 세력을 억제해 균형을 도와야 한다.

여기서 주목하여야 할 부분은 巳月 立夏에서 戊土가 庚金을 생 하는 것은 결실의 기운을 생 하는 것이지만, 戊月 이후 辛金에 대한 생은 홀로 남은 씨에 대한 응축의 변화와 立春 이후 태어나 성장하는 甲木의 울타리로서의 응축을 위한 것이라는 점이다. 그리고 대지 위에서의 작용력이란 진행되고 있는 오행의 변화를 대지 바탕에서의 작용력이 환경적인 배경을 형성하는 것을 의미하고, 대지의 품 안에서의 작용력이란 적극적으로 환경을 형성해서 오행의 변화를 주도하는 것을 말한다. 그래서 지장간이 辰未戊丑은 戊己土가 正氣에 자리하고 寅巳申亥는 戊土만이 홀로 餘氣에 자리한다. 庚, 乙과 辛, 甲의 관장시기와 戊土의 관장시기가 겹치는 부분 참조.

辰 未 戊 丑	寅 巳 申 亥
乙 丁 辛 癸	戊 戊 戊 戊
癸 乙 丁 辛	丙 庚 壬 甲
戊 己 戊 己	甲 丙 庚 壬

❷ 己土가 생 하는 이치

가. 己土가 庚金을 생 하는 경우

己土는 陰土, 庚金은 陽金이므로 음토가 양금을 생 하는 경우다. 己土와 庚金의 관장시기가 같은 때는 午月 芒種~申月 立秋까지와 春分~淸明, 白露~秋分이다.

巳月 立夏에서 양토적인 작용력에 의해 생긴 庚金은 午月 芒種까지 성장의 틀을 갖추고, 이후부터는 己土의 품에서 보호와 숙성을 받으며 여름을 넘긴다.

午月 芒種에서 夏至까지는 戊土와 己土가 균형을 이루면서 戊土에서 己土로 작용력의 관장시기가 전환되는 시기다. 己土의 土生金은 성장의 틀을 갖춘 庚金을 품에 안고 광합성을 통해 숙성을 시키면서 여름을 극복하게 하고, 夏至 이후는 丁火의 火生土에 힘입어 익어가기를 시작해 立秋 직전까지 영글기를 할 수 있을 만큼 익어가기의 극대화를 이루는 작용력이다.

己土 또한 乙木의 극을 받아 그 범위 내에서 庚金을 생 하고 경금의 범위 내에서 乙木은 생명력을 공급한다. 다만 乙木의 戊己土에 대한 극의 성질이 뒤에 나오게 될 '合, 沖'의 이치에 의해 다르다.

己土와 庚金이 어느 정도 균형을 이룬 상태에서 丙火 혹은 丁火의 생이 己土를 돕는다면 庚金의 성장은 이상적이라 할 수 있지만, 己土가 지나친 상태에서 庚金이 허약하다면 과잉보호로 인해 庚金은 미숙아가 될 것이고, 이에 丙丁火의 火生土 및 火剋金마저 있다면 庚金은 쭉정이가 될 것이다.

반대로 己土가 약한 상태에서 庚金이 지나치면 반드시 丙丁火가 특히 丙火가 火生土로 己土를 도우면서 火剋金으로 庚金을 억제해야 하고, 丙丁火가 없으면 음기가 지나친 것이 단점이긴 하지만 壬癸水라도 있어 金生水로 지나친 庚金의 기세를 설기(泄氣: 金生水)시켜야 균형점에 접근할 수 있다. 이때 甲乙木이 水生木으로 생을 받아 木生火로 유도할 수만 있다면 양기도 보충하고 통관도 시킬 수 있어 매우 이상적이다.

나. 己土가 辛金을 생 하는 경우

己土와 辛金 모두 음 오행이다. 따라서 陰土가 陰金을 생 하는 경우다. 己土와 辛金의 관장시기가 같은 때는 秋分~寒露와 子月 大雪에서 立春 직전까지 그리고 驚蟄에서 春分까지이다.

秋分~寒露 사이에 己土는 辛金을 보듬어 소극적인 응축을 할 수 있도록 숙성을 시키고는 관장시기를 戌月 戊土에게 넘긴다. 子月 大雪~冬至까지는 戊土와 己土의 관장시기가 균형을 이루면서 함께 진행되다 冬至가 되면 발영의 기운과 함께 戊土의 관장시기가 마무리되고, 立春까지 己土만의 관장시기가 진행되는데, 이는 午月 芒種에서 立秋까지의 경우와 같다.

大雪은 戊土에 의한 적극적인 응축이 절정을 이루어 冬至에서의 응축의 극대화를 준비하는 시점이다. 따라서 잉태를 준비하는 시점이므로 己土의 관장시기도 함께 시작된다. 즉, 辛金, 씨를 품어 冬至에서 잉태를 돕고 立春까지 辛金과 癸水를 함께 품어야 하기 때문이다.

壬水든 癸水든 甲木의 기운이다. 따라서 甲木의 기운은 관장시기가 같은 辛金의 울타리에서 잉태되고 숙성되는데, 大雪에서 立春 직전까지 즉, 잉태에서 숙성을 거쳐 탄생까지 辛金이 울타리를 튼튼히 할 수 있도록 돕는 것이 己土다.

午月 芒種 이후의 己土는 성장의 틀을 갖춘 庚金을 품었지만, 子月 이후의 己土는 잉태의 틀을 갖춘 辛金을 품는다. 이 辛金이 丑月(癸 辛 己) 甲木의 기운인 탄생의 기운 癸水의 울타리가 되는 것이다. 같은 이치로 夏至 이후의 庚金은 잉태의 기운인 壬水의 울타리가 될 것이다.

己土의 庚金에 대한 土生金은 가을 숙살지기를 견고하게 함으로써 壬水를 성장하게 함이고, 辛金에 대한 土生金은 甲木의 기운에 대한 응축을 견고하게 함으로써 癸水를 숙성케 함이다.

己土가 지나치면 辛金은 마마보이가 되어 응축력이 떨어져 甲木이 미숙아가 될 수 있으므로 庚辛金이 土生金으로 己土의 힘을 흡수해 같은 辛金을 도와야 하지만 이는 음기가 지나치다는 단점을 피할 수 없다. 이때 강한 木이 木剋土와 함께 약한 火를 생 하면서 균형을 이루면 음양과 오행이 모두 이상적이다.

辛金이 지나치면 응축이 심해 맹아가 싹을 틔지 못할 수 있으므로 丙丁火가 火剋金으로 辛金을 억제하면서 火生土로 己土를 도와야 한다.

> **참고** 生이 많다 하여 좋은 것이 아니다. 己土가 지나쳐 辛金이 마마보이가 된다 함은 4대독자의 볼에 뽀뽀만 해주는 할머니와 같으며, 辛金이 지나쳐 응축이 심하다 함은 교육이 바르지 못해 머리 좋은 자식을 비뚤어지게 하는 것과 같다. 생이 많으면 생을 받는 오행이 강하다고 생각하는 사람이 많다. 하지만 아무리 生의 관계라 하더라도 '나'와 '생'하는 오행'이 균형을 이루어야 다른 오행들과의 관계에서 제 역할을 할 수 있다는 점을 잊어서는 안 된다.

4) 金生水의 이치
❶ 庚金이 생 하는 이치
가. 庚金이 壬水를 생 하는 경우

庚金과 壬水 둘 다 양 오행이므로 陽金이 陽水를 생 하는 경우다. 庚金은 乙木과 함께 春分~秋分, 壬水는 丁火와 함께 夏至~冬至가 관장시기이므로 庚金과 壬水의 관장시기가 같은 때는 夏至~秋分이다.

夏至에서 秋分까지 庚金은 익어가기와 영글기를 거침으로써 결실로서의 마무리를 하는 시기이고, 夏至에서 생한 壬水 또한 庚金의 변화에 따라 함께 익어가고 영글어간다. 익어가기와 영글기는 외부의 기운을 안으로 수렴하고 저장하면서 농축을 해가는 기운이므로 잉태의 기운인 壬水 또한 이 기운의 도움을 받아 함께 성장해간다. 따라서 壬水에 대한 庚金의 金生水는 秋分까지의 영글기의 절정이자 잉태의 시작이다.

참고 立春~立秋까지는 木火의 기운인 팽창의 관장시기이고, 立秋~立春
까지는 金水의 기운인 수축의 관장시기이다. 그래서 申月 立秋부터 영글기
가 시작되면서 잉태가 시작된다. 이를 '대지의 문' 이 열리고 닫힌다고 표현
한다. 절기 도표 참조.

　秋分에서 乙木이 庚金 안의 씨에 생명력을 넣어주고 庚金과 함께 관장시
기를 마무리해야 이 생명력을 바탕으로 甲木과 辛金의 관장시기가 시작된
다. 따라서 壬水에 대한 庚金의 金生水는 甲木의 기운이 시작되는 秋分 이
후, 辛金의 소극적인 응축을 받을 수 있을 만큼의 영글기를 극대화시키는
것이므로 庚金, 壬水 둘 다 양의 기운으로 적극적이다.

참고 사과(庚金)가 영글어갈수록 씨도 영글어가고 씨가 영글어갈수록 잉
태의 기운도 영글어가므로 庚金 生 壬水고 辛金 生 壬水이다.

　庚金이 지나치면 '숙살지기=영글기' 가 지나쳐 오히려 水氣가 약해 잉태
의 기운이 약하므로 丙火가 庚金을 억제(火剋金)하면서 양기를 보충하거나
壬癸水가 庚金의 힘을 흡수(金生水)하면서 水生木, 木生火, 火剋金으로 통
관의 미를 살려 균형을 이루면 단물 품은 과일이 될 수 있고, 庚金이 허약
하고 壬水가 지나치면 영글기가 부족하고 水氣만 많으므로 몸집만 크고 단
맛이 없는 과일과 같아 戊土가 土生金으로 庚金을 생 하면서 壬水를 억제
(土剋水)해야 알토란같은 결실을 이룰 수 있다.

참고 여기서 丁火가 아니고 丙火인 이유는 丁火는 庚金의 익어가기와 영
글기를 돕는 오행이기 때문이고, 己土가 아닌 戊土인 이유는 己土가 庚金을
품고 성장을 시키는 작용력이기는 하지만 己土 또한 음이므로 강한 음기에

음기를 보태는 오행인 반면에, 戊土는 양토로서 水氣인 음기를 억제하면서 양기를 보탤 뿐 아니라 巳月 立夏에서 午月 芒種을 지나 夏至까지 庚金을 적극적으로 성장의 틀까지 生 하는 양토적인 작용력이기 때문이다.

나. 庚金이 癸水를 생 하는 경우

庚金은 양금, 癸水는 음수이므로 陽金이 陰水를 생 하는 경우다. 庚金과 癸水의 관장시기가 같은 때는 春分~夏至다.

癸水는 생명력의 탄생을 준비하는 오행이다. 冬至에서 제1차 발영의 기운을 받음과 동시에 탄생의 기운이 되는 것과 立春에서의 맹아의 탄생, 立夏에서 결실의 기운의 탄생 그리고 夏至에서 제4차 발영의 기운을 받음으로써 壬水로 전환되는 것 등이다.

癸水는 극음지기로서 응축의 극대화를 이룬 씨, 辛金이 품고 있는 탄생의 기운이기도 하지만, 春分 이후는 乙木의 생명력을 위한 탄생의 기운이고, 꽃을 피워 결실의 기운을 준비하는 탄생의 기운인데 대해, 庚金은 夏至 이전은 결실의 기운이고, 이후는 다 자란 열매와 씨로서 외부의 기운을 수렴해서 안으로 저장해 결실을 이루는 기운이다. 따라서 立夏에서 癸水가 꽃을 피우고 결실의 기운을 생기게 하려면 春分에서 시작된 庚金의 金生水를 받아야 하고, 乙木에게 水生木을 해주어야 한다.

春分을 지나면서 戊土는 辛金의 관장시기를 끝내면서 庚金의 관장시기를 여는데, 이 庚金의 기운이 癸水를 성숙시켜야만 立夏에 이르러 戊土가 癸水에게 제3차 발영의 기운을 넣어줌과 동시에 꽃을 피우고 꽃 안에 결실의 기운을 품을 수 있다. 따라서 癸水에 대한 庚金의 金生水는 庚金은 적극적이지만 癸水는 소극적이고 부드러우면서 신축성이 있는 한편 탄생이라는 산고(産苦)를 치러야 하기 때문에 예민하고 예리하다. 이것이 적극적으로 잉태의 기운을 강화하려는 壬水와 다른 점이다.

참고   여기서의 庚金의 기운은 春分을 기점으로 시작된 가을을 향한 숙살
지기의 시작이자 결실의 기운의 잉태이고, 癸水는 탄생의 기운이자 실질적
인 물이다. 여름을 향한 땅 속의 물은 水剋火를 할 만큼 차갑고 이것이 곧
'癸水 剋 丙火'이기도 하다. 이렇게 차가운 물이 있어야 균형을 유지할 수
있기 때문에 庚金의 기운이 癸水를 성숙(庚金 生 癸水)시켜야 하는 것이고,
그래야 癸水의 극을 받은 丙火 즉, 꽃 속에 결실의 기운이 생기는 것이다.
이것이 모두 균형을 이룬 음양이 오행의 모습으로 변화를 보이는 현상이다.

　庚金이 지나치고 癸水가 허약하면 결실의 기운이 지나치게 되어 戊土의
작용력이 癸水에 발영의 기운을 넣어주기 어렵다. 따라서 꽃을 피우기가
어려우므로 庚金에 대한 丙火의 억제(火剋金)와 함께 辛金이 丙火와 균형
을 이루어 癸水를 돕거나 壬癸水가 庚金의 기운을 흡수(金生水)해 甲木을
생 하고 甲木은 丙火를 생 해주면 더욱 좋다.

　庚金이 허약하고 癸水가 지나치면 발영의 기운에 의해 꽃은 만발하나 결
실의 기운이 생 하기 어려우므로 己土가 庚金을 품고(土生金) 癸水를 억제
(土剋水)하면서 火氣를 흡수(火生土)해 庚金을 살려야 한다. 己土가 庚金을
돕는데 丁火가 함께 한다면 丁火는 익어가기와 영글기를 돕는 오행이므로
더욱 좋다.

참고   庚金이 癸水를 생 하는 경우는 관장시기가 春分에서 夏至까지 丙火
와 함께 하므로 丙火의 기운과 戊土의 양토적인 작용력을 전제하고 있다.
그래서 己土로 하여금 癸水를 억제하면서 火氣를 흡수해 庚金을 살려야 한
다고 하는 것이다. 그리고 癸水는 응축의 극대화를 전제한 탄생의 기운이므

로 立春에 맹아를 틸 수 있고, 立夏에서 결실의 기운을 생기게 할 수 있다. 그래서 立春에서는 辛金의 생을 받고 立夏에서는 庚金의 생을 받는다.

立春~立秋까지 癸水는 나무(동물도 같음)로 흡수되는 실제의 물이다. 물은 나무의 뿌리로 흡수되는 순간부터 잎에서의 증발까지 나무의 몸 안에서 생 극합충에 의한 헤아릴 수 없는 변화를 거치게 된다는 것과 그래서 소극적 인 탄생의 기운이라는 것, 반대로 立秋~立春까지는 축적된 영양분으로 영 글기를 거쳐 응축에 의한 견고하기를 극대화시켜 잉태를 이루어야 하므로 적극적인 壬水라는 것 등 잉태의 기운인 壬水와 탄생의 기운인 癸水의 개 념이 역할 분담에서 분명한 차이가 있다.

❷ 辛金이 생 하는 이치

가. 辛金이 壬水를 생 하는 경우

辛金은 음 오행, 壬水는 양 오행이므로 陰金이 陽水를 생 하는 경우다. 辛金과 壬水의 관장시기가 같은 때는 秋分~冬至이다.

辛金은 秋分 이후 홀로 남은 씨가 내년 立春에서 甲木으로 태어나 성장 할 수 있도록 소극적, 적극적 응축 그리고 응축의 극대화라는 울타리를 이 룸으로써 생명력의 잉태 및 숙성을 거쳐 탄생 후 성장까지 돕는 오행이고, 壬水는 丁火와 함께 하지부터 익어가기와 영글기를 거쳐 秋分에서 乙木의 관장시기가 끝남과 동시에 甲木의 관장시기를 시작하게 함으로써 본격적 으로 잉태를 준비하는 오행이다.

응축이 강해질수록 잉태의 기운도 강해지고, 잉태의 기운이 강해질수록 갑목의 기운도 강해진다. 따라서 응축이 곧 辛金 生 壬水고 壬水 生 甲木이 며 辛金 剋 甲木이다.

참고 '辛金 生 壬水'는 관장시기가 겹치고, '辛金 剋 甲木'은 관장시기가 같다.

응축의 기운으로 잉태를 돕는다 함은 응축의 극대화를 이루어야 잉태가 되는 것이므로 辛金의 壬水에 대한 金生水는 예리하고 차가우며 빈틈이 없다.

辛金이 지나치고 壬水가 약하면 울타리 안에서 숙성되어야 할 甲木이 억제(金剋木)가 심해 생명력이 오히려 약화된다. 따라서 辛金이 지나칠 땐 丙丁火가 辛金을 억제(火剋金)함으로서 壬水를 도와야 하는데, 이는 丙火는 辛金과 함께 壬水를 생한다는 이치가 있고, 丁火는 壬水와 함께 甲木의 생명력을 돕는다는 이치가 있기 때문이다.

그러나 辛金이 약하고 壬水가 지나치면 戊土가 壬水를 억제(土剋水)하면서 土生金으로 辛金을 도와야 한다. 己土를 언급하지 않은 이유는 己土는 음토적인 작용력으로서 늘 金水를 품어 성장시키므로 강한 음기를 더욱 강하게 하기 때문이다.

나. 辛金이 癸水를 생 하는 경우

辛金, 癸水 모두 음 오행이다. 따라서 陰金이 陰水를 생 하는 경우다. 癸水의 관장시기는 丙火와 함께 冬至~夏至이므로 辛金과 관장시기가 같은 때는 冬至~春分이다. 冬至에서 응축의 극대화를 이룸으로써 壬水의 잉태를 도왔던 辛金은 春分까지 탄생의 기운인 癸水를 돕는데, 이는 역할만 다를 뿐 壬水, 癸水 둘 다 생명력을 상징하는 甲木의 기운이기 때문이고 그래서 辛金과 甲木의 관장시기가 같다.

辛金의 壬水에 대한 생은 잉태를 위한 것이었지만, 癸水에 대한 생은 탄생을 위한 것이다. 따라서 잉태를 위한 응축과 탄생을 위한 응축이라는 점이 다르다.

전자는 丁火의 도움을 받아 甲木의 기운을 성숙시키는 응축이지만, 후자는 戊土와 丙火의 도움을 받아 발영의 기운을 탄생시키는 응축이다. 여기서 甲木의 기운과 발영의 기운이 하나를 이루어야 立春에 비로소 새싹인 생명으로 태어날 수 있고, 春分까지 甲木으로서의 성장기를 마칠 수 있다.

壬水에 대한 辛金의 金生水는 결혼 후 아기를 갖기 위해 부부가 사랑을 공유하는 것과 같고, 癸水에 대한 辛金의 金生水는 잉태 후 10개월 동안 태아가 엄마 뱃속에서 영양분을 공급받는 것과 같으며, 立春에서 春分까지는 태어난 후 청소년기까지, 어른들의 사랑과 교육 및 통제를 받는 것과 같은 甲木에 대한 辛金의 金剋木이다.

따라서 冬至에서 立春까지의 癸水에 대한 辛金의 金生水는 견고하기의 완성이 아니라 발영의 기운의 도움을 받아 응축의 기운으로 울타리를 형성함으로써 생명력을 보호하면서 성숙시키는 데에 있다. 즉, 아기집과 태아 또는 대입 수능시험을 치르기 위해 머리를 싸매고 공부하는 자식 옆에서 다과쟁반을 들고 서 있는 엄마의 마음과 같이 癸水에 대한 辛金의 金生水는 예민하면서 전폭적이다.

이러한 음양 이치는 모두 균형을 전제로 하므로 辛金이 지나치면 울타리가 좁아지면서 태아의 발육이 어렵고, 癸水가 지나치면 울타리가 약해지므로 건강한 아기로서의 출산이 어렵다. 전자는 丁火가 辛金을 억제(火剋金)하면서 밝음의 기운을 확대해야 하고, 후자는 戊土가 辛金을 보호하면서 陰氣인 癸水에게 발영의 기운을 강화해야 한다.

참고 壬水는 丁火와 함께 夏至에서 冬至까지 응축의 극대화를 이루어 잉

316

태를 준비하는 생명의 기운이므로 소극적, 적극적 응축의 과정을 겪는 辛金의 보호를 받는 것이고, 癸水는 丙火와 함께 冬至에서 夏至까지 잉태 후 탄생을 준비하는 갑목의 기운이므로 立春에서는 辛金의 보호 속에서 맹아로 탄생을 하고, 立夏에서는 庚金의 보호 속에서 꽃을 피워 결실의 기운으로 탄생 하는 것이다. 그래서 辛金의 壬水에 대한 생은 응축을 강화하는 것이고, 癸水에 대한 생은 울타리를 형성해 보호하면서 숙성을 돕는다고 하는 것이다.

5) 水生木의 이치
❶ 壬水가 생 하는 이치
가. 壬水가 甲木을 생 하는 경우

壬水, 甲木 모두 양 오행이므로 陽水가 陽木을 생 하는 경우다. 壬水와 甲木의 관장시기가 같은 때는 秋分~冬至이다.

立秋에서의 영글기가 잉태의 시작이면 秋分에서의 응축의 시작은 본격적인 잉태의 성장이다. 잉태의 시작과 성장은 곧 생명력의 시작과 성장이고 생명력은 甲木이므로 甲木의 기운은 잉태의 시작인 영글기를 바탕으로 본격적인 잉태의 성장이라는 이치로 시작된다.

壬水, 甲木 모두 양 오행이다. 따라서 辛金은 陰金이므로 소극적 응축이지만 壬水는 辛金이 응축의 극대화를 이룰 때까지 丁火의 도움을 받아 적극적으로 잉태를 시작하고 완결 짓는다. 壬水의 이러한 적극적인 잉태의 과정이 진행될수록 甲木의 기운 또한 생명력으로서의 잉태가 되기 위해 적극적으로 소극적, 적극적 응축을 이겨낸다. 따라서 甲木에 대한 壬水의 水生木은 적극적인 잉태이므로 옆 뒤를 돌아보지 않는 탄생을 위한 강한 生이다.

春分에서 잎이 나오고 庚金의 관장시기가 시작되면서 癸水가 생을
받아 丙火와 균형을 이루듯이, 秋分에서도 辛金의 응축의 시작이 壬水를 강
화시키고 동시에 壬水는 丁火와 균형을 이룸으로써 갑목의 기운을 시작하
게 한다. 여기서 庚金이 辛金이 되는 것은 결실이 홀로 남은 씨가 되기 때
문이고, 乙木이 甲木이 되는 것은 낙엽이 되기까지의 乙木이 庚金 속의 씨,
辛金 속에 생명력으로 자리를 잡았기 때문이다.

壬水가 지나치면 과식으로 인해 배탈이 나는 것처럼 또는 지나친 사랑이
자식의 독립정신을 앗아가는 것처럼 생명력으로서의 甲木의 기운은 활기
를 잃게 되고, 甲木이 지나치면 한 수저의 밥으로 배를 채워야 하는 것처럼
또는 인구는 늘어 가는데 강물이 마르는 것처럼 생명력으로서의 성장이 어
렵다. 전자는 戊土가 壬水를 억제(土剋水)해야 甲木의 기운이 살아나고, 후
자는 상대 오행이자 숙살의 기운인 庚金이 甲木을 억제(金剋木)하면서 金
生水로 壬水를 도와야 균형점에 가까이 간다.

여기서 壬水, 甲木이 모두 적극적인 양의 기운이기 때문에 이를 돕
는 戊土와 庚金도 적극적인 양 오행이다. 음 오행이 아닌 이유는 소극적인
성질을 바탕으로 己土는 金水를 품는 작용력이고, 辛金은 甲木의 울타리 역
할을 하므로 억제력이 미약하기 때문이다.

나. 壬水가 乙木을 생 하는 경우

壬水는 양 오행, 乙木은 음 오행이다. 따라서 陽水가 陰木을 생 하는 경
우다. 乙木은 庚金과 함께 春分~秋分이 관장시기이므로 壬水와 관장시기
가 같은 시기는 夏至~秋分이다.

未月, 익어가기는 잉태의 시작을 위한 바탕이고, 申月, 영글기는 잉태의 시작이므로 壬水의 입장에서는 모두 잉태를 향한 전진이다. 한편 夏至까지는 열매와 씨 모두를 庚金으로 보았지만 夏至 이후의 씨는 사실상 잉태의 기운인 壬水를 품은 辛金이다. 여기서 결실을 향하는 庚金에게 소극적으로 생명력을 공급시키는 오행이 乙木이다.

庚金의 도움을 받은 壬水가 익어가기와 영글기를 거치면서 성장할수록 庚金에게 생명력을 공급하면서 자리를 잡기 시작하는 乙木(壬水 生 甲木) 또한 강해진다. 따라서 乙木에 대한 壬水의 水生木은 秋分 이후 홀로 남은 씨가 응축을 견뎌 甲木의 기운으로 성장할 수 있도록 바탕을 이루는 생이다. 이는 익어가기와 영글기를 거치지 않은 씨는 응축을 이겨낼 수 없음을 보여주는 이치다. 庚金의 존재는 잉태의 기운을 돕고자 함이고, 잉태의 기운은 庚金 속의 생명력인 乙木이므로 乙木에 대한 壬水의 水生木은 생명력인 乙木과 결실인 庚金 모두를 강하게 하는 생이다.

> **참고** 秋分 이전까지는 적극적인 생명력의 기운으로서의 독립된 甲木이 아니므로 乙木이다. 甲乙木은 같은 木으로 생명력이 본질이다. 같은 나무지만 잎과 뿌리가 다르듯이 주어진 역할이 다를 뿐이다.

壬水가 지나치면 결실인 庚金이 약해져 단맛 없이 물만 많은 과일과 같고, 庚金이 약해지면 생명력인 乙木도 같이 약해지므로 이때는 양토적인 작용력인 戊土가 壬水를 억제하고 庚金을 생 해주어야만 乙木도 살아날 수 있다.

乙木이 지나치면 역시 庚金과의 균형이 맞지 않아 庚金, 壬水 둘 다 약해지므로 이때는 또 다른 庚金이 乙木과 균형을 이루면서 壬水를 돕든가, 辛金이 乙木을 억제하면서 壬水를 도와야 한다.

庚金이 익어갈수록 씨도 영글어가고, 씨가 영글어갈수록 壬水도 영글어가기 때문에 金生水고, 壬水가 잉태에 전진할수록 庚金 속의 생명력인 乙木 또한 水生木의 이치에 의해 영글어간다.

❷ 癸水가 생 하는 이치

가. 癸水가 甲木을 생 하는 경우

癸水는 음 오행, 甲木은 양 오행이므로 陰水가 陽木을 생 하는 경우다. 癸水와 甲木의 관장시기가 같은 때는 冬至~春分이다.

冬至에서의 잉태로부터 시작되는 癸水는 丑月을 지나는 동안 숙성되어 立春이 되면 甲木인 새싹으로 탄생이 되는 오행이고, 壬水는 양수로서 秋分에서 辛金과 甲木의 관장시기를 시작하게 하는 오행이다. 따라서 壬水는 甲木의 기운에 대한 생이 강하게 나타나면서 창조적인 의미로서의 힘이 있는데 반해, 癸水는 壬水처럼 강하고 저돌적이지는 않으나 풍요와 희망 그리고 행복이라는 의미를 품고 하루라도 빨리 세상 밖으로 나가 하늘과 하나가 되고 싶은 태아의 마음처럼 예민하면서도 간절한 생이다.

참고 辛金 生 壬水, 壬水 生 甲木과 辛金 生 癸水, 癸水 生 甲木의 차이를 주목한다.

癸水가 지나치면 태아의 숙성이 지나쳐 난산이 되는 것과 같으므로 이때는 戊土가 이를 억제하면서 발영의 기운으로 균형을 조절하여야 하고, 甲木이 지나치면 탄생에만 욕심이 있는 것과 같아, 태아의 숙성이 부족해 건강한 아기로 태어나기 어려우므로 이때는 상대 오행인 庚辛金이 甲木을 억제(金剋木)하면서 金生水로 癸水의 숙성을 도와야 한다.

참고 여기서 '壬癸水 生 甲木'은 강약의 차이가 아닌 '성질과 역할에 따른 음양의 차이'이다. 즉, 壬水의 잉태를 향한 전진과 癸水의 탄생을 위해 소극적으로 숙성을 겪는 것 또한 양과 음으로 균형을 이루고 있다는 뜻이다. 균형관계를 좀 더 보면, 夏至~秋分까지의 익어가기, 영글기는 冬至~春分까지의 숙성기, 탄생후 성장기와 균형을 이루고 있고, 秋分~冬至까지의 소극적, 적극적 응축은 春分~夏至까지의 잎과 꽃을 피게 하는 것, 결실의 기운을 생 해 열매와 씨로 성장을 시키는 것과 균형을 이루고 있다. 역할이 상반된 듯이 보이지만 결국은 소극적인 역할과 적극적인 역할이 상호 음양으로서의 균형관계를 이루면서 오로지 잉태와 탄생이라는 목적을 위해 흐르고 있고, 잉태와 탄생 또한 상호 균형관계를 이루고 있다는 것을 이해할 수 있다.

나. 癸水가 乙木을 생 하는 경우

癸水, 乙木 모두 음 오행이다. 따라서 陰水가 陰木을 생 하는 경우다. 癸水와 乙木의 관장시기가 같은 때는 春分~夏至다.

立春 이후의 癸水는 음용수인 실제의 물로서의 탄생의 기운이다. 癸水는 春分 이후 양토적인 작용력에 힘입어 꽃을 피워 결실의 기운을 품게 하는 음수고, 乙木은 잎을 성장시켜 광합성을 준비하면서 꽃눈자리를 만들어 꽃을 피게 하고 결실의 기운이 생기면 그 안에 생명력을 갖게 하는 음목이다. 따라서 乙木에 대한 癸水의 水生木은 戊土의 양토적인 작용력에 힘입어 잎과 꽃을 자라게 해서 광합성을 돕고, 꽃 안의 결실의 기운에 생명력을 품게 하는 것을 돕는 생이다. 冬至~立春까지 숙성기를 거침으로써 甲木을 생한 것이나, 春分~立夏까지 결실의 기운에 생명력을 품게 하는 乙木을 생 하는 것은, 癸水가 가지고 있는 생명력의 탄생을 위한 소극적인 생 즉, 바탕을

이룬다는 것이 壬水와 다른 특성이다. 그래서 淸明으로 시작하는 辰月의 지장간이 '乙癸戊'고, 立夏로 시작되는 巳月의 지장간이 '戊庚丙'이다.

> **참고** 春分~夏至까지 庚金 生 癸水, 癸水 生 乙木, 乙木 生 丙火, 丙火 生
> 戊土, 戊土 生 庚金이고, 庚金 剋 乙木, 乙木 剋 戊土, 戊土 剋 癸水, 癸水 剋
> 丙火, 丙火 剋 庚金이다.

癸水가 지나치고 乙木이 약하면 탄생에 대한 욕심만 강하고 사실상 결실을 생 하기 어려우니 戊土가 癸水를 억제하면서 발영의 기운을 주어야 꽃을 피워 庚金을 도울 수 있고, 乙木이 지나치고 癸水가 약하면 잎만 무성하고 꽃이 만개하기 어려워 역시 결실의 기운이 약하니 庚金이 乙木을 억제하면서 癸水를 도와야 꽃을 피울 수 있다.

> **참고** 壬癸水는 강약이 아닌 음양에 의한 역할에서 차이가 있기 때문에,
> 壬水를 대해수(大海水), 癸水를 약수(藥水) 등으로 선입견을 가지면 남자와
> 여자를 강약으로 판단하려는 것과 같은 결과가 될 수 있다. 관장시기가 반
> 대라는 것은 곧 음양으로 균형을 이룬 보완관계임을 뜻하는 것이기도 하다.

6) 生의 개념 정리

'生'이란 단어가 명리학에서 차지하는 비중은 생을 모르면 명리학을 모른다고 할 정도로 중요한 의미를 가지고 있다. 물론 모든 오행이 생에 의해서 변화를 보인다고 생각하기 때문이겠지만, 뜻밖에도 생이 무엇인가 하고 물으면 이에 대한 답을 하는 이가 의외로 많지 않다는 것이 작금의 현실이다.

일반적으로 '어머니가 자식을 낳는 것', '물을 흡수해야 나무가 사는 것' 또 '나무가 있어야 꽃이 핀다는 것', '봄이 있어야 여름이 온다는 것' 등으

322

로 예를 들어 설명하는 것이 보통이다. 그러나 어머니는 자식을 낳아도 함께 존재하지만 물은 나무를 생함으로서 사라지고, 봄 역시 여름을 생 하고는 사라진다.

앞에서 생에 대한 정의를 '극성(極盛)을 이룬 하나의 오행이 어떤 만남의 변화와 균형을 이루어 다른 오행의 기운을 형성하는 것'이라고 했다. 이는 어머니가 '나'를 '생' 했지만 아버지라는 만남이 없었다면 '나'가 존재할 수 없음을 의미하는 것이고, 아버지에게 '생'이라는 말을 하지 않는 이유는 어머니가 직접 '나'를 낳았기 때문이다.

巳月 立夏에서 양토적인 작용력인 戊土가 결실의 기운인 庚金을 낳으려면 반드시 乙木과의 만남이 있어야 한다. 왜냐하면 생명력인 乙木은 결실의 기운이 생겨야 생명력을 줄 수 있고, 생명력을 주어야 결실을 이루고는 씨를 남겨, 이 씨가 다시 甲木으로 태어날 수 있기 때문이다.

같은 이치로 申月 立秋에서 庚金이 잉태의 기운인 壬水를 생 해 영글기를 시킴으로서 사실상 응축의 바탕을 이루려면 丁火와의 만남이 있어야 한다. 그래야 丁火와 壬水가 관장시기를 함께 하면서 甲木의 기운인 잉태를 이룰 수 있기 때문이다.

여기서 戊土가 庚金을 생 하고 또 庚金이 壬水를 생 하고는 사라지는 것인가? 이는 어머니가 자식을 낳고 사라지는 것이 아니라 자식을 위해 가정에서 바탕이 되어 주는 이치를 참고하면 이해가 쉽다. 모든 오행이 변화를 보이는 이치는 우리의 눈에만 보이고, 보이지 않을 뿐 한 가지 이치로 흐르는 맥을 형성하고 있다.

앞에서 설명한 바와 같이 한 오행의 관장시기라 해도 즉, 庚金의 관장시기라 해도 辛金이 바탕에서 庚金을 돕고, 辛金의 관장시기라 해도 庚金이 바탕에서 辛金을 돕는다는 점을 기억한다. 역할 분담에서 관장시기가 다를 뿐 사라지는 것이 아님을 의미한다.

만일 봄, 여름이 끝나고 가을, 겨울에 봄, 여름의 기운이 없다거나, 가을, 겨울이 끝나고 봄, 여름에 가을, 겨울의 기운이 없다면, 한 여름엔 더위를 견디지 못할 것이고, 한 겨울엔 추위를 견디지 못할 것이다.

水生木에 의해 나무가 물을 흡수했다 해도 그 물은 사라지는 것이 아니라 나무의 몸속에 들어가 다양한 작용을 통해 꽃도 피우고 결실도 이루게 함으로써 변화의 초석이 될 뿐, 역할 분담이 끝나면 물은 다시 본래의 물이 되어 세상에 존재하게 된다. 이는 사람이 물을 마셨을 때 물이 사라진 듯이 보이지만 사라지지 않은 것과 같다.

'생' 이란 하나의 오행이 어떤 만남의 변화에 의해 다른 오행을 형성하는 이치 자체를 말하는 것이다. 우주에서는 '다만 변화만 있을 뿐 완전한 소멸은 없다' 는 이치와 같이, 모든 오행은 새로이 생기거나 사라지는 것이 아니라 단지 음양의 균형이라는 이치에 의해 서로서로의 변화를 도울 뿐, 원래 존재해 있었고 앞으로도 영속적으로 존재하는 이치일 뿐이라는 점을 기억하면 '관장시기에서의 오행의 변화' 를 이해하는 데 도움이 될 듯싶다.

2. 극의 이치

1) 木剋土의 이치
❶ 甲木이 극 하는 이치
가. 甲木이 戊土를 극 하는 경우

甲木과 戊土 모두 양 오행이므로 陽木이 陽土를 극 하는 경우다. 戊土는 각 계절의 첫 달인 寅巳申亥 장생지와 辰月, 戌月 그리고 4왕지 중 丙火, 癸

水의 관장시기가 시작되고 끝나는 冬至와 夏至가 대표적인 관장시기다. 따라서 甲木과 戊土의 관장시기가 같은 때는 戌月, 亥月, 冬至 그리고 立春~春分이다.

戊土는 적극적으로 생명력을 만들어 내기위한 양토적인 작용력이다. 따라서 생명력의 범위 내에서 작용력을 펼친다. 戌月에 丁火와 辛金으로 하여금 소극적인 응축을 극대화 시키게 하는 것이나, 亥月의 적극적인 응축, 冬至에서 癸水에 발영의 기운을 주는 것, 立春에서 제2차 발영의 기운을 넣어 줌으로써 맹아를 틔게 하는 것 등이 그것이다.

생명력을 상징하는 오행은 甲木이다. 따라서 甲木의 범위 내에서 戊土의 양토적인 작용력이 존재한다는 것, 이것이 戊土에 대한 甲木의 木剋土의 이치다. 이는 국민이 나라가 있고 法이 있어야 그 테두리 안(통제)에서 안정과 평화를 누리는 것과 같다.

甲木은 陽木이므로 잉태와 탄생을 위한 일편단심의 기운이고, 戊土 또한 잉태와 탄생을 위해 생극합충이라는 조화력을 품고 있는 적극적인 작용력이다. 모든 오행 변화는 생명력의 유지를 위해 존재하는 것이므로 戊土 또한 예외일 수 없다. 다만 생명력을 위한 것이므로 戊土에 대한 甲木의 木剋土는 양 오행끼리의 만남이라는 특성에 따라 적극적이고 절대적이다.

이는 조직원이 조직의 목적을 위해 조직의 법을 따라야 하는 것과 같다. 조직이란 조직원으로 구성되는 것이긴 하지만 조직의 목적을 위해 조직이 구성되는 것이기 때문이다. 또한 가정을 유지하기 위해서는 집이라는 구조물이 있어야 하는 것도 같은 이치다. 타인의 간섭을 막아주고 가족만의 행복을 누릴 수 있도록 강한 경계를 이룸으로써 외부로부터 가족 모두를 보호해주는 것이 집이기 때문이다. 가정(戊土)도 아빠의 보호 아래서(甲木 剋 戊土) 엄마(己土)에 뿌리를 내려야(甲己合) 자식(庚辛金)을 생산해 행복을 누릴 수 있다는 것도 같은 이치다.

하늘을 나는 비행기, 도로를 달리는 자동차, 사람이나 동물이 걷고 뛰는 것, 공을 멀리 차고자 하는 것, 철로 위를 달리는 기차, 그릇의 크기만큼 담을 수 있는 물 등 모두가 '중력'이라는 극과 균형을 이룬 생이다. 따라서 중력을 이겨낼 수 있는 것만큼만 생이라는 결과를 만들어 낼 수 있다.

甲木이 지나치면 불균형으로 인해 戊土가 제 역할을 할 수 없다. 따라서 상대 오행이자 숙살지기인 庚金이 甲木을 억제(金剋木)하거나, 丙火가 木生火로 甲木의 힘을 흡수해서 火生土로 戊土를 생 해주어야 균형점에 가까이 갈 수 있다.

반대로 戊土가 지나치면 생명력이 약해지므로 같은 오행인 甲乙木이 甲木을 돕거나, 庚辛金이 土生金으로 戊土의 힘을 빼서 金生水로 壬癸水를 돕고 壬癸水가 다시 水生木으로 甲木을 생 해주어야 甲木이 살 수 있다.

참고 剋의 범위 안에서 生이 존재할 수 있기 때문에 生과 剋은 陽과 陰으로 균형을 이룬 만큼만 제 역할을 할 수 있다. 甲木과 戊土의 관장시기와 겹치는 부분 참조.

나. 甲木이 己土를 극 하는 경우

甲木은 陽木, 己土는 陰土이므로 양목이 음토를 극 하는 경우다. 甲木과 己土의 관장시기가 같은 때는 子月 大雪에서 立春까지 그리고 秋分~寒露, 驚蟄~春分이다.

戊土는 적극적으로 생명력을 탄생시키고자 하는 양토적인 작용력이지만, 己土는 잉태가 되었거나 탄생이 된 庚辛金과 壬癸水를 품고 숙성 또는 성장을 시키는 소극적인 작용력이다. 그래서 戊土와 己土도 균형을 이룬 하나의 오행이다.

戊土에 대한 甲木의 木剋土는 생명력을 탄생시킬 수 있도록 적극적으로 경계를 두고자 하는 강제성이 있는 극인 반면에, 己土에 대한 甲木의 木剋土는 戊土의 작용력 범위 안에서 甲木이 자신의 바탕을 삼기위해 己土로 하여금 생명력을 품을 수밖에 없도록 유도하는 극이다. 이는 戊土에 대한 것과는 음양으로서의 성격이 많이 다른 점이 있다. 하지만 적극적이라는 점에서는 강도가 같다. '甲木 剋 己土'는 생명력의 숙성을 거쳐 새로운 생명력의 탄생을 준비하는 극이므로 예민하면서도 '내 것'이라는 의미가 강해 아내를 사랑하는 남편의 마음에 비유할 수 있다. 이는 戊土에 대한 강제성과는 다른 강제성이다.

甲木이 지나치면 남편이라는 위세를 무기로 아내를 고생시키는 것과 같으므로 丙丁火의 도움을 받아 木生火로 甲木의 힘을 빼서 火生土로 己土에게 힘을 실어주거나, 庚金으로 하여금 甲木의 힘을 억제(金剋木)해야 균형점에 가까이 갈 수 있다.

반대로 己土가 지나치면 남편을 비롯한 시댁을 우습게 알아 가정 자체가 위태로우므로 乙木이 木剋土로 이를 억제해서 甲木을 돕거나, 庚辛金이 土生金으로 己土의 힘을 빼서 金生水로 壬癸水를 돕고 壬癸水는 다시 水生木으로 甲木을 도와야 균형을 이룰 수 있다.

> **참고** 甲木과 戊土는 모두 양이므로 甲木이 적극적으로 억제하면 戊土 또한 그 범위 내에서 적극적으로 생명력을 창출하는 반면에, 己土는 창출된 생명력에 울타리가 되어 이를 품어 숙성을 시키게 된다. 그래서 甲木이 己

土에 뿌리를 내린다는 표현을 한다. 갑목과 기토의 관장시기가 겹치는 부분 참조.

❷ 乙木이 극 하는 이치
가. 乙木이 戊土를 극 하는 경우

乙木은 음목이고 戊土는 양토이므로 陰木이 陽土를 극 하는 경우다. 乙木과 戊土의 관장시기가 같은 때는 春分과 淸明~夏至 그리고 立秋~秋分이다.

乙木은 광합성을 통해 결실의 기운에 생명력을 넣어주는 소극적인 음목이고, 戊土는 적극적으로 癸水에 제3차 발영의 기운을 넣어줌으로써 꽃을 피우고 결실의 기운인 庚金을 土生金하는 양토적인 작용력이다. 따라서 戊土의 작용력은 乙木이 결실의 기운에 넣어주고자 하는 생명력의 범위 내에서 이루어지게 되므로, 戊土에 대한 乙木의 木剋土는 戊土로 하여금 土生金으로 庚金을 生하도록 유도하는 소극적이면서 신축성이 있는 剋이다.

甲木은 탄생에 대한 일편단심의 기운이므로 戊土에 대한 木剋土가 적극적으로 이루어졌지만, 乙木은 戊土가 결실의 기운을 생성할 수 있도록 울타리 역할을 함으로써 오히려 戊土의 작용력을 돕는 소극적인 木剋土로, 이는 秋分~春分까지 辛金이 甲木의 울타리가 됨으로써 甲木이 생명력으로 성장하는 것을 돕는 것과 같은 이치다.

공부를 열심히 하는 학생은 결실인 庚金을 生하고자 하는 戊土의 작용력이고, 학교는 엄중한 규칙으로 이루어져 있으므로 戊土에 대한 甲木으로서의 木剋土이며, 선생님은 사랑으로 지도해 결실을 얻게 하고자 하므로 乙木으로서의 木剋土다.

328

여기서 공부를 열심히 해서 목표를 이룬 학생의 결과는 물론 戊土로 하여금 발영의 기운을 받은 癸水가 立春에 맹아로 태어나는 이치와 立夏에서 꽃을 피워 그 속에 결실의 기운인 庚金을 生하게 하는 이치에 비유할 수 있다.

그러나 乙木이 지나치면 '乙剋戊'가 심해 울타리가 좁아지는 것과 같아 잎만 무성하고 꽃이 피기 어렵고 결실의 기운 또한 생기기 어려우므로, 庚辛金이 乙木을 억제해 戊土를 도움으로서 꽃 피우기와 결실의 기운이 生하는 것을 돕게 하거나, 丙丁火로 하여금 木生火로 乙木의 기운을 흡수해 火生土로 戊土를 돕고 戊土는 土生金으로 결실의 기운을 돕게 해야 한다.

戊土가 지나치면 乙木의 생명력 공급이 부족해 꽃만 화려하고 결실의 기운이 생기기 어려우므로 甲乙木이 木剋土로 戊土를 억제해 균형을 이루게 하거나, 庚辛金이 土生金으로 戊土의 기운을 흡수해 金生水로 壬癸水를 돕고 壬癸水는 水生木으로 乙木을 도와야 결실의 기운을 도울 수 있다.

> 참고 여기서 양 오행이 양 오행, 음 오행이 음 오행, 양 오행이 음 오행, 음 오행이 양 오행을 극 하는 것 등은 각각 그 성질과 역할이 다르게 나타나므로 이를 구별해서 이해해야 이어서 전개되고 있는 5합, 10충, 5극 이론들을 이해하는 데 도움이 된다.

나. 乙木이 己土를 극 하는 경우

乙木과 己土는 둘 다 음 오행이므로 陰木이 陰土를 극 하는 경우다. 乙木과 己土의 관장시기가 같은 때는 芒種~立秋, 白露~秋分이다.

己土는 夏至를 지나 立秋가 되기까지 庚金을 품고 여름에서 가을로 전환을 시키면서 丁火를 통해 풋과일을 익어가게하는 작용력이고, 乙木은 庚金

과 관장시기를 같이 하면서 소극적으로 생명력을 공급해주는 음목이다. 여기서 익어가기란 壬水가 잉태를 향해 전진하는 것이고, 이는 곧 乙木의 생명력 공급이 왕성해지는 것이다. 己土가 품은 庚金은 반드시 乙木의 생명력을 받아야 하므로 己土의 작용력 또한 乙木의 생명력 공급 범위 내에서 이루어져야 한다. 이것이 '乙木 剋 己土'다.

己土에 대한 乙木의 木剋土는 음 오행끼리의 소극적인 극이므로 약하게 보일 수도 있지만 매우 예민할 뿐 아니라 이 또한 일편단심의 剋이다. 이는 엄마가 태아를 위해서는 필사적인 것과 같다. 즉, 엄마의 몸은 己土고, 아기집은 庚金이며, 태아의 생명과 건강이 바로 乙木이기 때문이다.

따라서 乙木이 지나치면 엄마인 己土가 약하다는 것을 의미하므로 丙丁火가 木生火로 乙木의 기운을 흡수해 火生土로 己土를 돕는 것이 가장 좋고, 庚辛金이 乙木의 기운을 억제함으로써 己土를 도울 수도 있으나 이것은 음기를 지나치게 한다는 단점이 있으므로 상황에 따라 대처해야 한다.

> 참고 甲木은 태어난 아기가 본능적, 적극적으로 엄마의 젖을 빠는 것과 같고, 乙木은 엄마의 몸 안에서 엄마의 몸을 의지해 살아나려는 생명력과 같다. 엄마의 몸은 오로지 태아의 건강에 집중되므로 己土에 대한 乙木의 木剋土가 비록 소극적이긴 하지만 생명력에 대한 일편단심은 같다.

2) 土剋水의 이치
❶ 戊土가 극 하는 이치
가. 戊土가 壬水를 극 하는 경우
戊土와 壬水 둘 다 양 오행이므로 陽土가 陽水를 극 하는 경우다. 壬水와 戊土의 관장시기가 같은 때는 立秋~秋分, 寒露~冬至까지이다.

잉태의 기운은 반드시 양토적인 작용력의 범위 내(戊土 극 壬水)에서 시작과 성장의 변화를 보이는데, 夏至에서 丙火가 辛金에게, 戊土가 癸水에게 각각 피어나는 기운과 발영의 기운을 줌으로써 시작되는 것이나, 立秋(戊壬庚)에서 영글기의 시작과 함께 잉태가 시작되는 것, 秋分 이후 소극적, 적극적 응축(辛丁戊, 戊甲壬)을 거침으로써 생명력을 품어 冬至에서 잉태를 이루게 하는 것 등이 그것이다.

戊土를 剋하는 것은 생명력인 甲乙木이고, 壬癸水는 甲乙木을 生하기 위한 잉태의 기운과 탄생의 기운이다. 따라서 壬癸水는 戊土의 범위 내에서 생명력으로 거듭나기 직전까지 잉태와 탄생의 기운으로서의 역할을 다해야 하므로 戊土의 적극적인 작용력을 받는 것이고, 戊土는 생명력인 甲木의 범위 내에서 壬癸水를 극 하는 것이다. 그래서 '壬癸水 生 甲木', '甲木 剋 戊土' 다.

戊土의 범위 내에서 壬水가 잉태라는 역할을 다 하기 위해서는 丁火와 庚辛金의 도움이 필수적이다. 丁火는 밝음의 기운을 통해 壬水에게 木 기운인 생명력을 품게 하고, 秋分까지는 숙살의 기운인 庚金이, 秋分 이후는 응축의 기운인 辛金이 金生水로서의 도움을 주어야 한다. 이 오행들의 도움을 받아 戊土는 壬水가 제 역할을 다 할 수 있도록 조화롭게 양토적인 작용력을 펼치는 것이다.

생명력을 잉태시켜야 하므로 壬水에 대한 戊土의 土剋水는 적극적이고 단호하다. 따라서 戊土가 지나치면 잉태의 기운이 약하므로 庚辛金이 土生金으로 戊土의 힘을 빼서 金生水로 壬水를 도와야 하고, 壬水가 지나치면 작용력이 부족하므로 같은 戊土가 壬水를 억제하면서 戊土를 돕거나 丙火가 戊土를 生하면서 火剋金으로 金氣를 억제해 金生水를 막아주어야 한다.

만일 庚金이 지나쳐 戊土와 壬水가 약할 때는 丙火가 庚金을 억제하면서

戊土를 生 해주어야 壬水를 도울 수 있는데, 이는 양토적인 작용력이 약하기 때문이고, 辛金이 지나쳐 戊土와 壬水가 약하다면 丁火가 辛金을 억제하면서 戊土를 生 해주어야 壬水를 도울 수 있는데, 이는 응축이 지나치므로 丁火가 밝음의 기운으로 戊土, 壬水를 함께 도와야 하기 때문이다.

> **참고** 모든 오행은 서로 균형을 이루어야 각자 제 역할을 다 할 수 있다.
> 庚金일 때 丙火를 쓴다거나 辛金일 때 丁火를 쓰는 이유는 음양의 이치와
> 관장시기에서 오는 오행의 역할이 다르기 때문이다.

나. 戊土가 癸水를 극 하는 경우

戊土는 陽土, 癸水는 陰水다. 따라서 양토가 음수를 극 하는 경우다. 戊土와 癸水의 관장시기가 같은 때는 冬至와 立春~春分, 淸明~夏至다.

壬水는 적극적으로 잉태를 향해 전진하고자 하므로 戊土가 적극적으로 극을 했지만, 癸水는 잉태 후 寅月 立春에는 甲木으로, 巳月 立夏에는 庚金으로의 탄생을 위해 숙성기를 거치는 탄생의 기운이다. 따라서 戊土는 甲乙木이 극을 하는 범위 내에서 작용력을 펼치고, 癸水는 戊土의 작용력의 범위 내에서 발영의 기운을 받아 생명력을 품으므로 癸水에 대한 戊土의 土剋水는 적극적으로 발영의 기운을 주어 적극적으로 생명력에 활기를 주기 위한 극이다. 하지만 부드럽게 경계를 두면서 오히려 보호를 하고자 하는 바 이는 남편(甲)이 아내(己)에게 사랑으로 경계를 두는 것과 같다.

戊土가 지나치면 癸水의 숙성이 위축을 받아 발영의 기운을 받기에는 역부족이므로 甲木이 戊土를 억제하면서 辛金이 癸水를 生 해주어야 하고, 乙木이 戊土를 木剋土로 억제하면서 庚金의 生을 유도하고, 庚金이 金生水

로 癸水를 도와야 한다.

癸水가 지나치면 戊土의 작용력이 약해 발영의 기운을 받기 어려우므로 같은 戊土가 癸水를 억제함으로써 발영의 기운을 돕거나, 丙丁火가 戊土를 生 하면서 庚辛金의 金生水를 억제해야 오히려 癸水가 자기의 역할을 할 수 있다.

> **참고** 庚金은 丙火가 辛金은 丁火가 억제하는 것이 균형점에 더 가깝다. 丙火는 辛金에 발영의 기운을 넣어 壬水의 生을 돕는 양 오행이고, 丁火는 밝음의 기운으로 庚金에게는 익어가기와 영글기를 돕지만, 辛金에게는 응축을 돕는 음 오행이므로 세력을 약화시키기 때문이다.

❷ 己土가 극 하는 이치

가. 己土가 壬水를 극 하는 경우

己土는 음 오행, 壬水는 양 오행이므로 陰土가 陽水를 극 하는 경우다. 己土와 壬水의 관장시기가 같은 때는 夏至~立秋, 白露~秋分 그리고 大雪 ~冬至다.

己土는 小暑~立秋까지는 庚金을 품고 익어가기의 극대화를, 大雪~冬至까지는 辛金을 품고 응축의 극대화를 이룰 수 있도록 돕는 오행이고, 壬水는 冬至에서 응축의 극대화를 통해 잉태를 완결하는 오행이다.

壬水는 잉태를 향해 전진하는 생명의 기운이므로 壬水에 대한 己土의 土 剋水는 오로지 아기를 갖고자 혼신을 다 하는 엄마의 마음과 같다. 따라서 壬水를 보호하면서 성장시키는 己土의 剋은 소극적이고 부드러우면서 신축성이 있지만 예민한 음토적인 작용력이다. 그래야 壬水는 己土의 범위 내에서 甲木을 生 할 수 있고 己土는 甲木의 범위 내에서 壬水를 극 하게 된다.

　己土가 지나치면 엄마의 몸으로 인해 잉태가 어려운 형국이므로 乙木이 己土를 억제하면서 庚金에 생명력을 주어 庚金으로 하여금 金生水로 壬水를 돕게 한다면 이상적이다. 乙木이 없다 해도 庚辛金이 土生金으로 己土의 힘을 흡수해 壬水를 돕는다면 균형점에 접근할 수 있다. 하지만 이때는 양기가 보충이 되어야 한다.

　壬水가 지나치면 엄마의 몸이 약해 잉태가 어려운 상황이므로 戊土가 양토적인 작용력으로 壬水를 억제해 己土를 돕는 것이 가장 좋고, 甲木이 水生木으로 壬水의 기운을 흡수하면서 己土에 뿌리를 두어 양토적인 작용력을 형성하거나, 丙丁火가 火生土로 己土를 도우면서 火剋金으로 庚辛金을 억제함으로써 金生水를 막는 것도 좋다.

나. 己土가 癸水를 극 하는 경우

　己土와 癸水 둘 다 음 오행이다. 따라서 陰土가 陰水를 극 하는 경우다. 癸水와 己土의 관장시기가 같은 때는 冬至~立春, 驚蟄~春分 그리고 午月 芒種~夏至까지다.

　冬至에서 응축의 극대화를 이룸으로써 시작된 癸水는 丑月을 지나면서 己土의 범위 안에서 辛金의 보호를 받으며 숙성의 과정(癸辛己)을 거쳐 立春이 되면 甲木인 새싹으로 탄생(戊丙甲)한다.

　한편 巳月 立夏에서 양토적인 작용력에 의해 탄생한 결실의 기운은 소만을 거쳐 午月 芒種에 이르기까지 꽃과 함께 성장하지만, 芒種부터 꽃은 시들고 결실의 기운은 열매와 씨로서 己土의 보호를 받으면서 夏至를 지나는데 이때 癸水는 己土의 土剋水 범위 내에서 戊土에게 제4차 발영의 기운을 받음과 동시에 관장시기를 마무리하고 壬水로 전환이 된다. 그래서 午月의 지장간이 '丙己丁'이다.

丑月 '癸辛己'는 己土인 엄마가 辛金인 영양분(또는 아기집)으로 태아를 키워내는 것과 같고, 午月 '丙己丁'은 초등학생 아이를 청소년으로 성장을 시키는 것과 같다. 芒種까지는 戊土가 양토적인 작용력으로 꽃과 함께 성장을 시켰기 때문이다.

따라서 癸水에 대한 己土의 土剋水는 탄생과 결실로 거듭나기 위한 숙성이므로 소극적이면서도 부드럽고 신축성이 있다. 그러나 생명 및 결실로서의 잉태와 탄생이 목적이므로 예민하면서 단호하다.

> **참고** 立春 이후의 癸水는 실질적인 음용수로서의 역할이다. 따라서 나무에 흡수되어 양토적인 작용력을 통해 癸水 生 乙木, 乙木 生 丙火, 丙火 生 戊土, 乙木 剋 戊土, 戊土 生 庚金, 丙火 剋 庚金으로 생명력을 공급받아 결실의 기운을 탄생시키는 것이고, 芒種부터는 광합성(乙木 剋 己土, 己土 生 庚金)을 통해 乙木으로부터 생명력을 공급받기 때문에(庚金 剋 乙木) 꽃이 져도 열매와 씨로서 성숙할 수 있다.

己土가 지나치면 태아가 위축을 받으니 庚辛金이 土生金으로 己土의 힘을 흡수해 金生水로 癸水를 도와야 하는 것이 원칙이다. 하지만 己土와 庚辛金, 癸水가 모두 음 오행이므로 전체적으로 음양의 균형관계를 살펴야 한다.

癸水가 지나치면 己土인 엄마의 몸이 약하므로 戊土가 癸水를 억제하면서 癸水에 발영의 기운을 주어 己土를 돕는 것이 가장 이상적이고, 丙丁火가 火生土로 己土를 도우면서 庚辛金의 金生水를 억제(火剋金)하는 것도 좋다. 그러나 이때 丙火와 辛金이 만나면 壬水의 기운을 형성하니 得보다는 失이 클 수 있고, 丁火와 壬水가 만난다면 甲木의 기운을 형성하므로 다른 오행들과의 관계를 잘 살펴야 한다.

> **참고** 己土가 壬水를 극 하는 경우는 壬水는 잉태를 향해 전진하는 양의 기운이므로 己土의 극이 소극적이고 부드러우면서 예민하기는 하지만 신축성이 있어 단호하지는 않다. 그러나 癸水를 극 하는 경우는 생명으로 탄생이 되어야 하므로 부드럽고 예민한 것은 같지만 신축성이 약하고 단호하다는 것이 전자의 경우와 다르다. 그래서 丑月 '癸辛己'에서 辛金의 예리함이 金生水로 癸水를 돕는 것이다.

3) 水剋火의 이치
❶ 壬水가 극 하는 이치
가. 壬水가 丙火를 극 하는 경우

壬水와 丙火는 둘 다 양 오행이다. 따라서 陽水가 陽火를 극 하는 경우다. 관장시기 중에서 서로 겹치지 않는 경우는 壬水와 丙火, 甲木과 庚金, 癸水와 丁火, 乙木과 辛金이다. 癸水와 丙火는 冬至~夏至, 壬水와 丁火는 夏至~冬至 그리고 甲木과 辛金은 秋分~春分, 乙木과 庚金은 春分~秋分으로 관장시기가 각각 반대이기 때문이다.

그러나 모든 오행은 관장시기가 다르다 해도 음양의 원리에 따라 상호 보완관계를 이룬다. 즉, 乙木과 庚金의 관장시기인 春分~秋分까지, 잎이 광합성을 해서 庚金에 생명력을 품게 하는 것은 乙木이고, 결실의 기운은 庚金이지만, 잎이 성장하는 기운과 결실의 기운이 庚金으로 성장하는 기운은 甲木의 기운이며 이때 庚金인 열매와 씨 중, 씨는 辛金인 것과 같다.

丙火가 辛金에 발영의 기운을 준다 함은 잉태의 기운을 위한 것이므로

壬水의 범위 내에서다. 그래야 丁火의 관장시기에서 丁火와 壬水가 균형을 이룬 만큼 甲木의 기운을 품을 수 있다. 이는 甲木이 극 하는 범위 내에서 戊土가 癸水에 발영의 기운을 넣어 주는 것과 같은 이치다. 壬水는 잉태를 위해 전진하는 陽水이므로 丙火에 대한 壬水의 水剋火는 적극적이고 단호하다.

壬水가 지나치면 丙火가 辛金에 발영의 기운을 줄 수 없으니 이때는 甲木이 水生木으로 壬水의 힘을 흡수해서 木生火로 丙火를 도와야 하고, 丙火가 지나치면 辛金, 씨가 말라버릴 수 있으니 같은 壬水가 丙火를 억제해 壬水를 돕거나, 庚辛金이 金生水로 壬水를 도우면서 金剋木으로 甲乙木이 木生火로 丙火를 生 하는 것을 막아야 한다.

> **참고** 庚金의 관장시기 때 辛金이 씨로서 존재하고, 辛金의 관장시기 때도 甲木의 기운에 辛金의 응축뿐 아니라 속에서 庚金의 기운인 수렴과 저장이 함께 존재하게 된다. 다만 자기의 관장시기가 아닐 뿐이다. 자전과 공전이라는 법칙성 자체가 이미 극의 역할을 하고 있고, 이 극의 범위 안에서 균형을 이룬 음양이 생으로 균형을 이루면서 계속 변화를 하고 있기 때문이다. 수도관과 수돗물, 육체와 정신 그리고 한 개인으로서는 연월일시, 사주라는 주어져 있는 법칙성의 범위 안에서 '일생'이라는 생을 살아야 한다는 것도 같은 이치이다.

나. 壬水가 丁火를 극 하는 경우

壬水는 양수, 丁火는 음화이므로 陽水가 陰火를 극 하는 경우다. 壬水와 丁火는 夏至에서 冬至까지 관장시기가 같다. '관장시기가 같다' 함은 두 오행이 균형을 이루면서 같은 목적을 수행하고 있음을 의미한다.

夏至에서 冬至까지 丁火는 壬水와 균형을 이루어 밝음의 기운을 주면서 순차적으로 발전하는 잉태의 범위 내에서 壬水를 돕는다. 여기서 '잉태의 범위 내에서 壬水를 돕는다' 함이 丁火에 대한 壬水의 水剋火의 이치다. '잉태가 순차적으로 발전한다' 함은 결국 생명력인 甲木의 기운이 성숙되고 있음을 말하는 것이므로, 이는 壬水가 사랑하는 여인 丁火로 하여금 오로지 자신만을 사랑하게 하여 둘 만의 생명력을 키워내는 것과 같다.

음양의 이치에 따라 丁火와 壬水 또한 균형을 유지해야 하나를 이룰 수 있다. 따라서 壬水가 지나치면 밝음의 기운이 부족해 잉태를 이루기 어려우므로 이때는 甲木이 水生木의 이치에 따라 壬水의 기운을 흡수해 木生火로 丁火를 도와야 하고, 丁火가 지나치면 잉태의 기운이 부족하므로 壬癸水가 丁火를 억제하면서 壬水를 돕든가 혹은 庚辛金이 金生水로 壬水를 도와야 한다.

> 참고 未月 익어가기, 申月 영글기, 秋分 이후 소극적인 응축, 亥月 적극적인 응축, 冬至에서의 응축의 극대화 등이 순차적으로 바탕을 이루어야 생명력이 잉태될 수 있다. 따라서 夏至에서 冬至까지 丁火와 壬水는 하나로 균형을 이루어 '생명력의 잉태'를 마무리해야 하는 뗄 수 없는 관계로, 이는 음양이 틀린 剋 관계의 오행들이 만나 균형을 이룸으로써 하나의 새로운 오행을 만들어내는 자연현상이다.

❷ 癸水가 극 하는 이치
가. 癸水가 丙火를 극 하는 경우
癸水는 음수, 丙火는 양화다. 따라서 陰水가 陽火를 극 하는 경우다. 癸水와 丙火도 冬至에서 夏至까지 壬水와 丁火처럼 관장시기가 같다. 다른 점은 夏至에서 冬至, 冬至에서 夏至로 관장시기가 반대라는 것과 壬水와 丁火는 양수가 음화를, 癸水와 丙火는 음수가 양화를 극 한다는 것이다.

丙火는 양토적인 작용력을 生 해 癸水의 발영의 기운을 도우면서 辛金을 土生金으로 보호하게 하는 한편, 辛金에게는 피어나는 기운을 주어 잉태의 기운, 壬水를 金生水로 생 하게 하는 적극적인 기운이다. 따라서 癸水는 음수이자 탄생을 준비하는 생명의 기운이므로 丙火에 대한 水剋火는 '丙火 生 戊己土'를 이끌어내야 하므로 소극적인 울타리로서 오히려 丙火의 역할을 돕는 극이다. 그래야 癸水가 戊土에게 발영의 기운을 받을 수 있고, 己土의 범위 내에서 辛金에게 金生水를 받을 수 있다.

> 참고 庚金의 관장시기가 시작되는 春分부터 물은 차가워지고 이 차가움
> 과 丙火가 균형을 이루었음을 기억한다. 나무가 흡수한 차가운 물 범위 내
> 에서 丙火의 피어나는 기운이 양토적인 작용력을 도움으로서 癸水에 발영
> 의 기운을 품게 하는 것이다.

癸水가 지나치면 丙火가 약해 戊土를 생 하기 어려우므로 甲乙木이 水生木으로 癸水의 힘을 흡수해 木生火로 丙火를 돕는 것이 가장 좋고, 또 다른 丙丁火가 丙火를 도와 戊土를 생 함으로써 '戊土 剋 癸水'를 유도하는 것도 좋다.

丙火가 지나치면 피어나는 기운이 지나쳐 癸水의 숙성이 어려우니 壬水가 丙火를 억제해 癸水를 돕는 것이 가장 좋은데, 이때 辛金이 있어 丙火의 피어나는 기운을 받아 金生水로 壬水를 도우면 가장 이상적이며, 또 己土가 火生土로 丙火의 힘을 흡수해 土生金으로 庚辛金을 돕고 庚辛金이 金生水로 癸水를 도와야 癸水로 하여금 탄생이라는 목적을 이루게 할 수 있다.

丙火에 대한 水剋火에서 壬水는 적극적이므로 辛金에게 피어나는 기운을 주게 해 자신의 목적인 잉태를 돕도록 강제하는 剋이지만, 癸水는 소극적으로 丙火로 하여금 戊土를 生 하게 해 자신이 발영의 기운을 받을 수 있도록 유도하고, 또 辛金에게는 피어나는 기운을 주어 壬水를 生 할 수 있도록 유도하는 신축성 있는 剋이다.

나. 癸水가 丁火를 극 하는 경우

癸水와 丁火는 둘 다 음 오행이다. 따라서 陰水가 陰火를 극 하는 경우다. 壬水와 丁火의 관장시기가 夏至에서 冬至로 같고, 癸水와 丙火의 관장시기가 冬至에서 夏至로 같아 정반대이므로 癸水와 丁火는 관장시기가 겹치는 곳이 없다. 그러나 음양오행의 이치는, 관장시기만 다를 뿐, 균형을 전제로 존재하는 기본적인 이치는 변하지 않으므로 癸水와 丁火도 이에 해당됨은 물론이다.

丁火는 未月에서 庚金과 壬水에게 익어가기를, 申月에는 영글기를 극대화시킴으로써 秋分을 기점으로 庚金에서 辛金으로, 乙木에서 甲木으로 관장시기를 전환시키는가 하면, 秋分 이후 소극적인 응축, 적극적인 응축을 거쳐 冬至가 되면 壬水와 함께 생명력의 잉태를 마무리하는 오행이다.

丁火가 壬水와 균형을 이루어 잉태의 기운을 강화시킬 수 있는 이유는 癸水가 丁火로 하여금 壬水와 균형을 이루도록 경계를 두고 있기 때문이다. 癸水는 탄생의 기운이고, 丁火와 壬水는 잉태라는 생명력을 키워내는 만남이다. 잉태를 해야 숙성기를 거쳐 탄생을 할 수 있기 때문에 丁火에 대한 癸水의 水剋火는 예민하고 예리하다.

'관장시기'는 '오행의 흐름에 대한 인식'이 기준임을 상기한다. 더운 여름은 차가운 기운이라는 경계가, 추운 겨울은 따뜻한 기운이라는 경계가 있기 때문에 존재한다. 이는 마치 같은 버스 안이라 해도 앉아 있는 사람과 서 있는 사람이 함께 이동하는 것과 같고, 지구가 빠른 속도로 자전 공전을 하지만 우리는 변화를 느끼지 못하는 것과 같다. '生'이란 '剋'의 범위 안에서 균형을 이룸으로써 존재하는 변화이기 때문이다.

癸水가 지나치면 밝음의 기운인 丁火가 위축되어 잉태를 도울 수 없으므로 戊土가 癸水를 억제하면서 발영의 기운을 돕거나, 甲乙木이 水生木으로 癸水의 힘을 흡수해 木生火로 丁火를 도와야 하고, 丁火가 지나치면 癸水의 경계가 허술해져 壬水와 하나가 될 수 없으니 같은 癸水가 있어 丁火를 억제해주거나, 庚辛金이 火剋金을 유도해 丁火의 세력을 약화시키면서 金生水로 癸水를 도와야 한다.

> **참고** 剋을 하는 오행이라고 해서 무조건 강하고, 剋을 받는 오행이라고 해서 언제나 약한 것은 아니다. 극을 하면 하는 만큼 힘이 소비되기 때문이다. 이는 농부가 곡식을 얻으려면 얻고 싶은 만큼 땀을 흘려야 하는 것과 같다. 甲木이 戊土를 억제하려면 甲木 또한 戊土만큼 강해야 하는 이치로, 이는 명리학의 가장 기본인 음양은 균형을 전제로 존재한다는 이치가 모든 이론의 바탕을 이루고 있기 때문이다.
> 명식에서 甲木은 약한데 戊土가 강한 경우 이때 行運에서 甲木이 와주면 甲木의 세기만큼 戊土를 극 하게 되므로 그만큼만 균형점에 가까이 가게 된다는 뜻이다.

4) 火剋金의 이치

❶ 丙火가 극 하는 이치

가. 丙火가 庚金을 극 하는 경우

丙火와 庚金은 둘 다 양 오행이다. 따라서 陽火가 陽金을 극 하는 경우다. 丙火는 癸水와 함께 冬至~夏至, 庚金은 乙木과 함께 春分~秋分이 관장시기이므로 丙火와 庚金의 관장시기가 같은 때는 春分~夏至다.

春分에서 관장시기를 마무리하는 辛金에게 피어나는 기운을 주어 辛金을 庚金으로 전환시키는 것이 '戊土의 土生金'과 '丙火 剋 辛金'이다.

巳月 立夏에 이르면 戊土는 癸水에게 발영의 기운을 줌으로서 꽃이 피기 시작하는데, 이때 꽃과 함께 생기는 결실의 기운은 꽃이 피면 필수록 함께 성장한다. 꽃은 결실의 기운을 위한 꽃이지만 결실의 기운은 꽃의 범위 내에서 생기고 성장하므로 이것이 庚金에 대한 丙火의 火剋金의 이치다. 丙火가 庚金에 火剋金을 하는 이유는 결국 乙木으로 하여금 庚金에 생명력을 주게 함이다.

> 참고) 春分에서 庚金이 관장시기를 시작하는 것도 丙火의 피어나는 기운의 범위 내이다. 丙火가 辛金에게 피어나는 기운을 주어 잉태의 기운을 품게 해서 庚金으로 전환을 시키기 때문이다. 여기서의 庚辛金은 甲乙木을 성장하게 하는 울타리 즉, 환경조건이므로 피어나는 기운과 환경조건의 만남이다. 이는 夏至에서 癸水가 壬水로 전환되는 것과 같은 이치이긴 하지만 작용력이 다르다.

夏至에 이르면 丙火는 작렬하는 태양에너지가 되어 열매와 씨가 된 庚金에 경계를 둠으로서 剋을 하고, 이 범위 내에서 乙木은 광합성이라는 음토적인 작용력에 힘입어 庚金 속에 생명력을 넣어줌으로써 夏至 이후 丁火로 하여금 익어가기를 하게 한다.

丙火가 지나치면 꽃만 화려하고 결실의 기운은 미약하니 壬水가 丙火를 水剋火로 억제하거나, 己土가 火生土로 丙火의 힘을 흡수해 土生金으로 庚金을 도와야 하고, 庚金이 지나치면 피어나는 기운이 약해 오히려 결실의 기운이 생명력을 품기 어려우므로 甲乙木이 木生火로 丙火를 돕거나, 같은 丙火가 火剋金으로 庚金을 약화시키면서 丙火를 도와야 균형점에 가까이 갈 수 있다.

> **참고** 丙火가 지나칠 때, 戊土가 아닌 己土인 이유는 戊土는 음기인 癸水에 발영의 기운을 줌으로서 오히려 丙火를 돕기도 하지만, 火氣를 흡수해 生金을 하는 데는 己土만한 오행이 없기 때문이고, 庚金이 지나칠 때, 丁火가 아닌 丙火인 이유는 丁火는 夏至 이후 庚金을 익어가기, 영글기 등으로 오히려 庚金을 돕는 오행이기 때문이다. 丙火는 庚金을 극해 乙木의 생명력을 공급받게 하고, 丁火는 庚金을 극해 잉태의 기운인 壬水를 생 하게 해 밝음의 기운으로 생명력을 돕는다.

나. 丙火가 辛金을 극 하는 경우

丙火는 양 오행, 辛金은 음 오행이다. 따라서 陽火가 陰金을 극 하는 경우다. 辛金은 甲木과 함께 秋分~春分까지가 관장시기이므로 丙火와 辛金의 관장시기가 같은 때는 冬至~春分까지다. 그러나 이 두 오행은 생명력의 잉태라는 중요한 역할을 담당하고 있으므로 관장시기이든 아니든 '4頂'에서 관장시기의 변화가 있을 때마다 戊己土와 더불어 중추적인 역할을 한다.

丙火는 辛金에게 피어나는 기운을 주어 辛金으로 하여금 잉태의 기운을 품게 하는 오행이다. 즉, 春分에서는 庚金의 관장시기를 열게 하고, 夏至에서는 壬水의 관장시기를 열게 하며, 秋分에서는 辛金의 관장시기를 열게 하고, 冬至에서는 웅축의 극대화를 이룬 辛金을 도와 잉태를 완결 짓게 한다. 이때 丙火는 壬水의 범위 내에서 辛金을 剋 하고, 辛金은 丙火의 범위 내에서 壬水를 生 하며, 壬水는 戊土의 범위 내에서 丙火를 剋 하고, 戊土는 甲木의 범위 내에서 壬水를 剋 해 '壬水 生 甲木'을 이끌어 내며, 甲木은 다시 庚辛金의 범위 내에서 丙丁火를 生 함으로써 오행은 잉태와 탄생을 반복하는 흐름으로 나타난다.

> **참고** 秋分~冬至는 丁火의 관장시기이자 辛金의 관장시기이다. 秋分에서 冬至까지 丙火가 辛金에게 壬水의 잉태를 돕는 것은 丁火를 돕는 것이고, 여기서 丁火와 壬水는 甲木의 기운을 잉태시키고자 하는 것이므로 丙火의 辛金에 대한 火剋金은 결국 甲木의 기운의 잉태를 위한 것이다.

夏至에서의 '丙火 剋 辛金'과 冬至에서의 '丙火 剋 辛金'은 서로 상응되는 이치지만 잉태와 탄생이라는 변화가 균형을 이루면서 반복되는 것이므로 단호하고 절대적이다. 하지만 陰金이 잉태를 품는 것이므로 사랑하는 아내의 품에 아기를 갖게 하려는 남편의 마음처럼 단호한 경계가 아니라 사랑으로의 묶음이다.

> **참고** '丙, 辛', 火剋金의 이치를 시발점으로 '甲木의 흐름'을 보면, 夏至에서 잉태의 기운 壬水가 시작되어 立秋에서 잉태가 시작(戊壬庚)되고, 亥月 立冬에서 생명력을 품은 잉태의 기운(戊甲壬)으로 도약해 冬至에서 甲木으로서의 잉태를 이루어 立春에서 甲木의 탄생(戊丙甲)을 이룬다.

이에 대해 '庚金의 흐름'을 보면, 冬至에서 결실의 기운을 위한 잉태의 기운 壬水가 시작되어 立春에서 잉태가 시작(戊丙甲)되고, 巳月 立夏에서 결실의 기운으로 꽃 안에 맺히며(戊庚丙), 夏至에서 庚金으로서의 잉태를 이루어 立秋에서 庚金(영글기: 戊壬庚)의 탄생을 이룬다. 立春에서 庚金의 기운이 잉태를 시작한다 함은 甲木이 태어나야 꽃이 피고 결실을 열 수 있기 때문이다. 夏至와 冬至, 立秋와 立春, 立冬과 立夏에서의 상대적인 이치를 주목한다.

丙火가 지나치면 辛金의 응축이 어려워 잉태 또한 어려워지므로 己土가 火生土로 丙火의 기운을 흡수해 土生金으로 辛金을 돕는 것이 가장 좋고, 壬水가 丙火를 억제해 辛金을 돕는 것도 좋다.

辛金이 지나치면 피어나는 기운은 부족하고 응축이 심하므로 역시 잉태가 어렵다. 따라서 丙丁火가 火剋金으로 辛金을 억제해 丙火를 돕거나, 甲木이 木生火로 丙火를 도우면 좋다. 하지만 壬癸水가 있어 金生水로 辛金의 힘을 흡수해 水生木으로 甲木을 돕고 甲木이 木生火로 丙火를 돕는다면 통관의 미를 살릴 수 있으므로 가장 이상적이다.

> **참고** 庚金과 辛金도 이치는 같다. 즉, 庚金의 관장시기인 春分에서 秋分까지 辛金은 庚金 속의 씨로서 자리를 잡고, 丙火의 피어나는 기운을 받아 잉태의 기운인 壬水의 生을 도움으로써 庚金의 생명력을 돕고, 辛金의 관장시기인 秋分에서 春分까지 庚金은 辛金이 甲木의 기운을 응축함으로써 생명력을 키워갈 때, 辛金의 응축의 범위 내에서 수렴과 저장을 통해 생명력을 익어가게 하고 영글어가게 함으로서 辛金을 돕는다.

❷ 丁火가 극하는 이치

가. 丁火가 庚金을 극 하는 경우

丁火는 음 오행, 庚金은 양 오행이다. 따라서 陰火가 陽金을 剋 하는 경우다. 丁火와 庚金의 관장시기가 같은 때는 夏至~秋分이다.

丁火는 夏至부터 壬水와 함께 생명력을 도우면서 잉태의 기운을 도움과 동시에 庚金의 익어가기와 영글기를 돕는 오행이고, 庚金은 春分~夏至는 결실의 기운의 탄생과 성장을, 夏至~秋分은 밖의 기운을 안으로 수렴하여 저장하는 숙살을 통해 익어가기와 영글기를 거쳐 결실을 마감하는 오행이다.

庚金에 대한 丁火의 火剋金은 夏至에서 秋分까지 丁火의 범위 내에서 庚金으로 하여금 金生水로 잉태의 기운인 壬水를 돕도록 유도하는 것이므로 소극적이면서 부드럽고 탄력적이지만, 이는 결국 丁火가 壬水와 함께 생명력의 성장을 돕고자 하는 것이다.

秋分까지 庚金 안에 있는 씨 辛金 또한 익어가기와 영글기를 거치게 되는데, 이 과정이 견실해야만 이를 바탕으로 秋分 이후 홀로 남은 씨, 辛金과 생명력인 甲木이 관장시기를 시작할 수 있다. 이때 辛金이 소극적, 적극적 응축을 한다 함은 이는 壬水가 본격적으로 잉태를 향해 전진하고 있음을 의미하므로, 秋分까지 익어가기와 영글기를 거치는 동안의 庚金에 대한 丁火의 火剋金은 엄마의 복 중의 태아를 바라보고 있는 아빠의 마음과 같다.

丁火가 지나치면 숙살이 어려워 결실을 이룰 수 없으니 己土가 火生土로 丁火의 힘을 흡수해 土生金으로 庚金을 돕는 것이 가장 좋고, 癸水가 丁火를 억제하는 것도 좋으나 만일 戊土가 있어 癸水에게 발영의 기운을 주면 火氣를 형성하므로 오히려 해로울 수도 있다.

庚金이 지나치면 밝음의 기운이 약해 오히려 생명력이 약해지므로 丙火

가 火剋金으로 庚金을 억제해 丁火를 돕는 것이 가장 좋고, 壬癸水가 庚金의 힘을 흡수하면서 壬水는 丁火와 함께 생명력을, 癸水는 戊土와 함께 발영의 기운을 형성함으로서 돕는다면 더욱 좋을 수도 있으나, 다른 오행들과의 상관관계를 잘 살펴야 한다.

> **참고** 초가을 丁火의 따가운 햇살은 과일을 익어가게 하고 영글게 한다. 하지만 과육 안에 있는 씨는 丁火의 햇살을 받지도 않으면서 과육이 영글어갈수록 함께 영글어간다. 그래서 庚金에 대한 丁火의 火剋金이고, 壬水에 대한 庚金의 金生水이긴 하지만, 丁火의 기운이 직접 잉태의 기운인 壬水에 미치지 않는다고 생각해서는 안 된다. 왜냐하면 익어가기와 영글기를 거친다는 말은 丁火가 과육을 통해, 壬水에게 밝음의 기운을 전한다는 말이고, 이는 곧 壬水로 하여금 생명력을 품게 함으로서 잉태를 향해 전진을 하게 한다는 뜻이기 때문이다. 여기서 '과육이 익어가고 영글어간다' 함은 庚金을 품은 己土의 음토적인 작용력이다. 즉, 丁火가 己土를 火生土 하고, 己土는 庚金을 土生金 하며, 庚金은 壬水를 金生水 하고, 壬水는 甲木 또는 乙木을 水生木 하며, 甲乙木은 丁火를 木生火 한다는 것을 말한다.
> 이와 같이 모든 오행은 상호 균형을 유지하면서 생극관계를 형성하고 있고, 일련의 이러한 양토, 음토의 작용력들이 관장시기를 타고 흐르면서 모든 생명력의 생, 변, 멸과 이에 의한 계절 변화라는 작품을 만들어 내고 있는 것이다.

나. 丁火가 辛金을 극 하는 경우

丁火, 辛金 모두 음 오행이다. 따라서 陰火가 陰金을 극 하는 경우로 둘의 관장시기가 같은 때는 秋分~冬至까지다.

夏至~冬至까지 丁火와 壬水의 관장시기가 같은 이유는 夏至에서 시작된 잉태의 기운이 冬至에서 온전한 잉태로 마무리를 할 수 있도록 하기 위함이다. 따라서 秋分~冬至까지의 辛金에 대한 丁火의 火剋金은 辛金으로 하여금 金生水의 이치 즉, 소극적, 적극적 응축으로 壬水가 본격적으로 잉태를 시작할 수 있도록 하기 위한 剋이므로 예민하면서도 또한 잉태의 시작은 사실상 생명력의 시작이므로 필수적이다. 丁火의 극 범위 내에서 辛金이 壬水의 잉태를 도와야 丁火는 壬水에게 밝음의 기운을 줌으로서 생명력으로 키워낼 수 있다.

丁火가 지나치면 辛金의 응축이 약해 잉태가 어려우니, 己土가 火生土로 丁火의 힘을 흡수해 土生金으로 辛金을 돕는 것이 가장 좋고, 癸水가 丁火를 억제해 辛金을 돕는 것도 좋으나 戊土가 있으면 발영의 기운을 주게 되므로 오히려 해로울 수 있으며, 庚金이 丁火의 힘을 약화(火剋金)시키면서 辛金을 도와 金生水로 壬水를 돕는 것도 좋다.

辛金이 지나치면 丁火의 극이 약화되어 응축 또한 약해지고, 응축이 약해지면 역시 잉태가 어려우니, 丙火가 辛金을 억제해 잉태의 기운을 강화시키면서 丁火를 돕는 것이 가장 좋고, 甲木이 辛金의 기운을 金剋木으로 약화시키면서 木生火로 丁火를 돕는 것도 좋다. 이때 壬癸水가 있어 金生水로 辛金의 힘을 흡수하면서 水生木으로 甲木을 돕고, 甲木이 木生火로 丁火를 돕는다면 더욱 이상적이다.

> **참고** 辛金이 지나친 경우, 같은 丁火가 丁火를 돕는 것도 좋다. 그럼에도 丙火를 꼽은 이유는 丙火는 辛金에 피어나는 기운을 줌으로써 잉태의 기운인 壬水를 돕기 때문이다.

5) 金 剋 木의 이치

❶庚金이 극 하는 이치

가. 庚金이 甲木을 극 하는 경우

庚金과 甲木은 둘 다 양 오행이다. 따라서 陽金이 陽木을 극 하는 경우다. 庚金은 乙木과 함께 春分~秋分, 甲木은 辛金과 함께 秋分~春分이 관장시기이므로 庚金과 甲木의 관장시기가 같은 때는 없다.

그러나 상기한 바와 같이 관장시기가 아니라 하더라도 甲乙木의 경계에는 언제나 庚辛金이 경계를 이루어야 甲乙木이 생명력을 키울 수 있고, 庚辛金의 경계에는 丙丁火가 경계를 이루어야 庚辛金이 열매와 씨를 영글게 할 수 있다. 다만 음끼리 양끼리 만나느냐 아니면 음양이 만나느냐에 따라 生, 剋으로 나타나는 오행변화의 성질이 다를 뿐이다.

秋分에서 庚, 乙의 관장시기가 끝나면서 甲, 辛의 관장시기가 시작되는데 이때 甲木은 庚金이 이룬 영글기의 범위 내에서 시작되고, 辛金은 乙木이 壬, 丁에 생명력을 넣어준 것만큼의 범위 내에서 시작된다. 壬水가 성장한다 함은 丁火와의 균형을 의미하고 영글기 및 응축은 丁火의 범위 내에 있기 때문이다.

한편 甲木은 익어가기와 영글기의 범위 내(庚金 剋 甲木)에서 음토적인 작용력에 뿌리를 내려 양토적인 작용력을 형성하는데, 이는 '戊土 生 庚金'을 유도해 '庚金 生 壬水'와 '壬水 生 甲木'을 이끌어내야 하기 때문이다.

여기서 庚金이 익어가는 범위 내에서의 甲木이나 이 범위 내에서 甲木이 己土에 뿌리를 내려 戊土를 형성함으로서 戊土 生 庚金을 유도하는 것 등은 모두 당위 하에 있는 것이다. 따라서 '庚金 剋 甲木'은 자전 공전이라는 법칙성의 범위 내에서만이 균형을 이루어 변화를 보일 수 있는 생명성의 이치와 같다.

庚金이 지나치면 甲木이 약해 양토적인 작용력을 형성하기 어려우므로 壬水가 金生水로 庚金의 기운을 흡수해 水生木으로 甲木을 돕는 것이 가장 좋고, 경우에 따라 丙火가 庚金을 火剋金으로 억제해주는 것도 좋다.

甲木이 지나치면 己土가 약해 뿌리를 내리기 어려우므로 같은 庚金이 甲木을 억제해 庚金을 돕거나, 丙火 또는 丁火가 木生火로 甲木의 힘을 빼 火生土로 己土를 돕고 土生金으로 己土가 庚金을 생 해주어야 한다.

여기서 丙火는 辛金에 피어나는 기운을 주어 壬水를 생 하면 이 壬水가 오히려 甲木을 도울 수 있고, 丁火는 壬水에 밝음의 기운을 줌으로서 생명력을 도와 오히려 甲木을 도울 수 있다.

> **참고** 庚金이 甲木을 극 하는 이치는 양토적인 작용력을 이끌어내 庚金과 乙木의 관장시기를 적극적으로 열도록 하기 위함이라는 의미도 있지만, 戊土가 癸水에 발영의 기운을 주어 꽃을 피워야 꽃 안에 자기가 태어날 수 있다는 이유가 있기 때문이다.
>
> 그러나 辰月을 거쳐 巳月 立夏에서 庚金을 직접 생 하게 하는 것은 戊土에 대한 乙木의 木剋土의 이치에 의한 것이다. 즉, 乙木의 木剋土의 범위 내에서 戊土가 庚金을 생 하고, 庚金이 생겨야 乙木이 庚金에 생명력을 줄 수 있기 때문이다. 이것이 乙木과 庚金의 관장시기가 같은 이유이다.
>
> 甲木의 戊土에 대한 木剋土는 양토적인 작용력은 생명력의 범위 내에서만 작용한다는 당위성의 의미가 있고, 乙木의 戊土에 대한 木剋土는 생명력의 공급을 위해 庚金을 생 하도록 유도한다는 신축성의 의미가 있다.

나. 庚金이 乙木을 극 하는 경우

庚金은 양 오행, 乙木은 음 오행이다. 따라서 陽金이 陰木을 극 하는 경우다. 庚金과 乙木은 春分~秋分까지 관장시기가 같다.

庚金과 壬水는 體가 陰이면서 오행으로는 양 오행이고, 乙木과 丁火는 體가 陽이면서 오행으로는 음 오행이므로 이들의 관계는 體, 用 모두 상반되면서도 體가 陰인 庚金과 壬水가 주도하는 만남(극)이다. 立夏에서 결실의 기운인 庚金이 생겨 夏至까지 성숙되어야 夏至부터 丙, 辛의 火剋金, 庚, 壬의 金生水의 원리에 의해 잉태의 기운인 壬水의 관장시기가 시작된다.

결실의 기운이 열매와 씨로 성숙된다함은 乙木이 나뭇잎과 꽃잎을 통해 소극적으로 생명력을 주기 때문이고, 夏至 이후 庚金과 壬水가 익어가기를 하고 영글기를 하는 것 또한 잎을 통한 乙木의 생명력이 필수적이다. 이때 丁火와 壬水가 생명력인 甲木의 기운으로 바탕에서 도와주어야 완결을 지을 수 있다.

乙木은 體가 양이므로 생명력을 공급해주는 입장이고, 庚金은 體가 음이므로 공급을 받는 입장이지만, 乙木의 공급은 결실의 기운의 범위 내에서인바 이것이 乙木에 대한 庚金의 金剋木이다.

庚金은 양금이므로 적극적으로 乙木을 극해서 자기가 필요한 만큼의 생명력을 받아야 하지만, 乙木 또한 庚金에게 생명력을 충분히 주어야 秋分 이후 홀로 남은 씨와 더불어 甲木이 관장시기를 시작해 立春에 탄생할 수 있으므로 이 또한 절대적이다.

庚金이 지나치면 생명력이 부족하므로 壬癸水가 金生水로 庚金의 기운을 흡수해 水生木으로 乙木을 돕거나, 丙丁火가 庚金을 억제하면서 丙火는 辛金, 丁火는 壬水의 도움을 받아 乙木을 돕는다면 이상적이다.

乙木이 지나치면 나뭇잎만 무성하고 결실의 기운이 약하니 庚辛金이 乙木을 억제해 庚金을 돕는 것이 가장 좋고, 戊己土가 火生土로 丙丁火의 도움을 받아 土生金으로 庚金을 도와도 좋다.

참고 庚金과 乙木은 春分~秋分, 壬水와 丁火는 夏至~冬至까지 관장시기를 같이 하면서 '양 오행이 음 오행을 극 하는 경우'이고, 辛金과 甲木은 秋分~春分, 癸水와 丙火는 冬至~夏至까지 관장시기를 같이 하면서 '음 오행이 양 오행을 극 하는 경우'이다. 전자는 극을 하는 양 오행의 상징인 결실과 잉태가 목적이므로 음 오행에 대한 양 오행의 극이 단호하고도 적극적이면서 품 안에서의 목적을 이루려는 의지가 분명하지만, 후자는 극을 받는 양 오행의 상징인 생명의 탄생과 발영의 기운, 피어나는 기운이 목적이므로 극의 정도가 소극적이면서 탄력적인 울타리로서의 경계를 이루고 있다. 또한 전자는 양 오행에 의한 적극적인 극(양의 기운)이고, 후자는 음 오행에 의한 소극적인 극(음의 기운)이므로 이 또한 양과 음으로 균형을 이루고 있음을 눈여겨보아야 한다. 계절변화의 이치는 자전 공전(법칙성)의 범위 안에서 균형을 이룬 음양이 생명력을 중심으로 규칙적인 변화를 보이는 현상이기 때문이다.

❷ 辛金이 극 하는 이치
가. 辛金이 甲木을 극 하는 경우
辛金은 음 오행, 甲木은 양 오행이다. 따라서 陰金이 陽木을 극 하는 경우다. 辛金과 甲木은 秋分~春分까지 관장시기가 같다.

　春分~秋分 庚金과 乙木의 관장시기에서, 夏至~冬至 壬水와 丁火의 관장시기로 흐를 때, 庚金 生 壬水, 壬水 生 乙木, 乙木 生 丁火로 자연스럽게 金→水→木→火로 흐르는 모습이고, 秋分~春分 辛金과 甲木의 관장시기에서, 冬至~夏至 癸水와 丙火의 관장시기로 흐르는 모습 역시 辛金 生 癸水, 癸水 생 甲木, 甲木 생 丙火로 자연스럽게 흐르는 모습이다.

　그러나 전자는 양 오행이 음 오행을 극(庚尅乙)하는 모습이고, 후자는 음 오행이 양 오행을 극(辛剋甲) 하는 모습이다. 따라서 甲木에 대한 辛金의 金剋木은 소극적이고 탄력적이다. 즉, 씨인 辛金의 응축의 기운을 바탕으로 甲木의 기운은 생명력을 키워 가는데, 이 또한 엄마 뱃속에 있는 태아가 생명을 유지하고 성장해가는 것과 같다. 전자와 후자의 이치는 같은 金剋木의 모습을 가지고 있고 생명력을 일구어 내는 결과도 같다. 하지만 음양의 이치에 따라 역할이 다르고 진행되는 과정의 내용이 다르다.

立春까지는 태아로서, 立春~春分까지는 태어난 아기로서 엄마가 주는 '보호+교육'의 범위에서 성장하게 되는바, 이것이 辛金과 甲木의 관장시기가 같은 이치다.

> **참고** 立春~春分까지 甲木에 대한 辛金의 金剋木은 갓 태어난 묘목이 이른 봄의 차가운 비바람 및 봄눈 등에 의해 시련을 겪으면서 튼튼하게 성장하는 것을 말한다. 이때 辛金으로서의 시련이 없으면 묘목은 甲木으로서의 성장이 어렵다는 필연적인 관계가 있다.

辛金이 지나치면 응축이 지나쳐 생명력의 성장이 어려우므로 이때는 甲乙木과 丙丁火가 木生火를 이루면서 辛金을 억제해 양기를 돕는 것이 좋고, 壬癸水가 직접 金生水로 辛金의 기운을 흡수해 水生木으로 甲木을 도울 수도 있지만, 이는 이미 음기가 지나쳐 있기 때문에 양기를 위축시킬 수 있으므로 경우에 따라 대처해야 한다.

甲木이 지나치면 응축이 약해, 法이 약한 나라에서 힘 있는 자의 지배로 인해 힘없는 자가 고통을 받는 것과 같으므로, 庚金이 金剋木으로 甲木을 억제하면서 辛金을 돕는 것이 가장 좋고, 丙丁火가 木生火로 甲木의 기운을 흡수해 火生土로 戊己土를 돕고, 戊己土가 土生金으로 辛金을 돕는다면 이 또한 이상적이다.

각 절기를 기점으로 모든 오행은 생극합충으로 다양한 변화를 보이면서 계절을 형성하고 있다. 하지만 변화를 보이는 이치에서 생극합충이 차례차례 순서대로 자기의 역할을 하는 것이 아니다. 모든 변화는 '극'이 있어야 '생'이 있고, '충'이 있어야 '합'이 있기 때문에 생극합충은 동시에 균형을 이루어 함께 어우러져 흐르면서 4계절을 형성한다. 이는 창문으로 찬 바람이 들어오면 들어온 만큼, 더운 바람이 나가는 것과 이치가 같다. 다만 生, 變, 滅에 대한 과학적인 인과관계를 공부하고자 하는 것이 목적이기 때문에 문자로 표현된 순서를 이야기할 뿐이다.

나. 辛金이 乙木을 극 하는 경우

辛金과 乙木 모두 음 오행이다. 따라서 陰金이 陰木을 극 하는 경우다. 辛金과 乙木 또한 秋分~春分, 春分~秋分으로 관장시기가 반대이므로 겹치는 곳이 없다. 辛金은 응축을 통해 생명력을 견고하게 하는 기운이지만 乙木은 생명력을 생장(生長)시키는 기운이다. 따라서 두 기운은 정 반대의 기운이다.

참고 '생장'이란 '세포의 수, 부피의 증가로 나타나는 비가역적(非可逆的)인 크기의 변화 또는 세포의 형태적, 기능적 특수화로 그 특이성이 확립되는 과정'을 말한다. 여기서 '비가역적'이란 '다시 본디의 상태로 돌아갈 수 없는 성격을 띤 것' 즉, 자연스러운 변화로 다시 본래의 모습으로 돌아갈 수 없는 것을 말하고, 이 법칙에 의하면 우주의 모든 반응은 비가역적으로 진행한다고 한다.

春分~秋分까지 乙木은 庚金과 관장시기를 같이 하면서 庚金에 생명력을 공급하는 오행이다. 立夏에서 생긴 庚金이 秋分이 되면 결실을 이루어 경작을 하게 되지만 이때까지의 열매와 씨 중, 씨는 辛金이고 잉태의 기운은 壬水다.

庚金은 숙살을 거쳐 결실로서의 마무리 자체를 의미하는 것이고, 결실 속 辛金의 존재 이유는 내년 立春에 생명력인 甲木으로 탄생 하는 것이다.

乙木이 庚金에 생명력을 공급하는 이유 또한 씨를 성숙시켜 甲木으로 탄생시켜야 하는 것이 종국의 목적이므로 즉, 辛金의 극 범위 내에서 乙木이 庚金에 생명력을 공급하는 것이므로 결국 乙木의 생명력 공급은 辛金의 범위 내에서다. 따라서 乙木에 대한 辛金의 金剋木 역시 예리하면서 필수적이다. 다만 양금인 庚金의 극과는 성격과 역할에서의 차이가 있다.

辛金이 지나치면 강한 응축으로 인해 생명력의 공급이 어려우니, 丙丁火가 辛金을 억제하면서 양기를 돕는 것이 좋으나 乙木의 세력이 많이 약하면 木生火에 의해 乙木의 세력이 더욱 약해질 수 있으므로 생극관계를 잘 살펴야 한다. 또 壬癸水가 金生水로 辛金의 힘을 흡수해 水生木으로 乙木을 돕는 것도 방법이 될 수 있으나 이는 전체적으로 음기가 지나쳐 음양의 불균형을 초래할 수 있으니 이 또한 상황에 따라 대처해야 한다.

乙木이 지나치면 잎만 무성하고 실속이 없으니 庚辛金이 金剋木으로 乙木을 억제해 辛金을 돕는 것이 가장 좋고, 木生火로 丙火가 乙木의 힘을 빼고, 己土가 火生土로 丙火의 도움을 받아 土生金으로 辛金을 돕는다면 음양의 균형까지 이룰 수 있으므로 가장 이상적이다.

6) 剋의 개념 정리

앞에서 '生' 이란 '극성(極盛)을 이룬 하나의 오행이 어떤 만남의 변화와 균형을 이루어 다른 오행의 기운을 형성하는 것' 이라 했고, '剋' 이란 '온전한 生으로의 변화가 이루어질 수 있도록 한계와 범위를 지으면서 균형을 이루어 함께 변화를 보이는 生의 바탕'이라 했다. '극'에 대한 개념도 '생'만큼이나 중요한 의미를 가지고 있지만 이 또한 정확히 설명하고 있는 자료를 찾기가 쉽지 않은 것이 현실이다.

명리는 음양의 균형으로 출발하는 것이고, 균형을 이룬 음양은 이미 오행이며, 생 극은 오행을 전제로 존재하는 이론이므로 생은 양, 극은 음이다. 따라서 이 둘은 동전의 양면과 같고, 사람으로 보면 남자와 여자의 관계와 같다. 즉, 남자든 여자든 둘 중의 하나가 없다면 이미 이 이름들은 존재할 수 없는 상대적인 존재이듯이 생, 극 또한 같은 이치다.

여자가 아무리 아기를 잘 낳을 수 있어도 남자라는 한계가 없이는 가질 수 없는 것이고, '나'가 아무리 훌륭한 인물이 되고 싶어도 '그래야만 할 명분'이 없다면 불가한 것이며, 강물이 아무리 흐르고 싶어도 양쪽에 둑이 없다면 흐를 수 없는 것과 같이, '극'이란 '생'을 존재하게 하는 바탕이다.

강물은 둑과는 섞일 수 없는 관계지만 둑이 없으면 이미 강물도 없고, 남자와 여자 또한 섞일 수 없는 관계지만 여자 없이는 남자도 없다. 물론 강둑이 너무 좁거나 넓어도 제 역할을 하지 못하는 바와 같이 이 둘은 균형이 있어야 하는 것이고, 이는 남자와 여자의 관계도 마찬가지다. '극'이란 '물'을 담아두는 '그릇'이나 '항아리'와 같고, '저수지'와 같으며, '기차'가 달릴 수 있는 '철로'와 같다.

木 기운이 있으려면 반드시 金 기운의 金剋木이 있어야 하고, 火 기운이 있으려면 반드시 水 기운의 水剋火가 있어야 하는 바, 이것이 자전과 공전이라는 테두리 안에서 생극합충으로 변화를 보이는 모든 생명력의 변화요 계절이 흘러가는 이치다.

'극'이란 '양 오행끼리', '음 오행끼리' 하는 경우도 있고, '양 오행이 음 오행을', '음 오행이 양 오행을' 하는 경우도 있다. 이렇게 음양의 성질에 따라 극 하는 이치가 다르므로 크게 구별해서 5합, 10충이 있다 하고, 5극이 있다고 하는 것이다. 물론 이렇게 많은 변화가 극에 있기 때문에 세상에서 보이는 생 또한 상대적으로 천변만화를 보이고 있다.

'극'을 억누르다, 억제하다는 식으로만 이해하면, 물론 틀린 말은 아니지만, 생과 극 또한 음양은 균형을 전제로 존재하며, 음을 바탕으로 양이 변화를 주도한다는 '기본적인 음양의 이치'와 '같은 이치'라는 것을 간과할 수도 있기에 주의해야 한다.

제2편
합충론

제1장. 합, 충의 이치

【1】 합한다는 것

1. 합의 의의

'합'이란 '剋을 하는 陽 오행이 극을 받는 陰 오행과 균형을 이루어 상대적 완결성을 이룸으로써 하나의 오행을 생성하는 것'을 말한다. '생성'되는 오행이 '生'이라는 능동적인 현상에 따라 '양 오행'임을 주목하지만 음양의 기본적인 원리에 따라 음 오행 또한 양 오행과 균형을 이루어 함께 존재하면서 양 오행의 바탕을 이룬다.

'합'은 '극을 하는 양간이 극을 받는 음간과 합'을 해서 '양 오행'을 생성하는 것이다. 적극적으로 변화를 주도하려는 '양간'이 소극적으로 그 변화의 바탕을 이루는 '음간'과 합을 하려는 이유, 이것이 합 이론의 핵심이다.

> 참고 양 오행을 생성한다 함은 양은 적극적으로 변화를 주도하고, 음은
> 양과 균형을 이루면서 바탕을 이룬다는 음양의 기본원리 때문이다. 따라서

358

변화의 선두에는 언제나 양의 기운이 모습을 드러내고 그 바탕에서 음의 기운이 균형을 이루면서 디딤돌 역할을 하는데, '균형을 이루면서 디딤돌 역할을 한다'는 말 자체가 함께 변화를 보이지 않으면 있을 수 없는 표현임을 상기한다. 스케이팅을 하면서 예술을 연출하는 김연아, 다양한 모습으로 변화를 보이는 고무풍선, 조종사의 뜻에 따라 하늘을 나는 비행기 등 모두 같은 이치이다.

'生 尅'에서 본 바와 같이 甲木은 생명력으로서 음토적인 작용력인 己土에 뿌리를 두게 되고, 己土는 생명력을 품음과 동시에 양토적인 작용력인 戊土를 생성하게 되는데, 이유는 씨의 잉태와 생명의 탄생이라는 오행의 변화를 양토적인 작용력으로서의 戊土가 적극적으로 주도하기 때문이다.

다른 오행도 역할은 다르지만 이치는 같다. 즉, 戊土는 癸水와 庚金은 乙木과 壬水는 丁火와 丙火는 辛金과 짝을 이루는데, 이 모두 양 오행이 음 오행을 극이라는 이치에 의해 상대적인 완결성을 이루어 균형을 유지하면서 생명력의 흐름에 따라 변화를 보이는 오행 흐름의 한 모습들이다.

2. 合의 유형

'合'은 10오행 중 '尅을 하는 양 오행'이 '극을 받는 음 오행'과 하는 것이다. 따라서 양 오행이 5, 음 오행이 5이므로 합을 이룰 수 있는 짝은 5이다. 주의해야 할 것은 오행이란 균형을 이룬 음양이 변화를 보이는 성질 5가지, 木火土金水를 말하고, 이를 다시 양과 음으로 나누어 10오행이 있을 뿐이라는 점이다. 따라서 10오행 이외의 것으로 생극합충 등의 변화를 논할 수 없다.

10오행	甲 乙 丙 丁 戊 己 庚 辛 壬 癸
양 오행	甲 丙 戊 庚 壬
음 오행	乙 丁 己 辛 癸
5합	甲己 合 생 陽土(戊土), 丙辛 合 생 陽水(壬水) 戊癸 合 생 陽火(丙火), 庚乙 合 생 陽金(庚金) 壬丁 合 생 陽木(甲木)

3. 合을 하면 化하는 것인가, 生 하는 것인가

일반적으로 지금까지의 '合 이론'은 '合을 해서 化한다'는 의미로 '甲己 合化 土' 등으로 표현을 해왔다. 그러나 두 오행이 합을 하면 합하는 두 오행은 사라지고 化한 오행만 남는다는 것인지, 아니면 化한 오행까지 세 오행이 함께 존재한다는 것인지, 이것도 아니면 합하는 두 오행이 서로 묶여서 자기 역할을 못한다는 것인지 등이 분명치 않다.

세간에 나와 있는 한·중·일 관련 거의 모든 책들이 '丙辛合 化 水' 등으로 결론은 강조하고 있지만 '丙, 辛'이 왜 合을 하고, 합을 하면 왜 水로 化하는지, 化한다는 것이 무엇을 의미하는지에 관해서는 논리적인 주장이 없다. 심지어는 水로 化하면 이것이 壬水인지, 癸水인지, 아니면 壬水일 수도, 癸水일 수도 있다는 것인지, 이조차도 두루뭉실이다.

물론 주옥같은 가르침을 남겨 놓은 선배님들의 업적은 엎드려 감사하고, 길이길이 보존해야 할 일이지만, 이를 쓰는 사람들이 선배님들의 참뜻을 이해하고 있는지는 의문이다. 또한 당연하다는 듯이 권위를 내세워 단정만을 앞세울 일은 더욱 아니라고 본다.

주장하고 싶은 견해가 있다면 근거가 옳든 그르든 스스로에게 부끄럽지 않은 소신 있는 솔직함이 바탕을 이루어야 하고 그에 걸 맞는 성의와 노력이 있어야 한다. 명리학은 네 것도 내 것도 아닌 있는 그대로의 자연현상이요 우주의 섭리이자, 겸허히 받아 들여 연구해서 널리 이로움을 펼쳐야 하는 학문이기 때문이다.

남자와 여자를 각각 體로 보면 양과 음이다. 이 두 사람이 가정을 꾸려 부부가 되면 남자는 남편이 되고, 여자는 아내가 된다. 이 모습은 體에서 用으로 변화를 이룬 모습이다. 여기서 남자와 여자가 남편과 아내가 되었다고 해서 남자, 여자가 아닌 것이 아니다. 즉, 體를 바탕으로 변화를 보이고 있는 것이 用이므로 체는 곧 용이고 용이 곧 체다. 다만 변화에 대한 이치를 주목할 뿐이다. 이 부부가 자식을 생산하면 남편은 아빠가 되고, 아내는 엄마가 된다. 여기서 '자식을 생산한다' 는 현상의 변화 자체가 '양 오행' 임을 주목한다. 그래서 합을 하면 '양 오행' 을 '생' 한다고 하는 것이다. 물론 이 또한 체용변화의 모습이다.

같은 이치로 甲木과 己土가 合을 하면 양토인 戊土를 生 한다. 여기서 양토인 이유는 음양의 이치에 따라 앞으로 진행될 양토적인 작용력으로서의 변화를 주도해야 하기 때문이고, 이것이 관장시기에서 살펴본 바와 같이 '甲과 己' 뿐 아니라 合을 하는 다른 오행들 모두가 같은 이유다.

'化' 가 아니고 '生' 이라 표현한 이유는 '甲과 己' 또한 사라지는 것이 아니라 '양토' 와 함께 존재하기 때문이다. '부모 중심 가정' 에서 '자식' 또한 '가족' 이라는 세력을 형성하고 있음을 참고 한다. 주목해야 할 것은 '세력' 으로만 존재하던 '자식' 이 '때' 가 되면 자기중심 가정을 형성한다는 것이다. 이 또한 體와 만남의 변화에 의한 用의 모습이다.

계절에서 나타나는 관장시기에서 관장시기를 여기서 말하는 '때' 로 설명할 수 있다. 대표적인 예를 들어 보자면, 丑月 大寒을 지나 寅月 立春이 되기 직전과 未月 大暑를 지나 申月 立秋가 되기 직전에 '甲己'가 合을 해서 生 하는 것이 立春과 立秋에서의 양토적인 작용력, 戊土다.

10오행의 관장시기는 그렇다 해도 사주 원국에서는 어떻게 보아야 할까? '年과 月'이 甲子年, 己丑月이라면 천간끼리 '甲己合 生 戊土'이므로 '가족'이 구성되어 있다. 여기서 '戊土의 기운'이 제 역할을 할 수 있는 여건이 '사주의 구성'에서 주어져 있느냐 아니냐는 별개의 문제다. 천간 지장간의 유기성에서 戊土에게 힘이 있느냐 없느냐는 별개라는 뜻이다. 유기성이 좋으면 戊土도 힘이 좋을 것이고, 그렇지 않으면 약할 것이다. 즉, '甲乙木의 유기성'이 좋으면 合을 했다 해도 戊土의 세력이 약할 것이고, '戊己土의 유기성'이 좋으면 合으로 인해 戊土의 세력이 더욱 강할 것이고 木의 세력은 약할 것이다.

> **참고** '천간 지장간의 유기성에서 戊土에게 힘이 있느냐 없느냐는 별개라는 뜻'의 의미는 '합의 효과' 자체와 천간 지장간의 유기성에 따라 힘이 있고 없고는 별개라는 뜻이다.

大運과의 조합에서도 대운에서 戊土가 천간으로 오는가, 지지로 오는가에 따라 유기성에 의한 다양한 해석이 가능하다. 하지만 어디로 오든 대운에서 戊己土가 온다면 合에 의해 생긴 戊土는 원국의 구조에 따라 세력을 형성한 만큼 힘을 발휘하게 된다.

모든 오행은 자신의 관장시기가 아니더라도 생극합충의 작용을 늘 하고 있다. 인간사도 사주도 마찬가지다. 다만 법칙성의 범위 내에서 균형이라는 불변의 법칙을 벗어나지 못할 뿐이다. 그래서 합을 했다 해도 균형점에 접근하는 합이라야 그 이치가 돋보이는 것이고, 균형을 이루지 못하면 생,

극의 이치를 바라보아야 하는 것이다. 명리학이 오로지 균형의 원리임을 잊지 말아야 하는 이유다.

【2】冲 한다는 것

1. 冲의 의의

'冲' 이란 '合 하는 오행과 음양이 같은 오행이 合 하는 오행을 剋을 함으로써 合을 할 수 있도록 한계와 범위를 짓는 것' 이다. 따라서 합과 충은 '균형을 이룬 양과 음' 으로 합이 없으면 충도 없고, 충이 없으면 합도 없다는 음양의 원리가 그대로 적용이 된다.

> 참고 冲의 개념을 논함에 '비우다' 는 등의 뜻을 담고 있는 한문의 뜻풀
> 이나, 깨뜨리다, 충돌하다는 식의 일부 주장과 같은 선입견을 가지고 보면
> 충에 대한 이해는 요원할 수밖에 없다. 충은 충돌하다라는 의미가 있어야
> 하므로 천간 충은 없으며 다만 극관계일 뿐이고, 충은 지지가 충할 때 효력
> 이 강하게 나타난다는 주장도 있는 바, 이는 '天剋支冲' 과 같은 전해오는
> 말들에 근거를 두고 있는 듯하지만, 그러나 이러한 주장은 음양의 기본적인
> 이치는 물론 오행을 비롯한 생극합충 등의 정의와 논거를 이해하지 못한
> 데서 오는 주장이기도 하거니와 '천극지충' 이라는 말의 뜻을 왜곡하고 있
> 는 것이다.

'合' 은 '양간이 극을 하고, 음간이 극을 받는 음양이 다른 剋 관계' 였지만 '冲' 은 '음양이 같은 剋 관계' 이다. '음양이 다르다' 함은 '균형을 이룬 하나의 오행' 이 형성되어 있음을 의미하는 것이고, 음양이 같은 상태에서

의 극은 강한 경계를 의미한다.

이는 남자와 여자는 음양이 다른 剋 관계로 合을 이룰 수 있지만, 남자끼리 여자끼리는 경쟁 관계인 것과 같고, 마치 건물이라는 강한 경계가 있어야 외부의 간섭을 막을 수 있음은 물론 가족만의 행복을 누릴 수 있는 것과 같다.

> 참고 고무풍선의 '고무'와 한 나라의 '法'은 신축성이 있는 경계이므로 '변화'가 가능하지만, 건물은 가족을 보호함으로써 合을 이룰 수 있게 하는 경계로서, 신축성이 없어 변화가 불가하다. 합충이론은 '극 이론'에서 도출된 이론이다. 하지만 같은 '극 이론'이라 해도 합과 충은 상대적이면서도 극단적인 차이가 있기 때문에 당위성을 가지고 있어 '신축성이 없는 경계'로 이해할 수 있고, '5극'은 아래에서 설명하는 바와 같이 다른 오행을 생하도록 범위를 주어야 하므로 '신축성이 있는 경계'로 이해할 수 있다.
>
> 합과 충에서 당위성을 강조하는 이유는 음양이 같은 오행끼리의 충이 있어야 충을 받는 양 오행과 음 오행이 합을 이룰 수 있고, 합을 이루어야 생명력으로서의 오행이 생성될 수 있기 때문이다.

2. 沖의 유형

합은 5합이지만 충은 아래와 같이 10충이다.

양충	甲戊 沖	丙庚 沖	戊壬 沖	庚甲 沖	壬丙 沖
음충	乙己 沖	丁辛 沖	己癸 沖	辛乙 沖	癸丁 沖

'沖'의 정의는 '合 하는 오행'과 '음양이 같은 오행'이 '合 하는 오행'을 '剋'을 함으로써 '合'을 할 수 있도록 한계와 범위를 짓는 것이다.

여기서 합을 할 수 있도록 한계와 범위를 짓는 이유는 무엇일까?

甲己가 合을 하려면 甲의 경계에서는 庚金이, 己의 경계에서는 乙木이 沖을 해야 甲己가 合을 해서 戊土를 생성하고, 같은 이치로 庚의 경계에서는 丙火가, 乙의 경계에서는 辛金이 沖을 해야 庚乙이 合을 해서 庚金을 생성하는데, 이때 甲己가 合을 해서 戊土를 생성해야 庚乙이 合을 해서 庚金을 생 할 때 戊土가 土生金으로 이를 도울 수 있기 때문이다. 이와 같은 이치는 아래의 표와 같이 '5합'의 경우 모두 같다.

庚甲 沖	乙己 沖	甲己 合 생 戊土
丙庚 沖	辛乙 沖	庚乙 合 생 庚金
壬丙 沖	丁辛 沖	丙辛 合 생 壬水
戊壬 沖	癸丁 沖	壬丁 合 생 甲木
甲戊 沖	己癸 沖	戊癸 合 생 丙火

庚 ——→ 甲 (합) 己 ←—— 乙　　甲己 合 생 戊土
　(충)　　　　　(충)　　　　　　　　　　↓(생)

丙 ——→ 庚 (합) 乙 ←—— 辛　　庚乙 合 생 庚金
　　　　　　　　　　　　　　　　　　　↓(생)

壬 ——→ 丙 (합) 辛 ←—— 丁　　丙辛 合 생 壬水
　　　　　　　　　　　　　　　　　　　↓(생)

戊 ——→ 壬 (합) 丁 ←—— 癸　　壬丁 合 생 甲木
　　　　　　　　　　　　　　　　　　　↓(생)

甲 ——→ 戊 (합) 癸 ←—— 己　　戊癸 合 생 丙火
　　　　　　　　　　　　　　　　　　　↓(생)

庚 ——→ 甲 (합) 己 ←—— 乙　　甲己 合 생 戊土

결국 '沖을 하는 이유'는 沖 해서 合을 하게 해야 하나의 오행이 생성되고, 오행이 생성되어야 그 오행으로부터 자신들이 合을 해서 生하는 오행이 生을 받기 때문이다.

합, 충 역시 음양의 기본이치에서 벗어나지 않는다. 즉, 합은 능동적인 변화를 의미하므로 양의 기운이고, 충은 경계를 지으면서 바탕을 이루므로 음의 기운이다.

3. 沖은 沖인가, 衝인가

사전적 의미로 보면 沖은 비다·공허함·사이·중간·깊다·화하다·온화함·조화되다·이르다·도달함·오르다·솟아오름·어리다·순진함·깊고 넓은 모양·아래로 늘어진 모양·얼음을 깨는 소리·마음속에 근심이 있는 모양·물이 솟아오르는 소리 등이고, 衝은 찌르다·충돌하다·맞부딪치다 등이다. 지금까지 合의 개념에 관해서도 정립을 보기가 쉽지 않았으나, 상대 개념인 沖에 관해서는 더더욱 오리무중(五里霧中)이었다. 그래서 나온 개념이 衝이 아닌가 싶다.

필자가 설명하는 '沖의 의미'를 사전적 의미에 비추어 보면 '合을 도출해내는 깊은 이치', '균형을 유지하면서 合을 이룰 수 있는 바탕으로서의 조화로움', '化 또는 和하게 하는 이치' 등으로 설명이 가능하다. 하지만 이것도 억지로 갖다 붙였다는 말을 들을 소지는 있다. 왜냐 하면 '合'에 대한 沖이 처음에 어떠한 의미로 쓰였는지 확실치 않기 때문이다.

그러나 한문은 뜻글자다. 즉, '삼수 변'은 '물'을 의미하므로 '생명력의 바탕'을 의미하는 것이고, '가운데 중'은 '변화에 대한 중심'을 의미한다. 따라서 '생명력이 변화를 보이는 바탕이면서 중심'이라는 해석이 가능하다.

세간에서는 合에 대한 沖을 '衝의 개념'으로 설명하는 사람들이 많이 있다. 특히 '천극지충(天剋地沖)'을 천간은 剋이고, 지지는 衝이라고 하면서 결국은 형(刑), 파(破), 해(害), 신살(神殺) 등을 덧붙여 '天剋地衝'으로 마무리를 하는 모습을 흔히 본다. 하지만 분명한 것은 沖과 衝은 전혀 무관하다는 것이다.

아래에서 설명하는 바와 같이 '합, 충'은 극에서 도출된 이론으로 합은 양, 충은 음이다. 따라서 '천극지충'은 '천간'은 '합과 충이 함께 존재하면서 변화를 품고 있는 양의 기운'이고, '지지'는 '천간이 변화를 보일 수 있는 깊은 바탕으로서의 음의 기운'이라는 의미로 해석을 한다면, 천극지충을 설파하신 선배님들의 참 뜻에 한 걸음 더 가까이 간 것이 아닌가 싶다.

명리학은 균형을 이룬 음양이 변화를 보이는 이치에서 한 치도 어긋남이 없다. 단지 변화가 다양해서 헤아리기가 어려울 뿐이다. 12지지는 10천간이 변화를 보일 수 있는 바탕이다. 그래서 각 지지만이 천간과 간지를 이룸으로써 품을 수 있는 지장간이 있고, 지구상의 지역 곳곳마다 생명력이 천차만별을 이루고 있는 이유다.

다시 한 번 강조하지만 지지는 지장간으로 말을 할 뿐 스스로 변화를 보이는 것이 아니다. 음도 변화를 주도한다면 이미 음양은 구별되지도 않거니와 존재 자체가 불가하다.

【3】 合과 沖은 剋에서 도출된 이론이다

1. 剋은 5合, 10沖, 5剋 셋으로 분류할 수 있다

合과 沖은 剋에서 도출된 이론이다. 즉, 양 오행이 음 오행을 극 하는 경우는 5합이고, 양 오행이 양 오행, 음 오행이 음 오행을 극하는 경우는 10 충이다. 따라서 '극 이론'에서 합, 충을 제외하면 극은 음 오행이 양 오행을 극 하는 경우만 남는다. 이것이 5극이다.

5합	甲己合,	丙辛合,	戊癸合,	庚乙合,	壬丁合
10충	甲戊沖,	丙庚沖,	戊壬沖,	庚甲沖,	壬丙沖
	乙己沖,	丁辛沖,	己癸沖,	辛乙沖,	癸丁沖
5극	乙剋戊,	丁剋庚,	己剋壬,	辛剋甲,	癸剋丙

이렇게 '剋 이론'은 3가지로 구분 지을 수 있는데, 물론 세 가지로 구분을 짓는 데는 모두 그만한 이유가 있다. 상기한 바와 같이 甲木이 戊土를 沖하고, 己土가 癸水를 沖해야 戊癸가 合을 해서 丙火를 生하므로, 甲木이 己土와 합을 해서 戊土를 生할 때 '丙火 生 戊土'로 도움을 받을 수 있다. 따라서 沖은 합할 수 있는 다른 오행들을 직접 沖을 해서 합을 이끌어 내야 자기들도 합을 해서 다른 오행을 생 할 수 있다는 당위성이 있으므로 억제 력이 강하다.

그러나 한편 5剋은 '合 沖'의 경우와는 다르다. 특히 5합과는 상호 극 하는 내용이 반대임을 주목해야 한다. 즉, 5합은 양 오행이 음 오행을 적극적으로 극 하는 경우고, 5극은 음 오행이 양 오행을 소극적으로 극 하는 경우다. 전자는 직접 합을 통해 새로운 오행을 생성하고자 함이지만, 후자는 그렇지 않다.

극과 충의 차이도 있다. 충은 직접 합을 하게 해야 하므로 억제력이 강하게 나타나지만, 극은 합이나 충처럼 새로운 오행을 직접 생성코자 함이 아니라 소극적으로 생을 유도하고자 하는 극이다. 따라서 당위성을 요하지 않으므로 신축성이 있다.

2. 5剋을 合, 沖과 다르게 보는 이유

'5剋'이 '合沖'에 비해 신축성이 있는 이유를 살펴보자.

戊土에 대한 甲木의 沖은 戊土로 하여금 직접 癸水와 合을 하도록 하기 위함이지만, 乙木이 戊土를 木剋土하는 이유는 戊土로 하여금 土生金으로 庚金을 생성케 해서 庚金이 생성이 되면, 乙木이 庚金과 庚乙合을 해서 庚金에게 생명력을 공급하고자 함이다. 즉, 甲戊沖, 己癸沖은 적극적으로 戊土가 癸水와 合을 해서 발영의 기운을 生하게 해야 甲木과 己土 자기들도 合을 할 수 있다는 당위성이 있는데 대해, 乙木의 戊土에 대한 木剋土는 음 오행이 양 오행에게 한계를 주는 것이므로 戊土로 하여금 庚金을 生하지 않으면 안 되도록 소극적으로 유도하는 것이다.

같은 이치로 丁火가 庚金을 剋해야 庚金은 壬水를 生해 壬丁合을 이룰 수 있고, 己土가 壬水를 剋해야 壬水는 甲木을 生해 甲己合을 할 수 있으며, 辛金이 甲木을 剋해야 甲木은 丙火를 生해 丙辛合을 이룰 수 있고, 癸水가 丙火를 剋해야 丙火가 戊土를 生 해 戊癸合을 할 수 있다.

> **참고** 5合과 10沖은 '당위성'을 가지고 있고, 5剋은 '목적을 위한 보호성' 을 가지고 있다. 그래서 목적을 위한 강제력의 강약이나 또는 적극적인가 소극적인가 등으로 해석을 달리 할 수는 있지만, 일부 술사들의 표현처럼 '합'은 '연애지합'이라거나, '충'은 '깨뜨리는 것', '충돌하는 것'이며, '극' 은 '억누르는 것' 등으로 이해하면 안 된다. 더욱이 天干은 氣의 변화이므로 沖은 없고 剋 뿐이며, 地支의 沖이 효력이 크다는 식의 주장 또한 믿어 서도 안 된다. 오행은 木火土金水 5이고 이를 양과 음으로 나누어 10오행이 있을 뿐이므로 변화는 이 10오행만이 하는 것이다. 지지는 바탕으로서 자전

공전에 의한 태양과의 각도와 위치관계만 12로 나누었을 뿐 지지 자체는 오행이 아니다.

명리는 절기로 말을 해야 하는 것이고, 변화는 오행만이 하는 것이므로 寅月, 卯月 등이 있을 뿐, 寅木이나 申金 등의 표현은 맞지 않다. 寅月은 '戊丙甲'으로, 申月은 '戊壬庚'으로 말을 해야 한다.

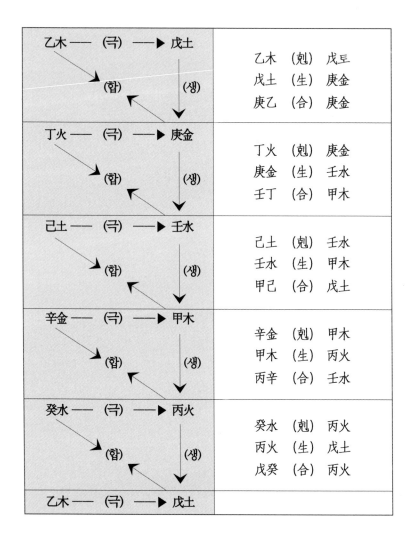

乙木 ─ (극) ─▶ 戊土	乙木　(剋)　戊토 戊土　(生)　庚金 庚乙　(合)　庚金
丁火 ─ (극) ─▶ 庚金	丁火　(剋)　庚金 庚金　(生)　壬水 壬丁　(合)　甲木
己土 ─ (극) ─▶ 壬水	己土　(剋)　壬水 壬水　(生)　甲木 甲己　(合)　戊土
辛金 ─ (극) ─▶ 甲木	辛金　(剋)　甲木 甲木　(生)　丙火 丙辛　(合)　壬水
癸水 ─ (극) ─▶ 丙火	癸水　(剋)　丙火 丙火　(生)　戊土 戊癸　(合)　丙火
乙木 ─ (극) ─▶ 戊土	

참고 '5극' 의 이치를 자세히 보면, '5극' 자체가 목화토금수로 흐르면서 극 하는 모습을 보이고 있고, 또한 앞에서 합에 의해 생한 양 오행이 뒤에서 합에 의해 생한 양 오행을 충한다는 것을 알 수 있다. 즉, 乙剋戊에서 생긴 '庚乙合 생 庚金' 이 丁剋庚에서 생긴 '壬丁合 생 甲木' 을 庚甲沖 한다는 것을 말한다. 이는 극의 범위 내에서 생 뿐 아니라 '합, 충' 또한 동시에 발생하고 있음을 보여주는 것이고, 생은 양, 극은 음이고, '합, 충' 은 극에서 도출된 이론임을 보여주는 것이기도 하다.

이와 같이 음양오행은 법칙성(극)의 범위 내에서 생극합충이라는 작용력에 의해 천변만화를 보여주고 있지만 이 모두가 '균형을 이룬 음양' 이 가지가지의 오행의 모습으로 변화를 보이고 있는 이치이다.

【4】 天干도 생극합충이 있고 地支도 생극합충이 있는가

지금까지의 명리학계는 '지지' 도 '생극합충' 을 하는 것이 당연한 듯이 말한다. 그러나 앞에서 누누이 반복해 왔지만 이러한 주장은 '음양오행의 변화이치' 에 대한 이론이 정립을 보지 못한 상태에서 오는 소치다. 특히 '지지의 3합과 6충' 은 마치 절대적인 원칙인양 강변하는 사람들이 많다.

'3합' 이라는 이론은 소위 '12운성' 이라는 이론에 근거를 두는 것으로 보이지만, 이 12운성조차도 요즘 '신 학풍' 으로 불리는 '용신격 학자' 들에 의해서도 배척을 받고 있는 실정이다. 그런데 아이러니하게도 요즘 학자들은 12운성은 배척하면서도 3합은 마치 사전을 보듯이 당연히 여긴다. 세 개의 지지가 왜 合을 해서 化하는 지는 설명이 없다. 12운성을 부정하는 것이 하나의 이유가 될 수도 있겠지만, 이론의 정립을 보지 못한 지금까지의 상태에서 이른바 '고전' 이라 불리는 몇몇 권의 서적들을 교과서로 삼아왔기 때문인 것으로 보인다.

필자의 말이 지나치다거나 알면 얼마나 아냐고 핀잔을 줄지는 모르겠다. 하지만 지나친 것이 아니다. 왜냐하면 거의 모든 술사 및 학자들이 '지장간' 이 매우 중요하다고 역설하면서도 '지지' 가 '合' 을 해서 '化' 한다고 한다면, '천간과 지지의 개념' 은 차치하고라도 '化하는 지지의 지장간' 자체가 무용지물이 되는 모순을 안고 있기 때문이다. '지장간' 은 '천간의 뿌리' 라고 항변할 수도 있겠다. 하지만 이것도 스스로 모순을 보이는 것이다. '3합 또는 6충' 을 해서 '化 하거나 깨지거나 제거된' 면 이미 '뿌리' 로서도 제 역할을 기대할 수 없기는 마찬가지다. 이것이 지장간의 변화를 연구하는 데에 걸림돌이 되어왔다고 보아도 틀리지 않을 것이다.

본서에서는 '지지' 가 변화를 보인다는 '3합', '6충', '각종 신살 및 형, 파, 해' 등 작금의 '논리에 합당하지 않거나 논거 자체가 없는 주장들' 은 '사행심' 만을 조장할 뿐 학문 연구에 도움이 되지 않으므로 논리 전개에 응용하지 않는다. 다만 많은 사람들이 당연한 이론으로 알고 사용하고 있기 때문에 '참고하기' 에서 잠시 다룰까 생각도 해보았지만 독자들의 이해에 결코 도움이 되지 않으리라는 결론을 내렸다.

> **참고** 우리의 눈에는 '지지' 가 변화를 보이는 듯이 보이지만 '지지' 는 태양과의 역학관계에 따라 '독특한 조건만' 을 갖추고 있을 뿐 변화를 주도하지 않는다. '支藏干' 이라는 명칭은 '地支가 품고 있는 天干' 을 뜻한다. 하지만 '천간' 이라는 명칭 또한 오행을 전제로 주어진 명칭이기 때문에 결국은 '地支가 품고 있는 五行' 을 의미한다. 변화는 오행 이외의 것으로 논하지 않는다. '地支' 에서의 '支' 는 '가르다', '지탱하다' 라는 뜻이 있음을 참고한다.

【5】 사주 상에서의 合, 沖의 이치

사주 상에서 합 또는 충이 있을 때, 합하거나 충을 받는 오행이 존재하는 것인가, 사라지는 것인가, 아니면 함께 공존하면서 제 역할을 하는 것인가. 강조하는 사람은 많지만 시원스런 답을 찾기에는 아직 요원하다는 것이 현실이다. 합의 경우는 둘이 묶여 있어서 제 역할을 하지 못한다고 설명하는 학자들도 있다.

'사주'는 자전 공전 중의 어느 한 시점이면서 '나'를 상징하는 것이 '천간(일간)'이고, '대운'은 '나만의 환경이고 지지'다. 따라서 사주 자체도 자전 공전이라는 법칙성의 범위 안에 있는 것이며, 이 법칙성이 '나'라는 생명력이 존재할 수 있는 '극'이요 '범위'다. 이는 마치 양쪽 둑 범위 안에서 흐르는 강물과 같고, 수도관 안에서 흐르는 수돗물과 같다.

사주 상에서의 오행이 합을 하고 충을 해도 제 역할을 할 수 있는 이유가 바로 법칙성의 범위 안에서 '나와 나만의 대운'이라는 나만의 독특한 법칙성을 따로 가지고 있기 때문이다. 이 법칙성의 범위 안이기 때문에 合을 하고 沖을 해도 사주상의 모든 오행들이 각각 저마다의 관장시기만 있을 뿐 사라지지 않는 것이다.

따라서 사주에서의 合은 합하는 오행들과 합해서 生 하는 오행이 함께 존재하는 것이고, 沖 역시 충을 받는 오행이 사라지는 것이 아니라 억제를 받는 상태에서 계속 존재하는 것이다. 다만 사주의 조건에 따라 강약이 있고, 대운의 영향을 어떻게 받느냐가 다를 뿐이다.

실존 인물의 사주로서 예를 들어보겠다. 時는 필자의 주장대로 '하루의 시작'을 '寅時'로 보아 계산된 時임을 참고한다.

(남명) 1977년 02월 16일 (양) 06시 40분(卯時)

시	일	월	연		84	74	64	54	44	34	24	14	04
乙	甲	壬	丁		癸	甲	乙	丙	丁	戊	己	庚	辛
卯	辰	寅	巳		巳	午	未	申	酉	戌	亥	子	丑

甲	乙	戊	戊
	癸	丙	庚
乙	戊	甲	丙

日干, 甲木이 천간에 乙木과 '壬丁合 生 甲木'에 의해 세력이 강한데, 지지 寅, 卯, 辰 속에도 甲乙木이 강해서 천간과 지장간의 유기성이 매우 강하다. 다행인 것은 丁巳年과 月支, 寅 속에 丙火가 있어 木生火에 의한 설기가 빼어난 데다, 연, 월, 일 지지 속에 戊土가 셋씩이나 있어 木→火→土로의 흐름이 좋다는 것이다.

그러나 이 사주는 金은 지장간에 庚金 하나고, 水 또한 천간과 지장간에 하나씩 둘뿐인데, 천간의 壬水는 합을 하고 있는 데다 月支 장간의 戊土와 충까지 하고 있어 金水가 지나치게 약하다. 특히 辰 속의 癸水는 '戊癸合 生 丙火'를 하고 있어 時에서 年으로, 木生火, 火生土의 흐름을 이루어 지장간에서는 戊土의 세력이 매우 강하다는 것을 알 수 있다.

문제는 戊土는 양토적인 작용력으로 木火를 돕는 데다, 癸水와는 합을 해서 丙火를 생 하고, 壬水와는 충을 한다는 것과 年支 장간의 庚金은 양쪽으로 丙庚沖으로 강한 억제를 받고 있어 金水가 지나치게 약하다는 것이다.

34세 이전까지의 대운의 흐름을 보면, 천간, 辛金은 辛乙沖으로 木氣를 억제하면서 金生水로 壬水를 돕고, 庚金 또한 '庚乙合 生 庚金'을 해 庚甲

374

沖으로 木氣를 억제하면서 壬水를 도우므로 좋았으며, '대운의 지지'가 품고 있는 지장간의 水氣는 水生木을 해 강한 것을 더욱 강하게 하므로 비록 좋은 것은 아니나, 약한 水 스스로를 보완하면서 水剋火로 火氣를 잡아 巳 속의 庚金을 火(火剋金)로부터 보호해서 좋았던 운이다. 이 운을 타고 이 남성은 '서울대'를 나와 좋은 직장에서 '연구직'을 맡아 인정을 받는 운의 흐름을 체감했다.

그러나 34세 戊戌 대운을 만나자마자 결혼을 해서 첫째는 아들, 둘째는 딸을 낳았는데, 이 딸이 태어나자마자 며칠 되지도 않아 마취를 한 상태에서 심장과 관련된 큰 수술을 받아야 하는 불운을 겪었다. 이 사건으로 엄마 아빠는 물론 할아버지 할머니 등 가족 모두가 겪는 고통은 말로 표현하기 어려울 정도였다.

戊戌 운은 천간의 壬水를 충해서 가뜩이나 약한 水氣를 더욱 약하게 함과 동시에 水剋火 또한 더욱 약해지면서 상대적으로 지장간의 '戊癸合 생 丙火'를 도와 火氣를 더욱 강하게 함으로써 丙庚沖을 받고 있는 庚金을 고립무원으로 만들게 된다. 이 사주에서 庚金은 이 남성에게 자식이면서 예기치 못했던 외부로부터의 고통에 해당되는 오행이다.

아래의 명식은 아빠의 가슴을 다 태워버릴 만큼 아프게 했던 딸의 것이다.

시	일	월	연		64	54	44	34	24	14	04
戊	癸	戊	癸		乙	甲	癸	壬	辛	庚	己
申	亥	午	巳		丑	子	亥	戌	酉	申	未

戊	戊	丙	戊
壬	甲	己	庚
庚	壬	丁	丙

이 사주의 특징은 '천간끼리'와 '年干', '日干'이 각각 지장간과 '戊癸合 生 丙火'를 이루고 있고, '月, 日' 장간의 '甲己合 生 戊土', '壬丁合 生 甲木'을 이루고 있다는 것이다.

게다가 아빠 사주의 DNA를 따라 時支 장간의 庚金으로부터 年支 쪽으로 金生水, 水生木, 木生火, 火生土를 이룸으로써 水氣는 더욱 위축되고, 年支 장간의 庚金 또한 戊癸合, 丙庚沖에 의해 고립무원이 되었다.

이는 생명력을 창조해내려는 양토적인 작용력의 특징으로 인해 土生金 보다는 土剋水(戊癸合, 戊壬沖)의 영향을 많이 받는다는 것과 土剋水가 강 해지면 水剋火가 약해지면서 火剋金이 강해진다는 오행의 흐름이 있기 때 문이다.

첫 대운인 04세부터의 己未 대운 전까지 즉, 태어나서 첫 대운을 맞이하 기까지는 月柱인 戊午 대운이 진행되므로 갓 태어난 아기로서는 참으로 감 당하기 어려운 운의 흐름이다.

자전 공전에 의한 법칙성을 수도관이라고 보면, 그 안에서 흐르는 수돗 물은 우리의 삶이라 할 수 있다. 수도관은 剋이고, 수돗물은 剋과 균형을 이룬 生이다. 그 안에서 '나만의 사주'와 '나만의 대운'이라는 '극'이 또 있어 사주 상에서의 '합, 충'이 생명력으로 존재한다.

주의해야 할 것은 '甲己合 生 戊土'인 경우, 甲과 己는 오행인데 생한 戊 土는 오행이 아니라고 생각할 수 있다는 것이다. 하지만 합을 하는 甲도 己 도 모두 氣의 흐름이고 生한 戊土 또한 氣의 흐름이라는 것을 잊어서는 안 된다.

또 극 안에서 흐르는 생이 生, 變, 滅을 하는 듯이 생각될 수 있다. 하지만 이 또한 變만 존재하는 것이고, 사람마다 불균형을 이룬 오행의 내용이 강 약으로 차이가 있을 뿐 오행은 사라지는 것이 아니다. 그래서 대운이라는 환경조건이 불균형을 해소해주면 '吉運'이라 하고, 불균형을 더하면 '凶運'이라고 하게 된다.

제2장. 양 오행이 극을 하는 음 오행과 합을 하는 이치

【1】 서설

　'合'이란 양 오행이 자신이 剋을 하는 음 오행과 하나를 이루어 다른 오행을 생성하는 이치를 말한다. 음양은 균형을 전제로 존재한다. 따라서 양 오행과 음 오행이 균형을 이룬 만큼만 하나를 이룰 수 있고 그만큼만 다른 오행을 생성할 수 있다. 균형을 이룰 수 있는 이유는 양 오행과 음 오행의 각 경계에서 음양이 같은 양음 오행이 충을 해주기 때문인데 이 또한 균형을 요한다. '5극'도 마찬가지로 음 오행이 자신이 극을 하는 양 오행과 균형을 이룬 만큼만 극을 받는 양 오행이 다른 오행을 생할 수 있고, 그래야 이로부터 생성된 양 오행 만큼만 균형을 이루면서 합을 이룰 수 있다.

　이와 같이 천변만화를 보이는 오행의 흐름은 생극합충이라는 이치에 의해 더욱 더 커다란 오행을 형성하면서, 지구에서는 계절 변화에 의한 생명력을 보여주고, 우주에서는 인식될 수 있는 존재감에서 오는 생동력을 보여주는 것이다.

　앞에서 설명한 바와 같이 아래에서도 庚이 甲을 沖 하고, 乙이 己를 沖 해서 甲己가 合을 해 戊土를 생성하면, 庚과 乙도 合을 해 庚金을 생성할 때, 앞의 戊土로부터 土生金으로 生을 받을 수 있다는 이치에 따라 그 순서대로 설명한다.

【2】 甲己合 생 戊土

1. 甲木이 己土와 합을 하는 이치

甲木은 생명력이고 己土는 음토적인 작용력이다. 음토적인 작용력은 변화로부터 발생한 새로운 생명력을 품고 다음의 변화를 맞이하는 동안 품고 있는 생명력을 성숙시키는 작용력이다. 立夏에서 생긴 결실의 기운을 품고 여름에서 가을로 전환을 시키면서 익어가기를 하게 하는 것, 또 冬至에서 생긴 탄생의 기운, 癸水를 품고 숙성시켜 立春에 맹아로 탄생하게 하는 것 등이 己土의 작용력이다.

여기서 결실의 기운이나 탄생의 기운 등은 庚金과 癸水라는 오행으로 불리어지지만, 이들은 결국 잉태에서 탄생으로, 탄생에서 잉태로 흐르는 오행 변화의 흐름일 뿐, 생명력이라는 점에서는 甲木의 기운이고, 모든 오행 변화의 흐름은 '인식할 수 있는 존재감'인 생명력이 목적이다. 그래서 생명력인 甲木이 음토적인 작용력인 己土와 하나(合)를 이룬다.

2. 甲己가 합을 하면 왜 戊土를 생 하는가

合을 해서 양 오행을 생성하는 이유는 양 오행이 적극적으로 다음의 변화를 주도하기 때문이다. 그래서 음 오행은 늘 바탕을 이루고 있고 변화를 보이는 양 오행이 음 오행과 合을 해서 다시 다른 양 오행을 생성하는 것이다. 이는 모든 변화는 양 오행이 주도하고 음 오행은 균형을 이루어 함께 변화를 보이면서 양 오행의 바탕을 이루고 있음을 의미한다.

甲木이 己土와 合을 하면 戊土를 생성하는 이유는 己土는 생명력을 품고 숙성시키는 작용력이기 때문이고, 숙성이 끝나 새로운 변화 즉, 未月, 익어가기에서 申月, 영글기로의 변화인 잉태를 시작하거나 또는 甲木이나 庚金으로 탄생을 하려면 양토적인 작용력인 戊土가 반드시 있어야 하기 때문이다.

그래서 甲己가 습을 하면 戊土를 생성하는 것이고, 이것이 각 계절의 첫 달인 寅巳申亥 장생지의 지장간이 戊土로 시작되는 이유다.

【3】庚乙合 生 庚金

1. 庚金이 乙木과 합을 하는 이치

庚金은 숙살지기이자 결실의 기운이고, 乙木은 소극적으로 생명력을 품게 해주는 기운이다. 甲木과 乙木이 다른 점은 甲木은 직접 생명력으로 잉태가 되거나 탄생을 하고자 하는 기운인 반면에, 乙木은 甲木의 생동력을 바탕으로 결실의 기운에 생명력을 품게 해주는 기운이다.

결실의 기운이 생명력을 얻어야 열매와 씨가 될 수 있고, 열매와 씨가 생명력을 얻어야 익어가기와 영글기를 이룰 수 있으며, 결실의 기운이 결실로써 마무리를 잘 지어야 홀로 남은 씨는 내년에 甲木으로 태어날 수 있다.

庚金의 범위 내에서 乙木은 광합성을 통해 잎으로서의 작용력으로 영양분을 만들어 庚金에게 생명력을 공급하면, 庚金은 씨를 품고 잘 길러 이 씨를 내년에 甲木으로 태어나게 하는 것이다.

乙木의 생명력은 庚金인 결실의 범위 내에서 존재하고 庚金이 적극적으로 乙木의 공급을 받고자 하므로 이것이 金剋木의 이치에 따라 庚乙이 합을 하는 이치다.

2. 庚乙이 합을 하면 왜 庚金을 생 하는가

숙살지기란 외부의 기운을 수렴해서 안에다 쌓아 저장하는 기운이다. 乙木이 주는 생명력을 품을수록 결실의 기운은 열매와 씨가 되고 열매와 씨는 익어가기를 거쳐 영글기를 극대화함으로서 결실을 이루게 된다.

결실의 기운이 열매와 씨가 되는 것이나, 열매와 씨가 익어가기, 영글기를 하는 것 모두가 庚金의 기운이지만 이를 생장시킬 수 있도록 생명력으로서의 바탕을 이루는 것이 乙木이다. 그래서 庚乙이 합을 해 庚金을 생성하면서 관장시기를 같이 한다.

> **참고** 甲乙木이 모두 木으로서 생명력을 상징하지만 주어진 역할 때문에 甲, 乙木으로 분류된다. 즉, 甲木은 홀로 남은 씨에서 시작해 탄생과 성장까지가 목적이고, 乙木은 결실의 기운을 성장시켜 홀로 남은 씨가 될 수 있도록 하는 것이 목적이다. 여기서 乙木이 庚金에 얼마나 생명력을 잘 주느냐에 따라 홀로 남은 씨가 내년에 甲木으로 태어날 수 있느냐가 결정된다.
>
> 甲乙木은 같은 木이다. 하지만 '인식할 수 있는 생명력'이라는 지상과제가 있기 때문에 그 역할에 따라 '陽으로서의 역할'과 '陰으로서의 역할'로 분리되어 표현하는 것이다. 甲乙木 또한 양과 음으로 '균형을 이룬 木'이라는 하나의 오행(한 몸)임을 상기한다.

【4】丙辛合 生 壬水

1. 丙火가 辛金과 합을 하는 이치

丙火는 성냥불이 타오르는 듯한 발영의 기운이자 꽃이 개화해서 만발하는 듯한 피어나는 기운이고, 辛金은 견고하기를 강하게 하는 응축의 기운이자 물리적으로는 실제의 씨를 상징한다. 생명력은 발영의 기운과 피어나는 기운이 있어야 생동력을 얻어 잉태를 할 수 있고 탄생을 해서 성장을 할 수 있다.

辛金인 씨가 응축을 한다 함은 소극적으로 생명력을 잉태하기 위함이고,

이를 위해서는 반드시 丙火의 적극적인 기운이 있어야 하므로 '丙火의 범위 내'에서 씨인 辛金은 잉태의 기운을 품게 된다. 그래서 꽃과 함께 立夏에서 생긴 결실의 기운이 夏至에서 열매와 씨로 성장하고, 辛金이 丙辛合으로 품은 발영의 기운으로 인해 잉태의 기운인 壬水의 관장시기가 시작된다.

2. 丙辛이 합을 하면 왜 壬水를 생 하는가

씨의 응축과 丙火의 발영의 기운은 균형을 이루고 있는 상대적인 기운이다. 따라서 둘이 합을 하면 둘만이 생할 수 있는 잉태의 기운이라는 독특한 오행을 생한다. 이는 壬水와 丁火가 균형을 이루어 甲木의 기운을 품는 것과 같은 이치다. 즉, 丙辛合은 잉태의 기운을, 壬丁合은 생명력의 기운을 품는다.

> **참고** 夏至에서의 丙辛合과 冬至에서의 丙辛合이 같은 합임에도 역할은 다르다. 즉, 夏至~冬至까지는 생명력의 잉태가 주목적이므로 壬水가 관장을 하고, 冬至~夏至까지는 생명력의 탄생과 성장이 주목적이므로 癸水가 관장을 한다. 冬至부터의 관장시기가 癸水인 이유는 甲乙木을 생장시켜야 꽃을 피울 수 있고 그래야 꽃 안에 결실의 기운을 품을 수 있기 때문이다.
> 한편 변화를 주도하는 것은 陽이고, 바탕을 이루면서 하나를 이루는 것은 陰이기 때문에 같은 관장시기에서도 차이가 있다. 庚乙의 관장시기에서는 庚이, 壬丁의 관장시기에서는 壬이, 辛甲의 관장시기에서는 甲이, 癸丙의 관장시기에서는 丙이 각각의 관장시기를 주도한다는 뜻으로, 양 오행이 주도하고 음 오행이 바탕을 이루는 이치를 말한다. 庚과 壬이 주도하는 이유는 잉태를 위한 것이고, 甲과 丙이 주도하는 이유는 탄생을 위한 것으로, 이 모든 오행의 흐름은 陽의 기운인 잉태와 탄생을 위한 것임을 보여주는 것이다.

【5】壬丁合 生 甲木

1. 壬水가 丁火와 합을 하는 이치

壬水는 양수로서 잉태의 기운, 丁火는 음화로서 밝음의 기운이다. 丙辛合에 의해 생성된 壬水는 씨 안에 배어 있는 잉태의 기운이자 어두움의 기운이다. 따라서 밝음의 기운인 丁火와 짝을 이루어야 균형을 이루어 생명력을 품을 수 있다.

아궁이에 불을 지펴 쌀로 밥을 짓는 것은 생명력을 돕기 위한 잉태의 기운을 생성코자 함이고, 어두운 방에 불을 켜 밝게 하는 것은 사랑을 확인해 생명력을 탄생시키고자 함이다.

> **참고** 여기서 아궁이의 불은 丙火, 쌀은 辛金, 짓는 것은 丙辛合, 익어가고 있는 밥은 壬水, 끓고 있는 열기는 丁火, 다 된 밥은 잉태(癸水)고, 또 남자의 힘은 壬水(=잉태의 기운), 아름다운 여인은 丁火(=밝음의 기운), 사랑을 확인하는 것은 壬丁合, 합에 의한 생명력은 甲木이다.
>
> 庚辛金은 수렴을 통해 농축, 영글기 등을 이루는 기운이자, 응축을 통해 견고하기를 하는 기운이지만, 壬癸水는 庚辛金의 도움을 받아 잉태와 탄생을 이루고자 하는 생명의 기운이다. 결실의 기운(庚金)은 적극적으로 피어나는 기운(꽃)인 丙火의 범위(丙庚沖)에서만 생성이 가능하고, 밝음의 기운인 丁火의 소극적인 火剋金에 의해서만 익어가기와 영글기가 가능하다. 여기서 丙丁火의 沖剋의 범위 안에 있는 열매와 씨, 庚辛金은 金生水로 壬癸水를 도와야 하므로 결국 丙丁火 또한 壬癸水의 沖剋의 범위 안에 있다.

2. 壬丁이 합을 하면 왜 甲木을 생 하는가

잉태든 탄생이든 둘 다 생명력을 말하므로 사실상 甲木의 기운이다. 그러나 癸水는 戊土의 양토적인 작용력만 있으면 발영의 기운을 얻어 곧 甲木으로 태어날 탄생의 기운이지만, 壬水는 단지 잉태의 기운일 뿐이다. 그래서 반드시 밝음의 기운인 丁火와 균형을 이루어 合을 해야 하고, 그래야 잉태로서의 생명력인 甲木의 기운을 품어 유지할 수 있다. 夏至에서 시작되는 壬水와 丁火의 관장시기는 壬丁合이 시작됨을 말하고, 壬丁合이 시작된다 함은 甲木의 기운이 처음으로 시작됨을 의미한다.

> **참고** 응축의 기운인 辛金과 발영의 기운인 丙火 그리고 잉태의 기운인 壬水와 밝음의 기운인 丁火, 이들은 상호 상반된 성질을 가진 오행으로서의 合이다. 물론 양 오행이 剋을 하는 음 오행과 合을 한다는 기본적인 이치가 있지만, 상기한 바와 같이 이들 짝끼리의 오행들이 가지고 있는 상반되지만 독특한 성질에 따라 균형을 이루고 있다는 특징이 있다.

【6】戊癸合 生 丙火

1. 戊土가 癸水와 합을 하는 이치

戊土는 양토적인 작용력이고, 癸水는 탄생의 기운이다. 戊土든 己土든 작용력을 펼쳐야 하는 이유는 생명력을 잉태 또는 탄생시켜야 하기 때문이고, 癸水는 발영의 기운만 얻으면 조만간에 甲木 또는 결실의 기운으로 탄생할 생명의 기운이다. 따라서 戊土는 생명력의 탄생이라는 범위 안(甲戊沖)에서 癸水와 균형을 이루어 짝을 이루게 되고, 짝을 이룸과 동시에 양토적인 작용력으로 발영의 기운을 넣어줌으로써 甲木으로의 生을 돕거나, 꽃을 피워 결실의 기운의 생을 돕는다.

양토적인 작용력은 木의 기운인 생명력의 잉태와 탄생 그리고 火의
기운인 발영의 기운, 피어나는 기운을 적극적으로 생성케 하는 작용력이지
만, 음토적인 작용력은 씨의 기운인 金水의 기운을 품고 잉태와 탄생을 이
룰 때까지 숙성시키는 기운이다. 그래서 戊土는 癸水와 합을 해 직접 발영
의 기운을 생성하지만, 己土는 甲木과 합을 해 戊土를 生해서 戊土로 하여
금 癸水와 합을 하게 하는 것이다.

여기서 冬至~夏至까지 丙火의 관장시기인데 왜 戊癸合을 해서 발영의 기
운인 丙火를 또 생 할 필요가 있을까 하는 의문점이 있을 수 있다. 丙火는
피어나는 기운으로 생명력인 甲木에 활기를 주는 오행이고, 戊癸合이 있는
이유는 탄생의 기운인 癸水에 발영의 기운을 주어 활기를 갖출 수 있도록
해야 하기 때문이다. 이것이 발영의 기운과 피어나는 기운을 따로 활용하는
이유이다.

2. 戊癸가 합을 하면 왜 丙火를 생 하는가

癸水가 甲木으로 태어나려면 반드시 필요한 것이 발영의 기운이고, 甲木
이 태어나 성장하려면 반드시 필요한 것이 '피어나는 기운'이다.

辛金, 씨는 丙辛合과 더불어 잉태의 기운인 壬水를 生 하고, 壬水가 생명
력을 품는 데는 壬丁合이라는 작용력이 있었다. 하지만, 이 생명력으로서
의 잉태의 기운이 잉태 후 탄생을 하기 위해서는 탄생의 기운, 癸水에 발영
의 기운을 줄 수 있는 적극적인 작용력이 있어야 한다. 이것이 戊癸가 합을
하면 丙火를 생성하는 이유다.

물론 戊土의 작용력이 癸水와의 합에만 적용되는 것은 아니다. 申
月 立秋에서 乙木이 주는 木剋土의 범위에서 戊土는 庚金을 生 해, 庚乙이
합을 할 수 있도록 적극적으로 돕고, 庚乙이 합을 해 庚金을 生 하면 金生

水로 잉태의 기운인 壬水를 돕도록 하는 역할도 있는 바와 같이, 寅巳申亥 장생지 모두가 저마다의 특징을 가지고 있다. 戊土와 己土의 차이는 적극적으로 잉태와 탄생을 돕는가, 소극적으로 숙성을 돕는가를 기준으로 살피는 것이 좋다.

【7】 음양의 성질에 따른 합의 특성

앞에서 살펴보았듯이 '合'이란 양 오행이 剋을 하는 음 오행과 균형을 이루어 상대적 완결성을 이룸으로써 다른 오행을 生하는 것을 말한다. 양 오행이란 균형을 이룬 음양이 양의 기운을 띠는 것이고, 음 오행이란 균형을 이룬 음양이 음의 기운을 띠는 것으로, 이 두 오행이 극 관계이면서 균형을 이루어 상대적 완결성을 이룬 것이 합이고, 이 합에 의해 다른 오행이 생성되는 것이다.

여기서 다시 한 번 짚고 가야 할 것은 두 오행이 합을 하는 경우, 예를 들어 甲이 己와 합을 하는 경우 甲과 己는 사라지는 것인가 하는 문제다. 언급했다시피 甲己가 합을 한 경우 비록 힘은 약해졌다 해도 이 두 오행은 사라지는 것이 아니라 자신을 유지하면서 다른 오행의 기운을 형성하는 것이다.

그래서 대운에서 庚을 만나는 경우 庚甲沖에 의해 甲己合이 균형을 잃어 합의 효력이 약해지면서 합으로 인해 생겼던 오행의 기운까지도 사라질 수 있는 것이고, 반대로 균형을 이루어 합의 효력이 강해질 수도 있는 것이다.

양 오행인 甲, 丙, 戊, 庚, 壬이 음 오행인 己, 辛, 癸, 乙, 丁과 합을 한다 함은 양이 적극적으로 음과 합한다는 의미의 말이지만 이는 '合 이론'이 '用으로 본 시각' 즉, 오행을 전제로 성립된 이론이기 때문이다. 여기서 甲丙戊는 體가 양, 己 辛 癸는 體가 음이고, 반대로 庚 壬은 體가 음, 乙 丁은

體가 양이다. 따라서 극 관계에 있는 양과 음, 음과 양이 합을 하고 있다는 것을 알 수 있고, 음인 庚 壬이 합을 주도할 수 있는 이유는 오행의 힘을 빌려 양 오행으로서 하기 때문이라는 것을 알 수 있다.

이렇게 자세히 구별하는 이유는 균형을 이룬 음양이 변화를 보이는 이치를 아는 것이 주목적이지만 각 오행들이 합은 왜 하고 합을 하는 두 오행이 음양으로서 어떠한 역할을 하는가를 살펴보기 위해서다.

1. 甲己合生戊土

甲의 體는 양이고 오행으로도 양목이면서 用으로는 적극적인 생명력의 기운이며, 己의 體는 음이고 오행으로도 음토이면서 用으로는 음토적인 작용력이다.

관장시기에서의 예를 보면, 立秋가 되기 직전까지 음토적인 작용력에 의해 익어가기를 해온 생명력은 立秋에 이르면 甲己合을 해 양토적인 작용력을 형성하는데, 이는 영글기로의 전환 즉, 씨에 배어 있는 잉태의 기운에서 잉태의 시작(戊壬庚)이라는 극 전환을 해야 하기 때문이고, 丑月(癸辛己)을 지나 寅月(戊丙甲)이 되기 직전까지 탄생의 기운인 癸水와 씨인 辛金의 품에서 己土에 의해 숙성되어온 생명력이 立春이 되면 역시 甲己合을 해 양토적인 작용력을 형성하는데, 이 또한 잉태라는 소극적인 작용력에서 탄생이라는 적극적인 작용력으로의 극 전환을 이루어야 하기 때문이다.

2. 丙辛合生壬水

丙의 체는 양이고 오행 또한 양화로서 발영의 기운이자 피어나는 기운이며, 辛의 체는 음이고 오행도 음금이자 응축의 기운이면서 물리적으로는 씨다. 따라서 양화인 丙火가 씨인 辛金에 발영의 기운을 품도록 하기 위해 적극적으로 합을 하는데, 이는 씨로 하여금 잉태의 기운인 壬水를 품게 하기 위함이다.

관장시기에서의 예를 보면, 夏至에 이르면 관장시기가 진행 중인 庚金은 열매와 씨로 성숙되었지만 아직은 익어가기와 영글기를 거치지 않았기 때문에 양의 기운인 木火 즉, 팽창의 기운의 지배하에 있다. 이때의 庚金은 물론 辛金, 씨를 포함한 개념이다.

이렇게 비관장시기에 있어 인식되기도 어려운 辛金에게 피어나는 기운을 품게 하는 丙火의 합은 辛金, 씨에 잉태의 기운을 품게 해서 庚金의 관장시기가 끝나고 辛金의 관장시기가 시작되는 秋分을 준비하는 것이다. 그래서 丙辛合과 동시에 丙火의 관장시기가 끝나고 壬水와 丁火의 관장시기가 시작되면서 辛金 또한 庚金을 따라 익어가기와 영글기를 거쳐 이를 바탕으로 秋分부터 홀로 남은 씨로서의 辛金의 관장시기를 시작하게 된다.

하지만 冬至에서의 丙辛合은 夏至에서의 丙辛合과 다르다. 夏至는 丙辛合과 동시에 壬水와 丁火의 관장시기가 시작되면서 丙火의 관장시기가 끝나는 시점이었지만, 冬至는 辛金, 씨가 응축의 극대화를 이룸과 동시에 '壬丁合 生 甲木'에 의해 잉태를 이루면서 壬丁의 관장시기가 끝나고 丙火와 癸水의 관장시기가 시작되는 시점이고, 또한 夏至에서의 丙辛合은 立秋에서 생명력의 잉태를 시작해 冬至에서 잉태를 이루어 立春에서 甲木으로 탄생될 잉태의 기운을 시작하는 합이지만, 冬至에서의 丙辛合은 立春에서 결실의 기운의 잉태를 시작해 夏至에서 庚金의 잉태를 이루어 立秋에서 庚金으로 탄생될 잉태의 기운을 시작하는 합이다.

> **참고** '立春에서 결실의 기운이 잉태를 시작한다' 함은, '立秋에서 甲木의 기운으로서의 잉태가 시작 되었듯이, 立春에서 생명이 탄생되어야 巳月에 꽃이 피고 결실의 기운을 품을 수 있기 때문이고, 夏至에서 '庚金의 잉태를 이룬다' 함은 익어가기를 시작할 수 있을 만큼 열매와 씨가 성숙되었기 때

문이다. 丑月(癸辛己) 小寒을 지나 大寒에서의 丙辛合은 立春(戊丙甲)에서 甲木인 맹아가 탄생할 수 있도록 씨눈을 열게 하는 丙辛合이기도 하다.

3. 戊癸合 生 丙火

戊의 體는 양이고 오행은 양토, 用은 양토적인 작용력이며, 癸의 體는 음이고, 오행은 음수, 用은 탄생의 기운이다. 따라서 甲, 丙과 같이 戊土 또한 탄생의 기운인 癸水에게 적극적으로 발영의 기운을 품게 해 생명으로의 잉태와 탄생을 돕고 잉태 또는 탄생한 甲木의 기운의 생장에 활기를 돕는 양토적인 작용력이다.

戊癸合이 돋보이는 시기는 각 계절이 시작되는 첫 달과 冬至와 夏至를 들 수 있다. 夏至는 극양에서 음의 기운이 시작되는 시점이고, 冬至는 극음에서 양의 기운이 시작되는 시점이라는 것이 기본이지만 이 말은 곧 최대의 극 전환을 의미하는 것이기도 하다.

양토적인 작용력 자체가 새로운 생명력을 만들어내는 작용력이기 때문에 계절의 첫 달인 寅巳申亥 모두에서 두드러진 변화를 보이게 된다. 주목해야 할 것은 戊土의 작용력이 시작되기 전에는 반드시 己土의 관장시기가 있고, 여기서 甲己合을 해서 戊土를 생 함으로써 무토의 관장시기가 시작된다는 것과 생명력이 己土와 합을 해서 戊土를 생 해야 이 戊土는 탄생의 기운인 癸水와 합을 해 발영의 기운이자 피어나는 기운인 丙火를 생한다는 연결성을 가지고 있다는 것이다. 그래서 戊土의 관장시기 때는 壬水의 관장시기라 해도 壬水와 보완관계를 이루면서 무계합을 해 발영의 기운을 생하는 것이다.

4. 庚乙合 生 庚金

庚의 體는 음이고, 오행은 양금, 用은 숙살지기이자 결실의 기운이며, 乙

의 체는 양이고, 오행은 음목, 용은 생명력의 생성 및 공급, 나뭇잎, 여린 식물 등이다. 앞의 세 경우는 체, 용 모두가 양인 오행이 체, 용 모두가 음인 오행을 합하는 경우였지만 庚乙合과 壬丁合은 반대로 체는 음이지만 용은 양인 오행이 체는 양이지만 용은 음인 오행을 합하는 경우다.

庚은 적극적으로 외부의 기운을 안으로 수렴해서 저장하는 결실의 기운이므로 甲木의 생명력을 품게 될 씨, 辛金을 품어 숙성시키는 기운이고, 乙은 나뭇잎으로 광합성에 의해 생성된 생명의 기운을 소극적으로 결실 안의 씨까지 공급하는 오행이다. 따라서 庚의 體는 수렴과 저장이라는 음기지만 양금의 기운으로서 이를 적극적인 변화로 씨를 숙성시키므로 생명력의 공급을 담당하고 있는 음목의 기운인 乙과 적극적으로 합을 하는 것이다. 體는 음이지만 用은 양금인 庚이 體는 양이지만 用은 음목인 乙과 합을 한다는 이치 즉, 體로 보면 수렴과 저장이라는 음이 생명력의 기운이라는 양을 用인 오행의 힘을 빌어 적극적으로 합을 한다는 이치를 이해해야 한다.

이는 마치 甲己合, 丙辛合, 戊癸合은 내가 직접 논밭과 합을 해 농작물을 생산해내는 것과 같고, 庚乙合, 壬丁合은 수도관과 물이 합을 해 가정에까지 수돗물이 공급되는 것과 같다.

5. 壬丁合生甲木

壬의 體는 음이고, 오행은 양수, 用은 잉태의 기운이며, 丁의 體는 양이고, 오행은 음화, 用은 밝음의 기운이다.

壬은 夏至에서 丙辛合에 의해 잉태의 기운으로 시작해 丁과 합을 이루어 冬至에서 잉태를 이루는 오행으로 씨 속에서 잉태의 기운으로 성장을 하는 기운이기 때문에 아직은 어두운 기운이다. 그래서 밝음의 기운인 丁火와 합을 해 甲木의 기운인 생명의 기운을 품고 있는 것이다.

壬은 수축의 기운이기 때문에 體로 보면 음이지만, 用으로 보면 잉태를 향해 전진하는 기운이기 때문에 오행으로는 양 오행이고, 전진하는 범위 내에서 丁火와 적극적으로 합을 한다. 하지만 밝음으로 생명력을 공급하는 것은 體가 양인 丁火다. 다만 壬이 잉태를 향해 전진하는 범위 내이기 때문에 소극적이고 그래서 음 오행이다.

숙살지기이자 결실의 기운인 庚金의 범위 내에서 생명력을 공급하는 庚乙合도 같은 이치라는 것과 丁火가 壬水에 밝음의 기운을 공급하는 이치, 戊土가 癸水에 발영의 기운을 주는 이치 등을 비교해서 그 특성을 이해한다.

壬과 丁의 관계는 마치 외로움에 젖어 있는 노총각이 아름다운 여인을 만나 가정을 꾸림으로써 행복을 느끼는 것에 비유할 수 있다.

甲己合, 丙辛合, 戊癸合은 체, 용이 모두 양인 甲, 丙, 戊가 체, 용이 모두 음인 己, 辛, 癸에 적극적으로 생명력을 공급하고, 己, 辛, 癸는 일방적으로 생명력의 공급을 수동적으로 받는 합이지만, 庚乙合과 壬丁合은 體가 음인 庚, 壬이 오행으로서의 변화의 범위 내에서 적극적으로 합을 하지만, 體가 양인 乙, 丁은 비록 庚, 壬의 범위 내이므로 소극적이지만 양의 기운으로서 생명력을 오히려 공급한다는 점을 구별해서 이해한다. 이는 결국 양은 적극적이고, 음은 소극적이라는 음양의 기본적인 특성이 오행이라는 현상의 변화에서 양 중 음양, 음 중 음양의 이치를 보여주고 있는 것이라는 것을 알 수 있다.

제3장. 극 관계의 양 오행끼리, 음 오행끼리 충을 하는 이치

【1】서설

'沖' 이란 양 오행이 양 오행을, 음 오행이 음 오행을 剋 하는 것을 말한다. '合' 은 양 오행이 음 오행을 剋 하는 것인데 대해 '沖' 은 양 오행끼리, 음 오행끼리 剋을 한다는 것이 다르다.

오행 자체에서 양 오행, 음 오행이 분류되어 있지만, 상호간의 성질과 역할에서 '沖을 하는' 양음 오행은 '양의 기운' 이고, '沖을 받는' 양음 오행은 '음의 기운' 이다. 즉, 甲戊沖과 乙己沖에서 沖을 하는 甲과 乙은 양의 기운이고, 沖을 받는 戊와 己는 음의 기운이다. 이는 沖을 하는 쪽과 받는 쪽이 상대적이라는 음양의 이치 때문이다. 따라서 이 또한 균형을 이룬 만큼만 그 효과를 기대할 수 있다.

沖을 하는 이유는 沖을 받는 양, 음 오행으로 하여금 合을 하도록 유도하기 위함이다. 그래야 沖을 하는 양, 음 오행이 저희들도 合을 할 수 있을 뿐아니라, 앞에서 合으로 인해 생성된 오행이 저희들이 合 해서 생성한 오행을 生 해주기 때문이다.

아래에서 전개되는 沖 이론 또한 앞에서 合으로 인해 생성된 오행이 뒤에서 合으로 인해 생성된 오행을 生 해준다는 이치에 따라 그 순서대로 진행한다.

【2】甲戊沖, 己癸沖

1. 甲戊沖

甲木이 戊土를 沖 한다 함은 양토적인 작용력은 생명력의 잉태와 탄생이라는 목적을 위해 그 범위 안에서만 존재하고, 그 범위 안에서 적극적으로 생극합충으로 작용력을 펼침으로써 잉태와 탄생이 이루어질 수 있도록 돕는 것을 말한다. 즉, '甲木의 범위 안에서만', 양토적인 작용력이 존재하므로 甲戊沖이다.

> **참고** 沖 이란 마치 '집'이라는 구조물 안에서 가족이 행복한 삶을 영위하는 것과 같다. 하지만 '가족 수'에 비해 '집'이 지나치게 크거나 작으면 그 만큼 불편하듯이 甲木과 戊土, 己土와 癸水 또한 저희 끼리에 맞는 균형을 이루어야 안정과 화합을 이룰 수 있다. 여기서 '집'으로 비유한 이유는 집은 신축성이 없어 변화를 줄 수 없기 때문이고, '신축성이 없다' 함은 沖은 생명력의 창출을 위해서는 그 만큼 절대적이라는 뜻이 담겨 있기 때문이다.

2. 己癸沖

己土는 金水를 품어 숙성을 시키는 음토적인 작용력이고, 癸水는 잉태 후 탄생을 준비하는 생명의 기운이다. 탄생의 기운은 반드시 '음토적인 작용력의 범위 내'에서 숙성을 한다. 따라서 癸水에 대한 己土의 沖 또한 절대적이다. 다만 음토적인 작용력이므로 소극적이지만 예리하고, 예민하다는 특징이 있다.

생극합충으로 작용력을 펼치는 것은 戊土와 己土가 같다고 볼 수 있지만, 戊土는 적극적으로 잉태나 탄생을 돕고자 하는 작용력이고, 己土는 소극적으로 보호하고 숙성시키는 작용력이라는 점이 다르다.

그래서 이 두 개의 작용력 또한 균형을 이루어야 하는 것이고 그래야만 온전한 생명력으로서의 변화를 유지시킬 수 있다.

> **참고** 양토적인 작용력은 반드시 생명력으로 나타나는 잉태나 탄생의 범위 내에서 펼쳐지므로 甲戊沖이고, 탄생의 기운은 음토적인 작용력의 범위 내에서 이루어지는 '보호와 숙성'이므로 己癸沖이라고 한다. 己癸沖은 마치 '엄마의 뱃속에서 성장하고 있는 태아'와 같기 때문에 절대적이지만 예리하고 예민하다는 표현을 했다.

3. 甲戊沖과 己癸沖은 戊癸合을 도출하기 위함이다

甲 ➡ 戊癸 ⬅ 己
(沖)　(合生丙火)　(沖)

甲木이 戊土를 沖하고, 己土가 癸水를 沖하면 沖을 받는 戊土와 癸水는 戊癸合을 한다. 戊癸가 합을 해야 丙火를 생성하기 때문이며, 丙火가 생성되어야 沖을 하는 甲木과 己土가 합을 해 戊土를 생성하면, 앞에서 생성된 丙火가 뒤에서 생성된 戊土를 火生土로 도울 수 있기 때문이다.

> **참고** 甲戊도 균형이고, 己癸도 균형이며, 甲戊沖과 己癸沖도 균형이고, 戊癸合과 두 개의 沖도 균형이다. 여기서의 합, 충이 균형을 이루거나 잃으면 그 효력이 강해질 수도 약해질 수도 있음은 앞에서 설명한 바와 같다.

【3】庚甲沖, 乙己沖

1. 庚甲沖

庚金은 숙살지기이자 결실의 기운으로 생겨 결실로 마무리되는 오행이고, 甲木은 생명력, 생동력을 상징하는 오행이다. 庚金이 甲木을 沖 한다 함은 모든 오행이 생명력을 위한 것이지만 생명력은 씨로부터 잉태되고 탄생한다. 따라서 결실의 기운인 庚金의 범위 내에서 생명력인 甲木의 기운이 존재한다.

立夏에서 결실의 기운이 생겨 성장하고 夏至를 지나 익어가기와 영글기를 거쳐 결실까지 이어지는 동안 생기고 성장하는 기운은 甲木의 기운이므로, 甲木은 庚金의 범위 안에서 생명력으로서 존재한다고 하는 것이고, 이를 庚甲沖으로 표현하는 것이다.

> **참고** 庚金이 결실의 기운으로 태어나 결실로 마무리를 하는 동안 씨 또한 홀로 남은 씨로서 겪을 수 있는 모든 바탕을 마무리하기 때문에 庚甲沖이다. 숙살지기는 음의 기운이고 생동력과 성장력은 양의 기운이다. 따라서 음의 기운이 경계를 이루어야 양의 기운이 변화를 주도할 수 있다는 기본적인 이치에 따른 것이다.

2. 乙己沖

土는 음토적인 작용력, 乙木은 결실의 기운에 생명력을 공급해주는 오행이다. 己土가 金水를 품어 생명력을 숙성시킨다 함은 乙木이 생명력을 공급해주는 범위 내에서다. 즉, 庚金인 결실의 기운이 열매와 씨가 되어 익어가기와 영글기를 할 수 있는 바탕에는 태양에너지를 받아 광합성을 통해 영양분을 만들어 공급해주기 때문인데, 이때 광합성은 己土의 음토적인 작용력이고, 광합성을 할 수 있는 바탕인 잎과 영양분을 만들어 공급하는 것은 乙木이다.

이것을 乙木의 범위 내에서 己土의 작용력이 펼쳐진다 하는 것이고, 이를 乙己沖으로 표현한다.

> 참고 己土가 庚金을 품는다 함은 火生土, 土生金의 이치를 말한다. 庚金인 열매와 씨는 火剋金의 이치로 인해 강약으로만 따진다면 한 여름 丙火의 기운을 감당할 수는 없다. 그래서 음토적인 작용력인 己土가 이를 받아들여 광합성을 통해 庚金에 영양분을 공급해 줄 수 있는 바탕을 이루게 되고, 이것이 오히려 庚金을 보호하고 숙성을 시키는 작용력으로 나타나므로 이를 '품는다'로 표현했다.

3. 庚甲沖과 乙己沖은 甲己合을 도출하기 위함이다

庚 → 甲己 ← 乙
(沖) (合生戊土) (沖)

庚金이 甲木을 沖 하고, 乙木이 己土를 沖 하는 이유는 역시 沖을 받는 甲木과 己土가 합을 할 수 있도록 유도하기 위함이다. 庚乙이 甲己를 沖 해서 甲己가 합을 하면 戊土가 생성되고, 丙辛이 庚乙을 沖 해서 庚乙이 합을 하면 庚金이 생성된다. 따라서 다른 오행들의 合 沖의 이치와 마찬가지로, 생성된 戊土는 생성된 庚金을 土生金으로 生 함으로서 오행 변화의 흐름은 영속성을 갖게 되는데, 이러한 생극합충의 모든 이치는 음양오행이 균형을 유지해야만 '생명력으로서의 현상'으로 인식이 가능함을 보여준다.

【4】丙庚沖, 辛乙沖

1. 丙庚沖

巳月 立夏에서 피어나는 기운으로 상징되는 것은 꽃이다. 立夏에서 꽃이 핀다 함은 동시에 결실의 기운도 함께 생기는 것을 의미하고, 꽃이 성장하면 할수록 결실의 기운도 함께 성장하므로, '결실의 기운의 탄생과 성장'은 '꽃이 생기고 성장하는 범위 내'에서다.

芒種을 지나 夏至에 이르면 꽃은 지고 열매와 씨만 남는다. 이는 결실의 기운에 대한 꽃의 피어나는 기운으로서의 역할이 끝났기 때문이다. 결실의 기운이 열매와 씨가 되기 전까지는 꽃의 경계 안에서 꽃을 바탕으로 성장하므로, 경계, 바탕 등을 일컬어 이를 庚金에 대한 丙火의 沖 즉, 丙庚沖이라 표현한다.

> **참고** 꽃은 봄에 피는 꽃도 있고 가을에 피는 꽃도 있다. 여기서 우리가 살펴보고자 하는 것은 계절이라는 큰 오행 안에서 지장간의 흐름으로 나타나는 절기마다의 10오행들이 어떠한 이치를 기준으로 변화를 보이고 있는가 하는 것이다. 봄에 피는 꽃도 가을에 피는 꽃도 저 나름대로의 특성이 있는 듯이 뽐을 내고 있지만, 꽃과 결실의 기운이 가지고 있는 필연적인 관계는 저마다의 환경과 균형을 이루면서 그 환경에 따르는 지장간의 흐름을 타고 변화를 보여주고 있다는 것이다. 이는 열대지방에는 열대지방에 맞는 생물이 있고, 한대지방에는 한대지방에 맞는 동식물이 있는 이치와 같다. 물론 동식물뿐 아니라 우리 인간들도 이 이치에서 자유로울 수는 없다.
>
> 자전 공전의 어느 한 시점인 年月日時, 四柱를 보고 개인의 길 흉 화 복을 살펴볼 수 있는 것도 인간도 이러한 이치에 따라 자연과 하나가 되어 함께 흐르는 또 하나의 오행이기 때문이다.

396

2. 辛乙冲

乙木은 결실의 기운인 庚金과 합을 이루어 이에 생명력을 공급하는 기운인데 대해 辛金은 응축의 기운이자 결실의 기운 안에 있는 씨의 기운이다. 立夏에서 생긴 결실의 기운이 결실이라는 개념으로 인해 庚金으로 표현되기는 하지만 그 결실 안에는 그만이 가지고 있는 씨를 포함하고 있다. 씨가 존재하는 목적은 秋分 이후 홀로 남은 씨가 되어 立春에 甲木으로 탄생하기 위함이다.

따라서 庚乙이 합을 한다 함은 결국 씨를 성장케 함이고, 乙木의 생명력 공급은 저희들만이 가지고 있는 씨로서의 역할 범위 내이므로 이것이 辛乙冲이다.

3. 丙庚冲과 辛乙冲은 庚乙合를 도출하기 위함이다

丙 ➡ 庚乙 ⬅ 辛
(冲)　(合 生 庚金)　(冲)

丙庚冲과 辛乙冲은 庚乙合을 유도하고 庚乙이 합을 하면 庚金이 생성되는데, 이 庚金은 앞에서의 '甲己 合 生 戊土'의 생을 받고 뒤 이어 丙辛合에 의해 생성된 壬水를 金生水 하게 된다.

상기한 바와 같이 庚金이 丙火의 범위 내에서 생장한다는 丙庚冲과 辛金의 범위 내에서 생명력을 공급한다는 辛乙冲에 의해 庚乙이 합을 해서 庚金을 생성한다. 이는 동시에 작용해서 庚金을 생 하게 되는데 이 庚金은 夏至에서 丙辛合에 의해 생긴 壬水를 金生水 함으로서 잉태의 기운인 壬水의 관장시기를 열게 하는 데 도움을 준다.

【5】 壬丙沖, 丁辛沖

1. 壬丙沖

하지에서 丙火는 씨인 辛金과 丙辛合을 해서 발영의 기운을 주게 되는데 이는 잉태의 기운인 壬水를 生하기 위함이다. 따라서 丙火는 壬水의 범위 내에서 辛金과 合을 하므로 壬丙沖이다.

> **참고** 沖의 개념을 충돌하다, 강하게 가로막는다. 등으로 생각하면 다른 것이 와서 나를 가로 막거나 부딪치는 것으로 생각하기 쉽다. 이러한 생각은 본 서에서 설명하는 沖의 개념과는 다른 것이다. 沖이란 처자식을 먹여 살리기 위해서는 막노동이라도 해야 하는 가장과 같다. 즉, 처자식이 먹고 사는 것은 가장의 입장에선 절대적이고 피할 수 없는 현실이므로 처자식의 沖을 받아 가장은 막 노동과 合을 해서라도 생명력의 잉태를 생산해야 하는 것과 같다. 상기한 바와 같은 '범위 내에서' 라는 개념이 다른 개념보다 오히려 더욱 절대적일 수 있음을 유념한다.

2. 丁辛沖

하지에서 丙辛合으로 생성된 잉태의 기운, 壬水는 열매와 씨인 庚辛金이 익어가기와 영글기를 거치는 동안 辛金의 품에서 생명력을 강화시키는데 이는 壬水와 丁火가 合을 해 甲木의 기운을 생성하기 때문이다.

丙辛合은 壬水를 품고자 함이고, 壬水가 생명력을 품으려면 丁火가 있어야 한다. 즉, 丙火는 壬水의 범위 내에서, 辛金은 丁火의 범위 내에서 丙辛合을 이루게 되므로 이를 壬丙沖, 丁辛沖이라 한다.

> **참고** 庚辛金의 '익어가기와 영글기 및 응축'은 따가운 햇살인 丁火의 범

위 내이고, 그 범위 내에서 壬水가 丁火와 더불어 생명력인 甲木의 기운을
품고 가기 때문에 丁辛沖이고 壬丁合이다.

3. 壬丙沖과 丁辛沖은 丙辛合을 도출하기 위함이다

壬 ➡ 丙辛 ⬅ 丁
(沖) (合 生 壬水) (沖)

壬丙沖과 丁辛沖의 범위 내에서 丙辛合이 이루어져 壬水를 생 한다. 물
론 丙辛이 合을 해서 壬水를 生 해야 壬丁이 合을 해서 甲木을 生 하면 壬
水가 甲木을 水生木 할 수 있기 때문이다.

여기서 양수인 壬水가 적극적으로 잉태를 하고자 한다 함은 곧 양목인
甲木이 적극적으로 생명력을 키워간다는 것을 의미하므로 '壬水 生 甲木'
이고 '壬丁合 生 甲木'이다.

【6】戊壬沖, 癸丁沖

1. 戊壬沖

양토적인 작용력은 음토적인 작용력이 잉태의 기운과 탄생의 기운을 품
고 숙성을 시키면, 적극적으로 잉태와 탄생을 향해 전진 및 마무리를 시키
고자하는 작용력이다. 따라서 壬水가 丁火와 함께 생명력으로서의 잉태를
향해 전진하거나 잉태를 마무리 하려면 반드시 양토적인 작용력이 있어야
하고, 그 범위 내에서만 전진과 잉태가 가능하다.

立秋 이전 未月에서의 익어가기의 극대화는 己土의 작용력이지만 立秋부터의 영글기와 秋分~冬至까지 홀로 남은 씨의 '소극적 응축의 극대화', '적극적 응축의 극대화' 등은 잉태의 기운, 壬水가 '戊土의 범위 내'에서 잉태를 향해 전진하고 마무리를 하는 모습이다.

> **참고** 立秋 전까지의 익어가기는 소극적으로 잉태를 시작하기 위한 바탕
> 을 준비하는 것이지만, 立秋 이후의 영글기는 적극적으로 잉태가 시작되는
> 것이다. 이는 立春에서의 탄생의 시작과 상응하는 이치이다.

2. 癸丁沖

癸水는 잉태가 된 후 己土의 숙성을 거쳐 조만간에 甲木 또는 결실의 기운으로 탄생할 생명의 기운이고, 丁火는 잉태의 기운과 습을 해 생명력을 생성케 하는 기운이다.

생명력은 곧 甲木의 기운이고 癸水 또한 甲木으로의 탄생의 기운이다. 壬丁습이 생명력을 품는다 함은 잉태를 위한 것이고, 잉태는 곧 탄생의 기운이므로 壬水는 戊土의 범위 내에서, 丁火는 癸水의 범위 내에서 壬丁습을 해 甲木의 기운을 생성한다. 그래서 戊壬沖이고, 癸丁沖이다.

3. 戊壬沖과 癸丁沖은 壬丁合을 도출하기 위함이다

戊 ➡ 壬丁 ⬅ 癸

(沖) (合生甲木) (沖)

壬丁이 습을 해 甲木을 生 해야 戊癸가 습을 해 丙火를 生 하면, 甲木이

400

丙火를 木生火한다. 그래서 '癸水 生 甲木' 이고, '甲木 生 丙火' 다.

제4장. 음 오행이 양 오행을 극 하는 이치

【1】 서설

1. 극과 생은 음양의 균형이다

'剋' 이란 '온전한 生으로의 변화가 이루어질 수 있도록 한계와 범위를 지으면서 균형을 이루어 함께 변화를 보이는 生의 바탕' 이다. '生' 은 양이고, '剋' 은 음이다. 따라서 음양의 이치에 따라 生이 없으면 剋도 없고, 剋이 없으면 生도 없다.

> **참고** 조종사, 운전자 없는 비행기와 자동차는 그냥 물건일 뿐 비행기, 자동차가 아니며, 정신없는 육체 또한 단순한 물질에 지나지 않는다. 또 반드시 '조종사와 비행기' 이고, '운전자와 자동차' 이며, '정신과 육체' 다. 음양은 균형을 전제로 존재하고 균형을 이룬 음양이라야 오행이라 할 수 있으며, 오행이라야 변화를 보일 수 있다. 음양이 균형을 이룰 수 있는 바탕에는 '음양의 3원리' 인 '평등성, 상대성, 완결성' 이 있다.

2. 합과 충, 5극은 剋에서 도출된 이론이지만 성질이 다르다

合은 양 오행이 음 오행을 剋하는 것이고, 沖은 양 오행끼리, 음 오행끼리 剋 하는 것이므로 合, 沖의 성질이 상대적으로 달랐듯이, 음 오행이 양 오행을 剋 하는 5剋 또한 나름대로의 특성을 가지고 있는 바, 이는 음양의 성질이 서로 상대적인 특성을 가지고 있기 때문이다.

合, 沖은 절대성을 가지고 있어 타협의 여지가 없으므로 이는 마치 국가 대 국가의 관계와 같이 경계가 분명한 반면, 5剋은 소극적인 음 오행이 적극적인 양 오행을 剋 하는 것이므로 합, 충보다는 비교적 타협의 여지가 있는 바, 法이 비록 국민을 통제하기는 하지만 국민의 뜻에 따른 法이므로 국민에 의해 변화를 보일 수 있는 신축성이 있는 것과 같다.

> 참고 여기서 비록 '절대성'과 '신축성'이란 단어를 들어 그 차이를 설명하고 있지만 오행 변화의 흐름은 그 음양의 성질에 따른 역할이 다를 뿐 모두가 절대성을 가지고 있다고 볼 수 있다. 合, 沖은 沖을 해야만 合이 이루어질 수 있고, 合을 해야만 원하는 오행을 생성할 수 있다는 분명한 목적이 있기 때문이지만, 5剋 또한 신축성이 있는 剋을 해야만 목적을 두고 있는 오행이 생성될 수 있고, 그래야만 생성된 오행이 자신과 合을 할 수 있다는 당위성이 있다. 각 오행의 관장시기와 겹치는 부분 참조.

【2】乙 剋 戊

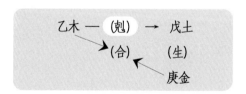

辰月 淸明을 지나 穀雨에 이르면 꽃눈이 생기고, 巳月 立夏에 이르면 꽃이 핌과 동시에 결실의 기운이 생겨 꽃과 함께 성장하게 되는데, 이는 적극적으로 변화를 주도하는 양토적인 작용력의 모습이다. 여기서 乙木이 木生火로 丙火를 돕고, 丙火는 火生土로 戊土를 도우며, 戊土는 土生金으로 庚

金을 生하게 되는데, 이때 戊土가 庚金을 生 할 수 있는 근본적인 이유는 丙火의 戊土에 대한 火生土도 있지만 乙木의 木剋土가 바탕 역할을 하기 때문이다.

乙木은 생명력을 공급해주는 기운이다. 따라서 戊土는 그 범위 내에서 작용력을 펼쳐 庚金을 生하므로 乙剋戊고, 결실의 기운인 庚金의 범위 내에서 乙木은 생명력을 공급하므로 金剋木 즉, 庚乙合이다. 따라서 乙木이 戊土를 剋 하는 이유는 庚金의 生을 돕기 위함이고, 庚金이 生 해야 자기가 庚乙合을 해서 결실을 이룰 수 있기 때문이다.

> **참고** 꽃눈자리를 만드는 것도 乙木이고, 생명력을 공급함으로써 꽃을 성
> 장시키는 것도 乙木이므로 木生火이며, 결실의 기운은 꽃의 범위 내에서 꽃
> 과 함께 생장을 하므로 火剋金이고, 생명력 공급의 범위 내에서 양토적인
> 작용력이 펼쳐지므로 乙剋戊이다.

【3】丁 剋 庚

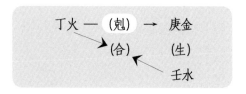

夏至에 이르면, 立夏에서 결실의 기운으로 태어난 庚金은 열매와 씨로 성장하고, 이때의 丙辛合이 잉태의 기운인 壬水를 生 한다. 잉태의 기운은 庚金 안에 있는 씨, 辛金이 품어야 하는 기운이고, 辛金이 잉태의 기운을 품으려면 庚金이 익어가야 하므로 이는 곧 '庚辛金 生 壬水' 다.

庚金이 익어가기와 영글기를 할 수 있는 바탕에는 丁火의 火剋金이 있다. 즉, 庚金은 밝음의 기운인 丁火의 범위 내에서 익어가기와 영글기를 할 수 있고, 그 범위 내라야 壬水를 生 할 수 있으며, 壬水를 生 해야 丁火는 그 범위 내에서 壬水와 합을 해 甲木의 기운을 품을 수 있다.

> **참고** 庚金이 丙火의 沖을 받으면 익어가기와 영글기를 할 수 없고, 壬水를 生 할 수도 없다. 왜냐하면 丁火는 밝음의 기운이지만 丙火는 피어나는 기운이므로 庚金이 감당하기에는 역부족이기 때문이다. 그래서 庚金이 丙火의 沖을 받을 때에는 乙木의 생명력을 받기 위해 庚乙合을 하는 것이다. 또 영양분을 가득 담은 잎은 따가운 햇살 丁火로부터 영양분만큼 밝음의 기운을 만들고(乙木 生 丁火), 이 밝음의 기운을 품고 광합성을 하며(丁火 生 己土), 광합성만큼만 결실이 영글어 가고(己土 生 庚金), 영근 만큼 잉태가 시작(庚金 生 壬水)되므로 丁剋庚이 균형을 이루고 있는 것이고, 따라서 '壬丁合 生 甲木'이 균형을 이룬 합이 되는 것이다.

【4】己 剋 壬

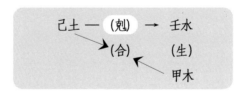

夏至를 지날 즈음 庚金은 작열하는 태양 에너지를 견디기 어렵다. 이때 음토적인 작용력인 己土는 광합성이라는 작용력을 펼쳐 품 안에 있는 庚金을 보호할 뿐 아니라 오히려 익어가기를 할 수 있도록 숙성을 시킨다.

夏至가 지나 庚金이 익어갈 수록 씨도 익어가고, 씨가 익어갈수록 잉태의 기운도 익어간다. 庚金은 己土의 生을 받은 만큼 익어가고, 壬水는 庚金의 生을 받은 만큼 함께 익어가므로 잉태의 기운인 壬水는 음토적인 작용력인 己土의 범위 내에서 庚金의 生을 받아 丁火와 合을 함으로써 甲木의 기운을 生한다. 이것이 己土 剋 壬水다.

> **참고** 夏至에 이르러 丙火가 庚金을 沖 할 때 己土의 작용력인 광합성이 없이는 乙木의 생명력 또한 받을 수 없다. 芒種 이후 夏至까지 꽃이 모두 졌으므로 己土 이외는 庚金을 보호할 수 있는 것이 없기 때문이다. 그래서 午月의 지장간이 丙己丁이다.

【5】辛 剋 甲

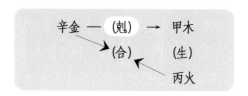

辛金과 甲木은 秋分~春分까지 관장시기가 같다. 壬丁合이나 庚乙合은 둘이 관장시기도 같으면서 合의 관계이지만, 辛金과 甲木은 癸水와 丙火처럼 관장시기는 같으나 合이 아닌 剋의 관계이다.

씨인 辛金은 丙火와 合을 해 金生水로 壬水를 生 하고, 壬水는 丁火와 合을 해 水生木으로 甲木을 生 한다. 따라서 생명력인 甲木은 辛金인 씨의 범위 내에서 잉태의 기운이라는 이름으로 성장하고, 冬至에서도 응축의 극대화의 범위 내에서 잉태가 되며, 立春에서 春分까지도 辛金의 응축의 범위 내에서 탄생하고 성장하는바, 이것이 辛剋甲이고, '甲木 生 丙火'이며, '丙辛合 生 壬水'다.

> 참고 辛金과 甲木의 관계도 법과 국민의 관계와 같다. 즉, 辛金의 剋이
> 약해진다면(법이 허술해진다면) 甲木의 생명력, 성장력은 약해질 것(혼란)이
> 고, 剋이 강해진다면(통제가 심하면) 이 또한 甲木으로서 제 구실을 하기가
> 어려워질 것(구속)이다. 극관계인 남녀가 합을 해 부부를 이룬 경우, 학교와
> 학생의 경우도 같은 이치이다.

【6】癸 剋 丙

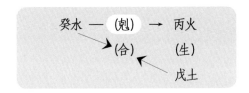

癸水와 丙火도 辛金과 甲木처럼 관장시기가 같으면서 합을 하지 않는 剋
관계의 오행들이다.

癸水는 잉태 이후 立春에서는 甲木으로, 立夏에서는 결실의 기운으로 태
어날 탄생의 기운이다. 癸水가 생명력을 품고 甲木으로, 결실의 기운으로
태어나 성장하려면 반드시 필요한 것이 발영의 기운이고 피어나는 기운이다.

생명력인 甲木은 음토적인 작용력인 己土와 甲己合을 해서 양토적인 작
용력인 戊土를 生함과 동시에 木生火로 丙火를 生하면, 丙火는 火生土로
戊土를 生해 戊癸合을 유도함으로써 癸水에 발영의 기운을 준다. 丙火는
생명력의 탄생 및 성장의 범위 내에서 존재한다. 그래서 癸水와 甲乙木을

바탕으로 그 범위 내에서 존재하게 되므로 '癸水 剋 丙火'고, '甲乙木 生 丙火'며, '丙火 生 戊土'다.

> **참고** 丙火에 대한 癸水의 水剋火의 이치는 庚金과 乙木의 관장시기가 시작되는 春分에서 꽃이 피고 결실의 기운이 생기는 巳月 立夏까지 본문에서 설명한 것과 같은 이치로 작용한다. 즉, 春分~淸明에 甲己合이 戊土를 生하면, 辰月~巳月에 이르는 동안 양토적인 작용력에 의해 戊癸合을 하게 되고, 이 戊癸合으로 인해 癸水는 발영의 기운을 얻음으로써 꽃을 피움(癸剋丙)과 동시에 庚金이 生 할 수 있는 탄생의 기운으로서의 바탕 역할을 하게 된다. 이때 戊土가 乙木의 剋을 받아 土生金으로 庚金의 生을 돕게 되고, 庚金은 丙火의 沖으로 인해 乙木과 합을 이루어 생명력을 얻는다. 辰月, 巳月의 지장간 '乙癸戊', '戊庚丙'을 참고한다.

제3편
생극합충에 의한
계절(오행)변화의 이치

제1장. 서론

【1】 천간과 지지

'간지'는 '오행의 양과 음'으로 하늘과 땅 또는 태양과 지구로 많이 비유된다. 이는 공간과 물질, 구심점과 자전 공전의 균형이다. 우주는 양 중 음양, 음 중 음양의 영속성으로 이루어져 있으므로 위의 두 비유는 '양과 음의 개념에 대한 이해'가 바탕이다.

'계절의 변화'는 구심점인 태양과 자전 공전을 하는 지구상의 역학관계의 모습이지만 결국은 균형을 중심으로 변화를 보이는 '하늘과 땅 사이에서의 지장간의 모습'이다.

하늘은 변화의 주체다. 하지만 각각의 지지와 균형을 이룬 만큼만 변화를 보이므로 지구상 어느 한 곳도 같은 곳이 없다.

하늘이 변화를 보이는 모습을 5가지로 대별한 것이 5행이고 이를 음양으로 구별한 것이 10오행이다. 이것이 10천간이다. 이에 대해 지구가 자전을 하면서 태양을 한 바퀴 도는 1년을 보름(15일)으로 나눈 것이 24절기고 12로 나눈 것이 12달인 12지다.

이렇게 지지를 12가지로 구별 짓기는 하였지만 단 하루도 한 순간도 '양인 하늘'과 '음인 바탕'이 균형을 이루고 있다고 가리킬 수 있는 곳은 한 곳도 없다.

> **참고** 아래에서는 '계절의 변화'를 중심으로 설명을 하지만 '계절의 흐름' 속에는 생명력을 상징하는 모든 동식물의 '생 변 멸'도 포함된다. 그래서 인간사도 자전 공전에 따른 계절 변화가 존재하는 한 그 이치는 같다.
>
> 각 개개인인 '나'를 중심으로 대운이 펼쳐지므로 사주원국은 천간, 대운은 지지이고, 그래서 사주의 구조가 천간, 지지, 지장간, 대운이 있다. 사주는 '나'고 대운은 지지이므로 지지인 대운은 변함없이 흐르는 바탕이고, 이를 바탕으로 사주원국이 각 대운과 하나씩 조화를 이룸으로써 변화를 보인다. 그래서 사주는 자동차 대운은 도로 차 안에 있는 생명력은 지장간이다. 정해져 있는 도로를 달려가고 있는 자동차는 한순간도 멈춤이 없고 같은 곳도 없다. 물론 차 안에 있는 지장간도 같지만 '생명력'이라는 점에서 차이가 있다.

【2】법칙성과 생명성

'법칙성'이란 정해져 있는 '자전 공전의 궤도'를 말하는바 이는 수도관, 도로(철로), 강둑, 국가 간의 경계, 가족관계, 학교, 조직 등과 같이 반드시 필요한 바탕(틀)을 말하고, '생명성'이란 법칙성을 바탕으로 균형을 이루어 변화를 보이는 주체다.

따라서 지구의 자전 공전이 없으면 생명력도 없고, 수도관, 도로(철로), 강둑, 국가 간의 경계, 가족관계, 학교, 조직 등이 없으면 수돗물, 자동차(열차), 강물, 국민, 가족의 사랑, 교육, 생산 등도 없다.

사주, 연월일시는 지구의 자전 공전 중의 어느 한 시점이므로 쌍둥이도 삶이 틀릴 수밖에 없다. 다만 거기까지는 아직 학문적으로 밝혀내지 못했을 뿐이다. 사주는 '나'가 태어난 시점이므로 이는 '구심점'이고 '나'가 태어난 '나만의 환경'은 법칙성으로서 '대운'이며 사주와 대운의 틀 안에서 '생 변 멸'을 보이는 우리 삶의 현실이 생명성인 '천간과 지장간의 유기성'이다.

제2장. 생극합충에 의한 계절(오행)의 변화

【1】 서설

生은 양이고 剋은 음이다. 合, 沖 또한 合은 양이고 沖은 음이지만, 합, 충은 극에서 도출된 이론이므로 결국은 극을 바탕으로 생이 음양의 이치에 따라 균형을 이루면서 변화를 보이는 것이라 할 수 있다.

剋은 상기한 바와 같이 5합, 10충, 5극 셋으로 분류된다. 셋이 가지고 있는 성질을 볼 때 剋이나 沖은 경계를 둠으로서 억제한다는 의미를 가질 수 있으나 合은 오히려 그 반대라는 느낌을 가질 수 있다. 하지만 합, 충 또한 상대적으로 균형을 이룬 양과 음의 관계이므로 역할만 다를 뿐 이 둘이 보여주는 '절대성'은 동등하다. 다만 5극만이 음 오행이 양 오행을 소극적으로 한계와 범위를 두어 경계를 지으면서 다른 오행의 생을 유도하므로 '신축성'이 있다고 하는 것이다.

木火土金水로 흐르는 계절변화에서 生의 모습으로 변화를 보이는 바탕에는 5剋의 역할이 필요한 때가 있고, 合沖의 역할이 필요한 때가 있다. 이 셋이 剋이라는 이치로서 균형과 조화를 이루면서 바탕을 이루고 있기 때문에 그만큼의 生이 존재하는 것이고, 이 生의 모습이 계절이라는 이름으로 우리에게 인식이 되는 것이다.

　아래에서는 지장간의 흐름에 따라 절기로 나타내지는 '월별의 순서'에
입각해 설명한다. 이는 물론 생극합충의 조화에 따라 흐르는 오행의 흐름
을 이해하기 위함이다. 따라서 지장간과 24절기가 숙지되어 있어야 이해
가 수월하다.

> 참고　12지지를 타고 흐르는 지장간의 변화와 또 이 변화 속에는 생극합
> 충이라는 조화가 바탕을 이루고 있다는 것이 여기서 이해해야 할 내용이다.

【2】子月(壬 癸)

　子月의 절기는 大雪(양 12월 07일경)과 冬至(양 12월 22일경)가 있고 지
장간은 '壬 癸'다. 지장간 '壬 癸'는 大雪에서 小寒 사이에 있는 冬至를 기
점으로 잉태의 기운인 壬水가 탄생의 기운인 癸水로 관장시기가 바뀐다는
의미를 품고 있다.

　夏至~冬至는 壬水와 丁火, 秋分~春分은 辛金과 甲木, 冬至~夏至는 癸
水와 丙火의 관장시기이다. 따라서 冬至는 6개의 오행이 관장시기를 함께
하는 시점이다.

　동지에 이르면 응축의 극대화를 이룬 씨, 辛金은 '丙辛合 生 壬水'로 인
해 잉태를 이루게 되고, 壬水는 壬丁合을 함으로써 甲木의 기운을 生 함과
동시에 癸水로, 丁火는 丙火로 관장시기가 바뀐다. 잉태를 하기 위해서는
밝음의 기운이 필요했지만, 탄생을 하기 위해서는 발영의 기운이, 성장을
하기 위해서는 피어나는 기운이 필요하다.

　즉, 辛剋甲은 甲木 生 丙火를 유도해 丙辛合 生 壬水, 壬水 生 甲木을 이

루고, 癸극丙은 丙火 生 戊土를 유도해 戊癸合 生 丙火를 이루는데, 이때 壬丙沖, 丁辛沖은 丙辛合를 돕고, 甲戊沖, 己癸沖은 戊癸合을 도와 辛金은 잉태를, 癸水는 발영의 기운을 품게 한다.

> **참고** '丙辛合 生 壬水'는 冬至에서의 잉태이기도 하지만 立夏에서 生하
> 게 될 결실의 기운의 시작이기도 하다. 冬至~夏至까지는 癸水와 甲乙木,
> 丙火 즉, 생명력이 태어나 피어나는 木火의 관장시기이다. 결실의 기운인
> 庚金이 春分에서 관장시기가 시작되지만 夏至까지는 숙살이 아닌 탄생과
> 성장을 해야 하므로 木火의 지배를 받는다. 그래서 관장시기가 아닌 壬水와
> 丁火가 '壬丁合 生 甲木'으로 관장시기가 진행 중인 木火의 바탕을 이룬다.

【3】丑月(癸辛己)

丑月의 절기는 小寒(양 01월 05일경)과 大寒(양 01월 20일경)이 있고 지장간은 '癸辛己'다. 癸水는 甲木의 기운을 품고 있는 탄생의 기운이고, 辛金은 甲木의 기운이 탄생하고 성장할 수 있도록 '버팀목' 역할을 하는 씨이자 응축의 기운이며, 己土는 이 모두를 품고 숙성을 시키는 음토적인 작용력이다. 생명력은 冬至에서 잉태되어 小寒이 되면 숙성이 시작되고, 大寒이 되면 숙성의 극대화를 이룬다. 大寒부터 立春까지는 甲木의 탄생을 준비하는 시기다.

따라서 癸水는 '戊癸合 生 丙火'로 제2차 발영의 기운을 얻음으로써 甲木의 기운으로 발돋움하고, 씨 辛金은 '丙辛合 生 壬水'를 이루어 大寒에서 씨눈이 생기게 함과 동시에 '壬丁合 生 甲木'을 유도하며, 이때 己剋壬은 '壬水 生 甲木'을 유도해 '甲己合 生 戊土'를 이룬다.

412

참고 변화를 보이고 있는 10오행 중에서도 음 오행은 늘 바탕을 이루고 있고, 양 오행이 생극합충을 통해 적극적으로 변화를 주도한다. 음 오행이 양 오행을 剋하는 5剋의 경우는 음 오행이 양 오행의 변화에 신축성이 있는 한계를 둠으로써 다른 오행을 生 할 수 있도록 유도하는 것이고, 음끼리의 沖 또한 소극적이면서 부드럽고 예민하지만 생명력을 숙성시켜야 하는 당위성이 있기 때문에 그에 합당한 절대성을 가지고 있다.

생극합충을 적용할 때 주의해야 할 점은 관장시기에 해당되지 않는 오행이라 할지라도, 자신의 역할이 세상에 드러나지 않는 것일 뿐, 오행 자체가 사라지는 것이 아니므로 보이지 않는 흐름 속에서도 자신의 역할을 하고 있다는 것이다. 즉, 甲己가 合을 할 때에는 庚과 乙이 沖으로써 合을 유도하고, 戊癸가 合을 할 때에는 甲과 己가 沖으로써 合을 유도하며, 壬丁이 合을 할 때에는 戊와 癸가 沖으로써 合을 유도한다는 것 등이다.

이는 마치 주연배우와 조연배우가 함께 영화를 만드는 것과 같은 이치로 비유할 수 있는데, 丑月 大寒에서 자기의 관장시기는 아니지만 辛金이 丙火와 合을 해서 잉태의 기운, 壬水를 生 하는 것은 곧 씨눈이 생기는 것을 의미하고, 이것이 '壬水 生 甲木'으로 立春에 甲木을 生 한다는 것 등을 말한다.

【4】 寅月(戊丙甲)

寅月의 절기는 立春(양력 2월 04일경)과 雨水(양력 2월 19일경)가 있고 지장간은 '戊丙甲'이다. 계절을 열어야 한다는 중책을 가지고 있으므로 매 계절의 첫 달인 寅 巳 申 亥의 지장간은 양토적인 작용력인 戊土로 시작한다. 寅月은 辛, 甲과 癸, 丙의 관장시기가 겹치는 시점이다.

丑月(癸辛己) 大寒이 되면 땅속의 씨는 '丙辛合 生 壬水'의 이치에 의해 씨눈이 열리고, 立春이 되면 '甲己合 生 戊土'에 의해 양토적인 작용력이 生 하며, 씨눈을 통해 '壬丁合 生 甲木'에 의해 맹아가 싹을 틔우고, '戊癸合 生 丙火'에 의해 발영의 기운을 生 한다(戊丙甲).

雨水에 봄비가 내리면 이 비를 맞고 땅 속의 새싹은 드디어 '새가 알을 깨고 나오는 아픔'을 거쳐 하늘과 하나(水生木)가 되고, 驚蟄에 이르면 辛剋甲의 이치에 의해 甲木의 성장력과 丙火의 피어나는 기운은 甲木으로서의 성장의 기틀을 마무리 한다.

여기서 丙火가 甲木과 함께 木旺節을 극성으로 이끌어야 이를 바탕으로 巳月 立夏에서 꽃을 피워 결실의 기운을 生 할 수 있다. 이것이 木生火의 이치고, 계절의 첫 달을 장생지(藏生支) 즉, '다음 계절의 씨를 품은 지지'라 부르는 이유이며, '丙辛合 생 壬水'를 강화시켜야 하는 이유다.

> **참고** '새싹이 하늘과 하나가 된다' 함은 천간과 지지가 하나가 됨을 의미하고, 이는 '균형을 이룬 음양으로서의 오행'이 성립하는 것이므로, 立春을 새해로, 寅時를 하루의 시작으로 보아 干支를 뽑아야 한다고 하는 것이다.
> 驚蟄에 이르는 동안 戊癸合은 丙火의 피어나는 기운을 강화시키게 되고, 甲木은 신축성 있는 辛金의 剋을 바탕으로 丙火를 生으로 도우면서 丙火와 함께 성장의 기틀을 마무리한다. 寅月 한 달에 甲木의 성장이 끝이 아니라 자력으로 클 수 있는 성장의 기틀을 마무리한다는 점 주의한다. 성장의 기틀이 이루어져야 乙木이 제 역할을 할 수 있고, 乙木이 제 역할을 해야 甲木도 더 클 수 있으며, 甲木이 더 커야 丙火도 꽃을 피울 수 있고, 丙火가 꽃을 피워야 결실의 기운도 생길 수 있다.

【5】卯月(甲 乙)

卯月의 절기는 驚蟄(양력 3월 6일경)과 春分(양력 3월 21일경)이 있고, 지장간은 '甲 乙'이다. 子月과 마찬가지로 나머지 3旺支(卯, 午, 酉)의 지장간도 자기 계절의 극성(춘분, 하지, 추분)을 포함하고 있기 때문에, '甲 乙' 또한 春分을 기점으로 관장시기가 甲木에서 乙木으로 전환된다. 卯月은 양토, 음토와 '癸, 丙', '辛, 甲'의 관장시기가 겹치는 시기이다.

驚蟄에서 甲木이 성장의 기틀을 이루면 이 기틀을 바탕으로 잎눈자리가 생기기 시작하고, 春分에 이르면 잎이 나오기 시작한다(癸水 生 甲乙木). 그래서 驚蟄이 卯月의 시작이고, 이것이 春分에서 甲木이 乙木으로, 辛金이 庚金으로 관장시기가 바뀌는 기초가 된다.

春分이 되면 甲木은 己土와 合을 이루어 양토적인 작용력을 生 하는 것으로, 辛金은 丙火와 合을 이루어 잉태의 기운, 壬水를 生 하는 것으로, 동시에 관장시기를 마무리 하면서 '庚乙合 生 庚金'을 도와 庚. 乙의 관장시기를 여는데, 이는 辰月 淸明의 '乙癸戊'를 준비하는 것이고, '乙癸戊'는 巳月 立夏의 '戊庚丙'을 준비하는 것이다. 따라서 春分에서 甲木과 辛金의 관장시기를 마무리하는 甲己合과 丙辛合은 결국 庚, 乙의 관장시기를 시작함이고 결실의 기운을 준비함이다.

> 참고 여기서 甲己合은 庚甲沖과 乙己沖에 의한 것이므로 '甲己合 生 戊土'는 '庚乙合 生 庚金'을 유도함으로서 '戊土 生 庚金'으로 庚金의 관장시기를 이끄는 것이고, 丙辛合은 壬丙沖과 丁辛沖에 의한 것이므로 '丙辛合 生 壬水'는 '壬丁合 生 甲木'을 '壬水 生 甲木'으로 유도함으로써 甲木을 더욱 성장시켜 결실의 기운에 생명력 및 성장력을 넣어주고자 함이다.
>
> 또한 壬丁合은 戊壬沖과 癸丁沖에 의한 것이므로 '壬丁合 生 甲木'은 '戊癸

合 生 丙火'를 '甲木 生 丙火'로 유도함으로써 개화(改花)를 준비하는 것이 고, 戊癸合은 甲戊沖과 己癸沖에 의한 것이므로 '戊癸合 生 丙火'는 '甲己 合 生 戊土'를 '丙火 生 戊土'로 유도함으로써 辰月 淸明, 巳月 立夏에서의 양토적인 작용력을 준비하는 것이다.

【6】 辰月(乙癸戊)

辰月의 절기는 淸明(양력 4월 6일경)과 穀雨(양력 4월 20일경)가 있고 지 장간은 '乙癸戊'다. 乙木은 잎을 통해 생명력을 공급하는 기운이고, 癸水 는 탄생의 기운, 戊土는 다음 계절을 준비하는 환절기로서의 양토적인 작 용력이다.

淸明에 이르면 春分에서 나오기 시작한 잎은 광합성을 할 수 있을 만큼 의 성장을 준비하고, 癸水는 꽃을 피워 결실의 기운을 生 할 수 있도록 준 비하며, 戊土는 음양의 3원리 즉, 평등성 상대성 완결성에 의해 모든 변화 가 균형을 유지할 수 있도록 바탕을 이룬다.

淸明을 지나 穀雨에 이르면 봄비를 흠뻑 품은 乙木에 의해 꽃눈자리가 생기기 시작(癸水 生 乙木)하고, 戊土는 癸水에 발영의 기운을 넣어주기 시 작하는데, 이때 꽃눈자리는 '庚乙合 生 庚金'이 '丙辛合 生 壬水'를 生해 '결실의 기운의 잉태'를 유도하고, '丙辛合 生 壬水'는 '壬丁合 生 甲木' 을 生 해 생명력을 이끌어 냄으로서 乙木에 의해 생기는 것이며, 발영의 기 운은 '壬丁合 生 甲木'이 '戊癸合 生 丙火'를 '甲木 生 丙火'로 유도함으로 써 생겨 꽃으로 거듭나는 것이다.

> 참고 생명력을 공급하는 乙木이 관장시기를 같이 하는 庚金과 합을 함으

로써 꽃과 결실의 기운의 시작인 꽃눈자리가 생기는 것이고, 이것이 辰月 한 달 동안 戊土가 癸水에 발영의 기운을 줌으로서 꽃을 피워 결실의 기운이 생길 수 있도록 준비하는 과정에서 발생하는 조화력이고 양토적인 작용력이다.

【7】巳月(戊庚丙)

巳月의 절기는 立夏(양력 5월 5일경)와 小滿(양력 5월 21일경)이고 지장간은 '戊庚丙'이다.

辰月을 지나 巳月 立夏에 이르면 穀雨에서 생기기 시작한 꽃눈자리에서 꽃이 나오기 시작하고, 꽃이 나오기 시작함과 동시에 결실의 기운 또한 꽃 안에서 함께 태어나 秋分까지 '생명력을 품고 있는 결실' 로서의 여정을 시작한다. 이때 생명력의 공급을 책임지고 있는 乙木이 戊土를 剋 해 '戊土 生 庚金'을 유도하는데, 이는 庚金으로 하여금 乙木 자신과 합을 하도록 유도해 생명력을 공급함으로서 결실의 기운인 庚金으로 거듭나게 하기 위함이다.

小滿에 이르면 꽃과 결실의 기운은 자력으로 성장할 수 있을 만큼 자라 꽃은 만개하기 시작하고, 결실의 기운은 열매와 씨로서의 위용을 갖추기 시작하는데, 午月 芒種에 이르기까지 꽃과 결실의 기운의 성장은 乙剋戊에 의한 '戊土 生 庚金' 과 '庚乙合 生 庚金' 그리고 '戊癸合 生 丙火'가 주도한다.

> **참고** 명리학은 '보이지 않는 것' 을 이치로 이해해야 하기 때문에 쉽지 않은 학문이긴 하지만, 그래도 양토적인 작용력과 음토적인 작용력으로 구별되어 균형이라는 절묘한 이치로 현상의 세계를 존재하게 하는 대지의 작

용력과 음양에서 오행으로의 변화를 상징하는 체용변화의 이치 그리고 중화를 위한 세부적인 작용력인 생극합충의 개념과 상호간의 균형관계 등을 맥으로 삼아 이해해 가면 연구하는데 도움이 된다.

명리학은 體로 본 시각 인 '음양'과 '用'으로 본 시각 인 '오행의 변화' 즉, '生, 剋'으로 분리해서 고찰 할 수 있다. 生은 양이고, 剋은 음이기 때문에 이 둘의 존재 이유도 균형이다. 生의 바탕을 이루는 剋 또한 5극, 5합, 10충으로 분리되어 그 작용력을 달리 하므로 이 셋의 개념과 상호 보완적인 관계를 이해해야 이들을 바탕으로 균형을 이루면서 천변만화를 보이는 '生'을 이해할 수 있다.

【8】午月(丙己丁)

午月의 절기는 芒種(양력 6월 6일경)과 夏至(양력 6월 21일경)이고 지장간은 '丙己丁'이다. 夏至는 戊己, 壬丁, 庚乙, 癸丙의 관장시기가 겹치면서 전환되는 시점이다.

午月 芒種에 이르면 꽃은 개화할 만큼 개화를 하고, 열매와 씨는 '다 자란 청소년기의 아이들' 처럼 위용을 드러냄으로서 그 절정을 이루게 되지만, 芒種을 지나 夏至에 이르면 꽃은 지고 열매와 씨만 덩그러니 홀로 남아 외로운 모습을 드러내게 된다. 꽃이 존재했던 이유는 결실의 기운이 탄생할 때에는 '산파' 로서, 성장할 때에는 '방파제' 로서의 역할(丙庚沖)이었으므로 홀로 남은 '열매와 씨' 로서는 한 여름 작열하는 태양열을 감당하기 어렵다.

芒種에서 夏至까지 '戊癸合 生 丙火'는 광합성을 극대화시켜 열매와 씨로 하여금 가을, 겨울을 이겨낼 수 있는 생명력을 줄 수 있도록 바탕을 형성한다. 이때 乙己沖, 乙剋戊는 乙木인 잎이 주는 생명력 공급의 범위 내에서 戊己土가 광합성을 극대화함으로서 火生土, 土生金의 이치에 따라 庚金을 품고 오히려 이를 생명력으로 거듭나게 할 수 있는 영양분으로 바꾸어 숙성을 시킴과 동시에 '戊癸合 生 丙火'는 '다 자란 열매와 씨' 중, 씨, 辛金과 '丙辛合 生 壬水'를 유도함으로써 丙火는 丁火에게, 癸水는 壬水에게, 戊土는 己土에게 각각 관장시기를 넘겨 '壬丁合 生 甲木'을 이룬다.

이 부분은 冬至~立春까지의 작용력과 더불어 음토적인 작용력인 己土가 얼마나 중요한 역할을 하는지를 보여주는 대목이다.

【9】未月(丁乙己)

未月의 절기는 小暑(양력 7월 7일경)와 大暑(양력 7월 23일경)가 있고 지장간은 '丁乙己'다. 未月은 음토적인 작용력 己土와 壬丁, 庚乙이 관장시기를 함께한다.

未月 小暑에 이르면 丁火는 丁剋庚에 의해 '庚金 生 壬水'를 유도함으로써 '壬丁合 生 甲木'을 이루게 되는데, 이는 열매와 씨인 庚金에 익어가기를 하게 하는 것이고, 庚金이 익어간다 함은 씨인 辛金도 함께 익어가는 것(庚辛金 生 壬水)이므로 이는 곧 壬丁合에 의해 생명력인 잉태의 기운이 성장(壬水 生 甲木)하는 것이다.

芒種에서 立秋 전까지가 己土의 관장시기다. 己土는 꽃이 모두 진 夏至를 기점으로 庚金을 품에 안고 여름에서 가을로 전환을 시키고, 立秋가 되기 전까지 익어가기를 할 수 있는 바탕이다.

大暑에 이르면 달아오른 지열과 따가운 햇볕인 丁火에 의해 乙木인 잎속의 영양분은 밥솥의 물이 끓듯이 활발한 작용력을 펼치게 되고, 다 자란 열매와 씨는 이 영양분으로 秋分에서 결실로서의 마무리를 할 때까지 생명력을 공급받게 된다.

그래서 未月엔 丁剋庚에 의한 '庚金 生 壬水'와 '壬丁合 生 甲木' 그리고 '庚乙合 生 庚金', 己剋壬, 乙己沖의 이치가 己土인 음토적인 작용력을 바탕으로 펼쳐지는 것이고, 立秋에 이르면 '甲己合 生 戊土'에 의해 양토적인 작용력이 시작된다.

> **참고** 丁剋庚이라 함은 丁火의 밝음의 기운만큼만 庚金이 익어가고, 庚金이 익어가는 만큼만 잉태의 기운, 壬水도 익어가므로 丁火와 壬水는 균형을 이루어 습을 할 수 있다는 의미가 포함되어 있다.

丁 (극) 庚	己 (극) 壬
(합) (생)	(합) (생)
壬	甲

庚金이 乙木과 합을 할 수 있는 이치도 乙己沖 즉, 생명력 공급의 범위 내에서 음토적인 작용력이 펼쳐지고 그 범위 내에서 '己土 生 庚金'이 이루어지므로 庚金과 乙木 또한 균형을 이루기 때문이며, 未月이 끝나 申月 立秋에 이를 즈음 '甲己合 生 戊土'가 될 수 있는 이유도 庚金이 익어가는 범위 내에서 甲木인 생명력도 익어가므로, 庚甲沖과 乙己沖이 균형을 이룬 범위 내에서 '甲己合 生 戊土'가 이루어져 양토적인 작용력인 戊土가 生하는 것이다. 이는 음양의 3원리인 평등성, 상대성, 완결성에 의한 양토, 음토의 균형을 바탕으로 생명력이 변화를 보이고 있는 현상이다.

【10】 申月(戊壬庚)

申月의 절기는 立秋(양력 8월 7일경)와 處暑(양력 8월 23일경)가 있고 지장간은 '戊壬庚'이다. 申月은 戊土와 庚乙, 壬丁이 관장시기를 함께 한다.

小暑, 大暑를 지나 立秋에 이르면 己土는 甲木과 합을 이루어 양토적인 작용력을 生 하는데, 이는 己土의 품안에서 소극적으로 익어가기를 거친 열매와 씨, 庚金을 본격적인 숙살지기를 통해 적극적으로 영글기를 거치게 하고자 함이고, 영글기를 거친다 함은 庚金 안에 있는 씨, 辛金으로 하여금 壬水로서의 잉태를 시작하게 함이다. 그래서 申月의 지장간이 '戊壬庚'이고 水의 장생지다.

立秋에 이르면 생명력을 공급하는 乙木은 未月에서 '甲己合 生 戊土'에 의해 生 한 戊土를 乙剋戊 하는데, 이는 戊土로 하여금 土生金으로 庚金을 生 하게 해 庚乙合을 유도해서 '庚金 生 壬水'와 '壬丁合 生 甲木'으로 하여금 잉태를 시작하게 함이다.

處暑에 이르면 더위가 사라짐으로써 영글기는 극성을 이룬다. 이때 '庚乙合 生 庚金'에 의해 未月 大暑에서 영양분을 축적했던 잎은 마지막 한 방울까지 결실인 庚金에 주입하게 되고, '戊癸合 生 丙火'는 발영의 기운을 生 해 생명력에 활기를 주게 되며, '壬丁合 生 甲木'은 잉태의 기운에 생명력을 강화시킴으로써 秋分 이후 辛金, 씨가 홀로 남은 씨가 되어 자기 역할을 할 수 있도록 바탕을 이룬다.

> **참고** 未月의 익어가기는 아직 木火의 기운(팽창)이 진행 중인 음토적인 작용력이고, 申月의 영글기는 金水의 기운(수축)이 시작되는 양토적인 작용력이다. 申月 '영글기의 시작'은 '잉태의 시작'이고, 寅月 '맹아의 탄생'은

'탄생의 시작' 이다.

【11】 酉月(庚 辛)

酉月의 절기는 白露(양력 9월 8일경)와 秋分(양력 9월 23일경)이고 지장간은 '庚 辛' 이다. 秋分은 戊己, 庚乙, 壬丁, 辛甲의 관장시기가 겹치는 시점이다.

申月 立秋에서 시작한 영글기는 處暑를 지나면서 극대화를 이루고, 酉月 白露에 이르면 결실로서의 마무리가 시작되는데, 이때가 되면 잎 안에 있던 乙木으로서의 생명력인 한 방울의 영양분까지도 모두 결실인 庚金으로 유입되어 '庚乙合 生 庚金' 이 됨으로써 경작만을 눈앞에 두게 된다.

秋分에 이르면 庚金은 경작이, 乙木은 낙엽이 됨으로써 관장시기를 마무리함과 동시에 庚金은 辛金, 乙木은 甲木으로 관장시기가 전환되고, 홀로 남은 씨는 辛剋甲, 壬丙沖, 丁辛沖, '丙辛合 生 壬水' 에 의해 소극적인 응축을 시작한다. 소극적인 응축이 시작된다 함은 '壬丁合 生 甲木' 에 의해 독립된 생명력이 시작됨을 말하는 것이고, 이는 辛金, 씨가 품고 있는 잉태의 기운의 적극적 성장이다.

寒露에 이르기까지 '甲己合 生 戊土' 에 의한 양토적인 작용력이 戊月을 준비하며, '壬丁合 生 甲木' 에 의해 잉태의 기운은 강화된 생명력으로 거듭난다.

【12】 戊月(辛丁戊)

戊月의 절기는 寒露(양력 10월 8일경)와 霜降(양력 10월 23일경)이고, 지

장간은 '辛丁戊'다. 戌月은 양토적인 작용력과 壬丁, 辛甲의 관장시기가
함께 한다.

辛金은 차가운 이슬과 丁火의 도움으로 '대지의 겉'에서 드러내어 소극
적인 응축을 한다. 그래서 戌月의 지장간이 '辛丁戊'다. 霜降에 이르면 辛
金이 서리를 맞음으로써 소극적인 응축은 견고함을 더하게 되고, 霜降을
지나 立冬을 향하면 甲戊沖, 己癸沖에 의해 '戊癸合 生 丙火'를 이루어 피
어나는 기운으로 활기를 生 하며, 壬丙沖, 丁辛沖에 의해 '丙辛合 生 壬水'
를 이루어 잉태의 기운을 강화함과 동시에 戊壬沖, 癸丁沖에 의해 '壬丁合
生 甲木'을 이루어 생명력에 밝음을 더함으로써 소극적인 응축은 극대화를
이루게 된다.

【13】亥月(戊甲壬)

亥月의 절기는 立冬(양력 11월 7일경)과 小雪(양 11월 22일경)이고, 지장
간은 '戊甲壬'이며 관장시기를 함께하는 오행은 戌月과 같지만 소극적 응
축에서 적극적 응축으로 바뀐다는 것이 다르다.

霜降을 지나면서 소극적인 응축의 극대화(辛丁戊)를 이룬 씨, 辛金은 겨
울의 시작인 立冬에 이르러 戊土의 양토적인 작용력의 품 안에서 적극적인
응축에 돌입하게 되는데, 이때 '丙辛合 生 壬水'는 잉태의 기운을 강화시
키고, '壬丁合 生 甲木'은 잉태의 기운에 생명력을 부여(戊甲壬)한다.

小雪에 이르면 첫눈을 맞으면서 적극적인 응축이 본격화되고, 子月 大雪
의 큰 눈을 맞으면서 절정을 이루게 되는데, 冬至에 이르면 관장시기가 진
행 중인 辛金은 甲木을 剋해 木生火로 丙火의 生을 유도함으로써 '丙辛合
生 壬水'를 이루어 잉태를 도움과 동시에 巳月 立夏의 결실의 기운을 위한

잉태의 기운을 生 하고, '壬丁合 生 甲木'은 잉태를 완결지음으로써 생명력으로서의 甲木으로 거듭남과 동시에 관장시기를 마무리 하며, '甲己合 生 戊土'는 양토적인 작용력을 生 해 '戊癸合 生 丙火'를 도움으로써 관장시기가 시작되는 癸水에 발영의 기운을 품게 한다.

> **참고** 생극합충의 이치로 나타나는 작용력은 하나하나 순서대로 이루어지는 것이 아니라 균형을 이루면서 거의 동시에 서서히 진행되는 것으로 이는 찬 공기가 밀려들어오면 동시에 더운 공기가 밀려나가는 것처럼 '변화는 있지만 빈 곳이 없는 것'과 같다.

제3장. 생극합충으로 본 천간과 지장간의 유기성

【1】 서설

사주에서 10오행은 天干과 支藏干이다. 천간(일간)은 '나'고 지지는 내가 존재할 수 있는 '환경적인 바탕'이며, 지장간은 내 환경 속에서 펼쳐지는 '내 삶의 흐름'이다. 지지는 내 삶의 흐름을 품고 있는 바탕이므로 지지 스스로는 변화를 보이지 않는다. 그래서 천간과 지장간의 유기성이 중요하다.

천간과 지장간은 개인의 타고난 팔자고, 대운은 이 팔자가 살아가야 할 '환경적인 흐름'이다. 따라서 원국의 천간과 지장간의 유기성을 이해한 후에 대운의 천간과 지장간의 유기성을 살펴 원국과 조합을 해야 한다.

앞에서 살펴본 바와 같이, 같은 오행이라 해도 양 오행과 음 오행은 관장시기도 다르고 성질 및 역할도 다르다. 甲木과 乙木은 같은 木으로서의 성질을 가지고 있지만 양의 성질과 음의 성질이 다르므로 甲木이 좋아하는 오행이 있고, 乙木이 좋아하는 오행이 있다. 아래에서는 10오행 하나하나와 12지지가 품고 있는 지장간과의 '유기성'을 대조하여 강한 순서대로 나열하였다.

【2】甲木의 유기성

1	2	3	4	5	6	7	8	9	10	11	12
卯	子	亥	寅	丑	辰	未	申	午	巳	戌	酉
甲	壬	戊	戊	癸	乙	丁	戊	丙	戊	辛	庚
		甲	丙	辛	癸	乙	壬	己	庚	丁	
乙	癸	壬	甲	己	戊	己	庚	丁	丙	戊	辛

甲木의 유기성으로 卯, 子, 亥가 1, 2, 3으로 자리를 한 것은 당연해 보이나 寅이 4번에 가 있다는 것은 주목할 만하다. 正氣가 같은 甲木이긴 하지만 발영의 기운인 丙火와 양토적인 작용력인 戊土가 함께 세력을 형성해 木生火, 火生土를 이루고 있기 때문이다. 丑이 辰, 未보다 앞에 있는 이유는 甲木의 관장시기에서 잉태가 된 후 맹아로 태어나기 직전의 숙성기에 있기 때문이고, 子보다 뒤인 이유는 己土와 甲己合을 해서 양토적인 작용력인 戊土를 生하기 때문이다. 申이 8번째에 자리한 이유는 잉태의 기운인 壬水가 있기 때문이라는 점(水의 藏生支)도 주목할 만하다.

> 참고 지지를 오행으로 본다면 寅을 寅木으로 보아야 하기 때문에 같은 양목으로서 甲木과의 유기성이 가장 강한 것으로 생각할 수 있다. 寅은 '戊丙甲'을 품고 있는 하나의 지지이고 바탕일 뿐이다. 계절 중 寅卯辰을 목왕절(木旺節)이라고 부르기도 하지만 이는 봄이 될 수 있는 바탕에서 10오행

이 변화를 보이는 현상을 말하는 것이지, 지지 자체를 木으로 본다는 뜻이 아니다.

【3】 乙木의 유기성

1	2	3	4	5	6	7	8	9	10	11	12
卯	子	亥	寅	辰	未	丑	申	午	巳	戌	酉
甲	壬	戊	戊	乙	丁	癸	戊	丙	戊	辛	庚
		甲	丙	癸	乙	辛	壬	己	庚	丁	
乙	癸	壬	甲	戊	己	己	庚	丁	丙	戊	辛

乙木의 성질과 역할이 甲木의 것과는 관장시기가 다르듯이 다르게 볼 수 도 있으나 생명력과 생동력을 상징하는 木으로서의 기본 성질은 같다. 따라서 4번까지는 甲木의 경우와 같고, 다른 부분은 丑이 辰, 未보다 뒤로 밀려났다는 점이다. 辰과 未는 乙木의 관장시기로서 광합성을 통한 생명력의 공급이 활발히 진행 중인 지지이기 때문이다.

> 참고 합을 한다는 것은 두 오행이 힘을 합해 다른 오행을 생 하는 것이므로 두 오행 다 균등하게 힘이 약해진다는 것이 원칙이다. 하지만 甲己合과 庚乙合의 경우처럼 합을 해서 상대 오행을 생 하는 경우가 있고, 戊癸合, 壬丁合, 丙辛合의 경우처럼 합해서 다른 오행을 생 하는 경우가 있기 때문에 합하는 두 오행의 유기성 및 생, 극에 의한 세력 향방에 주목해야 한다. 강한 오행과 약한 오행이 합을 하면 약한 오행은 더욱 약해질 수밖에 없기 때문이다.

【4】丙火의 유기성

1	2	3	4	5	6	7	8	9	10	11	12
午	卯	寅	巳	未	辰	戌	亥	酉	丑	申	子
丙	甲	戊	戊	丁	乙	辛	戊	庚	癸	戊	壬
己		丙	庚	乙	癸	丁	甲		辛	壬	
丁	乙	甲	丙	己	戊	戊	壬	辛	己	庚	癸

위의 '木의 유기성'에서는 寅이 4번째에 자리했지만 여기서는 3번째에 자리한다는 점이 주목된다. 戊土는 丙火의 힘을 火生土로 설기시키는 오행이지만 甲木과 丙火의 세력이 좋기 때문이다(火의 장생지). 지지를 오행으로 본다면 당연히 午, 巳, 寅, 卯, 未 순이 될 것이다.

巳 속의 戊土, 庚金은 丙火의 힘을 빼는 오행이지만 巳는 개화를 의미하는 지지고, 丙庚沖이 함께 있기 때문에 4번째가 되었다. 未는 乙己沖이 있고, 辰은 戊癸合이 있으며, 戌은 丙辛合을 이끌어 내기는 하지만 丁辛沖이 있고, 亥는 正氣인 壬水가 壬丙沖을 하지만 甲木의 生을 받을 수 있다. 酉 丑 申 子는 丙辛合, 壬丙沖 등으로 丙火의 힘이 많이 소진되는 오행들이므로 유기성이 거의 없다고 봐도 좋다.

【5】 丁火의 유기성

1	2	3	4	5	6	7	8	9	10	11	12
午	卯	寅	未	巳	辰	戌	亥	申	酉	子	丑
丙	甲	戊	丁	戊	乙	辛	戊	戊	庚	壬	癸
己		丙	乙	庚	癸	丁	甲	壬			辛
丁	乙	甲	己	丙	戊	戊	壬	庚	辛	癸	己

　丙火와 다른 점은 巳와 未의 자리가 바뀌었다는 것과 9, 10, 11, 12위에
해당되는 지지가 바뀌었다는 것이다. 未가 巳보다 앞에 위치한 이유는 未
가 丁火의 관장시기에 해당되는 지지인데다 10沖은 절대성이 있어 경계가
강하지만 5剋은 신축성이 있는데다 丁火는 오히려 庚金의 숙살을 돕는 오
행이라는 점에 차이가 있다. 申 또한 숙살을 도우면서 '壬丁合 生 甲木'으
로 잉태를 돕는다는 의미가 있고, 酉는 丁火가 沖을 하는 입장이며, 子는
壬丁合은 있으나 癸丁沖이 있고, 丑은 己土의 설기가 있는데다 丁辛沖, 癸
丁沖이 있기 때문에 12번째가 되었다.

　　참고　癸丁沖이 있는 辰이 관장시기에 해당되는 戌보다 앞에 위치한 이유
는 乙木의 生도 있지만 '戊癸合 生 丙火'의 작용으로 꽃을 피울 준비를 하
는 木火의 기운이 강한 지지이기 때문이고, 戌은 丁火를 품고 있기는 하지
만 辛金의 소극적인 응축을 극대화시켜야 한다는 당위성이 있기 때문에 丁
火의 힘이 많이 설기되는 지지이다.

【6】戊土의 유기성

1	2	3	4	5	6	7	8	9	10	11	12
午	巳	戌	未	辰	寅	丑	申	亥	酉	子	卯
丙	戊	辛	丁	乙	戊	癸	戊	戊	庚	壬	甲
己	庚	丁	乙	癸	丙	辛	壬	甲			
丁	丙	戊	己	戊	甲	己	庚	壬	辛	癸	乙

'土의 유기성'은 우선 戊己土가 들어 있는 지지는 모두 유기성이 좋다고 볼 수 있고, 더욱이 丙丁火가 火生土를 해주고 있으면 더욱 좋다. '生剋'의 관계에 따라 土의 힘을 약화시키는 오행이 강할수록 후순위에 위치하게 될 것이고, 박스 안의 순위도 이를 기준으로 배열되어 있다.

未가 辰보다 앞에 있는 이유는 乙己沖이지만 乙木이 丁火를 生 하고 丁火가 土를 生 하기 때문이며, 辰이 寅보다 앞인 이유는 乙剋戊와 甲戊沖의 차이가 있기 때문이다. 丑이 申보다 앞에 있는 이유는 丑의 癸辛이 음토적인 작용력의 범위 내에 들어 있기 때문이고, 申의 戊土는 庚金에 대한 영글기를 적극적으로 펼쳐서 잉태가 시작되도록 작용력을 펼치므로 힘이 약해지기 때문이며, 亥는 甲戊沖이 있기 때문에 9번째가 되었다. 酉 子 卯는 戊土가 生 하고, 戊土가 剋 하며, 戊土를 剋 하는 순서에 따른 것이다.

> 참고 土는 다른 오행보다 유기성이 좋은 지지가 많은데, 이유는 午를 비롯해 寅巳申亥 장생지와 辰未戌丑 작용지 등 9개 지지 모두에 土가 들어 있기 때문이다. 다만 양토적인 작용력과 음토적인 작용력 그리고 木火의 관장시기인가 金水의 관장시기인가에 따라 戊土와 己土의 유기성이 다르게 나타날 수 있다.

【7】己土의 유기성

1	2	3	4	5	6	7	8	9	10	11	12
午	寅	巳	戌	未	辰	丑	申	亥	酉	子	卯
丙	戊	戊	辛	丁	乙	癸	戊	戊	庚	壬	甲
己	丙	庚	丁	乙	癸	辛	壬	甲			
丁	甲	丙	戊	己	戊	己	庚	壬	辛	癸	乙

여기서의 특기 사항은 戊土에서는 6번째에 있었던 寅이 2번째로 파격적인 상승을 했다는 것이다. 물론 寅 지지는 양토적인 작용력이 펼쳐지는 지지이고 丙火의 장생지이므로 土와의 유기성이 강하기는 하지만 그래도 2위까지는 아니지 않나 생각할 수 있다. 하지만 여기서는 '하나의 오행' 과 '하나의 지지가 품고 있는 지장간' 과의 유기성을 보고 있다. 그래서 '甲己 合 生 戊土' 의 영향을 크게 본 것이다. 寅 이외의 다른 지지는 순위가 같다.

【8】庚金의 유기성

1	2	3	4	5	6	7	8	9	10	11	12
酉	申	戌	丑	未	巳	辰	寅	亥	午	子	卯
庚	戊	辛	癸	丁	戊	乙	戊	戊	丙	壬	甲
	壬	丁	辛	乙	庚	癸	丙	甲	己		
辛	庚	戊	己	己	丙	戊	甲	壬	丁	癸	乙

戌이 丑보다 앞인 이유는 丑의 癸水는 金生水로 庚金의 기운을 설기시키

는 오행이지만 戌의 丁火는 庚金의 숙살을 돕는 오행이기 때문이며, 丑이 未, 巳보다 앞인 이유는 土生金으로 己土의 生도 있지만 辛金이 甲木의 기운인 癸水를 품고 있는 반면에, 未, 巳는 庚金의 관장시기임에도 庚金의 성장이 아직은 미숙하고 丙丁火의 기운이 강한 지지이기 때문이다.

辰과 巳가 함께 양토적인 작용력이 활발한 지지임에도 辰이 巳보다 뒤에 자리한 이유는 辰에는 庚乙合이 있으나 巳는 꽃과 함께 결실의 기운인 庚金이 태어나는 장생지이기 때문이고, 寅이 亥보다 앞인 이유는 寅은 '戊丙甲'이 모두 왕한 반면에 亥는 壬水의 生을 받는 甲木이 甲戊沖을 하기 때문이며, 火氣가 강한 午가 10위에 자리한 이유는 庚金을 품은 己土가 火氣를 흡수해 오히려 土生金으로 庚金을 보호하는 반면에, 子는 壬癸水가 金生水로 설기를, 卯는 金剋木으로 庚金의 힘을 더 빼기 때문에 11, 12위가 되었다.

> **참고** 여기서도 지지를 오행으로 보면, 亥는 金生水고, 寅은 金剋木이므로 亥 다음 寅으로 자리가 바뀌어야 하고, 午 또한 火剋金으로 庚金이 剋을 받는 입장이므로 맨 끝인 12위로 밀려나야 한다.

【9】 辛金의 유기성

1	2	3	4	5	6	7	8	9	10	11	12
酉	戌	丑	申	未	巳	辰	寅	亥	午	子	卯
庚	辛	癸	戊	丁	戊	乙	戊	戊	丙	壬	甲
	丁	辛	乙	乙	庚	癸	丙	甲	己		
辛	戊	己	庚	己	丙	戊	甲	壬	丁	癸	乙

戊과 丑이 2, 3위로 오르고 申이 4위로 밀려난 것이 庚金의 유기성에서
와의 큰 차이점이다. 申은 庚金이 영글기를 하는 지지이므로 결실인 庚金
은 강하나 씨요 응축의 기운인 辛金은 아직은 강하지 않으므로 4위가 되었
고, 戌은 소극적인 응축이 극대화를 이루는 지지이므로 2위, 丑은 己土의
生을 받는 辛金이 甲木의 기운인 癸水를 강하게 품고 있는 지지이므로 3위
가 되었다. 未, 巳, 辰은 庚金의 관장시기이면서 익어가기와 결실의 기운
그리고 양토와 음토의 작용력이 활발한 지지이므로 5, 6, 7위가 되었고, 나
머지는 庚金에서의 설명과 같다.

【10】壬水의 유기성

1	2	3	4	5	6	7	8	9	10	11	12
子	酉	申	丑	亥	戌	巳	辰	卯	寅	午	未
壬	庚	戊	癸	戊	辛	戊	乙	甲	戊	丙	丁
		壬	辛	甲	丁	庚	癸		丙	己	乙
癸	辛	庚	己	壬	戊	丙	戊	乙	甲	丁	己

申이 丑보다 앞인 이유는 申은 '잉태'가 시작되는 지지이고, 丑은 甲木의
기운인 탄생의 기운이 강한 지지이기 때문이며, 亥가 5위에 머문 이유는
甲木의 기운과 양토적인 작용력이 강하기 때문이고, 戌이 巳보다 앞인 이
유는 소극적인 응축의 극대화를 이룸으로써 잉태의 기운이 강해지는 지지
이기 때문이다.

참고 일반적으로 壬水의 유기성은 5위인 亥까지를 보게 되지만, 지장간

432

에 金과 水를 가지고 있는 戌, 巳, 辰도 각각 지장간에서 어떤 오행들을 만나느냐에 따라 많이 달라질 수 있다. 즉 金은 己土의 土生金을, 癸水는 金生水를 받으면 강해지고, 金은 火剋金을, 癸水는 己土의 己癸沖을 받으면 많이 약해진다는 등의 복합적인 이유가 변수로 작용할 수 있다는 뜻이다.

【11】 癸水의 유기성

1	2	3	4	5	6	7	8	9	10	11	12
子	丑	酉	申	亥	巳	辰	戌	卯	寅	午	未
壬	癸	庚	戊	戊	戊	乙	辛	甲	戊	丙	丁
	辛		壬	甲	庚	癸	丁		丙	己	乙
癸	己	辛	庚	壬	丙	戊	戊	乙	甲	丁	己

'壬水의 유기성' 과는 다르게 丑이 酉의 앞에 자리한 이유는 酉는 잉태가 강해지면서 癸水에게 金生水를 해주는 生의 관계이지만, 丑은 癸水의 관장시기이면서 탄생의 기운이 극대화를 이루는 지지이기 때문이다. 巳, 辰이 戌보다 앞인 이유는 戌은 응축의 극대화를 이루어 잉태를 강하게 하는 지지지만, 巳와 辰은 癸水의 관장시기이면서 탄생의 기운인 癸水가 발영의 기운을 받아 결실의 기운을 탄생하게 하는 지지이기 때문이다.

제4편
음양오행 사주에 적용하기

제1장. 서론

【1】 사주의 핵심도 균형이다

사주 명리학의 궁극적인 목적은 개인의 사주를 분석해, 유한성을 가지고 있는 우리의 운명에 대한 궁금함을 어느 정도 해소하고, 보다 더 보람 있는 삶을 영위할 수 있도록 활용하고자 하는 데에 있다.

사주는 본래 천간 4글자와 지지 4글자로 구성이 되어 천간이 양, 지지가 음으로 균형을 이룬 하나의 오행이다. 그래서 '사람'으로서의 '생명력'이 존재한다. 그러나 8글자 각각의 모든 내용까지도 균형을 이루고 있는 것은 아니다. 이 불균형이 균형을 이룰 수 있는가 아니면 불균형이 더해 가는가에 따라 바로 길흉화복이라는 변수가 있다.

사주의 내용에서 균형과 불균형의 정도를 파악해 '균형을 이룰 수 있는 오행(=用行)'이 무엇인가를 찾아내는 것이 가장 중요하고, 여기서 이에 대한 기초를 확고히 하고자 한다.

본편에서 설명하는 내용이 어찌 보면 단순한 산술놀이처럼 보일 수도 있겠고, 이 방법이 옳을까 하는 의구심도 있을 수 있겠다. 그러나 사주를 한

눈에 파악하기 위해서는 반드시 거쳐야 하는 중요한 공부다. 차근차근 꼼꼼히 살펴 분명하게 숙지한다면 이미 70% 정도의 안목을 갖추었다고 보아도 틀리지 않다. 차후에 사주에 대한 분석을 깊이 있게 하면 할수록 여기서의 공부가 얼마나 중요했던 것인가를 알게 되므로 가볍게 보는 우를 범하지 않아야 한다.

【2】사주의 구조는 天, 地, 人, 3才로 구성되어 있다

寅이라는 지지가 품고 있는 지장간은 戊丙甲이다. 이는 태양 또는 하늘이 천간이고 지구가 지지일 때, 지구 안에서 살고 있는 생명체를 연상하면 그 이치가 같다. 이것이 지장간이 중요한 이유이며, 천간과 지장간의 유기적인 관계가 어떻게 이루어져 있는가가 중요한 이유다. 지지는 스스로가 변화를 주도하지 않는다. 이는 아빠에게는 天道가 있고, 엄마에게는 地道가 있으며, 자식에게는 人道가 있다는 것으로 설명한 바 있다.

> 참고 천간인 아빠의 변화는 가정을 대표하는 변화이므로 밖에서도 알 수 있지만, 자식인 지장간의 변화는 밖에서는 잘 보이지 않는 변화이다. 하지만 남이 모른다 해서 가벼운 것이 아니다. 자식의 일이 중요하듯이 '본인의 체감'에는 매우 중요하게 작용한다.

【3】균형·불균형은 세력으로 판단한다

사주를 이해하는 데에도 가장 중요한 것은 '음양오행의 균형관계를 파악하는 것'이다. 균형관계를 파악하려면 각 오행의 '세력'을 우선 파악해야 하고, 세력을 알려면 각 오행의 개수를 파악하는 것이 기본이다. 아주 단순한 논리 같지만 수학을 공부하려면 더하기(＋), 빼기(－), 곱하기(×), 나누기(÷)부터 익혀야 하는 것과 같다. 따라서 천간과 지장간의 음양오행의 변화를 주목한다. 명식에서의 불균형을 균형으로 이끄느냐 아니면 불균형을 더하게 하느냐를 가늠하는 중요한 것이 大運(行運)이므로 천간과 지장간의 균형관계를 분명히 파악하고 대운을 조합하여야 한다.

【4】 천간과 지장간의 유기성을 보는 방법

'유기성(有機性)'이란 '전체를 구성하는 각 부분이 하나로 조직되어 부분과 전체가 긴밀한 관계를 가지는 조직체와 같은 성질'로 정의할 수 있다.

사주 8자, 지장간, 대운 모두 포함해 10오행으로 표현되는 것은 천간과 지장간이다. 따라서 대운 포함 천간과 지장간의 변화를 주목해야 하고 이 변화 속에서 주목해야 하는 것이 바로 '유기성'이다. 이때 하나의 지지가 품고 있는 지장간의 변화가 계절 변화에서 어떠한 역할을 하였는가를 기억하면 아주 좋다.

사주를 이해하는 데에 가장 중요한 바탕은 세력의 과부족이 한 눈에 들어와야 한다는 것이다. 그래야 차후에 다른 이론들을 응용해서 적용을 할 수 있고 그래야 사주 전체를 이해할 수 있다. 세력을 알려면 첫째, 음양의 균형관계를 이해하고, 둘째, 오행의 개수를 확인해 세력 형성을 파악해야 하며, 셋째, 천간과 지장간 오행의 유기성 및 생극관계를 주목해야 한다.

'유기성'은 10오행끼리 이루어지고, 같은 천간, 같은 지장간에서도 이루어지지만 천간과 지장간에서도 이루어진다. 유기성으로 가장 주목해야 할 것은 같은 오행끼리이다. 즉, 천간에 甲木이 있을 때 지장간에도 甲乙木이 있다면 이는 유기성이 있는 것으로 보아 힘이 있다고 판단해서 세력 형성에 큰 영향을 준다는 뜻이다. 천간과 지장간의 유기성을 논하는 이유는 '뿌리' 라는 의미도 있지만 자식의 변화가 아빠에게 존재의 바탕이 될 수 있기 때문이다. 천간은 아빠, 지장간은 자식이라고 보고, 천간에 있는 같은 오행은 형제나 친구, 동료, 경쟁자 등으로 생각하면 이해가 쉽다. 그래서 천간에 '같은 오행' 이 더 있는 것과 지장간에 있는 것은 세력을 견줌에 있어 해석을 달리하게 된다.

지장간 중에도 천간과 직접 '간지' 를 이루는 '지지속의 지장간' 이 '같은 오행' 이면 가장 큰 힘이 있는 것으로 판단한다. 즉, 日干이 乙木일 때 月支가 卯인 경우보다 日支가 卯인 경우가 더 힘이 강하다는 뜻이다.

시	일	월	연
◎	乙	◎	◎
◎	卯	◎	◎

시	일	월	연
◎	乙	◎	◎
◎	◎	卯	◎

같은 이치로 천간에 乙木이 세 개가 있다 해도 지장간에 甲乙木이 하나도 없다면 이는 천간에 하나, 지장간에 하나밖에 없는 것보다 강하다고 보지 않는다. 같은 오행이지만 오행이 무엇인가에 따라, 그리고 연월일시 지장간 중 어디에 있는 가에 따라 강약이 조금씩 차이가 있을 수 있지만 이는 이론 전개에 따른 보완이 필요하므로 이에 따르도록 하겠다.

> **참고** 月干이 乙木이고 月支가 卯일 때도 같은 이치로 해석한다. 즉, 日干과 月干이 乙木이고 日支가 巳, 月支가 卯일 때(乙卯月 乙巳日), 日干, 乙木보다 月干, 乙木이 더 튼튼하다는 뜻이다. 이 경우 같은 乙木인데도 日干과 月干이 다른가 하는 의구심이 있겠지만 간지란 양과 음이 균형을 이룬 하나의 오행으로서 '한 몸' 이라는 것을 참고한다. 日干을 '나' 로 보는 경우 月

干 乙木을 세력이 아닌 친구, 형제, 거래관계 등 하나하나 구별 지어 해석할 때 재물, 명예 등과 관련지어 중요한 해석의 기준이 되는 바 이는 이어서 다루게 될 '적용(십친 또는 육친)론'에서 다루게 된다.

(1)

시	일	월	연
◎	乙	乙	◎
◎	巳	卯	◎

(2)

시	일	월	연
◎	甲	◎	◎
◎	◎	子	◎

시	일	월	연
◎	甲	◎	◎
◎	◎	午	◎

참고 세간에서는 日干과 月支가 같은 오행일 때를 가장 강하게 보는 것이 일반적이다. 이유는 명리학이 절기학이라는 이유 때문이다. 즉, 나무(甲木)가 여름(午月)에 태어났는가, 겨울(子月)에 태어났는가, 등에 따라 추운가, 더운가를 판단하려 하는 것이지만, 생년월일시 사주는 계절이 언제이든 지구의 자전 공전 중의 어느 한 시점이기 때문에 중요하지 않은 지지가 없다. 다만 연월일시 각각의 역할이 있을 뿐이다.

또한 명리학을 절기학으로 보는 이유는 1년 동안 오행이 변화를 보이면서 흐르는 이치를 24마디로 분류해 '절기'라는 이름을 붙였기 때문이다. 따라서 농부들이 농사를 짓는 데 이를 활용을 하는 것이지 명리학을 농사를 짓는 것에 비유를 하면 숲은 보지 않고 나무만 보는 결과가 될 수 있다. 오행은 '기운의 성질'을 5가지로 구분지은 것일 뿐 살아있는 생물이 아니다. 오행을 생물로 보면 이는 명리학을 농사를 짓는 것에 비유하는 것과 같다. 따라서 '춥다', '덥다' 등은 오행을 사람의 입장에서 본 짧은 소견이다.

【5】대운과의 유기성

대운도 간지의 모습으로 흐르기 때문에 천간과 지지 그리고 지장간이 있다. 사주는 원국 8자와 지장간, 대운 모두가 한 몸이다. 다만 대운은 10년 단위로 바뀐다는 것이 차이가 있다. 그러나 바뀔 뿐 적용하는 방법은 같다.

우선 원국(명식)의 천간과 지지가 품고 있는 지장간의 변화이치를 염두에 두고, 천간과 지장간의 유기성을 살핀 다음, 대운을 원국의 천간과 지장간에 조합을 해서 각 오행의 세력에 어떠한 영향을 주는가를 헤아린다. 이때 대운의 천간이 원국의 지장간에서 유기성을 얻을 수도 있고, 대운의 지장간이 원국의 천간과 유기성을 이룰 수도 있다.

이렇게 점점 복잡해지는 이유 때문에 먼저 원국의 천간과 지장간에서 각 오행의 세력의 균형과 불균형이 한 눈에 들어와야 한다고 강조한 것이다. 원국의 8자와 지장간 그리고 대운까지 전체 오행들이 가지고 있는 세력을 파악한 후 '일간의 입장에서 바라본 균형관계'를 냉정하게 객관적으로 판단해야 한다.

【6】일간의 입장에서 바라본 균형관계

일간을 '나'로 보는 이상 결국은 '나'의 입장에서 사주 전체를 바라보아야 하지만, '나'가 앞을 가리면 선입견에 의해 판단이 흐려질 수 있다. 따라서 일간 오행의 세력이 강한가, 약한가를 판단해서 강하면 다른 약한 오행으로 힘을 실어 주어야 하고, 약하면 다른 오행에서 힘을 얻어 와야 하는 것이 원칙이다.

그러나 일간 오행도 강하지 않은데 다른 오행 중 하나가 많이 약하다면 일간 오행이 비록 좀 더 약해진다 해도 많이 약한 오행을 도와야 할 때가 있다. 이때는 물론 '나'의 길흉화복이 내 바람만큼 충족되지는 못할 수도 있지만, 이것이 사주 전체를 균형점에 접근시키는 방법이고, '나'의 길흉화복을 판단할 수 있는 방법이며, 냉정하고도 객관적으로 판단해야 하는 이유다. '일간'을 '나'로 보지만 '사주 전체'가 '나'임을 잊지 말아야 한다.

> **참고** 본 서는 '이론편'으로서 生, 剋에 이어 合, 沖 또한 중히 다루었기 때문에 사주에서도 적용을 해야 하는 것이 원칙이다. 하지만 합, 충은 극에서 도출된 이론이므로 함께 적용하려면 우선 생극관계가 숙달이 되어 있어야 한다.
>
> 원국에서 10오행은 천간 지장간 포함 12~16자에 대운의 천간과 지장간 3~4자까지 포함하면 모두 15~20자이다. 이들이 상호 주고받는 유기성 및 생극관계를 우선 파악하는 것이 사주 해석의 약 80% 이상을 차지한다고 할 수 있을 만큼 큰 비중을 차지할 뿐 아니라 그 만큼의 노력이 필요하기도 한다.
>
> 처음에는 '합충의 효력'이라는 순서를 넣었다가 이러한 연유로 결국 많은 고심 끝에 이에 대한 적용은 이어서 나올 '적용편'으로 미루기로 하였다. 합, 충은 생, 극에 대한 이해를 전제하므로 전체적으로 매우 복잡해서 공부하는 데 오히려 어려움을 더 느낄 수 있기 때문이다.
>
> 아래의 순서에 입각해 '음양의 균형', '오행의 균형', '천간과 지장간의 유기성', '대운과의 조합', '일간의 입장에서 바라본 균형' 순으로 먼저 능숙하게 이해하기로 한다. 여기서 제시된 순으로 능숙해졌다면 이것만 가지고도 여러분은 이미 사주를 볼 수 있는 능력을 갖추었다 해도 결코 지나치지 않다. '적용편'에서 완결된 작품으로 여러분께 검증을 구하도록 한다.

【1】 甲木이 일간인 경우 (남명: 음력 78년 11월 9일 04:00)

시	일	월	연	71	61	51	41	31	21	11	01
甲	甲	甲	戊	壬	辛	庚	己	戊	丁	丙	乙
寅	辰	子	午	申	未	午	巳	辰	卯	寅	丑

戊	乙	壬	丙	戊	丁	丙	戊	乙	甲	戊	癸
丙	癸		己	壬	乙	己	庚	癸		丙	辛
甲	戊	癸	丁	庚	己	丁	丙	戊	乙	甲	己

❶ 음양의 균형

木火는 양이고 金水는 음이다. 土는 戊土가 양이고 己土가 음이다. 천간과 지장간 15개의 오행 중, 양은 甲乙목이 5, 丙丁화가 3, 戊토가 3이고, 음은 己토가 1, 庚辛금이 0, 壬癸수가 3이다. 양은 모두 11, 음은 4이므로 이 사주는 양의 세력이 훨씬 강하다. 따라서 균형점에 가까이 가려면 음인 金水가 필요하다.

❷ 오행의 균형

천간과 지장간의 오행 중 甲乙木이 5, 丙丁火가 3, 戊己土가 4, 庚辛金이 0, 壬癸水가 3이다. 木火土가 세력이 강하고, 상대적으로 金水가 많이 약하다. 따라서 균형점에 가까이 가려면 金이 가장 필요하다.

여기서 음기인 水를 두 번째로 볼 수도 있으나 水生木으로 가장 강한 木

을 生 하기 때문에 나쁘지는 않으나 도움 되는 오행도 아니다. 또 木이 강하므로 木의 힘을 빼는(木生火) 火도 좋다는 생각이 들 수도 있다. 일리는 있으나 火는 土를 생 하고, 土는 가장 약한 水를 억제(土剋水)한다는 것이 이 명식의 단점이다. 土와 水 사이를 통관시킬 수 있는 金이 없기 때문이다 (土生金 金生水).

참고 음양과 오행으로 분류를 하는 중에 體로서의 음양이 나누어지는 오행은 戊土를 양으로 보고, 己土를 음으로 보는 것뿐이다. 木火는 이미 體가 양이고, 金水는 음이지만 土는 중정지기로서 양토적인 작용력과 음토적인 작용력으로 구별이 되기 때문이다.

이 명식의 특징 중 주목해야 할 부분은 火가 3으로 지장간에만 있으면서, 己土는 하나뿐인데 戊土가 3씩이나 된다는 것과 水 또한 지장간에만 3이 있지만 壬水가 1, 癸水가 2이라는 것이다. 양토적인 작용력인 戊土는 탄생의 기운인 癸水를 만나면 火氣인 발영의 기운을 품게 한다는 이치가 있음을 기억한다. 즉, 이 명식은 지나치게 음기가 위축을 받고 있다는 뜻이다. 이것이 金剋木으로 강한 木을 억제하고 土生金으로 土의 기운을 빼서 金生水로 水를 도와야 하는 필연적인 이유이다.

❸ 천간과 지장간의 유기성

천간에는 甲木이 3, 戊土가 1다. 木은 지장간 日支에 乙木이 1, 時支에 甲木이 1로 2이 더 있으므로 천간과 지장간의 유기성이 아주 좋다. 戊土 또한 年支에 己土 1, 日時支에 戊土 2 해서 유기성이 좋다. 그러나 木과 土를 통관할 수 있는 火가 3씩이나 있지만 지장간에만 있고, 水 또한 지장간에만 3이 있다. 이는 천간과의 유기성이 약하다는 것을 의미한다.

火가 지장간에만 있기 때문에 천간에 있는 甲木과 戊土를 통관(木生火

火生土)시킬 수 있는 힘이 약하다는 것과 金이 하나도 없는 상태에서 木을 생함으로써 더욱 약해진 水를 도울 수 있는 방법이 없다는 것이 이 사주의 큰 약점이다.

> 참고 여기서 '천간과 지장간의 유기성'과 관련하여, 지장간의 火는 木과
> 土를 통관시킬 수 있는 오행이므로 착한 자식이기는 하나 아빠의 눈높이를
> 채워주지 못하는 자식과 같고, 水는 아빠의 눈높이를 채워주지 못할 뿐 아
> 니라 허약해서 늘 아빠의 마음을 아프게 하는 자식과 같다.

❹ 대운과의 조합

대운이 와서 도울 수 있는 방법은, 천간과 지장간 모두에 庚辛金 運이 와서 土의 힘을 빼면서 甲木의 세력을 억제(金剋木)해야 하고 동시에 土와 水를 土生金 金生水로 통관시키면서 水를 돕는 것이 가장 좋다.

그 다음이 火가 천간으로 와서 지장간과의 유기성을 이루어 甲木과 戊土를 통관시키는 것이다. 하지만 이 방법은 戊土가 더욱 세력이 강(火生土)해지므로 약한 水에게 도움이 되지 않아(土剋水) '통관의 美'는 있으나 좋은 운으로 보지 않는다.

水운 또한 음기를 보완하고 스스로를 도우면서 火氣를 억제하므로 좋은 점은 있으나 강한 木을 생 해 더욱 강하게 하므로 역시 좋은 운이라고 할 정도는 아니다.

51, 61, 71세 대운 중 金運만이 최고의 운이고, 火運은 평범함 속에서 하는 일에 희망을 가지고 열심히는 하지만 결실이 미약해 하나는 얻고 둘은 잃는 운이며, 水運은 어려움 속에서 고독을 느끼는 운이다.

이 사주에서 가장 나쁜 운은 木運과 土運이다. 木運은 水의 힘을 빼(水生木) 木生火해서 火生土를 도와 土剋水를 돕기 때문이고, 土運은 水를 억제

(土剋水)함으로써 불균형을 더하기 때문이다.

이 사주는 대운이 봄(木)에서 여름(土와 火)으로 흐르기 때문에 전체적으로 지장간의 흐름이 사주의 내용에 도움이 되지 않고 있다. 원국에서 원하는 오행이 무엇인가를 파악한 후, 대운의 흐름에서 천간과 지지의 흐름을 보면 지장간의 흐름이 도움이 되는지 아닌지를 한 눈에 읽어낼 수 있다. 여기서 유념하여야 할 것은 원국은 양이고, 대운은 음이라는 것이다. 따라서 대운이 원국의 바탕이므로 대운의 천간과 지장간의 유기성을 살펴 강약 등을 확인한 후 원국과의 조합을 파악해야 하는데, 이때 대운 자체가 음이므로 지장간의 변화가 원국에 어떠한 영향을 주는가를 주목해야 한다.

❺ 일간의 입장에서 바라본 균형

일간은 甲木이다. 갑목은 체가 양이면서 오행 또한 양목이다. 이 사주는 양의 기운인 木, 土가 5, 4로 강한 반면 상대적으로 金이 없는 상태에서 水 또한 많이 약하고, 火는 木의 생을 받으면서 '戊癸合 生 丙火'가 있어 비록 지장간에만 있지만 약하지 않다. 명리는 균형이 목적이다. 따라서 일간인 甲木의 입장에서도 균형점에 접근하려면 음의 기운인 金이 가장 필요하다.

金이 제일 필요한 이유는 물론 음양오행의 균형을 위해서이고 이것이 지금 이 공부를 하는 목적이지만, 金은 자신도 보완을 시킬 수 있을 뿐 아니라, 土의 기운을 빼서(土生金) 水를 생(金生水)하므로 모든 오행이 골고루 균형점에 가까이 갈 수 있다는 이치가 있기 때문이다.

이 명식은 기다리는 대운도 金運 하나뿐인 데다 운의 흐름 또한 바람직하지 않은 모습으로 흐르는 명식 중의 하나다. 명식의 주인 역시 甲木이 3씩이나 되는 자존심을 접고, 조그마한 사업을 하다 일찍이 실패(丁卯 戊辰 운

444

30세 전후)를 본 후, 지금은 일이 있으면 있는 대로 하면서 포장마차에서 쓰디쓴 소주를 마시는 것으로 일과를 삼는 남성이다.

【2】丁火가 일간인 경우 (여명: 음력 55년 7월 27일 03:37)

시	일	월	연		89	79	69	59	49	39	29	19	09
庚	丁	乙	乙		甲	癸	壬	辛	庚	己	戊	丁	丙
寅	丑	酉	未		午	巳	辰	卯	寅	丑	子	亥	戌
戊	癸	庚	丁		丙	戊	乙	甲	戊	癸	壬	戊	辛
丙	辛		乙		己	庚	癸		丙	辛		甲	丁
甲	己	辛	己		丁	丙	戊	乙	甲	己	癸	壬	戊

❶ 음양의 균형

천간 지지 15개의 오행 중에, 양은 甲木이 1 을목이 3으로 합이 4, 丙丁火가 3, 戊土가 지장간에 1이고, 음은 己土가 2, 庚辛金이 4, 壬癸水가 1다. 양이 8, 음이 7으로 비교적 음양의 불균형이 심한 편은 아니나 균형점에 접근하려면 음인 水가 필요하다.

❷ 오행의 균형

오행의 구조를 보면, 甲乙木이 4, 丙丁火가 3, 戊己土가 3, 庚辛金이 4, 壬癸水가 1로 甲乙木과 庚辛金의 세력이 강하고 壬癸水의 세력이 많이 약하다. 숫자도 숫자지만 壬癸水를 약하게 보는 이유는, 비록 4씩이나 되는

庚辛金이 金生水로 도와주고는 있지만, 4씩이나 되는 甲乙木을 水生木으로 도움으로써 힘을 빼고 있기 때문이다. 균형점에 접근하려면 金水木으로 통관을 시킬 수 있는 水가 필요하다.

庚辛金도 4씩이나 되어 필요한 오행은 아니다. 다만 木火土의 흐름이 왕(旺) 하고 水가 많이 약하기 때문에 세력 균형에서 조금 나은 것으로 볼 뿐이다. 본문에서 하나뿐인 水가 강한 木을 생 하고 있어 가장 약한 것으로 보았고, 또 가장 필요한 오행으로 설명은 했지만, 강한 金이 생으로 도울 뿐 아니라 관장시기에서 보았다시피 丑 속의 癸水는 약하게 보지 않는다. 뿐만 아니라 乙木이 3씩이나 있어 음기 또한 양에 비해 오히려 강한 편(庚乙合)에 속한다. 따라서 水는 강한 木을 생한다는 약점과 음기를 돕는다는 약점 때문에 도움이 되는 오행으로 보지 않는다. 오히려 강한 木의 힘을 빼서 3개뿐인 土를 도우면서 金을 억제(화극금)하고 또 양기도 보완한다는 효과가 있기 때문에 火를 가장 필요한 오행으로 보는 것이 옳다.

❸ 천간과 지장간의 유기성

천간에는 庚金 1, 丁火 1 그리고 乙木이 2이고, 지장간에는 庚辛金이 3, 丙丁火가 2, 甲乙木이 2로 세 오행이 모두 유기성이 좋다. 水 또한 지장간에만 있지만 강한 金의 생을 받으므로 金生水에 의한 유기성이 좋은 편이다.

이 명식에서 주목해야 할 특징은 양으로 보아야 할 乙木과 丁火가 모두 음기와 친하다는 것이다. 즉, 乙木은 물을 품고 있는 오행이기도 하지만 결실의 기운인 庚金과 합을 하는 오행이고, 丁火는 결실을 익어가게 함으로써 庚金을 돕는 오행이라는 것이다. 따라서 가장 필요한 오행은 丙火고 그 다음이 丁火이다. 丙火가 있어야만 木火土金水 오행 모두가 유기성을 보유하게 된다.

❹ 대운과의 조합

대운에서 가장 필요한 오행은 丙火고 그 다음이 丁火다. 안타깝게도 대운이 겨울(水)에서 봄(木)으로 흐르고 있다. 천간과 지장간 또한 土金水木으로 흐른다. 49세 이후 庚寅 대운에서 寅만이 '戊丙甲'이 있어 좋은 운이다.

> **참고** 간명을 할 때에는 우선 원국의 천간과 지장간의 유기성을 확인하고 각 오행들의 세력을 파악한 후 대운과의 조합에서 균형 불균형을 헤아려야 한다.
>
> 이 명식의 주인은 여성이다. 여성에게는 '나'를 극 하는 오행이 남편이다. 따라서 일지 장간의 癸水가 남편이다. 여기서 癸水는 음기를 더할 뿐 아니라 약한 丁火를 沖하기 때문에 좋은 역할이 아니다. 대운마저도 寅 이 외에는 土金水木으로 흘러, 평생을 고생하면서 가슴을 쓸어내리는 고독이 자신의 의복인양 사는 여성이다. 土는 土生金으로 나쁘고, 木은 甲木은 木生火로 좋으나 乙木은 庚乙合으로 좋은 운이 아니다.

❺ 일간의 입장에서 바라본 균형

일간 丁火를 비롯해 丙丁火가 하나씩 더 있어 세력으로만 보면 火의 세력도 약하지 않다. 더구나 4이나 되는 甲乙木이 木生火로 돕고 있으므로 더욱 강해 보인다. 그러나 己土 2개의 생을 받는 4개의 庚辛金이 강하고, 庚金과 친한 3개의 乙木과 2개의 丁火가 있어 사실상 음기가 더 강해졌다.

이 명식에서 세력의 흐름으로 보아 가장 강한 것은 金이고 그 다음이 甲乙木이다. 따라서 일간 丁火의 입장에서도 균형점에 가까이 가려면 양기를 보완하면서 庚辛金을 억제하고 설기가 심한 戊己土와 통관을 시킬 수 있는

丙丁火가 있어야 한다.

【3】 戊土가 일간인 경우 (여명 : 음력 90년 8월 23일 02:15)

시	일	월	연	81	71	61	51	41	31	21	11	01
癸	戊	丙	庚	丁	戊	己	庚	辛	壬	癸	甲	乙
丑	申	戌	午	丑	寅	卯	辰	巳	午	未	申	酉
癸	戊	辛	丙	癸	戊	甲	乙	戊	丙	丁	戊	庚
辛	壬	丁	己	辛	丙		癸	庚	己	乙	壬	
己	庚	戊	丁	己	甲	乙	戊	丙	丁	己	庚	辛

참고 이 명식은 寅時를 하루의 시작으로 간지를 뽑았기 때문에 日柱와 時干이 바뀌었음을 참고한다.

❶ 음양의 균형

천간과 지장간 16개의 오행 중에, 양은 甲乙木이 0, 丙丁火가 4, 戊土가 3으로 합이 7이고, 음은 己土가 2, 庚辛金이 4, 壬癸水가 3으로 합이 9이므로 이 사주는 음이 2개가 더 많다. 따라서 균형점에 가까이 가려면 양이 필요하다.

❷ 오행의 균형

오행을 보면 甲乙木이 0, 丙丁火가 4, 戊己土가 5, 庚辛金이 4, 壬癸水가

3으로 戊己土가 가장 강하고 그다음이 丙丁火와 庚辛金이다.

　이 사주의 특징은 火土金水로 흐르는 4개의 오행의 세력이 균형을 이루고 있어 어느 정도 안정을 이루고 있다는 점이다. 다만 金은 4씩이나 되는데 木이 하나도 없어 음양과 오행이 불균형을 이루게 된 원인이 되었다는 것과 水生木 木生火로 통관을 시키지 못하고 있다는 것이 약점이다. 木이 가장 강한 土를 억제하면서 균형을 맞춰주면 더 없이 좋겠지만 원국의 구조만 가지고도 중상급의 명식이라 할 수 있다.

　이 사주가 가장 싫어하는 오행은 戊己土고 그 다음이 壬癸水다. 土는 火生土로 火氣를 흡수해 丙丁火를 약하게 하면서 金水를 돕기 때문이고, 水 또한 음기를 더 강하게 할 뿐 아니라 水剋火로 火를 약하게 해 균형을 잃게 하기 때문이다. 물론 木이 있었다면 金水를 두려워하지 않는다. 木火와 金水가 통관이 될 뿐 아니라 木剋土와 木生火에 의해 균형을 이룰 수 있기 때문이다.

> **참고**　水는 3개뿐이지만 강한 庚辛金이 도우므로 약하지 않다. 오히려 4
> 씩이나 되는데도 土를 생 해 힘이 설기(泄氣)되는데다 水生木으로 水의 힘
> 을 빼 자신을 도울 수 있는 木이 없기 때문에 4행중에는 火가 가장 약하다.

❸ 천간과 지장간의 유기성

　천간은 癸水가 1, 戊土가 1, 丙火가 1, 庚金이 1고, 지장간은 壬癸水가 2, 戊己土가 4, 丙丁火가 3, 庚辛金이 3이다. 따라서 천간 4행은 지장간과의 유기성이 모두 좋다. 지장간이 年에서 時로 火土金水순으로 生의 관계를 이루면서 흐르므로 균형의 유기성도 좋다. 다만 火生土로 힘을 빼면서 水剋火로 水의 억제를 받는 火가 木生火로 통관을 시키면서 도와야 할 木이 없기 때문에 가장 약하다.

❹ 대운과의 조합

20세까지의 金運과 41세 이후의 己土와 金運이 좋은 운이 아니다. 己土는 火의 기운을 빼서 金을 生 해주면서 水를 억제하기 때문이다(火生土 土生金 土剋水). 金은 金生水 때문이고, 壬癸水運은 水 또한 약한 오행이므로 나쁘지는 않으나 火氣를 직접 억제(水剋火)하는 단점이 있어 좋은 운으로까지는 보지 않는다. 나머지 운은 여름(火)에서 봄(木)으로 흐르므로 좋은 운으로 본다. 물론 대운의 천간과 지장간의 유기성 등으로 인해 강약의 차이는 있다.

> 참고 전체적으로 水金土로 흐르는 천간은 좋은 운으로 보기 어렵다. 이는 통관을 시켜줄 木이 없기 때문이다. 대운의 지지가 좋다고 하는 이유는 지장간이 木火의 세력으로 흐르기 때문이다. 이 사주는 4행 모두가 유기성이 좋아 중상격에 속한다고 볼 수는 있지만 木이 하나도 없다는 것이 많은 아쉬움을 남기고 있다.

❺ 일간의 입장에서 바라본 균형

일간인 戊土의 세력이 火의 생까지 받으므로 가장 강한 듯이 보이지만 金水로의 설기가 강하므로 균형을 이루는 흐름이 좋다. 다만 木의 생을 받지 못하는 火가 다소 약하므로 일간 戊土가 가장 원하는 오행도 水木火로 통관을 시킬 수 있는 木이고 그 다음이 火다. 그래야 균형점에 가까이 갈 수 있다.

> 참고 이 사주는 얼핏 보면 火土가 강해 보이므로 金水가 필요하다고 생각할 수 있다. 그러나 이러한 생각은 지지와 지장간의 유기성에 따라 火土金水로 흐르는 오행의 흐름이 한눈에 들어오지 않기 때문이다. 이 사주의

주인은 2012년 현재 23세의 아가씨로 당찬 성격에 대인관계가 빼어난 장점을 가지고 있지만 申운에 가세가 기울어져 알바로 학교생활을 유지하면서 몸으로 마음으로 고생이 많았다.

【4】庚金이 일간인 경우 (여명: 음력 66년 11월 16일 09:50)

시	일	월	연	87	77	67	57	47	37	27	17	07
己	庚	庚	丙	辛	壬	癸	甲	乙	丙	丁	戊	己
巳	申	子	午	卯	辰	巳	午	未	申	酉	戌	亥
戊	戊	壬	丙	甲	乙	戊	丙	丁	戊	庚	辛	戊
庚	壬		己		癸	庚	己	乙	壬		丁	甲
丙	庚	癸	丁	乙	戊	丙	丁	己	庚	辛	戊	壬

❶ 음양의 균형

양은 甲乙木이 0, 丙丁火가 4, 戊土가 2이고, 음은 己土가 2, 庚金이 4, 壬癸水가 3이다. 총 15개의 오행 중, 양이 6이고, 음이 9이므로 음의 기운이 강하다. 따라서 균형점에 접근하려면 양이 필요하다.

❷ 오행의 균형

오행으로는 甲乙木이 0, 丙丁火가 4, 戊己土가 4, 庚辛金이 4, 壬癸水가 3으로, 火土金의 세력이 4씩으로 강하고, 그 다음이 水가 3이다. 오행 중, 水가 3으로 가장 약한 듯이 보이지만 水는 火生土 土生金 金生水로의 흐름이 좋으므로 약하게 보지 않는다. 오히려 木生火를 해줄 木이 없고 火生土로 힘이 빠지고 있는 火가 더 약하다. 土 4중 己土가 2씩이나 되기 때문이다.

양기를 보충해주면서 오행 모두를 통기(通氣)시킬 수 있는 木이 필요하고 木 중에도 甲木이 필요하다. 또 음기 중에도 金氣가 강하기 때문에 양기도 보충하고 스스로를 보완하면서 火剋金으로 金氣를 억제할 수 있는 火도 좋다. 다만 火는 2개의 己土로 인해 火生土 土生金으로 이어질 수 있다는 단점이 있다.

❸ 천간과 지장간의 유기성

천간은 己土 1, 庚金 2, 丙火 1고, 지장간은 戊己土가 3, 庚金이 2, 丙丁火가 3 그리고 壬癸水가 3이다. 따라서 천간과 지장간의 유기성이 좋고 壬癸水 또한 지장간에만 있지만 4씩이나 되는 庚金의 생을 받으니 좋다. 다만 丙丁火가 4이나 되고 유기성도 좋지만 土를 생 해 상대적으로 약해 있으므로 통기를 시켜줄 甲木이 없다는 것이 많이 아쉬운 점이다.

❹ 대운과의 조합

원국에서 가장 필요로 하는 오행은 甲木이고 그 다음이 丙火, 丁火 순이다. 丁火가 세 번째가 된 이유는 乙木과 더불어 丁火 역시 庚金과 친한 오행이기 때문이고, 丙火를 두 번째로 본 이유는 직접 庚金을 억제하는 것은 장점이나 丙火는 己土를 생 하고 己土는 다시 庚金을 생 할 수 있다는 단점이 있기 때문이다. 가장 나쁜 오행은 火氣를 억제하는 壬癸水와 이를 생 해주는 庚辛金이고 그 다음이 金을 생 하면서 水를 약화시키는 戊己土다.

> **참고** 여기서 나쁜 오행에 해당되는 水가 약화되는 것을 나쁘게 보는 이유는 水가 약해지면 庚金의 생을 받고 있다 해도 전체적인 세력이 불균형

을 이루기 때문이다. 즉, 火生土로 火의 힘을 빼서 土剋水로 水를 약하게 하면서 土生金으로 土金의 세력이 더욱 강해짐과 동시에 水와 火는 상대적으로 약해진다는 뜻이다.

대운의 흐름 중에서 17세부터의 戊戌運과 27세 이후 지지로 들어오는 申酉운 그리고 67세부터의 壬癸水운, 庚辛金운이 좋은 운이 아니다.

❺ 일간의 입장에서 바라본 균형

일간은 강한 土의 生을 받고 있는 金 중에 양금인 庚金이다. 火生土 土生金으로 강한 土가 통관을 시키고 있으므로 火剋金에 의한 丙火의 억제를 두려워하지 않는다. 그러나 자신과 같은 오행이 많다는 것은 곧 필요한 다른 오행이 부족하다는 것을 의미하므로 일간 자신에게도 좋을 것이 없다. 따라서 일간의 입장에서 본 균형관계 역시 오행에서의 해석과 같이 甲木이 우선이고 다음이 丙火다.

> 참고 여기서 만일 日月干이 辛金이라면 丙火가 아닌 丁火여야 한다. 왜냐하면 夏至에서 丙火는 결실의 기운 중, 씨의 기운인 辛金을 도와 水氣인 壬水의 생성을 도와 음기를 돕는 배신자가 될 수 있기 때문이고, 丁火는 秋分 이후 홀로 남은 씨 辛金에 견고하기(소극적 응축)를 할 수 있도록 기운을 억제해 한계를 짓기 때문이다.
> 庚金, 辛金 모두 丁火의 억제를 받는 것은 같지만, 庚金에게는 익어가기(극)를 도와 壬水를 돕는다는 生(양)의 의미가 있고, 辛金에게는 예리한 억제를 통해 沖(음: 강한 수축)을 한다는 의미가 있기 때문이다. 그래서 辛金은 丁火에 의해 세력이 축소된다.

【5】 壬水가 일간인 경우 (남명: 음력 93년 5월 21일 18:00)

시	일	월	연		81	71	61	51	41	31	21	11	01
丁	壬	己	癸		庚	辛	壬	癸	甲	乙	丙	丁	戊
酉	辰	未	酉		戌	亥	子	丑	寅	卯	辰	巳	午

庚	乙	丁	庚		辛	戊	壬	癸	戊	甲	乙	戊	丙
	癸	乙			丁	甲		辛	丙		癸	庚	己
辛	戊	己	辛		戊	壬	癸	己	甲	乙	戊	丙	丁

❶ 음양의 균형

양의 기운은 乙木이 2, 丁火가 2, 戊土가 1이고, 음의 기운은 己土가 2, 庚辛金이 4, 壬癸水가 3으로, 전체 14개의 오행 중 양은 5, 음은 9이므로 음이 강해 불균형이 심하다. 따라서 균형점을 향하려면 양이 필요하다.

❷ 오행의 균형

오행을 보면 乙木이 2, 丁火가 2, 戊己土가 3, 庚辛金이 4, 壬癸水가 3이다. 강한 순서대로 본다면 庚辛金이 4으로 가장 강하고, 戊己土와 壬癸水가 3씩, 乙木과 丁火가 2씩이다.

2개의 己土가 4씩이나 되는 庚辛金을 생 하고 있고, 이 金이 3이나 되는 壬癸水를 생 하므로 음기가 더욱 강하다. 더욱이 양은 乙木과 丁火 뿐이다. 균형점에 접근하려면 木이, 특히 甲木이 있어야 하고 그 다음이 丙火다. 甲木이 있어야 壬癸水의 生을 받아 음기를 약하게 하면서(金生水 水生木) 土를 억제(木剋土)하고 火를 도울 수(木生火) 있다.

양기가 강한 丙火를 두 번째로 본 이유는 천간과 지장간에 하나씩 己土가 2이 있는데다 지장간에 辛金이 2이 있기 때문이다. 丁火도 나쁘지는 않으나 己土 2에 庚金까지 2이 있어 큰 도움이 되지 않는다.

❸ 천간과 지장간의 유기성

천간은 丁火 1, 壬癸水가 하나씩 2, 己土가 1고, 지장간에는 丁火 1, 癸水 1, 戊己土가 하나씩 2, 그리고 庚辛金이 4, 乙木이 2이 있다. 유기성은 戊己土가 가장 좋고, 다음이 壬癸水, 丁火 순이다. 같은 3개씩인데도 壬癸水보다 戊己土의 유기성을 더 좋게 본 이유는 바탕을 이루는 지장간이 강하기 때문이다.

그러나 戊己土는 丁火 2이 생 하고 있지만 壬癸水는 지장간에서 4씩이나 되는 庚辛金이 土生金으로 土의 힘을 빼면서 金生水로 생을 해줌으로써 壬癸水의 바탕이 되어 주고 있다. 결국 유기성이 가장 약한 것은 乙木과 丁火다.

❹ 대운과의 조합

원국에서 가장 필요로 하는 오행은 甲木과 丙火이므로 대운에서 이들이 와준다면 균형점에 가장 가까이 갈 수 있다. 乙木과 丁火는 무언가를 준비해야 할 좋지도 나쁘지도 않은 운이지만 50세까지는 어쨌든 木火운이므로 좋은 운에 속한다. 문제는 51세부터의 운이 水金으로만 흐른다는 점이다. 가뜩이나 약해있는 丁火와 乙木이 위태롭다.

> 참고 水運이 오면 木이 이를 통관시켜야 하는데 乙木으로는 부족하고, 金運이 오면 火가 이를 억제해야 하는데 丁火로서는 부족하기 때문에 丁火와 乙木이 위태롭다고 하는 것이다. 이것이 甲木과 丙火를 우선 꼽는 이유이기도 하다. 乙, 丁 둘 중에는 丁辛沖과 壬丁合이 있기 때문에 丁火가 더